동북아
다자안보협의체를 위한
새로운 도전

-제주프로세스 구상-

동북아
다자안보협의체를 위한
새로운 도전

-제주프로세스 구상-

강병철 지음

KSI 한국학술정보㈜

머리말

　이 책은 치열한 동서냉전의 한복판이었던 유럽에서 다자안보협력 체제의 출범을 싹 틔운 '헬싱키프로세스'의 함의를 여전히 냉전의 잔재가 남아 있는 동북아 다자안보협의체의 창출을 꿈꾸는 '제주프로세스'에 적용하여 그 가능성을 타진하고 발전적 계기와 미래의 방향성을 모색하고 있다.

　냉전 종식 이후 지역 수준(regional level)의 안보협력 레짐의 형성을 위한 논의가 확산되면서 다양한 형태의 많은 다자안보협력을 위한 실체들이 등장했다. 예를 들면, 아시아 지역만 해도 아시아・태평양 지역의 공식적인 안보포럼인 '아세안지역안보포럼'(ARF)이 있고, '아・태안보협력이사회'(CSCAP)의 경우에는 북태평양작업반이 있는데 이곳에서 지역안보현안을 제2트랙으로 다루고 있으며 북한도 여기에 참여하고 있다. 1997년 이래로 ASEAN과 한・중・일 3국이 참가하여 매년 개최되는 'ASEAN+3'도 있다.

　대한민국 최남단에 위치한 가장 작은 지방자치단체인 제주도 다자안보협력을 위한 논의의 장으로서의 역할을 시작하고 있다. 제주는 전통적으로 '관광지'로 널리 알려져 있다. 그러나 21세기 이후 제주는 관광 이외에 새로운 브랜드로 이미지메이킹을 시도하고 있다. 제주는 특별법에 의해 국제자유도시와 특별자치도가 되었을 뿐만 아니라 대통령이 지정한 유일의 세계 평화의 섬이다. 또 유네스코 트리플 크라운(2002년 생물권보전지역, 2007년 세계자연유산, 2010년 세계지질공원)과 세계 7대 자연경관 선정으로 천혜의 생태와 환경은 국제적으로 인정받고 있다.

이러한 제주에서 다자안보협력에 관한 논의가 창출된 것은 2001년부터 개최되고 있는 평화포럼의 제4회 행사에서 제주프로세스가 선언되면서부터이다. 이 포럼의 기조연설에서 노무현 대통령이 북핵 위협을 제거하고 한반도의 평화체제를 구축하는 것은 동북아 안보의 틀을 견고하게 하는 토대가 될 수 있다고 주장하였다. 또한 냉전기에 북한과 적대국이었던 미국과 일본과의 관계개선도 중요하다고 강조하였다. 또한 여기서 중요한 지적이 있었는데, 유럽의 평화를 역내 국가들이 공동으로 구축하고 유지하는 시발점이 되었던 헬싱키프로세스의 경험을 바탕으로 동북아에서도 역내 국가들의 협력을 통해 새로운 안보체제의 틀을 구성하자는 것이었다. 따라서 제주프로세스는 바로 동북아판 헬싱키프로세스인 것이다.

뒤에서 상세하게 다루겠지만, 헬싱키프로세스는 냉전기에 분단된 유럽에 평화를 유지하도록 한 추동력이 되었던 평화 구상이었을 뿐만 아니라 1990년대 초 유럽의 정치적·경제적 통합을 시도할 수 있었던 밑거름이 되었다. 제4회 제주평화포럼에서 선언한 제주프로세스는 바로 유럽인들이 헬싱키프로세스에서 보여준 경험을 본받은 동북아 다자안보레짐의 형성을 통한 동북아의 평화 구상이라고 할 수 있다.

그런데 2007년 이 선언이 이루어진 이후 이에 관한 이렇다 할 진전은 거의 없었다. 제주포럼에서 이와 관련된 세션이 계속해서 포함되기는 하지만 당초의 선언 당시만큼의 관심과 열기는 이제 찾아볼 수 없게 되었다. 사실, 제주프로세스가 실천적 추진이 쉽지 않은 구상이었음은 주지의 사실이다. 그럼에도 이 구상이 관심을 끌었던 것은 세계에서 가장 불안정하고 불확실성이 높은 지역 중의 하나인 동북아에서 다자안보협력을 위한 논의의 장이 열렸다는 데 있었을 것이다. 다시 말하면, 제주프로세스 구상이 동북아 역내의 얽히고설킨 실타래의 실마리를 찾는 작은 계기가 될 수 있을 것이라는 기대감이 있었기 때문일 것이다.

실낱같은 희망과 기대감이나 일말의 가능성만 있더라도 동북아 국가들 간의 안보협력의 방안을 찾는 노력은 의미가 있는 일일 것이다. 더구나 국가와 민간이 공동으로 참여하는 이른바 1.5트랙의 관점에서 동북아의 평화를 위한 구상을 세계 각국의 학자와 유력 지도자들이 참여하여 공동으로 합의하고 제기했다는 것은 상당한 의미가 있을 것이다. 그렇다면 이는 이미 실낱같은 희망과 기대감 또는 일말의 가능성 정도로 일축할 수 없는 엄중하고 무거운 임무이자 과제라고 할 것이다.

그러나 선언 이후 그 무게를 느낄 수 있을 만큼의 의미 있는 논의의 진전은 없었던 것 같다. 이에 대해 혹자는 정부가 바뀌었기 때문이라고 하며, 혹자는 당초부터 불가능한 구상이었다고 한다. 또 혹자는 통일 없이는 불가능하다고 하며, 또 다른 혹자는 한·중·일의 역사적 숙적 관계 청산 없이 협력은 가능하지 않다고도 한다. 그러나 헬싱키프로세스를 생각해 보면 불가능한 일만도 아닐 것이다. 이 책은 제주프로세스가 이상과 전망에 기대어 시작되었지만, 그 구상의 의미가 적지 않고 또 유럽의 성공 경험과 동아시아에서의 실패 경험들을 깊이 있게 천착하면서 교훈으로 삼는 가운데, 새로운 가능성을 찾아 나서고 있다.

이 책에서는 헬싱키프로세스의 함의가 무엇인지에 중점을 두고 제주포럼이 동북아의 평화에 기여할 수 있는 방향을 모색하고 있다. 특히 헬싱키프로세스의 경험을 적용함으로써 제주프로세스가 동북아 안보협력에 기여할 수 있는 방안을 찾을 것이다. 이런 목적에서 이 책은 제2장에서 이론적으로 다자안보협력에 관한 분석을 통해 동북아 다자안보협의체의 형성을 위한 구도를 분석 틀로 제시할 것이다. 제3, 4장에서는 각각 헬싱키프로세스의 경험과 동북아 안보협력의 경험을 검토하고 있다. 본 연구에서는 동북아 안보협력에 관한 기존의 대화의 문제점과 안보형태에 대하여 장기적인 시각에서 다루고 있다. 제5장에서는 헬싱키프로세스에서 보여준 유럽인들의 경험을 바탕으로 제주프로세스의 성공 가능성을 검토하고 있다. 제6장에서는 동북아다자안보협의체 형성을 위한 구조적 조건들에 대하여 다루고 있다.

이 책의 각 주제를 종합하면 6자회담이 동북아의 다자안보협력에 중요한 함의를 주고 있는데 동북아 다자대화에 강대국과 북한을 참가하게 하여 다자협력을 경험하게 하였다. 또한 6자회담의 경험이 북한의 다자안보협력에 대한 정책변화를 유도하여 동북아의 다자안보협력레짐 형성의 가능성을 향상시켰다. 동북아의 새로운 안보질서에는 다자안보협의 제도가 필요하며 6자회담 당사국들도 변화하는 안보환경에 대응하고 있다.

끝으로 이 책은 많은 분들의 지도와 격려 덕분으로 나올 수 있었다. 이 책은 필자의 박사학위논문을 책으로 다시 엮은 것으로 지도교수이신 강근형 교수님과 여러 교수님들께서 가르침을 주셨다. 그리고 필자의 부모님과 사랑하는 아내와 아이들의 보이지 않는 격려가 있었다. 모두에게 깊은 감사를 드린다.

2012년 5월
강병철

CONTENTS

제 1 장
서 론

제1절 동북아 다자안보협력은 가능한가?

탈냉전 이후에도 동북아 지역의 국제질서는 역내 강대국 간의 세력관계의 변화 가능성으로 인한 유동성과 기존의 냉전적 구도와 탈냉전적 변화가 함께 존재하는 이중성으로 '안정과 불안정'이라는 양면성이 나타나고 있다. 그리고 여러 학자들의 지적처럼, 동북아 역내에서의 경제적 협력구도 확대와 안보적 불안정의 공존이라는 이중성은 경제와 안보 영역에서 보다 극명한 대조를 이룬다고 하겠다.[1] 특히 브레진스키(Z. Brzezinski)는 이러한 동북아의 지정학적 특성을 일컬어 "준안정적 권력관계"로 지칭한다.[2] 동북아 지역의 국가 간 권력관계는 안정화되지도 그렇다고 극도로 불안정한 상황도 아닌, 즉 안정과 불안정의 스펙트럼 상의 어딘가에 놓여 있다는 것이 그의 진단이다. 동북아 지역의 현실과 가까운 미래가 이처럼 안정과 불안정의 공존 구도 속에 지속된다면, 동북아 지역의 평화체제 정착과 이를 바

---

1) 예를 들면, Peter Wallensteen, "Northeast Asia: Challenges to Conflict Prevention and Prevention Research," in Niklas Swanstrom(ed.), *Conflict Prevention and Conflict Management in Northeast Asia* (Sweden: Uppsala University, 2006); Philip Yang, "Northeast Asia Security Cooperation: International Relations Theory and Embedded Regionalism," Paper presented at the Third Meeting of the CSCAP Study Group on Future Prospect for Multilateral Security Framework in Northeast Asia, Beijing, China, 28~29 April 2006, p.1, http://club.ntu.edu.tw/~yang/Yang-280406.pdf(검색일: 2010. 2. 22).

2) Zbigniew Brzezinski, 김명섭 역, 『거대한 체스판: 21세기 미국의 세계전략과 유라시아』(서울: 삼인, 2002), p.200.

탕으로 한 동북아 공동체의 건설은 요원할 것이다.

주지하듯이, 동북아 지역에서 나타나는 오늘의 불안정과 미래의 불확실성을 이끄는 핵심은 안보 요인이라고 할 수 있다. 탈냉전 시대에도 여전히 동북아 지역의 안보정세를 불확실하게 만드는 가장 대표적이면서 표면적으로 드러나 있는 요인이 남북관계라고 할 수 있다. 2000년 남북정상회담을 계기로 다양한 분야의 교류·협력이 활발하게 이루어지고 있으나, 정치·안보 영역에서는 여전한 긴장과 불안이 존재한다. 북한의 천안함 폭침과 연평도 포격 사건은 남북관계의 불안정을 여실히 보여 준 사건들이다.

이뿐만 아니라 표면화되지 않고 잠복되어 있는 잠재적 불안 요인 역시 동북아의 불안정과 불확실성을 지속시키는 중요한 요인이다. 개혁·개방 이후 중국의 지속적인 경제성장으로 미국에 필적할 수 있는 이른바 G-2 시대의 도래나 '강대국의 귀환'[3]이 세계적 관심사이다. 더 나아가 동북아 역내에서 영향력 확대와 주도권을 다투는 중국과 일본, 그리고 세계전략 차원에서 동북아에서의 균형을 유지하고 중국과 러시아의 영향력 확대를 봉쇄하려는 미국 등의 강대국들 간의 이해관계가 복잡하게 교차하고 있는 곳이 동북아 지역이다.

사실 이러한 동북아 지역의 복잡한 정세가 새로운 현상이라고 할 수는 없다. 왜냐하면, 냉전적 동북아의 역학 구도가 탈냉전 상황에서 그대로 전이되어 온 것이라고 볼 수 있으며, 특히 동북아 지역의 갈등과 긴장의 구도는 대체로 냉전적 방식의 양자적(bilateral) 구도가 형성되어 있기 때문이다. 그리고 아직까지도 주요 안보문제에 대한 접

---

3) Azar Gat, "The Return of Authoritarian Great Powers," *Foreign Affairs*, Vol. 86, No. 4 (July/August 2007), pp.59~69.

근방법은 양자적 방식이 중심을 이루고 있다. 실제로 많은 학자들이 동북아 국제질서의 불안정성의 원인을 과거의 양자적 유산에서 비롯된 것이라고 지적하고 있으며, 그러한 지적들은 탈냉전 직후에 많이 제기된 바 있다.[4)]

그런데 지역 차원에서 제기되는 안보문제에 대한 접근방법은 이러한 전통적인 방식의 양자주의적인 대결적 안보논리보다는 협력적인 다자주의적 안보논리로의 전환이 대안이 될 수 있다. 이러한 안보논리 전환의 필요성은 탈냉전을 전후하여 급격하게 부상하기 시작했다. 탈냉전 시대의 새로운 안보위협의 등장에 적절하게 대처하기 위해 포괄적 안보 이슈들에 대한 다자주의적 협력안보가 주목받기 시작했다.[5)]

이처럼 오늘날에는 개별 국가 단위를 넘어 지역 수준(regional level)에서 평화체제의 정착을 통해 세계평화의 목표를 달성하려는 다자주의적 접근방법이 주목받고 있다. 앞서의 지적처럼, 동북아 지역은 강대국들의 이해관계가 교차하는, 그러나 그들 간의 직접적인 충돌은 없는 가장 불안한 곳이라고 할 수 있다. 그럼에도 1990년 중반부터 2000년대 초반 사이에 동북아 지역에서는 경제 분야를 중심으로 지역협력과 통합현상이 두드러지고 있다. 그러나 이러한 협력의 제도화

---

4) 대표적인 주장으로는 Barry Buzan and Gerald Segal, "Rethinking East Asian Security," *Survival*, Vol. 36, No.2 (Summer, 1994), pp.3~21; Arron Friedberg, "Ripe for Rivalry: Prospect for Peace in a Multipolar Asia," *International Security*, Vol. 18, No. 3 (1993/94). pp.5~33 참고.

5) 냉전의 종식으로 이념적인 체제 대결에 기반을 둔 세계대전의 가능성은 다소 줄어들었지만 국가 간, 민족 간, 인종 간의 종교적, 문화적 차이로 인한 국가 간 또는 국가 내에서의 분쟁과 갈등이 새로운 형태로 분출되고 있는 상황이다. 뿐만 아니라 오늘날의 세계적인 분쟁 양상은 국지적 수준에서 벌어지는 무력분쟁이나 각종 파괴적 갈등 및 충돌, 그리고 테러로 확산되고 있다. 환경문제나 테러리즘과 같이 국경을 초월하는 새로운 안보 이슈들이 잠재적 위협으로 부상하면서 안보의 성격도 전통적인 군사안보(military security)로부터 포괄적 안보(comprehensive security)로 변하게 되었다. 이러한 안보위협의 변화는 양자주의보다는 다자주의를, 대결적 안보논리보다는 협력적 안보논리로의 전환을 적극적으로 요청하고 있는 대표적 현상들이라고 할 수 있다.

는 아직까지 초보적 단계에 머물러 있다. 이는 역내 국가들 간 역사적 · 정치적 문제가 걸림돌이 되고 있을 뿐 아니라 다자협력을 위한 제도적 장치가 미흡하고, 역내 어떤 국가도 책임감을 갖고 협력 과정을 주도하고 있지 못하기 때문이다.

지역 차원의 다자간 협의체제를 제도화하기 위한 논의와 제안들은 각국 간의 이해관계나 입장 차이의 조정 및 정책 방향에 관한 구체적인 검토를 필요로 하는 복잡하고 어려운 사안인 것이 분명하다. 특히 안보 영역에서의 협력은 더욱 어려운 과제를 제기한다. 동북아 지역에서는 중 · 일 간 및 미 · 중 간 경쟁 · 갈등과 '19세기적 안보위협'과 더불어 테러, 인권유린, 환경오염, 식량부족, 에너지문제, 전염병과 같은 '21세기적 안보위협'이 공존하고 있기 때문에 이를 아우르는 포괄적 안보패러다임이 개발될 필요성이 더욱 커지고 있다.[6] 그러나 동북아 지역에서는 안보에 관한 그 어떤 대화와 협의도 제도화의 수준으로 의미 있는 진전을 보인 경우는 없었다.

동북아 지역에는 다자협력이라는 평화담론이 등장하기에는 여전히 척박한 환경에 놓여 있는 것으로 인식되어 왔다.[7] 북한의 핵 개발은 지역의 안보적 상황에 부정적 영향을 미치고 있을 뿐만 아니라 역내 국가 간 정책적 · 전략적 분열을 초래하고 있으며 지역 공동체 담론 형성도 저해하고 있다. 또한 한 · 중 · 일 간에는 과거 역사에 대한 각기 다른 해석과 의미를 부여하고 있으며, 이는 역사분쟁과 영토분

6) 김성한, 『미국의 동아태전략: 변화와 지속성』, NSP Report 10 (서울: 동아시아연구원, 2005) ; 이신화, "비전통안보와 동북아 지역협력," 『한국정치학회보』, 제42집 제2호 (2008), p.413.

7) Chrisotopher Hemmer and Peter J. Katzenstein, "Why is there No NATO in Asia? Collective Identity, Regionalism, and the Origins of Multilateralism," *International Organization*, Vol. 56, No. 3 (Summer 2002), pp.575~607.

쟁의 양상을 보이고 있다. 그러나 역설적으로 냉전 이후의 동북아에는 다자주의의 성격을 강하게 나타내고 있는 협의체들이 여러 영역에서 등장하고 있으며 이들의 역내 역할도 주목받고 있다. 역설적으로 북한의 핵 개발이 오히려 이 지역 최초로 다자주의적 성격이 강한 '6자회담'을 출현시키기도 했다.[8]

동북아에서의 다자안보협력에 대한 역사적 경험의 한계와 새로운 실험의 시도 내지는 계기의 등장으로 다자안보협력에 대한 관심이 높아지고 있다. 이처럼 동북아 다자안보협력의 한계와 가능성이 교차하는 가운데, 유럽안보협력기구(Organization for Security and Cooperation in Europe: OSCE)가 우리의 관심사가 되고 있는 것이다. 유럽의 경험은 동북아 지역에서 유사한 안보협의체제 구축을 위한 선행모델이 될 수 있다고 보기 때문이다.[9] 특히 최근에 북한의 인권과 관련하여 미국이 '헬싱키프로세스'(Helsinki process) 모델을 동북아에 도입하는 것을 고려함에 따라 OSCE가 새롭게 관심 이슈로 부각되고 있다.

유럽 지역은 꾸준한 경제협력과 공동체 건설과 지역 수준의 협력안보를 바탕으로 국가연합으로 발전한 가장 대표적인 사례이다. 이와 관련하여, 한국정부는 민간기관과의 협조를 통해 '제주평화포럼'(2011년 제6회부터 '제주포럼'으로 개명, 이하 '제주포럼'으로 사용)[10]이라

---

8) 최종건, "동아시아 다자협력의 현황과 특징: 제주평화프로세스 현실화를 위한 함의," 제주평화연구원 주최, 『제주프로세스의 추진: 그 이상과 현실』 학술회의 발표논문 (제주평화연구원, 2009. 6. 12), p.33.

9) 지난 10여 년간 국내외적으로 CSCE/OSCE에 대한 연구가 많이 축적되어 왔고, 특히 2001년에는 "Applicability of OSCE CSBMs in Northeasr Asia," 2005년도에는 "New Security Threats and a New Security Paradigm" 이란 주제로 한국정부와 OSCE 간 회의가 서울에서 개최된 바 있다.

10) 한반도와 동북아 지역의 평화와 번영을 모색하기 위해 2001년 시작된 '제주평화포럼'은 2011년 제6회부터 '평화와 번영을 위한 제주포럼'(The Jeju Forum for Peace & Prosperity)으로 공식 명칭을 변경했고, 약칭도 '제주포럼'(The Jeju Forum) 바뀌었다. 이와 함께 그동안 격년으로 5회에 걸쳐 개최된 제주포럼은 제6회부터 연례 개최로 바뀌었다. 제6회 제주포럼(2011, 5월 27~29) 프로그램 북참조.

제1장 서 론 21

는 이름으로 2001년부터 제주에서 격년제로 평화를 논의하는 국제적 대화의 장을 마련하여 왔고, 2007년 6월 21일부터 23일까지 개최되었던 제4회 '제주포럼'에서 참가자들은 '제주선언'을 통해 동북아시아에서의 다자안보협력을 지속, 발전시키기 위해서 '헬싱키프로세스'를 모델로 하는 '제주프로세스'의 실현을 촉구한 바 있다.[11]

제주프로세스는 궁극적으로 동북아시아의 평화와 안정을 위한 역내 안보대화협의체의 구축을 목표로 하고 있다. 이런 맥락을 고려하여 이 책은 유럽의 다자안보협의체 형성을 위한 '헬싱키프로세스'를 고려하는 가운데, 그동안 추진되어 온 동북아에서 다자안보협의체 구상에 관한 논의의 경험을 바탕으로 '제주프로세스'를 위한 실현 가능한 대안을 마련할 필요성을 제기하고자 한다.

---

11) '제주포럼'의 성격과 역할 및 발전 방향에 대해서는 고봉준·윤태룡·이성우·진행남. "제주평화포럼 발전방향에 대한 일고." 『제주발전연구』, 제12호(제주발전연구원, 2008)를 참조할 것.

제2절 동북아 다자안보협력과 제주프로세스

동북아 안보레짐의 목표와 방향과 관련하여 많은 시사점을 제공해 주는 것이 바로 유럽안보협력회의(Conference on Security and Cooperation in Europe: CSCE)의 경험이다. 냉전기였던 1975년에 '헬싱키 최종의정서'(Helsinki Final Acts)의 채택으로 출발한 CSCE는 근대 최초의 안보레짐으로 주목을 받았으며, 냉전 이후에는 새로운 안보 상황에 맞도록 기능이 강화되어 1995년 1월 유럽안보협력기구(OSCE)로 발전했다. 이러한 CSCE의 성공적인 운용사례는 동북아 지역에서의 다자안보협의체의 목표와 방향을 설정하는 데 중요한 함의를 제공할 수 있다. 그리고 이처럼 동북아 지역에서도 유럽의 이른바 '헬싱키프로세스'(Helsinki Process)[12]와 유사한 방향으로 협력안보레짐을 구축하려는 연구와 움직임이 나타나고 있다.

그동안 일부 전문가들에 의해 CSCE/OSCE에 대한 소개가 계속되어 왔고, 그중 동북아 안보협력에 주는 함의를 검토하는 논의도 있어 왔다.[13] 그러나 CSCE/OSCE의 경험을 동북아에 적용할 수 있는지, 할 수

---

12) '헬싱키프로세스'란 1975년 8월 1일 헬싱키 CSCE 정상회의에서 헬싱키 최종의정서가 채택된 이후 합의사항의 구체화 및 이행을 향한 일련의 전개과정을 의미한다.

13) 홍기준, "헬싱키프로세스와 독일문제: 동북아 다자안보협력에 주는 함의," 한국국제정치학회 학+술회의발표문(서강대, 2007. 12. 7); 이인배, "제도와 행위자간의 상호작용에 관한 연구: '다자간 협력안보' 사례

있다면 어느 정도 그리고 어떻게 적용할 것인지를 본격적으로 논의하는 단계로 나아가지는 못하고 있다. 좀 더 포괄적으로 유럽의 안보협력 경험을 동북아에 적용하는 논의도 있다. 그러나 이 경우도 대부분 안보 문제에, 일부는 인권 문제에 국한하여 논의하고 있어 CSCE/OSCE의 포괄성을 온전하게 다루고 있지 못하는 문제를 안고 있다.[14]

이처럼 그동안 유럽, 특히 CSCE/OSCE의 경험의 동북아 적용에 관한 연구의 한계로 의미 있는 진전을 이루지 못한 가운데, 최근 동북아 다자안보협의체 구상에 대한 논의가 다시 제기되고 있다. 미국에서는 조지 W. 부시 행정부 들어 CSCE의 경험을 동북아에 적용하는 문제를 검토해 왔다. 2004년 10월 제정된 북한인권법 제106조에 "북한과의 지역 인권대화의 가능성을 모색"함에 있어서 헬싱키프로세스를 원용할 것을 제시하고 있다. 이를 계기로 한국에서도 이와 유사한 논의가 일어나고 있다. 현재 운영되고 있는 북핵 '6자회담'의 다자안보협의체로서의 가능성에 대한 논의도 제기되고 있다.

특히 주목할 것은 다자주의적 안보협의의 정례화를 천명한 2007년 제4회 '제주포럼'의 제주프로세스 추진 선언이다. 2007년의 제주선언은 동북아시아에서 다자안보협력이 어느 때보다 더 요구되는 시점에

로서 CSCE를 중심으로." 『국제정치논총』, 제41집 제1호(2001); 이승근, "유럽안보협력회의(CSCE) 발전과정에서의 양대정책: 헬싱키회담에서 파리협정까지 미국과 프랑스의 유럽전략을 중심으로." 『세계지역연구논총』, 제12집(1998); 홍기준, "안보레짐의 형성: CSCE/OSCE의 사례연구." 『국제정치논총』, 제38집 제1호 (1998); 이영기, 『통일문제연구프로젝트: 동아시아에 있어서 CSCE 모델의 유용성』 『평화연구』, 제3호 (1994); 이장희, "Helsinki '인권규정'이 분단국가에 주는 의미." 『통일문제연구』, 제1권 제3호 (1989).

14) 고유환, "동북아 안보협력과 한반도 평화체제 구축." 『북한연구학회보』, 제7권 제2호 (2003); 한용섭, 『동아시아 안보공동체』(서울: 나남출판사, 2005); 김재한, 『동북아공동체』(서울: 집문당, 2005); 손열 편, 『매력으로 엮는 동아시아: 지역성의 창조와 서울 컨센서스』(서울: 지식마당, 2007); 김규륜, 『동북아 지역협력의 새로운 연계』(서울: 통일연구원, 2007) ; 하영선, 『동아시아 공동체: 신화와 현실』 (서울: 동아시아연구원, 2008).

서 여전히 분쟁해결 및 협력을 위한 역내의 다자주의 노력이 미흡함을 인정하고, OSCE 설립의 다양한 경험을 바탕으로 하여 신축성 있는 역내 안보대화협의체를 구축할 것을 천명하고, 이를 위한 과정을 제주프로세스로 명명하였다. 동 선언은 특히 대한민국 정부에 의해 2005년 1월 '세계평화의 섬'으로 지정된 제주에서 이러한 다자안보협의 프로세스가 실행되는 것이 타당성이 있음을 강조하였다.[15]

동북아 다자안보협의체 추진을 위한 '제주프로세스'를 실행해 나가는 데는 유럽 사례가 분명히 매력적인 사례연구 대상이며 참고할 만한 사례라고 할 수 있다. 그러나 이미 실현된 '헬싱키프로세스'와 구상 단계에 있는 '제주프로세스'는 시대 상황 및 역사적 맥락과 지역적 조건, 역내 국가별 특성 등에서 많은 차이를 보인다. 예를 들면, 동북아시아에서 국가안보·군사안보의 안보관이 지배적이라면, 유럽은 거기서 나아가 공동안보, 협력안보의 개념을 만들어냈다. 또 안보환경의 측면에서도 유럽은 경제통합 및 정치통합 노력을 바탕으로 우호적인 데 비해, 동북아시아는 경제적 상호의존 속에서도 국가 간 각축으로 경쟁적인 환경에 놓여있다. 안보정책에서도 유럽은 복수의 제도화된 기구들을 통하여 역내 다자동맹과 안보협의체가 발전해온 반면, 동북아시아는 쌍무적 동맹관계가 주를 이루고 있다.[16] 따라서 유럽 사례를 동북아에 그대로 적용하는 데는 무리가 따르며, 교조적 적용이 어려운 상황이다.

동북아에서 국가 간 안보협력을 진전시키려면 힘의 관계, 특히 강

15) 제주평화연구원, 『제4회 제주평화포럼 결과보고서』(2007), pp.8~9.
16) 서보혁, 「다자안보협력의 제도화 경로: C/OSCE의 경험과 동북아 적용 방안 연구」, 『국제정치논총』, 제49집 2호(2009), p.8.

대국의 영향을 배제할 수 없다고 본다. 또한 경제협력이나 환경협력 등 다자 협력레짐의 구축과 제도화 수준을 높임으로써 국가 간 안보 관계의 투명성, 예측 가능성, 안정성 등이 높아지면서 당사국들의 안보에 긍정적인 결과를 생산해낼 가능성이 높아진다. 동북아 지역은 세계 4대 강국의 각축장이 되고 있다는 점에서 이들의 영향력을 배제한 다자안보협의체의 창설은 불가능하며, 관련 국가들의 이익에 대한 조정 없이 강대국 주도로 이끌어 가기도 쉽지 않은 상황이다.

이와 같은 기본적인 문제의식하에 이 책은 유럽 안보협의체제의 발전 경험을 검토하고 이를 동북아 안보협력 논의와 연계시키고자 한다. 이를 위해 우선 유럽의 경험을 객관적으로 살펴보고, 그것이 가능했던 요인을 도출하여, 그것을 동북아의 다자안보협력에 어떻게 적용시킬 수 있는지 검토하겠다. 뿐만 아니라 이 책은 시대 상황 및 역사적 맥락과 지역적 조건, 국가별 특성 등의 차이에 주목하는 가운데 유럽과 동북아 양 지역에서 이루어지거나 추진되고 있는 다자간협의체의 성공과 실패에 대한 비교분석을 통해 차이점이나 유사점, 나아가 공통점 등을 찾아내어 성공적 추진을 위한 다양한 요인을 도출할 것이다.

또한 이론적인 측면에서도 어떤 특정한 시각의 배타적 적용이 아니라 신현실주의, 신자유주의, 구성주의 등 다양한 시각들의 통합적 접근을 통해 '권력-이익-정체성의 상호작용 모델'을 제시함으로써 다자안보협력에 대한 통합적 분석을 시도 하고자 한다. 이러한 일련의 분석을 통해 이 책은 유럽 사례에 대한 검토를 바탕으로 동북아 다자안보협의체 구상의 실현과 제도화 가능성을 분석하려 한다.

제3절 선행 연구의 검토

1. 동북아 다자안보협력

동북아 다자안보협의체의 구성과 실현방안과 관련된 기존 연구들을 다음과 같은 몇 가지 측면에서 검토할 수 있다. 첫째, 기존 연구들은 어떤 필요성과 배경하에서 이에 관한 연구들을 수행했는가 하는 것이다. 이 문제에 대한 검토는 이 책의 필요성과 논의의 배경을 제시하는 근거가 될 것이다. 그리고 둘째, 동북아 다자안보협의체에 대한 접근 시각을 검토할 것이다. 셋째, 동북아 다자안보협의체의 구체적인 구상 모델이 무엇인지 검토할 것이다. 이상의 세 가지 문제에 대한 검토는 이 책의 이론적 시각과 연구 사례와 관련하여 중요한 함의를 제시해 줄 것이다.

우선, 기존 연구들은 동아시아의 안보 불안정 해소를 위해 다자안보협력이 필요하다고 주장하는 경향을 보인다. 이런 연구들은 유럽과 달리 동아시아 지역은 탈냉전 이후에도 여전히 '전통적 안보' 차원에서 냉전적 안보 불안정과 안보위협이 해소되지 못하고 있다는 점을 강조한다. 예컨대, 미·중 및 일·중 간의 패권경쟁, 남북한의 대결 및 중국 대만 간의 긴장 등을 안보 불안정의 주요 요인으로 지적한다.

특히 미군 감축 가능성의 증대, 중국의 군사적 부상, 일본의 보통국가
화 움직임, 북한의 핵 개발, 도서 영유권 분쟁, 중・일의 역사 왜곡 등
은 이러한 불확실성을 가중시키는 요인으로 작용하고 있다는 것이
다.[17] 다자안보협력의 필요성에서는 테러리즘, 마약거래, 전염병, 환
경오염, 난민, 불법이민, 국제범죄 증가 등과 같은 '비전통적 안보' 차
원의 위협도 강조되고 있다. 특히 이러한 비전통적 안보 이슈들은 초
국가적 이슈이기 때문에 국제적 협력 없이는 문제해결을 기대하기
어렵다는 것이다.[18]

이처럼 탈냉전 이후 전통적 및 비전통적 차원의 안보 불안정과 안
보위협에 직면한 동아시아가 이를 벗어나기 위해 적극적으로 모색되
어야 할 것이 바로 기존의 개별 국가 또는 양자 동맹 차원의 안보체
제를 대체할 수 있는 새로운 안보체제의 모색이라는 것이다.[19] 더 나
아가 안보 불안정과 안보 위협의 증가는 동아시아의 경제 발전을 지
속시키고 역내 경제통합을 저해할 수 있기 때문에도 안보협력이 필
요하다는 점을 강조한다.[20] 노무현 정부의 "평화와 번영의 동북아시
대 구상"도 역내에서의 경제협력과 경제통합의 가능성 증대와 안보
불안정의 양립 불가능성에 주목하여 경제적 번영과 평화의 병행을
주장한 것이다.[21]

---

17) 이삼성, 「동아시아: 대분단체제와 공동체 사이에서」, 『민주주의와 인권』 제6권 2호(2006), pp.6~11; 김
    유은, 「동북아 안보공동체를 위한 시론: 구성주의적 시각을 중심으로」, 『국제정치논총』 제44집 4호
    (2004), p.70.

18) 조윤영, 「동아시아 안보와 제도주의: 안보공동체 형성의 조건과 발전과정」, 『한국정치외교사논총』 제27집
    2호(2005), pp.317~318.

19) 김유남・노병렬, 「동북아 안보레짐의 형성 및 가능성: 다자간 안보협의체와의 상호보완성 연구」, 『국제정
    치논총』 제39집 1호(1999), pp.157~158.

20) 최영종, 『동아시아 지역통합과 한국의 선택』(서울: 아연출판부, 2003).

21) 동북아시대위원회. 2005. 『평화와 번영의 동북아시대 구상』.

다른 한편으로, 기존 연구들은 동북아 다자안보협력이 한국의 국익 추구를 위해서도 필요하다는 점을 강조한다. 탈냉전 이후에도 냉전체제가 해체되지 않은 상황에서 한국이 안보체제를 유지하면서 통일을 달성해 나가기 위해서는 주변국들의 협력이 필요하며, 이런 차원에서 다자안보협력이 필요하다고 주장한다.[22] 또한 한반도의 분단 상태를 효율적으로 관리하고 통일과정 및 통일 이후의 동북아 안보 환경을 한국에 유리하게 조성하기 위해서도 다자안보협력이 필요하다고 주장한다.[23]

둘째, 기존 연구들은 자유주의 시각에서 동북아 다자안보협의체에 접근하는 경향을 보여 왔으며, 최근 들어 구성주의적 시각이 등장하고 있다. 자유주의적 시각에서는 기능주의 부류와 제도주의 부류로 크게 구분된다. 우선 기능주의 또는 신기능주의에서는 동아시아 지역의 경제통합을 통해 또는 그 연장선상에서 동아시아 다자안보협의체에 접근한다. 즉 역내 경제적 교류·협력 확대를 통한 통합의 증진이나 민간부문의 협력 활성화가 역내 국가 간 안보협의체 형성을 촉진할 것이라는 이른바 '파급효과(spill-over effects)'를 기대할 수 있다는 점을 강조하고 있다.[24] 그러나 동아시아의 상이한 국가제도와 문화양식, 정치·군사적 협력에서 제한적인 민간부문의 역할, 중국과 북한의 경우 민간과 정부 구분의 무의미 등의 이유로 안보공동체 모색에 있어서 기

---

22) 홍현익, 「결론」, 홍현익·이대우 공편, 『동북아 다자안보협력과 주변 4강』(성남: 세종연구소, 2001), p.184; 백진현, 「다자안보협력과 한국의 국가안보」, 세종연구소 편, 『21세기 한국의 국가전략』(성남: 세종연구소, 2000), p.58; 박건영, 「동북아 다자간 안보협력의 현실과 전망: 탈냉전, 세계화, 한반도 상황 변화가 가지는 함의를 중심으로」, 『한국과 국제정치』 제16권 2호(2000), p.42.

23) 조윤영, 「동아시아 안보와 제도주의: 안보공동체 형성의 조건과 발전과정」, pp.318~319; 박종철, 「남북한의 입장」, 한용섭 외, 『동아시아 안보공동체』(서울: 나남출판, 2005), pp.42~43.

24) 최영종, 「동아시아 공동체에 대한 이론적 검토」, 이승철 외, 『동아시아 공동체: 비전과 전망』(서울: 한양대 출판부, 2005), pp.59~60. 그러나 최영종의 기본적 접근시각은 제도주의와 다자주의에 입각하고 있다.

능적 파급효과를 기대하는 것은 무리라는 반론도 있다.[25]

한편, 제도가 불확실성을 줄이고 거래비용을 감소시킴으로써 협력 발생을 촉진시키고 협력을 지속시킨다는 점을 강조하는 제도주의적 접근은 거래비용이 낮아질 때의 이익을 깨닫게 되면 국제제도의 창출이 보다 쉬워진다는 관점에서 동아시아 안보협의체의 가능성을 강조한다. 그리고 제도주의의 연장선상에서 다자주의적 접근은 지역안보 증대를 목적으로 하고 특정한 안보위협에 군사적으로 대응하기보다는 국가 간 분쟁발생 소지 및 지역 불안정 요인을 사전에 방지하고 제거하는 예방외교적 역할의 수행을 강조한다.[26] 특히 동아시아 지역의 특수성을 감안할 때 유럽식 안보공동체를 형성하는 것이 어렵기 때문에 안보협의체 형성을 위한 기본적인 틀로서 다자안보 차원에서 접근해야 한다는 점을 강조하기도 한다.[27]

최근 들어 동북아 다자안보협의체에 대한 또 다른 접근으로 구성주의를 들 수 있다. 구성주의 접근방법은 안보협의체를 촉진하는 배경 조건, 이를 바탕으로 힘, 지식과 같은 구조 변수와 거래, 기구, 사회적 학습과 같은 과정 변수의 상호작용, 상호 신뢰와 집단 정체감의 형성 등을 강조한다. 구성주의적 접근방법도 제도화를 중요한 요소로 고려하지만, 제도화의 수준을 넘어 안보 공동체 내의 전쟁 개연성이 사라지는 것을 최종 목표로 상정하고 구조변수와 과정변수의 상호작

25) 김유남·노병렬, 「동북아 안보레짐의 형성 및 가능성: 다자간 안보협의체와의 상호보완성 연구」, pp.165~166.

26) 조윤영, 「동아시아 안보와 제도주의: 안보공동체 형성의 조건과 발전과정」, pp.325~328.

27) 송병록, 「동아시아 공동체 형성을 위한 분야별 협력방안: 군사·안보부분」, 『국제정치논총』 제42집 3호 (2002), p.105. 동아시아 안보협의체 구상에서 제도주의와 다자주의는 병행되거나 혼용되는 양상을 보여주고 있으며, '다자안보협력의 제도화'라 이를 보여주는 한 현상이다. 이신화, 「동북아안보공동체 구축에 관한 소고」, 『전략연구』 제13권 제1호(한국전략문제연구소, 2006), p.17.

용을 통한 신뢰구축과 정체성의 공유를 강조[28]한다는 점에서 제도주의적 접근과는 다소 차이가 있다.

이처럼, 자유주의와 구성주의 접근이 동아시아 및 동북아 다자안보협의체에 접근하는 주된 방법인 반면, 반세기 이상 국제정치학의 주류 접근방법이라고 할 수 있었던 '현실주의' 접근은 거의 찾아볼 수 없다. 적대국 상정 및 세력균형을 국제평화 유지책의 근간으로 제시하는 현실주의가 관련 국가들이 모두 참여하는 안보공동체 모색에 커다란 한계를 가지고 있다는 점을 감안하면, 이러한 현상은 당연한 것일 수도 있다. 세력균형론은 냉전기에는 설득력을 가질 수 있었지만, 탈냉전기에는 설득력을 상실하고 있다는 주장마저 제기되고 있다.[29]

셋째, 동북아 다자안보협의체 구상을 위한 모델에서 유럽의 경험, 즉 유럽안보협력회의(CSCE)를 원용한 접근이 두드러진다. CSCE는 1973년 7월 유럽국가들 및 미국과 캐나다의 참여하에 유럽의 안보를 공동으로 논의하는 협의체로 출범했으며, 오랜 협상과 진통 끝에 1975년 12월 군사적 신뢰구축, 병력감축, 경제·기술교류, 인권향상 등의 내용을 담은 최종선언을 발표하고 유럽안보협력기구(OSCE)로 발전했다.[30] 기존 연구들은 유럽의 경험과 CSCE 모델의 핵심 내용인 군비통제레짐, 비확산레짐, 검증레짐, 위기관리레짐 등을 포괄하는 다자간 협력안보레짐에 입각한 CSCE가 동아시아 안보공동체가 지향해야 할 바람직한 모델이라고 본다.[31] 이처럼 한국에서 CSCE 모델이

---

28) 김유은, 「동북아 안보공동체를 위한 시론: 구성주의적 시각을 중심으로」, pp.74~81.

29) 송병록, 「동아시아 공동체 형성을 위한 분야별 협력방안: 군사·안보부분」, p.110.

30) 이에 대해서는 제3장에서 보다 자세하게 다룰 것이다.

31) 한용섭, 「동아시아 안보공동체 구축의 필요성」, pp.29~35; 이신화, 「동북아안보공동체 구축에 관한 소고」, p.28; 조윤영, 「동아시아 안보와 제도주의: 안보공동체 형성의 조건과 발전과정」, pp.331~332.

각광받고 있는 이유는 CSCE가 다자간 지역 안보협력의 제도화에 성공한 유일한 사례일 뿐만 아니라 역외국 미국의 참여로 한미동맹이라는 한국 안보의 안전판을 지속시킬 수 있다는 점이 크게 고려되었기 때문이라고 할 수 있다.

이상의 기존 연구들에 대한 검토를 바탕으로 다음과 같은 몇 가지의 논점을 제시할 수 있을 것이다. 첫째, 기존 연구들은 동북아의 안보 불안정 해소와 한국의 국익 추구를 위해 동북아 다자안보협의체의 필요성을 제시하고 있다. 결국 다자안보협의체는 전통적·비전통적 안보위협의 해소를 통한 동북아의 항구적 평화와 안전 보장, 역내 경제발전과 경제통합의 촉진, 한국의 안전보장과 한반도의 통일 환경 조성 등에 기여할 수 있는 기존 안보체제의 대안으로 제시되고 있다. 이 책 역시 동북아 다자안보협의체와 그 구체적 방안의 하나인 '제주 프로세스'는 '세계평화의 섬 제주'에서 선언된 구상이 한반도와 동북아의 안보적 안정과 경제협력과 통합의 증진을 위해 지역협력의 토대가 될 수 있을 것이라는 관점에서 연구 주제로 선정했다.

둘째, 지금까지의 기존 연구들의 동북아 안보협의체 구상에 대한 시각은 자유주의와 제도주의적 시각이 주류를 이루고 있으며, 그중에서도 '다자안보협력의 제도화'에 기반한 접근이 압도하고 있는 것으로 보인다. 그러나 탈냉전기임에도 냉전적 유산이 잔존하는 동북아 정세를 감안할 때, 현실주의적 접근을 제외하고 자유주의나 구성주의 접근을 지향하는 것은 순진한 낙관론일 수도 있다. 동북아에서 힘의 관계와 그로 인한 대결 국면을 무시할 수 없는 상황이기 때문이다. 특히 북한은 차치하고라도 중국의 부상에 따른 미·중 간 대결구도가 심화되고 있는 현상을 감안하면, 연전히 동북아에서 안보 불안은 해소되기 쉽지 않은 상황이다. 따라서 자유주의에 기반한 '다자안보협력의 제도화'와 동북아의 정체성을 구성하기 위한 노력과 함께 병행되어야 할 것이 힘의 관계의 영향을 조정할 수 있는 현실주의적 접근의 병행이라고 할 것이다. 이런 맥락에서 이 책은 세 가지 이론적 시각, 즉 자유주의, 구성주의, 현실주의의 이론적 요소들의 추출과 결합을 통한 이론적 논의의 틀을 구성할 것이다.

셋째, 동북아 안보협의체에 관한 구상들은 유럽의 경험에 거의 전적으로 의존하는 경향을 보이고 있다. 이는 그동안 간헐적으로 제기되어 왔던 동아시아 또는 동북아의 경험과 비교할 때 두드러진 경향이라고 할 것이다. 이는 성공의 경험과 실패의 경험이 가져다주는 차이일 것이다. 특히 성공의 경험으로서 유럽의 사례는 참여정부의 '동북아시대 구상'에서 적극적으로 원용되었다는 점에서 학계에서의 인식적 파급효과가 컸던 것으로 보인다.

그러나 동북아에 위치해 있는 한반도와 중·일관계, 그리고 미국의 역할 등을 고려할 때, 좁게는 동북아 그리고 넓게는 동아시아의 지역적 맥락을 고려하지 않은 다자안보협의체 구상은 한계가 분명할 것이다. 유럽의 경험이 아무리 성공적이고 학습의 여지가 크다 할지라도, 지역적 특수성을 고려하지 않은 일방적 원용은 또 다른 한계로 작용할 수 있을 것이기 때문이다. 이런 맥락에서 이 책은 유럽의 성공 경험과 동아시아 및 동북아의 실패경험에 대한 학습이 중요할 것으로 판단하여 양 사례를 심층적으로 탐색할 것이다.

유럽의 경험은 협력안보레짐 차원에 국한되지 않는다. 안보문제 이외의 문제들까지도 포함하는 포괄적 동북아 또는 동아시아 공동체를 구상하는 논자들은 유럽연합(EU)을 지향모델로 제시하기도 한다.[32] 핵확산방지레짐(NPT, PTBT, CTBT)과 같은 범세계적 국제레짐을 거론하는 논자들도 있다.[33] 구성주의론자들은 역내 정체성이 공유되고 전쟁 개연성이 완전히 사라지는 '상상의 안보공동체'를 궁극적 지향모델로 제시하고 있다.[34] 유엔이 추구하는 바와 같은 집단안보체제(collective security system)가 가장 이상적인 목표라고 할 수 있지만 중단기적으로는 회의적이라는 주장도 있다.[35] 그러나 NATO와 같은 집단방위체제는 냉전적 요소가 잔존하고 있는 동북아에서는 그 형성이 단기적으로 불가능할 뿐만 아니라 바람직하지도 않다는 주장이 지배적이다.[36]

2. 제주프로세스

제주프로세스에 관한 논의가 아직 본격화되지는 않았지만, 일부 논자들을 중심으로 논의의 실마리를 마련하고 있기 때문에 이에 대해서도 검토한다. 이를 토대로 하여 동아시아 및 동북아 다자안보협의체에 어떻게 접근할 것인지를 검토할 필요가 있다. 사실, 기존 연구들은 다양한 실현 방안들을 모색해 왔으나 구체성 측면에서는 여전히 구상 단계를 넘어서지 못하고 있으므로 실현을 위한 구체적인 프

---

32) 최영종, 「동아시아 공동체에 대한 이론적 검토」; 박봉규, 「동북아 지역주의의 현황과 가능성: 유럽연합(EU)의 경험과 동아시아 지역협력제도를 중심으로」, 『국제평화』 제4권 2호(서울평화상문화재단, 2007).

33) 김유남·노병렬, 「동북아 안보레짐의 형성 및 가능성: 다자안간 보협의체와의 상호보완성 연구」, pp.145~149.

34) 김유은, 「동북아 안보공동체를 위한 시론: 구성주의적 시각을 중심으로」, pp.79~81.

35) 이삼성, 「동아시아: 대분단체제와 공동체 사이에서」, p.20.

36) 이상환, 「동북아공동체 형성의 가능성과 한계: 동북아 안보 . 경제레짐을 중심으로」, 김계동 외, 『동북아 신질서: 경제협력과 지역안보』(서울: 백산서당, 2004), p.97.

로세스로 논의가 진전될 필요가 있으며 이런 측면에서 그간의 제주 프로세스에 대한 논의 경향을 짚어볼 필요가 있다.

학계의 제주프로세스에 관한 논의를 보면 주로 제주라는 지역 단위에서 논의가 되고 있는 수준에 머물러 있다.[37] '제주프로세스' 선언이 2007년도에 개최된 제4회 제주포럼 선언문에서 처음으로 언급되면서[38] 그 이후 제주평화연구원[39]이 중심이 되어 몇 차례의 학술회의가 개최되었다.

윤태룡은 제주프로세스의 궁극적 실현을 위한 제주도의 대북지원사업이 남북한화해를 위한 국가전략상의 의미를 강조하였는데 이러한 사업이 남북관계가 지나친 악화를 막고 다시 협력적 관계로 나아가도록 하는 디딤돌이 되었다는 점에서, 제주도는 남북관계의 개선에 긍정적이고 선도적 역할을 해온 것으로 평가하고 있다.[40] 또한 주변국과의 관계와 제주프로세스의 실현에 대하여 연구하였는데 "한국정부의 대미관계의 밀착 여부에 따라 양자주의/다자주의 간의 밸런스 정도가 달라지고 있는데, 한미동맹의 지나친 강조는 다자주의, 혹은 포괄적 협력관계를 퇴조시키고 중국, 러시아와의 관계를 악화시킬 수 있다는 점에서 매우 조심스럽게 접근해야 할 문제라고 하지 않을 수 없다."[41]라고 평가하고 있다.

고봉준은 제주프로세스라는 단어 자체는 2000년대 초에 우리 정부

---

37) 제주프로세스에 관한 논의는 제6장에서 보다 심층적으로 검토·분석할 것이다.

38) 제주평화연구원 편, 『제주프로세스와 동북아 평화 번영』(제주: 제주평화연구원, 2009)

39) 제주평화연구원 창립 3주년 기념 학술회의(2009. 3. 20); 제주평화연구원 주최, 『제주프로세스의 추진: 그 이상과 현실』 학술회의 (2009. 6. 12).

40) 윤태룡, 「'제주프로세스'와 주변국관계: 동맹이론의 관점에서」, 『건국 60주년 기념 공동학술회의 중 제주프로세스와 평화세션』(JPI, 2008), p.7.

41) *Ibid*, p.14.

가 유엔의 군축 관련 기구를 제주에 유치하기 위해 노력하는 과정에서 처음으로 사용되기 시작하였고, 이후 2007년 제4회 제주포럼을 기점으로 다시 제주프로세스와 관련된 논의가 활성화되었다는 점을 밝히면서 실체가 있는 제주프로세스의 추진을 위해서 협력을 제도화할 수 있도록 국제적인 기구를 제주에 유치하는 데에 중점을 두어야 한다는 평가와 함께 제주프로세스의 추진방향을 네트워크의 구축이라는 관점에서 검토하고 6자회담의 사례를 긍정적으로 평가하였다.[42]

진행남은 북핵 6자회담과 동북아 다자안보협력체의 가능성을 높여주었다고 보면서 다자대화에 부정적이던 북한이 다자대화의 경험을 쌓는 계기가 되었으며 관련 6개국이 타협과 협력을 통한 다자적 협력을 학습하게 되었다고 평가하고 있다. 또한 제주프로세스가 진전을 하기 위해서는 헬싱키프로세스를 되돌아볼 때 분단국이었던 서독이 취한 입장과 전략은 고려하여야 하는데 서독은 CSCE의 다자간 협상에서 서독의 이익을 추구하기보다는 독일의 이익을 추구하였다는 점을 강조하였다. 즉 '동방정책'을 뛰어넘는 '독일정책'으로 방향전환을 하고 동맹국들과의 협력관계를 이용하여 자국의 이러한 전략목표를 성취한 서독의 전략을 따라서 한국이 북한을 경쟁자나 적대국으로 보기보다는 '특수관계'에 있는 주권국가로 보고 민족적 차원에서 포용하고 생생의 길을 모색해 나아가야 한다는 점을 주지시키고 있다.[43]

이러한 기존의 연구 상황을 고려할 때, 과연 제주프로세스가 동북아 다자안보협의체 창설에 얼마나 기여할 수 있을지에 대한 의문이

---

42) 고봉준, 「제주프로세스 추진 방향에 대한 일고: 네트워크 이론의 관점에서」, 『건국 60주년 기념 공동학술회의 중 제주프로세스와 평화세션』(JPI, 2008), p.28.

43) 진행남, 「제주프로세스와 대북정책」, 『건국 60주년 기념 공동학술회의 중 제주프로세스와 평화세션』(JPI, 2008), p.52.

있는 것도 사실이다. 그러나 여전히 가능성을 남겨 놓고 있다는 점도 간과되어서는 안 될 것이다. 북한 문제와 관련한 6자회담은 그간의 과정상의 문제로 부침을 거듭하고 있지만, 북한 상황의 전개와 북한 지도부의 선택 및 중국과 미국의 역할 등에 따라 아직까지는 동북아 안보문제를 협의할 수 있는 거의 유일한 대안으로 인식되고 있다. 특히 '세계평화의 섬 제주'라는 지역적 맥락을 바탕으로 동북아의 안보협의체를 논의하는 것 자체가 새로운 접근이라는 점에서 여전한 가능성을 열어두고 있는 제주프로세스에 대해 접근하는 것은 나름의 의미가 있을 것이다.

제4절 책의 범위와 구성

이 책은 동북아의 다자안보협의체 형성의 문제점과 가능성에 대한 검토와 제주프로세스의 다자안보협의체로의 발전 가능성을 모색하는 것을 목적으로 하기 때문에 동북아시아라는 범주에 국한하여 논의를 전개하고자 한다. 이 책에서 논의하는 동북아를 지리적 범주로 보면 한·중·일 삼국과 북한이 포함된다.

그러나 동북아의 안보협력 이슈는 단순한 지리적 범주로 국한될 수 없는 문제이다. 즉 유사한 안보 정향을 갖는 국가들은 지리적 근접성에 관계없이 공동의 이해를 중심으로 상상의 공동체(imagined community)를 형성할 수 있다.[44] 예컨대, 한국과 미국은 지리적으로 멀지만 상상의 공동체를 구성할 수 있다. 또한 동북아 지역의 다자간 안보 협의체를 논할 때도 이 지역에서 미국의 역할을 빼놓고 생각할 수 없다면 미국은 이 지역 안보협의체의 구성원이 될 수 있다.

이와 같은 논지에서 동북아 지역 다자안보협의체의 가능한 주요 참여국으로서는 일차적으로 남·북한, 중국, 일본, 미국, 러시아 등을 상정할 수 있을 것이다. 북핵문제를 해결하기 위한 다자간 협의의 틀

---

44) Emanuel Adler, "Imagined (Security) Communities: Cognitive Regions in International Relations," *Millennium*, Vol. 26, No. 2 (1997), p.250.

로 만들어진 "6자회담"이 이를 방증한다고 할 수 있다. 따라서 전략적인 측면에서 보면 역외의 두 핵심 세력인 미국과 러시아가 포함되어야 할 것이다.

　동북아를 다자안보협력의 맥락에서 접근할 경우, 과연 이처럼 좁은 범위의 지리적 위치에 국한하는 것이 적절한지 의문이 제기될 수 있다. 기능적인 측면에서도 동북아의 안보 문제를 동북아 지역 그 자체에 국한할 수 있을 것인가? 미국과 러시아를 포함하는 것도 사실은 지리적 위치를 넘어 동북아에 미치는 영향력을 가진 국가라는 점 때문이다. 따라서 동북아는 지리적 개념과 기능적 개념으로 구분할 필요가 있다. 지리적 개념으로 보았을 때, 동북아시아는 남·북한, 중국, 일본, 러시아, 몽골을 포함하며, 기능적 관점으로 정의했을 때는 미국과 ASEAN 국가들 역시 포함된다. 미국이 동아시아 지역에 행사하는 영향력과 ASEAN 국가들의 잠재적 안보·경제적 영향력을 생각하였을 때, 기능적 정의 역시 상당한 중요성을 지닌다고 할 수 있다. 보다 중요한 점은, 개방적 지역주의의 측면에서 볼 때, 세계 모든 국가들이 평화와 번영을 위한 동북아 다자안보협력에 참여할 수 있다는 사실이다.[45] 따라서 이 책에서 논의되는 주된 지역은 지리적 범주로서의 동북아와 함께 기능적 범주로서의 미국, 러시아 및 동아시아까지 포괄할 것이다. 실제로 아시아에서의 다자안보협력에 관한 논의도 동북아와 동아시아로 구분되지만 실질적인 논의의 내용은 두 지역의 분리보다는 중첩을 특징으로 한다.

　이 책은 시간적으로 1980년대 후반 이후 동북아 지역에서 논의되

---

45) 문정인, 「동아시아 안보공동체 구축과 한국의 동북아 협력 구상」, 제주발전연구원·동아시아재단 편, 『동북아 공동체 : 평화와 번영의 담론』(서울: 연세대학교 출판부, 2006), p.148.

기 시작한 다자 안보대화로부터 시작하여 2007년과 2009년 '제주포럼'에서 제기되어 논의되고 있는 제주프로세스까지를 연구범위로 한다. 그러나 제주프로세스가 헬싱키프로세스를 모델로 하여 제기되었기 때문에 보다 집중적인 논의는 유럽의 경험으로서의 헬싱키프로세스와 동북아시아의 새로운 방안으로서의 제주프로세스를 중심으로 이루어질 것이다.

이 책은 주로 문헌분석을 중심으로 수행될 것이다. 동북아 지역의 다자안보에 관한 그간의 논의들에 대해서는 역사적 맥락을 고려하면서 관련 1, 2차 문헌들을 수집하여 분석할 것이다. 그리고 헬싱키프로세스 역시 유사한 방법에 의존한다. 그러나 제주프로세스의 경우 아직까지 관련 연구들이 많지 않은 관계로 '제주포럼'을 주최했던 제주평화연구원과 제주특별자치도 등에서 발간된 1차 문헌들을 중심으로 분석할 것이다.

이 책의 구성은 다음과 같다. 제2장에서는 다자간 협력안보와 국제레짐 이론 등에 대한 논의의 검토를 바탕으로 분석의 틀을 설정한다. 제3장에서는 '헬싱키프로세스'를 중심으로 유럽의 다자안보협의체인 CSCE/OSCE의 형성과 전개과정 및 레짐형성의 다이내믹스를 고찰한다. 제4장에서는 동북아 지역에서 구상되었거나 논의되었던 또는 논의되고 있는 다자간 안보 협의와 관련된 논의와 구상들에 대해 검토한다. 제5장에서는 유럽의 성공 경험과 동북아의 실패경험에 대한 비교분석을 바탕으로 동북아 지역의 다자안보협의체 구성을 위한 새로운 논의인 제주프로세스 구상에 주는 함의를 도출하려 한다. 제6장에서는 제주프로세스가 어떻게 안보협의체 형성에 기여할 수 있을 것인지를 거시적 국제환경 측면에서의 실현 조건과 동북아 역내에서의 소안보협의체 역할을 할 수 있는 6자회담, 제주프로세스 구상의 추진 방향을 분석·검토한다. 마지막 제7장에서는 동북아 안보협의체와 제주프로세스의 함의를 아우르는 결론을 도출할 것이다.

제 **2** 장

국제레짐과 협력안보, 그리고 다자안보협의체: 이론적 논의

제1절 안보 개념의 변화와 다자주의

1. 안보 개념의 변화

국가를 단위로 하는 안보 개념의 형성은 불가침적 주권을 가진 상호 평등한 국가에 대한 인식의 틀이 형성되고 근대 국제체제가 형성된 1648년 베스트팔렌 체제의 형성으로 거슬러 올라갈 수 있다. 이후 나폴레옹 전쟁을 계기로 형성된 유럽협조체제(Concert of Europe System), 크리미아 전쟁과 독일 통일을 계기로 형성된 동맹체제(Alliance System), 세계대전으로 형성된 베르사유체제(Versailles System)와 1980년대 말까지 이어져 왔던 냉전체제(Cold War System)에 맞게 국가들은 안보전략을 추구하여 왔다. 체제의 변화가 있었지만 안보 메커니즘은 국가 주권의 원칙과 국제체제의 무정부성을 드러내는 베스트팔렌 체제(Westphalian system)의 수준에서 작동되었다. 냉전시대까지 지속되어온 전통적인 안보 개념은 국가를 기본 단위로 하는 군사 전략에 초점을 맞춘다. 즉 국민국가(nation-state)는 근대의 국제체제를 구성하는 기본단위이며 국가의 주권은 국가 형성과 존립의 필수요소이며, 따라서 안보는 주권 국가의 핵심적 이익을 보장하는 것으로 간주되었다.

이러한 안보에 대한 전통적 인식하에서 국가의 최우선적 책무는 국민의 생명과 재산을 외부 세력의 군사적 위협으로부터 보호하는 것이며 이를 확보해 나가는 과정이 안보연구의 핵심적인 관심사였다. 따라서 전통적 시각에서의 국제관계에 관한 연구는 어떻게 국가 간 전쟁을 억제하고 평화를 구축할 것인가가 핵심 주제가 되어왔다. 이러한 전통적 안보개념의 맥락에서 국가안보는 상위정치(high politics)가 우선시 되었으며 경제·사회 영역으로 대변되는 하위정치(low politics)는 비교적 중시되지 않았다.

1980년대 말부터 시작된 냉전의 종식은 초강대국과 핵무기를 중심으로 전개되던 기존의 안보 패러다임을 흔들어 놓았다. 미·소 간 경쟁의 양극화 구도가 와해되면서 국제체제의 핵심 행위자인 국가 간의 힘의 관계가 변화했을 뿐만 아니라 행위자도 확대·변화되었고 행위를 유발하는 요인이나 행위유형도 다양화되기 시작했다. 다시 말하면, 국가 간 전쟁방지와 평화관리의 영역을 넘어서는 새로운 분쟁 양상이 나타나고 국가 간 경계를 초월하는 새로운 이슈들이 등장했으며 비국가적 행위자들의 새로운 위협들이 나타나기 시작한 것이다.

우선적으로 지적할 수 있는 것이 국제사회의 분쟁 양상의 변화이다. 냉전 종식 이후 국가 간 군사적 충돌의 가능성은 점차 감소하고 있는 반면, 특히 종교·인종 문제로 인한 내전(civil war)이나 민족주의적 분규가 급증했다. 물론 이러한 분쟁이 전혀 새로운 형태의 분쟁이라고 할 수는 없지만, 냉전 종식으로 이념 대결이라는 갈등의 구심점이 희미해지면서 새로운 갈등 이슈로 부상하여 더욱 빈번하고 격렬한 양상을 보이고 있다.[46] 뿐만 아니라 일국의 노력만으로 해결되기

---

46) Ted Robert Gurr, *People Versus States: Minorities at Risk in the New Century* (Washington D. C: United States Institute of Peace Press, 2000). 구체적인 예로, 1990~2005년 사이 16년 동안 총 57건의 주요 무력분

어려운 새로운 국제적 이슈들이 현저하게 등장하기 시작했다. 무역 분쟁과 글로벌 경제위기, 지구온난화와 같은 전 지구적 차원의 환경 문제, HIV/AIDS, SARS와 같은 전염병 확산 문제, 글로벌 네트워크를 기반으로 확산되고 있는 무기·마약밀매 및 조직범죄 등의 문제는 초국가적인 이슈로서 국제사회의 공동 대응이 없이는 해결 불가능한 이슈들이다.

이러한 초국가적 이슈들의 등장은 국제사회의 주요 행위자를 국가에서 국제기구, 다국적기업, NGO 등 다양한 행위자들로 다원화시키는 계기가 되었다. 더욱이 21세기 들어 새로운 세계적 위협으로 등장한 비국가적 행위자들의 테러 행위 역시 기존의 시각으로는 쉽게 이해하고 해결하기 힘든 국제적인 이슈이다.

이러한 새로운 분쟁 양상과 국제적 이슈의 등장 및 새로운 위협의 대두는 전통적인 국가 중심적 안보 관념을 뛰어 넘는 문제이다. 국가 간 관계를 중심으로 한 기존의 안보시각은 복합적이고 다양해진 안보위협과 불확실해진 국제정세를 이해하고 대처하는 데 한계에 직면하게 된 것이다.[47] 이러한 새로운 국제적 이슈들은 초국가적 협력을 통해 제대로 관리되지 않을 경우 직접 연관된 국가의 안보뿐만 아니라 장차 국제적인 차원의 안보위협으로 확산될 수 있는 잠재력을 가지고 있다. 따라서 새로운 시대의 새로운 국제적 상황은 군사·안보 측면에서 발생하는 국제적인 문제들을 해결하기 위해 만들어진 기존의 관념과 제도의 변화 또는 전환을 요구하게 되었고,[48] 그에 따라

쟁이 발생했는데, 그중에 93%인 53건이 내전이었다. 이신화, 「비전통안보와 동북아 지역협력」, 『한국정치학회보』, 제42집 제2호 (2008), p.414에서 재인용.

47) 이신화, 「21세기 글로벌이슈와 국제정치학」, 『국제정치논총』, 제46집 특별호(2007), pp.197~226.

48) Jessica Tuchman Mathews, "Redefining Security," *Foreign Affairs*, Vol.68, No.2 (1989), p.176.

안보 개념 전환의 필요성이 대두된 것이다.

2. 다자주의와 국제제도

안보 개념의 변화는 이와 같은 20세기 후반과 21세기 초반의 세계 안보 환경의 변화와 궤를 같이한다. 우선 고전적인 군사적 안보의 개념은 상대적으로 그 위상이 약화된 반면에, 경제적·사회적·환경적·생태적 안보가 일국적 차원 및 글로벌 차원 모두에서 그 중요성을 더해가고 있다. 이는 국가 간 상호의존의 증가에 따라 국력이 군사력보다는 경제력에 의해 좌우되는 경향이 커졌고, 따라서 국가목표 또한 군사력보다 경제력이나 기술력 확보에 치중하는 양상이 보편화된 결과라고 할 수 있다. 결국 국가의 부와 안전을 확보하는 수단적 의미로서 군사력 자체가 갖는 가치가 크게 반감된 결과이기도 하다.[49]

이와 같이 다양화되고 포괄적이며 심층적인 안보문제를 다루기 위해서는 국가 중심적 사고와 양자 중심의 국제관계에서 탈피하여 국가들의 공동노력을 통한 문제관리가 요구된다. 새롭게 대두되는 국제적 갈등 이슈들은 일국 차원의 문제인 동시에 초국가적 성격의 문제로 확대될 수 있기 때문에 그 해결 방안을 마련하기 위해서도 관련 국가들의 적극적인 참여와 긴밀한 협의는 물론이고, 다양하고 포괄적이며 심층적인 관점에서 접근해 나가기 위해서는 다양한 행위자들에게 논의와 문제해결을 개방해야 할 것이다.

안보 개념의 변화와 그에 따른 다양한 이슈들에 대한 다양한 행위

---

49) 양승함·배종윤, 「21세기 국제사회의 안보·평화 개념과 평화지수의 적실성」, 『국제정치논총』, 제43집 2호(2003), p.8.

주체의 등장이 시사하는 것이 바로 다자주의를 기반으로 한 국제협력이라고 할 수 있다. 오늘날 국제관계의 행위자는 국가뿐이 아니다. 정부 간 기구(GO), 비정부단체(NGO), 인식공동체(epistemic community), 풀뿌리조직 등으로 다양해지면서, 이들의 복잡한 상호작용이 국가나 지역차원의 안보의제에 끼치는 영향을 파악하는 것이 중요해졌다. 따라서 다자간 협력 틀을 구축하여 국제사회 제반 행위자들의 노력을 조율하고 당면문제에 포괄적이고 체계적으로 접근할 수 있도록 유도하는 지역협의체제나 국제레짐의 형성이 필요한 실정이다.

이런 측면에서 국제사회에서 국가 간 문제를 해결하거나 조정해 나가는 방식으로서 양자주의(bilateralism)와 대비되는 다자주의(multilateralism)가 대두되기 시작했다. 다자주의(multilateralism)는 여러 가지로 정의되고 있는데 러기(John Ruggie)는 다자주의를 "3개 이상의 국가들이 일반화된 행위원칙(generalized principles of conduct)에 따라 정책을 조정해 나가는 것"을 의미하고 있다.

다자주의는 일반화된 비차별성 행위원칙(generalized non- discriminatory codes of conduct), 관련된 가치의 불가분성(indivisibility of values), 포괄적 호혜성(diffuse reciprocity)의 특징을 나타내며 포괄적 호혜성에 대한 기대가 관련 국가 간에 공유될 때 협력의 가능성은 크게 높아진다. 다자간 협력은 바로 포괄적 호혜성에 대한 기대에 기초를 두고 있으므로 다자간의 틀 속에서 여러 가지 의제에 관하여 포괄적 해결이 가능해진다.[50] 러기는 이러한 일반화된 행위원칙과 관련 국가들의 불가분성(indivisibility), 관련 국가들이 항상 모든 쟁점에서 단기적이고 개

---

50) 김용호, 「양자주의와 다자주의: 동아시아의 현황과 전망」, 『환동해권 협력의 국제정치경제 세미나보고서』 (서울: 외교안보연구원, 1998), pp.11~14.

별적인 이득을 기대하기보다는 장기적이고 공동의 이득을 추구한다는 확산된 상호성(diffuse reciprocity)을 강조하고 있다[51]

다자주의가 국제사회의 관심사로 부상하게 된 데는 '국제제도'(international institution)가 중요한 의미를 갖게 되면서부터라고 할 수 있다. 국가만이 국제사회의 유일한 행위자라는 현실주의 시각을 넘어 국가 간 협력 의제의 목표를 달성하기 위해 국가들 간의 공동 노력을 통해 창설된 국제제도를 통해 국제적인 문제를 해결해 나갈 수 있다는 자유주의적 시각의 등장이 다자주의를 더욱 활성화시켰다.

탈냉전 이후 국가 간의 갈등보다는 협력하면서 공동이익을 증진하는 방향으로 국제관계가 전개되면서 다자주의가 주목을 받고 있는데 특히 유럽에서의 영토적 주권을 기반으로 한 국가 행위자 간의 협력 창출과 제도형성이 국제관계에 큰 영향을 주고 있다. 무정부적인 국제공동체가 규범과 규칙의 공식화 추세로 진전을 보이고 있는데 실제로 국제관계에서 나타나는 국가 간 협력과 상호 이해는 국제제도를 통해서 실현 가능하기 때문이다. 따라서 다양한 행위자들의 참여를 기반으로 하는 국제협력, 즉 다자간 협력은 국제사회 일반에서뿐만 아니라 특정 이슈나 특정 지역의 문제를 공동으로 해결해 나가는 새로운 국제적 문제해결 메커니즘의 하나로 등장하고 있다.

---

51) John Gerard Ruggie, "Multilateralism: The Anatomy of an Institution," International Organization, vol. 46, no. 3 (1992).

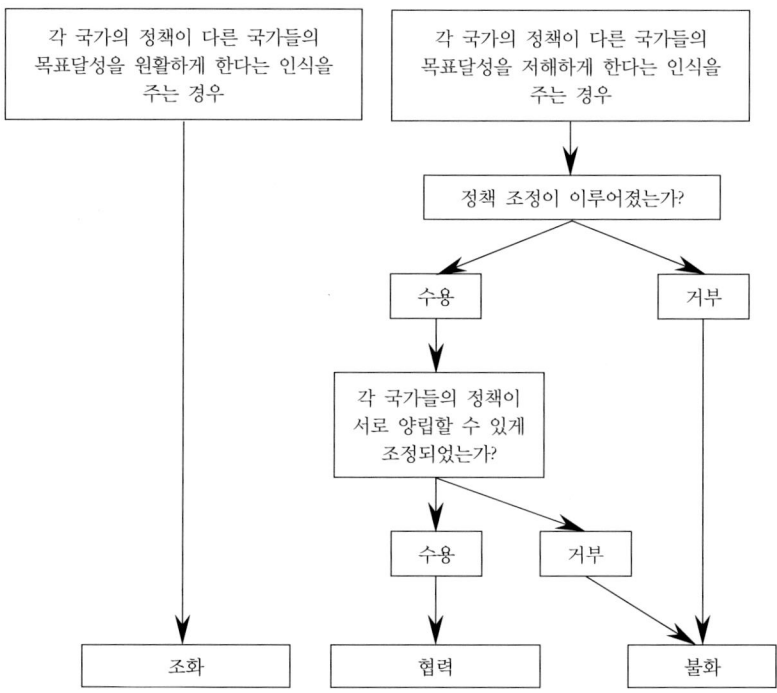

출처: http://relations.internationales.politicien.fr/2010/06/11/summary-after-hegemony-c ooper ation-and-discord-in-the-world-political-economy/(검색일, 2010. 8월 15일)

〈그림 2-1〉국제협력의 과정

일반적으로, 국제관계에서의 협력이란 국가 간 갈등의 요소가 있을 경우 이를 인식하고, 상대 국가의 입장을 고려하는 가운데 자국의 행동을 조정함으로써 각 국가들이 개별적 의사결정에 의해 행동할 때보다 더 좋은 결과에 도달하는 것으로 상정된다. 코헤인(Keohane)은 패권 쇠퇴 후의 정치경제 질서에 대한 패권안정 이론가들의 비관적 예견과 권력구조의 변수에만 초점을 맞추는 이론적 단순논리를 비판하면서 패권의 부재에서도 국가 간의 협력이 이루어질 수 있다는 설명을 하고 있다.

코헤인은 국제관계의 행위자는 합리적 이기주의자로서 행동한다는 현실주의 이론의 기본가정을 따르면서도 합리적 선택이론을 사용하여 패권국이 없이도 국가 간의 협력이 가능하다는 것을 보여주고 있다. 국제기구와 제도의 역할이 국제협력의 촉매제로서 패권국가의 자리를 대신하게 되는데 국제협력 관계의 형성 혹은 유지를 위하여 드는 비용이 지금 당장은 손실을 가져온다 할지라도 장기적으로 장래에 더 큰 이익으로 되돌아올 가능성이 있다면 국가 간에 협력이 일어나게 된다는 것이다. 이러한 코헤인의 국제협력은 분쟁의 부재를 전제로 하고 있지 않으며 분쟁의 발생이나 극복과정에서의 경험을 토대로 협력이 없을 경우 분쟁이 발생한다는 것을 인식할 경우에 국제협력이 일어난다고 설명하고 있다.[52]

국제레짐 이론(international regime theory)은 이와 같은 기본적 인식 하에, 국제적 협력을 제도적으로 창출해 나가는 과정에 관한 고찰이며, 국제협력, 특히 다자간 협력에 대한 대표적인 이론적 토대라고 할 수 있다.

---

52) Robert O. Keohane, *After Hegemony: Cooperation and Discord in the World Political Economy,* (New Jersey: Princeton University Press, 1984), pp.51~54.

제2절 국제레짐의 개념과 이론

1. 국제레짐의 개념적 특징

무정부적인 국제체제에서 개별국가들에게 국제레짐은 어느 정도 규범을 제시할 수 있다. 국제레짐(international regime)의 개념을 국제정치학에 가장 먼저 도입한 것은 러기(John G. Ruggie)인데, 그는 레짐을 "행위자들을 지배하는 상호 기대, 규칙, 규제, 계획, 조직적인 에너지, 그리고 재정적인 공약들의 집합"이라고 정의한다.[53] 국제레짐을 국제정치의 핵심적인 분석 개념으로 사용하여 보편화한 것은 코헤인과 나이(Robert O. Keohane and Joseph S. Nye)라고 할 수 있는데 이들은 국제레짐을 "국제관계상의 특정 이슈영역에서 그들의 기대를 조정하고 국제적 행위를 조직하기 위해 만든 통제적 제도"라고 정의한다.[54] 국제레짐에 대한 가장 보편적인 정의라고 할 수 있는 것은 크래스너(Stephen D. Krasner)의 정의로. 그는 국제레짐을 "국제관계의 특정한 이슈 영역에서 행위자들의 기대가 수렴되는 묵시적 또는 명시적인

---

53) John G. Ruggie, "International Response to Technology: Concepts and Trends," *International Organization*, Vol. 29, No. 3 (Summer 1975), pp.570.

54) Robert O. Keohane and Joseph S. Nye, *Power and Interdependence: World Politics in Transition*, third edition, (Boston: Little-Brown, 1989), pp.3~32.

일련의 원칙, 규범, 규칙 및 의사결정 절차의 총체"[55]라고 정의한다. 그가 말하는 여기서 '원칙'(principles)이란 사실과 인과관계에 대한 신념이며, 규범(norms)은 권리와 의무의 측면에서 정의된 행위 기준이며, 규칙(rules)은 행위에 대한 특정한 규정이나 금지 규정이다. 그리고 의사결정 절차는 집합적 선택을 하거나 이를 수행하기 위해 널리 받아들여지는 관례를 의미한다.[56]

앞에서 열거한 유사 개념과의 비교를 통해서 국제레짐에 대한 정의를 좀 더 명확히 파악할 수 있다. 이런 측면에서 코헤인은 국제제도나 관습, 국제기구 등과의 비교를 통해 국제레짐의 개념적 의미를 분명히 하고자 했다. 코헤인은 국제제도(international institution)를 "역할을 규정하고 행동을 구속하며 기대를 구체화시키는 지속적이고 상호 연관된 공식적 그리고 비공식적인 규칙의 집합"으로 정의하면서 다른 개념들을 포괄하는 상위의 개념으로 보고 있다. 국제레짐은 하위 개념으로 보면서 "국제관계에서 특정 이슈 영역에 적용되는 국가 혹은 초국가적 행위자, 경우에 따라서는 양자를 포함하는 구체적인 제도"로, 관습(conventions)은 행위자들이 기대하는 바를 규정짓는 묵시적인 규칙과 이해를 지닌 비공식적인 제도로, 그리고 국제기구(international organization)는 "명시적인 규칙, 개인과 집단으로의 구체적인 역할의 할당, 그리고 행동을 위한 역량을 가지고 있는 목표지향적인 제도"로 정의하고 있다.[57]

---

55) Stephen D. Krasner, "Structural Causes and Regime Consequences: Regimes as Intervening Variables," in Stephen D. Krasner(ed.), *International Regimes* (Ithaca: Cornell Univ. Press, 1983), p.2.

56) Stephen D. Krasner, "Structural Causes and Regime Consequences: Regimes as Intervening Variables," p.2.

57) Robert O. Keohane, "Neoliberal Institutionalism: A Perspective on World Politics," in Robert Keohane, *International Institutions and State Power: Essays in International Relations Theory* (Boulder, Colo.: Westview

그러나 코헤인이 이처럼 국제제도를 가장 포괄적인 개념으로 보면
서 이를 구성하는 다양한 형태의 제도로서 국제레짐, 관습, 국제기구
를 들고 있으나 사실상 국제레짐과 관습이 반드시 구분되어야 할 논
리적인 이유는 없으며, 국제레짐은 관습이라는 개념 역시 포함하는
의미로 사용하는 것이 일반적이다.[58] 그러나 국제레짐과 국제기구와
의 차이점은 비교적 명백하다. 첫째, 국제레짐은 특정한 쟁점영역에
있어서 국가들의 기대 및 이익이 수렴될 때 형성되며, 둘째 국가들의
행위기준 및 행위에 관한 지시와 금지규정을 지니고 있고, 셋째 특정
한 쟁점영역과 관련하여 제도 속에 속한 국가들의 행위를 규제한다
는 것이다.[59]

이외에도 국제레짐은 또 다른 유사한 개념들과의 구분을 필요로
한다. 첫째, 레짐은 협정과 구별되어야 한다. 레짐은 힘과 이익의 변
화에 따라 함께 변하는 일시적인 협정 이상의 것으로 이해되어야 한
다. 협정은 특정한 합의, 때로는 단발성의 합의이다. 반면에 레짐은
협상을 위한 규칙, 규범, 원칙, 절차의 틀을 제공함으로써 협정의 결
실을 쉽게 해준다.[60] 둘째, 레짐은 협력과 구별되는데, 레짐은 국가
간 협력의 예이며 또한 협력을 원활하게 가는 기능을 한다. 그러나
협력은 레짐이 없는 상황에서도 일어날 수 있는 것이다.[61] 셋째, 레짐
은 제도와 구별되는데, 제도는 레짐보다 광범위한 개념으로서 수렴되

Press, 1989), pp.7~8.

58) 박재영, 『국제정치 패러다임: 현실주의·자유주의·구조주의』(서울: 법문사, 2002), p.290.

59) 오기평, 「"국제기구" 연구시각의 변천에 관한 고찰」, 『국제정치논총』, 제28집 2호 (1988), p.234.

60) Robert O. Keohane, "The Demand for International Regimes," *International Organizations*, Vol. 36 (Spring 1982), p.337.

61) Stephan Haggard and Beth A. Simmons, "Theories of International Regimes," *International Organization*, Vol. 41, No. 3 (Summer 1987), pp.491~517.

어진 기대와 행위패턴의 결합이 필수적인 특징이다.[62] 마지막으로, 레짐의 개념은 체제 및 질서라는 개념들과도 구별된다. 체제란 상호 관련성을 가지고 있는 요소들의 집합[63]이라 할 수 있으며, 이에 비해 레짐은 전체로서의 체제 속의 한 부분이다. 또한 질서란 평등, 정의, 생존, 안정 등과 같이 가치 있는 어떤 목표를 달성하기 위해 만들어진 특별한 종류의 사회적 패턴을 의미한다. 이러한 질서는 체제 내의 행위자들에 의해 만들어진 레짐이 제공하는 혜택이라고 할 수 있다.[64] 따라서 동북아 국가들 간에 예기치 않은 충돌이나 갈등의 악화를 예방하기 위한 원칙, 규범, 규칙, 정책결정절차를 정할 수 있는 협의체가 형성된다면 이를 동북아의 안보협력레짐이라고 할 수 있다. 예컨대, 국제무역이나 통화영역에서 GATT, WTO, IMF와 같은 명시적으로 합의한 협정들은 국제무역레짐 및 국제통화레짐이라고 할 수 있다.[65]

이와 같은 국제레짐의 개념에 대한 주장들을 종합하면, 국제레짐은 특정 영역에서 국가 간의 관계를 조정하여 협력하게 하는 명시적인 협정들이라고 할 수 있다. 그리고 그 협정에는 원칙, 규범, 규칙, 결정절차가 있으며, 이러한 다양한 요소들을 준거로 하여 국가 간의 관계에 질서를 부여하는 역할을 한다고 할 수 있다. 따라서 오늘날 국제레짐이 있음으로 해서 국제관계의 행위자인 국가들은 이기적이

---

62) Oran Young, *Compliance and Public Authority* (Washington, D.C.: Resoirces for the Future, 1979), p.16.

63) Ludwig von Bertalanffy, *General System Theory: Foundations, Development, Application* (New York: George Braziller, 1968), p.38.

64) Ernst B. Hass, "Words Can Hurt You: Or Who Said What to Whom about Regimes," *International Organizations*, Vol. 36 (Spring 1982), p.211.

65) 강근형, 「동북아시아 안보공동체 구축: 한국의 시각: 동북아 다자간안보협의체의 결성과 관련하여」, 『법과정책』(제주: 제주대학교사회과학연구소, 2004), p.4.

며 협소한 이익에 따라 행동하기보다는 좀 더 큰 공동의 이익을 얻기 위해 원칙과 규범을 준수하면서 상호 협력하려 한다.[66]

　실제 국제정치에 있어 레짐이론의 적용은 종래의 국제정치경제에서뿐만 아니라 정치·군사 그리고 안보적 상황에까지 확대되어 왔다. 현대의 국제관계는 국가 간 복잡한 상호의존의 상태에서 전개되고 있으며, 이러한 환경에서는 각각의 국가들이 더 이상 독자적으로 해결할 수 없는 문제들이 발생하고 있다. 이러한 문제들의 효과적인 해결을 위해서는 국가들 사이의 협력이 중요하다는 것이며, 국제레짐이 그러한 국가 간 협력을 성취하는 데 필수적인 요인이 된다는 것이다.

2. 국제레짐에 대한 이론적 시각

　국제적 상호의존의 시대에 쟁점 영역마다 국제적인 결과로서 국가들 간에 제도화된 상호작용의 패턴, 즉 국제레짐이 존재한다는 인식이 1970년대 후반 상호의존론에 의해 제기된 이래 국제레짐론이 활성화되기 시작했다. 1980년대 들어 상호의존론의 이러한 인식은 무정부성을 특징으로 하는 국제체제에서 국제공동체(international community)로 하여금 질서를 유지하도록 하고 다양한 문제를 극복하도록 돕는 존재로서의 국제레짐으로 그 인식이 확대되었다.[67]

　국제레짐의 등장은 현실주의자들과 자유주의자들의 인식 변화를 토대로 그 면모와 위상을 분명히 하게 되었다. 즉 현실주의 이론가들

---

66) 고성준·강근형·장원석·양길현·강경희, 『동아시아와 평화의 섬 제주』(제주: 제주대학교출판부, 2004), p.31.

67) 박재영, 『국제정치 패러다임: 현실주의·자유주의·구조주의』(서울: 법문사, 2002), p.294.

은 안보문제뿐만 아니라 비안보문제도 중요할 수 있으며, 질서는 무정부적 상태와 공존할 수도 있다는 새로운 인식을 하게 되었고, 자유주의 이론가들도 힘과 국가이익이라는 것이 질서의 저변에 깔려 있을 수 있으며, 질서란 국제법이나 지속적이고 형식적인 국제기구 이외의 다른 것에 의해서도 가능할 수 있다고 인식하게 되었다.[68] 따라서 국제레짐이론은 이들 현실주의자와 자유주의자들의 인식 변화를 바탕으로 새로운 시각, 즉 신현실주의자와 신자유주의자들에 의해 연구와 토론을 촉발시켰고 탈냉전 이후 국제협력에 관한 주목받는 이론적 시각으로 등장할 수 있었다.

가. 신현실주의 시각

국제체제의 무정부성과 국가 간 불평등한 세력분배구조를 강조하는 신현실주의자들은 국가 간의 협력은 근본적으로 일어나기 어렵다는 관점을 갖고 있으며 협력의 어려운 이유로 상대적 이익(relative gain)과 배신(defection)의 문제점을 지적하고 있다.

신현실주의학자들은 무정부적이고 자조적인 국제체제에서 국가들이 이기적이며 합리적 행위자로 절대적 이익을 얻기 위하여 협력을 한다는 가정이 잘못되었다고 비판하고 있다. 즉, 개별국가들이 절대적 이익을 얻는 것이 확실하여도 상대국이 더 큰 이익을 얻는 것을 꺼려서 협력이 이루어지지 않는다는 것을 고려하지 못하고 있다는 것이다. 현재는 우방이라고 하여도 무정부적인 국제체제에서 장래에 적대국이 될 수도 있으므로 국가들은 협력으로 자신들이 얻게 되는

---

68) Stephan Haggard and Beth A. Simmons, "Theories of International Regimes," pp.491~517.

절대적 이익에도 불구하고 상대방이 더 많은 이득을 보는 것을 두려워하기 때문에 협력을 하려 하지 않는다는 것이다.[69] 또 국제체제의 무정부성으로 인해 국가 간의 협력에서 상대방의 배신을 처벌할 권위체가 존재하지 않기 때문에 국가들 간에 불신이 팽배하며 이러한 환경에서 협력은 어렵다는 것이다.

국가 간 협력은 특히 국가의 생존과 직결된 안보부문에서 더 어렵다. 즉, 국가 간 무역을 통하여 불균등한 이득이 발생하고 군사적 힘의 변화를 야기할 수 있는 안보외부효과(security externality) 때문에 국가 간의 경제적 협력을 꺼리는 경우도 있다. 이러한 인식은 국가들로 하여금 무역관계에 있어서도 거래 상대국의 선택에 있어 매우 신중하게 만든다. 따라서 적대 국가들보다는 동맹 국가들과의 무역이 훨씬 용이하게 되는 것이다.[70]

신현실주의 이론은 왜 지역협력이 일어나지 않는가의 문제, 그리고 왜 지역마다 경제협력의 발전 정도가 상이한 가를 설명하는 데 상당한 수준의 적실성을 갖고 있다. 신현실주의자들은 국가 간 경제협력에 있어서 국가 간 힘의 분포가 매우 중요한 역할을 한다는 점을 강조하고 있는데 그리코(Joseph. M. Grieco)는 유럽과 아시아, 북아메리카의 상이한 지역협력 제도화를 설명하면서 국가 간 능력의 불균형의 변화가 일어날 때 약한 국가들은 공식적 지역 제도에 대해 반대하며 반대로 능력의 차이가 안정적으로 유지될 때 그리고 유지될 것이라는 기대가 있을 때 공식적 지역제도가 만들어지거나 강화될 수 있

69) Joseph Grieco, "Anarchy and the Limits of Cooperation: a realist critique of the newest liberal institutionalism", *International Organization*, 1988, Vol.42, pp.485~499.

70) Joanne Gowa and Edward D. Mansfield, "Power Politics and International Trade," *American Political Science Review, Vol. 87*, No. 2, 1993, p.408.

다는 주장을 하고 있다. 그리코의 주장에 따르면 국가들의 주요 관심사는 힘을 극대화하는 것이 아니라 국제체제 내에서 자신의 위치를 유지하는 것이기 때문에 상대적 이익을 염려하고 있는 국가는 상대방이 확실하게 공동협정에 참가한다고 해도 협력을 거부할 수도 있다.[71]

신현실주의자들이 국가 간의 협력의 가능성을 완전히 부정하는 것은 아니며 몇 가지 차원에서 국가 간 협력의 가능성을 제시하고 있다. 가장 기본적으로 국가 간의 협력은 권력정치의 국제체제 속에서 약한 국가가 외부로부터의 압력에서 생존하기 위한 방안으로 본다. 냉전시대에 나타났던 지역주의 움직임은 협상력을 높이거나 외부로부터의 간섭을 어렵게 함으로써 국제체제 속에서 그 지역의 위상을 지켜나가거나 안전을 확보하려는 방안으로. 이러한 지역주의는 지역적 위협국가에 대한 대항이나 세력균형의 형태로 나타날 수 있다. 이러한 관점에서 볼 때 경제적 지역주의는 중상주의적 경쟁이 만연하는 국제체제하에서 나타나는 생존전략이라고 볼 수 있다. 미국이 1980년대 중반 이후 지역주의에 대하여 관심을 갖기 시작한 것은 미국의 경쟁력 하락과 경제적 힘을 키워나가고 있던 일본과 유럽에 대한 대응으로 보는 것이다.

두 번째로 국가 간 협력은 협력이 일어나기 어려운 국제체제의 속성에도 불구하고 패권국가의 힘과 역할에 따라 가능할 수도 있다. 길핀(Robert Gilpin)과 킨들버거(Charles P. Kindleberger)와 같이 패권국가의 역할을 강조하는 학자들은 국가 간의 협력이 패권국의 주도에 의

---

71) Joseph Grieco, "Anarchy and the Limits of cooperation: A realistic critique of the newest liberal institutionalism," Charles W. Kegley Jr. ed., *Controversies in International Relations Theory: Realism and the Neoliberal Challenge* (New York: St. Martin's Press, Inc., 1995), pp.158~164.

해 일어날 수 있다고 주장한다. 길핀은 패권국이 국제경젤르 안정시키며 국제레짐의 형성을 주도하므로 패권국이 쇠퇴하게 되면 국제경제가 불안정하게 되고 레짐형성도 약화된다고 본다. 패권국은 자신들의 단기적 이해를 위해(predatory hegemon) 혹은 체제의 안정을 위해(benign hegemon) 공공재를 공급함으로써 국가 간의 협력을 유도하거나 또는 강제하기도 한다.72) 크래스너는 미국의 패권이 확고할 때 국가들은 국제무역체제의 개방성이라는 목표에 협력하지만 미국 패권의 쇠퇴와 함께 이러한 국가 간의 협력은 약해지고 국가들은 자국의 이익을 위해 보호무역주의적인 행태를 보인다는 것이다.73)

현실주의적 레짐이론가들은 국가 간 협력을 가능케 하는 국제레짐의 형성이 강대국의 주도하에서 이루어지며 결국은 강대국의 의사가 반영된 것이라는 것을 강조하고 있다. 그러나 길핀 등은 패권국을 지나치게 경제력에만 국한하여 개념정의하고 있는데 군사력, 지도력을 포함하여야 하며 UR 등 국제레짐도 미국의 패권적 주도로 결성될 수 있었으므로 패권국의 개념을 군사력, 경제력, 지도력의 변수 모두를 포함하여 정의한다면 패권안정이론의 미비점을 보완하고 그 설명력도 높일 수 있다.74) 냉전기간 동안 나타났던 정치적 군사적 지역협력은 동맹체제의 강화를 위해 지역적 협력노력들을 지지하였던 미국과 소련이라는 초강대국의 존재가 있었기에 가능하였다.

---

72) Robert Gilpin, *The Political Economy of International Relations* (Princeton : Princeton University Press, 1987), pp.72~80.

73) Stephen D. Krasner, "State Power and the Structure of International Trade," *World Politics*, Vol. 28 (1976), pp.317~347.

74) 강근형, 『미·일관계의 정치경제』(제주: 제주대학교 출판부, 2003), pp.71~82.

나. 신자유주의 시각

신자유주의적 제도주의는 기존의 자유주의적 제도주의의 가정들에 국가를 가장 중요한 행위자로 받아들이면서 국제관계의 무정부성이 국제협력을 심각하게 제약한다는 현실주의 입장을 대폭 수용하였다.

전통적인 자유주의 시각은 국제관계에서 국가만이 가장 중요하고 단일한 합리적 행위자라는 현실주의적 가정에 동의하지 않는다. 자유주의적 제도주의자라고 할 수 있는 기능주의자들은 근대 국가 내에서 권위는 이미 분권화되었다고 보고 국제관계에서도 이에 상응하는 변화가 나타나고 있다고 주장한다. 상호의존론에서도 대외정책에 대한 사회세력들의 접근경로가 확대됨에 따라 국가의 정책독점력이 크게 약화되었으므로 명확히 정의된 국익을 위해 일사분란하게 행동하는 주체가 아니라고 주장한다. 기능주의적 관점에서 이들은 국가들이 국제관계에 있어서의 무정부성을 극복하고 국제협력을 수행해 나갈 수 있는 토대가 바로 국제제도라고 보는 것이다.[75] 특히 기능주의 통합이론은 현실주의 이론의 '국가의 합리적 국가이익 추구'라는 전제에 대해 '국가가 어떻게 그들의 이익을 정의하고, 그러한 이익이 어떻게 변화하며, 협력은 학습될 수 있는 것인가'를 설명하는 데 매우 취약하다고 본다.

기능주의(functionalism)는 1940년대와 1950년대 초에 자유주의 통합이론의 가장 대표적 이론으로서 종래의 정치적 접근방법에 의한 평화의 유지방식에서 탈피하여 비정치적 영역, 경제적, 사회적, 기술적, 인도적 분야에서의 국제적 활동을 강조함으로써 평화유지의 방향전

---

75) Joseph M. Grieco, *Cooperation among Nations: Europe, America, and Non-Tariff Barriers to Trade* (Ithaca: Cornell University Press, 1990).

환을 모색하였다.

자유주의적 제도주의는 1970년대의 동서냉전의 심화, 보호무역 및 지역주의의 대두와 같은 국제사회의 여러 갈등현상을 설명하는 데 한계를 드러냈으며 국가의 역할을 과소평가하고 있다. 국제관계에서 현실적으로 국가가 여전히 중요한 행위자로서 역할하고 있으며, 특히 대외정책 결정과정에서 배타적인 영향력을 행사하기도 하며, 정부가 네트워크에서 국가이익을 우선시하는 관료들이 주도적 역할을 하고 있고, 다국적 기업에 대해서도 국가 관료들이 여전히 막강한 영향력을 행사하는 등 엄연한 국가의 상대적 자율성에 대해서는 간과하고 있다는 비판을 받게 된다. 1970년대의 국가 간 긴장과 갈등은 현실주의의 적실성을 강화하였으며 이러한 과정을 새롭게 해석하는 신자유주의적 제도주의 이론이 등장하였다. 신자유주의적 제도주의자들은 국제적 협약이 비록 쉽게 만들어지거나 쉽게 유지될 수 있는 것은 아니지만, 자신의 의사를 전달하고 협력하는 국가의 능력은 인간이 구축한 제도에 달려 있다고 주장한다. 이들에게도 국가는 세계정치에 대한 해석의 중심에 자리하고 있다. 그러나 신자유주의적인 설명에서는 공식적이고 비공식적인 규칙들이 현실주의적 설명에서보다 훨씬 중요한 역할을 수행하고 있는 것으로 나타난다.[76]

또한 국가 행위에서도 국제제도는 매우 중요하다고 인식되고 있다. 왜냐하면 국제제도는 국가들의 근본적인 이해가 자율적으로 규정되는 경우조차도 그 국가들이 직면하고 있는 동기에 영향을 미치기 때문이다. 국제제도는 국가가 국제제도 없이는 상상도 할 수 없었을 행

---

76) Robert O. Keohane, "Neoliberal Institutionalism: A Perspective on World Politics," ch.1.

동들을 취하는 것을 가능하게 하며 또한 국가 지도자들이 자신의 역할에 대해 가진 가정에도 영향을 미칠 수 있다는 것이다. 국제제도는 통제적인 측면은 물론 재정적인 측면도 가지고 있다. 다시 말해 국제제도는 이익이 어떻게 규정되고 있는지, 그리고 행동이 어떻게 해석되고 있는지 등을 규정하는 데 도움을 주고 있다는 것이다.[77]

코헤인은 국가는 국제레짐이 자력구제적 체제(self-help system)하에서 파생되는 법적 의무, 거래비용, 정보유통 문제 등을 크게 훼손시키거나 완화시킬 수 있다고 인식하게 되고 따라서 합리적 행위자인 국가는 국가 간의 상호협력과 합의형성을 용이하게 해주는 국제레짐을 형성하려고 한다고 본다. 코헤인은 국제질서의 국가중심적 해석(state-centric interpretation on international order)에 동의하여 국가를 중심 행위자로 보고 이들 국가 행위자들이 합리주의적 이기주의자로 행동한다는 현실주의의 기본 가정을 따르면서 합리적 선택이론을 사용하여 패권국 없이도 국가 간의 협력이 가능하다는 주장을 하고 있다. 즉, 패권국가가 형성한 국제레짐은 패권국가가 쇠퇴하여도 존속한다고 보고 있다. 패권국가가 없어도 국가들은 국제협력이 제공할 수 있는 이득을 얻기 위하여 레짐형성을 위하여 협력한다.

코헤인은 이를 증명하기 위해 '죄수의 딜레마' 게임이론과 집합행위 모델의 기본 가정을 수정하여 원용하고 있다. 즉 죄수의 딜레마 상황에서도 국가들 간의 상호협력의 가능성은 존재하며 국제제도들이 그러한 가능성을 높여준다고 주장한다. 국제정치에서 게임은 일회적이 아니고 장기적으로 반복된다는 점에서 국가들은 결국은 상호 협력

---

77) *Ibid,* pp.240~241.

이 그들에게 최선의 정책이라는 것을 깨닫게 된다는 것이다.[78] 액셀로드(Robert Axelrod)는 일정한 조건하에서는 상호성에 기초한 협력은 서로 간에 사전 우호적인 관계가 없는 상태에서도 그리고 심지어 적대적인 집단들 사이에서도 발전할 수 있다는 것을 보여준다.[79]

이처럼 신자유주의자들은 협실주의의 몇 가지 기본 명제를 긍정하면서도 국제사회에서 국가들 간의 협력을 증진시킬 수 있음을 주장한다. 즉 국제질서에서 국가의 중심성을 받아들이고 무정부 상태의 제약성을 긍정하는 동시에 그러한 국가들의 행태에 국제제도들이 의미 있는 변화를 가할 수 있다는 논지를 전개했다. 국제관계의 자력구제적 성격에서 파생되는 법적 의무, 거래비용, 정보유통 등의 문제들을 레짐의 형성을 통해 해소, 완화할 수 있기 때문에 합리적 행위자들은 당연히 협력을 용이하게 해주는 제도적인 장치로서 레짐을 창출하게 된다는 것이다.[80]

다. 구성주의적 시각

신현실주의나 신자유주의 시각은 국가들이 국가의 정체성과 이익이 외생적으로 주어진 상태에서 합리적 선택을 한다는 합리주의에 입각하고 있다. 그러나 국제사회에서 국가 간의 모든 관계가 합리적 선택만을 하는 것은 아니다. 국가의 정체성과 이익을 외생적으로 주어진 것으로 볼 경우 국제협력을 위한 국가 행위에 대한 설명에 한계가 나타날 수밖

---

78) 이삼성, 「전후 국제정치이론의 전개와 국제환경: 현실주의-자유주의 균형의 맥락적 민감성」, 『국제정치논총』, 제36집 3호 (1997), p.44.

79) Robert Axelrod, *The Evolution of Cooperation* (New York: Basic Books, 1984), pp.73~87.

80) Robert O. Keohane, *After Hegemony: Cooperation and Discord in the World Political Economy* (Princeton: Princeton University Press, 1984), pp.76~79.

에 없다고 보고 이러한 합리주의적 접근방법의 장벽을 넘어서기 위해서 등장한 것이 구성주의 시각(constructivist perspective)이다.[81]

구성주의는 국가들이 상호작용을 통해 긍정적인 사회적 경험을 공유하는 것이 가능하고, 그러한 경우에 국가들은 상호 간 선의와 간주관적 의미에 기초한 관계를 형성할 수 있다고 주장한다. 따라서 정체성과 이익은 상호작용의 역사적 과정을 통해 내생되는 것으로서 사회적으로 변화할 수 있는 것이다.[82]

신현실주의는 국제적 무정부 상태를 국가 상위의 단위체가 존재하지 않는 상태라고 정의하면서 상대적 힘이라는 물질적 변수(material variable)로 국가 행동과 국제정치를 분석한다. 무정부적 국제체제의 압력은 국가를 일방적으로 규정하며, 이 과정에서 구조가 가지는 거시적인 힘은 국가들 사이에서 나타나는 미시적인 움직임을 압도하여, 모든 국가의 정체성을 동일하게 만든다. 미시적인 차원에서 축적된 힘은 거시적인 차원의 변화를 가져올 정도로 강력하지는 않으며, 오직 거시적인 국제체제의 구조라는 물질적인 측면이 특히 개별 국가가 가진 상대적 힘이 국제정치와 국가들의 정체성을 규정한다.[83]

구성주의는 비물질적(nonmaterial) 또는 사회적(social) 변수에 기초하여 국제정치를 설명하고 있는데 현실에 존재하는 모든 체제는 물질적이지만 동시에 구성원의 인식에 따라서 그 의미가 부여된다고 본

---

81) Alexander Wendt, "Anarcy is What States Make of It: the Social Construction of Power Politics," *International Organizations*, Vol.46, No.2(Spring 1992), p.391; Alexander Wendt, "Collective Identity Formation and International State," *American Political Science Review*, Vol.88, No.2 (June 1994), p.384.

82) Alexander Wendt, "Anarcy is What States Make of It: the Social Construction of Power Politics," pp.391~425.

83) 이근욱, 「왈츠 이후 30년: 국제정치 이론의 변화와 발전」, 『사회과학연구』(서강대 사회과학연구소), 제17집 2호(2009), pp.116~117.

다. 즉 물질적인 상태가 동일하다고 해서 체제의 의미가 같지 않으며, 체제를 구성하는 개별 단위가 상호작용하면서 사회적 맥락이 나타나고 그에 따라서 체제의 의미가 결정된다는 것이다. 즉 체제가 국가 행동에 영향을 미치지만, 동시에 국가의 행동과 특히 국가 간 상호작용은 국제체제가 가지는 사회적 맥락을 만들고 의미를 부여하며 공유된 지식으로 협력이 가능하며 국가의 속성에 따라 우호적이거나 호전적인 관계를 만드는 것으로 본다.[84] 따라서 국가 행동을 설명하기 위해서는 상대적 힘과 같은 물질적 변수만으로는 한계가 있으며, 사회적 맥락과 의미를 부여하는 문화(culture), 사고방식(idea), 정체성(identity) 등과 같은 변수들을 고려해야 한다는 것이 구성주의의 기본 시각이다.[85]

특히 구성주의자들은 국가의 정체성이 외부에서 결정되어 부과되는 외생변수(exogenous variable)가 아니라 내생변수(endogenous variable)라고 파악한다. 즉 신현실주의자들이 강조하는 자조의 원칙은 무정부적 국제체제에서 필연적으로 도출되지 않고 개별 국가들이 국제체제를 공통적으로 어떻게 인식하고 있는가에 의해서 드러난다. 따라서 국제체제의 압력은 객관적(objective)이기보다는 간주관적(intersubjective)이며, 인과적(causal)이기보다는 구성적(constructive)이다. 그리고 국제적 무정부상태의 의미 역시 외생적으로 주어지는 것이 아니라 내생적으로 국가들의 행동에 따라 결정되며, 그에 따라 국가들의 정체성도 변화한다. 즉 국제적 무정부 상태의 의미와 그에 속한 국가의 정체성

---

84) Alexander Wendt, *Social Theory of International Politics* (Cambridge: Cambridge University Press, 1999), pp.252~253.

85) 이근욱, 「왈츠 이후 30년: 국제정치 이론의 변화와 발전」, p.116.

모두 외부에서 주어지는 외생변수가 아니라, 상호작용을 통해 내생적으로 결정된다는 것이다.

국가 정체성은 외생적으로 주어지기보다는 내생적으로 형성될 수 있다. 일반적으로 정체성은 남과의 관계 속에서 자신을 이해함으로써 생겨나는 것이다. 즉 정체성은 남과의 상호작용을 통해서 이루어지는 사회적인 것이다. 이런 관점에서 국가의 정체성도 다른 국가와의 관계 속에서 형성된다. 집단 정체성은 타인을 개별적인 대상으로 보는 것이 아니라 자신의 인지적 확장(cognitive extension)으로 보는 것처럼, 타인의 복지와 자신의 복지를 긍정적으로 동일시하는 것이다.[86] 공동체는 집단 정체성이 창조되는 인지과정을 통해 형성된다. 이러한 집단정체성은 "내가 또는 우리는 누구인가?"로부터 시작된다. 중요한 것은 우리가 우리를 어떻게 인식하고 정의하며 타인을 어떻게 느끼느냐 하는 것이다.[87] 이러한 과정은 상호작용을 통해서 형성된다.

국제레짐은 구성원들이 상호 신뢰와 공유되는 정체성 없이 이루어지기 쉽지 않다. 레짐은 행위규범, 감시 장치, 규범 실행을 위한 제재조치 등을 설정함으로써 상호작용의 확대와 신뢰 증진에 기여한다. 국제레짐에 참여한 구성원들이 비로소 참여와 상호작용을 통해 자신들의 선호가 무엇인지를 더욱 분명하게 파악할 수 있고, 자신의 정체성을 확립해 나갈 수 있으며, 구성원들 간의 사회적 유대를 강화할 수 있다. 국가들은 또한 국제레짐을 통해 다른 국가가 상황과 규범을 어떻게 해석하는지 상호 학습할 기회도 갖게 된다. 더 나아가 문화적

---

86) Alexander Wendt, "Collective Identity Formation and International State," p.386.

87) Emanuel Adler, "Imagined (Security) Communities: Cognitive Regions in International Relations," *Millennium*, Vol.26, No.2 (1997), p.263.

동질성, 공동 운명체 의식 등을 위한 조건을 창출해 내기 때문에 상호 신뢰와 정체성 형성에 기여한다.[88]

그러나 특정 국제레짐 하에서 국가 간의 모든 상호작용이 집단 정체성을 형성하는 것은 아니다. 국제레짐 내에서도 상호작용이 부정적으로 이루어지면 오히려 우리로서보다는 남이라는 인식이 더욱 증가하게 되고 이는 불신으로 다가올 수 있다. 따라서 집단 정체성의 조건과 전망을 가늠하기 위해서는 상호작용의 양뿐만 아니라 질도 고려해야 한다.[89] 부단한 긍정적인 상호작용을 통해 우리라는 집단 정체성이 생겨나면, 이는 국제레짐이라는 형식적 수준을 넘어 공동체 형성의 기초가 되고, 그에 따라 집단 이익도 새롭게 정의되게 된다.[90] 안보공동체는 참여 국가들이 바로 이러한 집단 정체성 속에서 신뢰를 바탕으로 서로를 동일시하게 되어 결과적으로 평화적 변화라는 집단이익에 대한 신뢰할만한 기대에 확신을 갖게 된 상태라고 할 수 있다.[91]

---

88) 김유은, "동북아 안보공동체를 위한 시론: 구성주의 시각을 중심으로," 『국제정치논총』, 제44집 4호 (2004), p.76.

89) John C. Turner, "Towards a Cognitive Redefinition of the Social Group," in Henry Tajfel(ed.), *Social Identity and Intergroup Relations* (Cambridge: Cambridge University Press, 1982), p.16.

90) Alexander Wendt, "Collective Identity Formation and International State," p.386.

91) 김유은, 「동북아 안보공동체를 위한 시론: 구성주의 시각을 중심으로」, p.78.

제3절 협력안보레짐

1. 협력안보의 대두

　냉전 시대의 대표적인 안보정책의 논리는 세력균형과 집단안보의 두 가지 원리가 그 중심을 이루었다. 세력균형은 현실주의자들의 대표적인 안보정책으로서 그동안 현실에서 가장 유용한 것으로 수용되어 왔으며, 구체적으로는 양자동맹, 집단자위동맹, 자위 등의 메커니즘으로 나타났다. 또한 집단안보는 자유주의자들의 안보정책으로서 보편적인 국제기구의 힘과 기능을 강화함으로써 국가 간 분쟁 및 전쟁을 억제하거나 침략 국가를 상대로 공동으로 제재하여 안정을 꾀하는 정책이라 할 수 있다.[92]

　냉전의 종식과 함께 기존의 국제질서를 지배해 온 양극체제가 붕괴되고 국가안보에 대한 시각도 변화했다. 냉전시대의 안보 문제가 통상적으로 군사안보를 지칭하는 것이었다면, 냉전 이후 시대에는 군사적 안보뿐만 아니라 정치·경제·사회·환경문제 등을 망라하는 포괄적 안보(comprehensive security) 개념으로 변화하였다. 즉 정치·국

---

92) 이민룡, 『한반도 안보전략론』(서울: 봉명, 2001), pp.293~294.

방·외교·안보 등에 우선적으로 관심을 집중했던 '고위정치'(high politics)에서 '하위정치'(low politics)로 관심을 돌리고 경제교류와 기술협력 그리고 사회복지 향상과 경제발전을 우선적으로 추구할 필요를 느끼게 됨으로써 '협력안보'(cooperative security)의 중요성이 증가하게 되었던 것이다. 특히 냉전 종식 이후 대량살상무기를 비롯한 각급 무기의 처리문제, 고도 군사기술의 보급, 가속화되는 경제의 세계화, 탈소비에트 신생독립국들의 출현 등의 새로운 안보환경 때문에 야기되는 새로운 도전에 대처하기 위하여 국가들은 적극적인 협력을 모색하게 되었다.[93]

협력안보는 특정한 안보위협을 군사적 수단에 의존해서 대응하기보다 잠재적 분쟁발생의 소지와 불안요인을 비군사적 수단을 통해 사전에 방지하고 제거하자는 예방적(preventive) 성격의 대안으로 참여하는 국가들 간에 서로의 안보정책에 대한 다양성의 존중이라든가 안보대화의 관행축적과 신뢰구축 조치를 중요시한다. 이런 점에서 협력안보는 상호의존, 상호신뢰, 예방외교를 바탕으로 공동의 안보 목표를 달성하고자 한다.[94] 또한 협력안보는 양자 간 군사동맹에 의해 유지되어 온 기존의 세력균형 체제를 보완하거나 장기적으로 대체할 수 있는 것으로, 억지보다는 재보장(reassurance)을 추구하고 전통적인 군사적 위협뿐만 아니라 비군사적 안보위협 요인들에 대해 포괄적으로 대처하려고 한다.[95]

---

93) J. E. Nolan, J. D. Steinbruner, K. Flamm, S. E. Miller, D. Mussington, W. J. Perry and A. B. Carter, "he Imperatives for Cooperation,"in J. E. Nolan (ed.), Global Engagement: Cooperation and Security in the 21st Century (Washington, D.C.: Brookings Institution, 1994).

94) 이상균, 「동북아 지역 다자안보협력의 가능성과 한계성」, 『안보학술논집』, 제8집 1호(1997), p.119.

95) 홍규덕, 『동북아 지역에서 다자간 안보협의체의 형성 전망과 대응』(서울: 통일연구원, 1993), pp.11~12.

이러한 협력안보는 각 국가가 동등한 권리를 가지고 상호 이익의 차원에서 공동의 규칙 및 규범을 제도화하려는 행태로서, 특히 탈냉전 시대 들어 국가 간 경계를 넘어서는 환경·난민문제와 같은 국제문제의 대두, 핵전쟁 방지에 대한 공동이해 등 개별 국가들의 이해를 넘어서는 새로운 안보위협이 증대되고 있는 상황에서 실현 가능성을 인정받고 있다. 협력안보는 특히 집단안보와 달리 회원국 간의 상호신뢰를 구축함으로써 갈등과 오해의 여지를 줄이는 것으로 목적으로 하기 때문에 잠재적 위협국조차도 회원국으로서 인정할 뿐만 아니라 오히려 잠재적 위협국으로 인식된 국가의 참여가 필요하다는 것이다.96)

이처럼 탈냉전 이후 협력안보의 개념이 새롭게 부각된 것은 무엇보다도 국가 간 안보환경의 변화가 주된 원인이라고 할 수 있다. 즉 탈냉전으로 표현되는 오늘날의 국제사회는 무너진 양극체제와 냉전적 이데올로기를 대체할 새로운 국제질서 태동의 과도기적 변화의 와중에 있다고 할 수 있다. 이와 같은 변화의 과도기에 나타나고 있는 국제정치 현상으로서는 탈이념, 탈 군사화, 민주화와 시장경제의 확산, 세계질서의 다원화 등의 긍정적인 변화들과 함께 국가이익 중심의 통상마찰로 인한 경제 분쟁·지역분쟁의 증가, 민족주의의 부활과 민족분규의 확산 등의 부정적 측면이 동시에 나타나는 양면성을 지니고 있다.

이와 더불어 탈냉전 후의 안보개념은 지역 국가 간 상호의존 관계의 심화에 힘입어 경제문제가 중심이 되는 이른바 '하위정치'의 중요성이 강조되고 있으며, 이에 따라 안보개념 또한 과거의 군사전략문

---

96) David Dewitt, "Common Comprehensive and Cooperative Security," *The Pacific Review*, Vol.7, No.1 (1994), pp.7~8.

제 중심에서 정치・외교・군사・경제・환경 등 다차원적인 '포괄적 안보'의 개념으로 확대되고 있다. 더구나 '포괄적 안보' 개념의 영역에 포함되는 테러방지, 마약거래, 대량살상무기의 확산 등 범세계적인 문제들은 국경을 초월하여 발생하는 초국가적 속성을 갖기 때문에 어느 한 국가의 일방적 행동에 의해서 해결하는 데는 한계가 있으며, 따라서 여러 국가의 협력을 필요로 하게 된다. 이러한 안보환경 변화에 따른 새로운 안보문제 접근법으로 대두된 것이 '협력안보'이다.

2. 협력안보의 개념

협력안보의 개념이 이론적으로 정립되기 시작한 것은 대략 1980년대 초반이라고 할 수 있다. 처음에는 '공동안보'라는 개념을 통해 적대국과의 군사협력으로 안보를 달성한다는 의미를 부각시켰다.[97] 공동안보 개념은 1982년 팔메위원회(Palme Commission)로 알려진 UN 내의 '군축 및 안보문제독립위원회'(Independent Commission on Disarmament and Security Issues)의 보고서[98]에서 처음 등장했다.[99] 이 보고서는 스웨덴 총리 팔메(Olof Palme) 위원장이 밴스(Cyrus Vance)미국 국무장관, 아르바토프(Giorgi Arbatov) 소련공산당 중앙위원 등 17명의 저명인사

---

97) 이민룡, 『한반도 안보전략론』, p.296.

98) United Nations, Independent Commission on Disarmament and Security Issues, *Common Security: A Blueprint for Survival*, A/CN. 10/38 and Corr. 1.

99) 이 보고서에 나타난 공동안보 전략의 내용을 보면, 최소한의 핵억지, 적대국과의 군사협력, 안보문제의 포괄적 접근, 집단안보 및 군축의 필요성 등을 들 수 있다. 이 보고서는 "어떠한 국가도 안보를 더 이상 상대방의 희생을 전제로 할 수 없으며, 단지 '협력적 시도'를 통해서 달성할 수 있다. 비록 이념적 반대자들이나 정치적 경쟁자들일지라도 생존에 대한 이익은 공유해야 하며, 전쟁 자체에 대한 투쟁에 있어서 동반자 관계이다. 군비를 통한 현재의 억지수단은 공동안보 독트린으로 대체되어야 하며 국제평화는 상호 파괴의 위협보다는 공동 생존에 대한 공약에 의존해야 한다"고 주장하고 있다. *Ibid.*, p.139.

가 작성하였다. 공동안보 개념은 집단안보 개념과는 달리 전쟁을 멈추기 위한 전쟁 혹은 전쟁억제가 아니라 비무장, 군축, 국제조직의 강화, 긴장 해소, 신뢰 구축 등의 조치를 통한 전쟁회피와 전쟁의 근본 원인 제거에 초점을 두고 있다고 볼 수 있으며, 핵억지이론과 같은 '상호 파괴의 위협에 기초한 전쟁 방지'가 아니라 '공동 생존의 인식에 의한 안보와 평화 보장'을 목적으로 하고 있는 것이다.[100) 이러한 공동안보 개념은 그 후 여러 학자들에 의해 이론적 발전을 거듭해왔을 뿐만 아니라 '유럽안보협력회의'(CSCE)에 이론적 토대를 제공해 주었다. 그러나 공동안보 개념은 유럽 안보에 끼친 막대한 영향에도 불구하고 다른 지역에서는 탈냉전 시기에 이르기까지는 크게 부각되지 못했다.

한편, 협력안보란 포괄적, 상호의존적 성향으로 발전해가는 안보 쟁점들을 관리, 해결하려는 접근법으로서 궁극적으로는 국제안보레짐을 구축하기 위한 제반 안보외교 활동을 의미한다고 할 수 있다. 전통적 안보해결책인 세력균형과 집단안보론에 기대를 거는 경향을 가지면서도 협력안보는 오늘날의 안보문제가 과거와는 근본적으로 속성을 달리한다는 사실에 유념하면서 새로운 접근법으로 자리매김을 시도하고 있는 것이다.[101)

협력안보는 대립구조가 불명확하고 안보적 불안정성이 잠재하는 지역에서 분쟁의 발생 소지 및 불안 요인을 비군사적 수단에 의해 사전에 방지·제거하는 예방외교(preventive diplomacy)적 성향이 강한 개념이다. 이런 특성 때문에 협력안보는 여러 측면에서 불완전성을 또

---

100) 이정윤, 「한반도와 동북아 다자안보협력기구에 관한 연구」, 단국대 박사학위논문(1999), p.28.
101) 이민룡, 『한반도 안보전략론』, pp.302~307.

다른 특징으로 갖고 있다. 협력안보는 세계적 기구의 설립과 같은 거대한 목표를 추구하지 않으며, 모든 종류의 무기를 제거하려 하지도 않고, 모든 형태의 폭력을 방지할 수 있다거나 모든 분쟁을 해결할 수 있다고도 보지 않는다. 단지 협력안보는 대화를 통해 투명성을 증대시키고 협력을 확산시킴으로써, 공격적인 국가가 의도적이며 조직적인 침략행위인 무력에 의한 영토의 강점이나 폭력에 의한 중요한 자산의 파괴 등과 같은 행위를 준비할 필요를 느끼지 못하도록 사전에 방지하는 데 그 목적이 있다.[102]

이러한 제한성 때문에 협력안보는 양자주의 형태보다는 다자주의 형태를 지향한다. 다자협의체는 구축되기는 어렵지만, 일단 구축되면 그 제도적 관성 때문에 비교적 안정적으로 유지되는 속성도 있어 특정 지역의 안보를 관리·통제할 수 있는 메커니즘이 될 수 있다. 따라서 협력안보는 역내 국가 간 안보정책의 다양성에 대한 인정 및 안보대화의 관습화 및 제도화, 신뢰구축조치(confidence-building measures), 안전보장에 대한 포괄적 접근 및 비군사적 수단의 전략적 활용, 예방외교 등을 바탕으로 하여 안보협력 레짐의 형성을 추구한다. 따라서 점진적인 접근과 현존하는 양자관계 혹은 세력균형체제를 인정하면서 비공식적이고 임시방편적인 협의과정을 허용하는 신축성을 나타낸다.

---

102) Dacid Dewitt and Paul Evans, eds., *Conference Report: The Agenda for Cooperative Security in the North Pacific* (Vancouver: University of British Colunbia Press, 1993), pp.35~36.

3. 협력안보레짐

안보레짐(security regimes)은 협력안보의 아이디어를 바탕으로 안보 분야에서 형성된 국제레짐의 한 형태로, '안보대화'(security dialogue)를 바탕으로 '안보레짐'(security regime)이 형성되면, 보다 높은 차원인 '안보공동체'(security community)를 지향한다. 안보공동체는 레짐보다 한 단계 더 제도화된 협의체로, 1950년대에 도이치(Deutsch)가 제시하였고, 최근 유럽 안보통합의 심화와 함께 새롭게 조명을 받고 있다.

안보공동체와 안보레짐의 가장 큰 차이는 공동 안보정체성의 확립 여부이다. 안보레짐 모델이 법과 절차의 마련을 중시한다면, 안보공동체 모델은 공동의 정체성을 안보협력의 주요 동력으로 간주한다.[103] 이처럼 다자간 안보 협력의 제도화 과정에서 안보레짐의 위치는 안보대화와 안보공동체의 중간 단계로서 위치 지을 수 있을 것이다.[104]

안보분야에서의 레짐 형성은 경제 및 환경 분야와 같은 비안보 분야에 비하여 어려운 것으로 인식되어 왔다. 저비스(Robert Jervis)는 경제분야에 비해 안보분야의 레짐 형성이 어려운 이유를 다음과 같은 몇 가지로 설명한다. 첫째, 안보 문제는 국가의 존폐와 연결되기 때문에 보다 심각한 경쟁성(competitiveness)을 가진다. 둘째, 공격과 방어의 구별을 어렵게 하는 군사력의 속성으로 인해 안보딜레마(security dilemma)가 악화되기 때문에 레짐 형성이 어렵다. 셋째, 안보 분야에

---

103) 유럽연합의 안보정책이 유럽안보방위 정체성(ESDI)에서 유럽안보방위정책(ESDP)로 변화 발전하는 모습은 유럽지역이 안보공동체 형성에 성공하고 있음을 보여주고 있는 사례라고 하겠다. Ole Waever, "Insecurity, Security and Asecurity in the West European Non-war Community," in Emmanuel Adler and Michael Barnett, eds., *Security Communities* (Cambridge: Cambridge University Press, 1998).

104) 고상두, 「한반도 평화와 통일의 조건: 동북아 다자간 안보협의체 건설」, 『동서문제』, 제18권 제1호 (2006), p.56.

서 상호주의에 입각하지 않는 일방적 협력의 대가가 비안보분야보다 크기 때문에 안보레짐의 형성과 존속을 더욱 어렵게 한다. 마지막으로, 안보분야에서 상대방의 행동을 관측하고 동시에 자신의 안보 정도를 측정하는 것이 매우 어렵다.[105)

이러한 안보레짐 형성의 어려움이 있지만 일단 안보레짐이 형성된다면 그 효과는 상당히 크다. 전쟁대비 및 개별적인 안보의 추구는 엄청난 부담으로 작용하는데 특히, 현대전을 대비한 군비증강에는 천문학적인 비용이 들어가기 마련이다. 따라서 레짐구성국들이 현상유지를 선호하고 상호협력과 상호안보라는 가치에 동의하게 된다면 모두가 혜택을 보게 되는 것이다. 협력안보 아이디어에 기반을 둔 안보레짐은 레짐 구성원들 사이에서 포괄적 안보문제를 해결하기 위해 회원국들이 합의한 명시적 제반 규칙을 가진 제도 또는 협약, 협의체 등을 창출할 수 있다. 그리고 레짐 회원국들로 하여금 국가의 내부 작용에 대한 투명성 및 국가들의 행위에 대한 예측 가능성을 높여서 신뢰구축조치가 가능하게 되는 것이다. 그럼으로써 안보레짐은 회원국들 간에 상호신뢰와 상호의존성을 증가시켜 역내 안보관계의 안정성을 확립하는 데 크게 기여할 수 있다.[106)

---

105) Robert Jervis, "Security Regimes," *International Organizations*, Vol. 36 (Spring 1982), pp.173~194.

106) 이인배, 「제도와 행위자 간의 상호작용에 관한 연구: '다자간 협력안보' 사례로서 CSCE를 중심으로」, 『국제정치논총』, 제41집 2호(2001), p.101.

제4절 분석 틀: 동북아 다자안보협의체 형성의 구도

다자간 안보협력은 협력안보의 개념을 기반으로 참여국의 공동 관심사의 개발 및 논의를 통해 국가 행동양식의 예측 가능성을 제고시키고 분쟁의 사전예방을 도모하고자 하는 협력 시스템이다. 이 시스템은 협력에 참여하는 국가들 간에 안보정책 대화를 관습화·제도화하고 공통의 규범을 공유함으로써 안보레짐(regime)을 형성할 수 있다. 그리고 이 안보레짐은 지속적인 발전을 통해 공동체 구성원들 상호 간에 물리적 충돌이 아닌 다른 방법을 통해 분쟁을 해결할 수 있다는 진정한 확신을 가질 수 있는 안보공동체(security community)[107]로 진화될 수도 있다.

다자간 협력안보레짐의 대표적인 사례로 1975년에 설립되어 이른바 '헬싱키프로세스'로 불리는 유럽안보협력회의(Conference on Security and Cooperation in Europe: CSCE)가 있다. 그리고 탈냉전시대를 맞이하여 CSCE는 1995년에 유럽안보협력기구(Organization for Security and Cooperation in Europe: OSCE)로 확대·발전되어 기능 중이다. 즉 유럽에서는 집단방위를 꾀하는 다자동맹인 NATO가 핵심적인 안전보장

---

107) Karl Deutsch et al. *Political Community and the North Atlantic Area* (Princeton: Princeton University Press, 1957).

장치로 기능하고, 협력안보의 틀인 OSCE는 이를 보완하는 안전보장 장치로 기능하고 있는 것이다.

동북아 지역의 불확실성 또는 불안정을 극복하기 위해 역내 국가 들은 다자간 안보협력의 필요성을 주창해 왔지만, Track 2 또는 Track 1.5 형태의 '동북아협력대화'(North-East Asia Cooperative Dialogue), 중국·러시아·카자흐스탄·키르키르스탄·타지크 공화국이 참여하는 '상하이 협력기구'(Shanghai Cooperation Organization) 등이 상호 신뢰구축 및 안보협력을 위해 운용되고 있는 수준이다.

그리고 동북아 안보와 관련된 전반적인 사안들을 논의하기 위해 만들어진 것은 아니지만, 북한 핵문제의 해결을 위해 남북한·미국·일본·중국·러시아 개국이 참가하는 '6자회담'이 있다. 한·일 등 역내 국가들이 '6자회담'이 북한 핵문제의 해결을 통하여 동북아 다자간 안보협력레짐으로 발전되기를 바랐으나 2006년 10월 9일 북한의 핵실험 단행으로 존재의 위기에 처하게 되었고 여전히 초보단계의 수준을 벗어나지 못하고 있다. 만일 북핵문제가 '6자회담'을 통하여 해결된다면 이러한 경험을 바탕으로 다른 비 전통분야의 의제 논의와 함께 동북아의 다자간 안보협력레짐으로 발전할 전망이 가장 높다고 할 수 있다.

2007년 제창된 이른바 '제주프로세스'는 '헬싱키프로세스'를 참고하면서 동북아 지역의 다자간 협력안보레짐 구축의 필요성을 상징적으로 보여준다고 하겠다. 따라서 이 책은 이러한 필요성에 따라 동북아 지역의 다자간 협력안보레짐 구축을 추구하는 '제주프로세스'를 성공적으로 추진할 수 있는 방안을 탐색하고자 한다.

국제관계론에서 협력안보레짐은 크게 세 가지 이론적 시각으로 나

뉘어서 경쟁하고 있다. 이러한 시각들은 개별적으로 강조되는 독특한 설명변수들에 따라 차이를 보이는데, 앞에서 살펴본 것처럼, 권력관계를 중심적 변수로 고려하는 신현실주의, 행위자 간의 이익 분포를 주요 변수로 간주하는 신자유주의 시각, 그리고 역내 국가들 간의 국제규범 형성과 집합 정체성을 핵심 변수로 보는 구성주의 시각 등이 국제레짐의 형성과 변화의 다이내믹스를 설명하는 대표적인 이론적 시각들이라고 할 수 있다.[108] 레짐의 변화단계를 자발적 질서(spontaneous orders), 협상된 질서(negotiated orders), 강제된 질서(imposed orders)로 구분하고 변화의 동인은 내적 모순, 권력구조의 변화, 외부적 힘에 있다고 주장하기도 한다.[109]

이러한 이론적 시각들 중에서 어떤 것이 국제레짐의 다이내믹스를 설명하는 데 보다 적실한 시각인지에 대해서는 아직까지도 의견이 분분하며 각각의 이론적 학파들 간에서 자신들의 이론이 보다 적실성 있는 시각이라고 주장하지만, 다른 진영에서는 여러 가지 한계를 지적하면서 비판을 가한다. 그렇다고 이러한 경쟁하는 이론들이 모두 다 설명력의 근본적 한계를 가지고 있는 것으로 보이지는 않는다.

신현실주의 시각에서는 국제체제에 중앙집권적인 통치제도가 사실상 존재하지 않기 때문에 개별 국가들은 힘을 축적하는 데 우선적인 관심을 가진다고 본다. 그렇기 때문에 국제법적 규범과 제도의 형성을 통한 국제협력은 순간적인 편의에 의해서는 가능할지 모르나

---

108) 이외에도 국제레짐이론을 구조적(structural), 게임이론적(game-theoretic), 기능적(functional), 인지적(cognitive) 접근 등의 네 가지로 구분하는 경우도 있다. Stephan Haggard and Robert O. Keohane, "International Institutions: Two Approaches," *International Studies Quarterly*, Vol.32, No.4(1998), p.382.

109) Oran R. Young, "Regime Dynamics: The Rise and Fall of International Regimes," *International Organization*, Vol.36, No.2(1982), pp.277~297.

그것이 지속 가능한지에 대해서는 근본적인 의문을 제기한다. 단지 안보레짐이 형성되기 위해서는 막강한 힘을 축적하고 있는 강대국들 간의 합의에 의해서만 가능한 것으로 본다.[110]

신자유주의 시각에서는 국제레짐이나 지역적 수준에서의 다양한 국제협력이 국제관계의 무정부적인 성격을 약화시키고 지역 통합을 촉진시킬 수 있다고 본다. 특히 다양한 국제협력을 가능케 하는 가장 중요한 동력을 경제적 상호의존 혹은 경제협력으로 보면서, 경제적 상호의존의 수준이 높아질수록 지역협력의 수준도 높아지고, 이것이 또 정치 및 군사 분야로의 협력을 확대시킬 수 있을 것이라고 전망한다.[111] 그리고 구성주의 시각에서는 역내 국가들 간의 국제규범의 형성과 집합정체성을 지역통합의 가장 중요한 요소로 본다. 이 시각에서는 역사와 기억에서 비롯되는 상호인식의 차이와 적대감 등 객관적인 지표로 나타나지 않는 요인들을 주요한 변수로 고려하며, 특히 국가들의 지역정체성과 이익이 이미 주어져 있는 것이 아니라 재구성될 수 있는 것으로 보기 때문에 어떻게 이들을 형성할 것인가에 관심을 가진다.[112]

이들 이론적 시각들이 가진 설명력은 적어도 부분적으로는 유효한 것으로 보인다. 19세기 초 유럽협조체제(Concert of Europe)의 경험을 토대로 안보레짐의 형성 조건을 제시한 저비스(Robert Jervis)의 논의는 이상의 이론들이 나름의 적실성은 충분히 가진 것으로 평가될 수 있다.

---

110) Robert Jervis, "Security regimes," *International Organization* Vol.36-2(1982), pp.360~361.

111) Robert O. Keohane, *International Institution and State Power: Essays in International Theory* (Boulder: Westview Press, 1989).

112) Alexander Wendt, "Anarchy is what states make of it: the social construction of power politics," pp.391~425.

그가 제시한 안보레짐의 형성 조건은 강대국의 호응, 공동안보 및 협력에 대한 관련 국가들의 공유, 안보딜레마 극복, 그리고 전쟁이나 개별국가 차원의 정책이 갖는 높은 비용에 대한 인식 등 네 가지이다.[113]

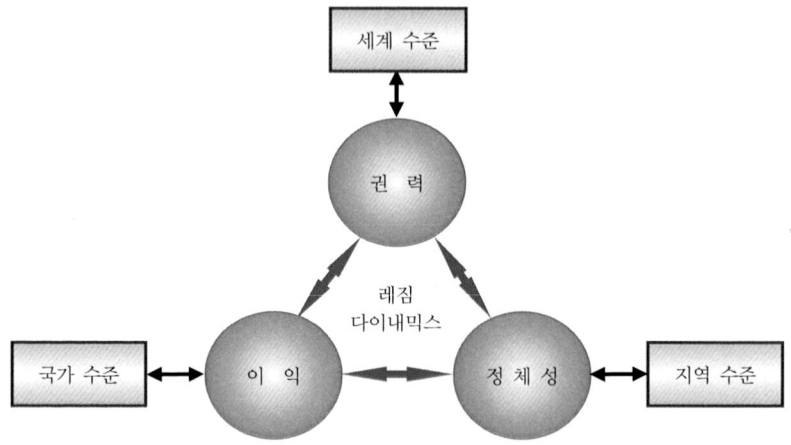

〈그림 2-2〉 다자 간 안보레짐 형성 모델: '권력-이익-정체성의 상호작용'

이러한 저비스의 시각은 기존의 특정한 이론적 시각을 배타적으로 반영하거나 전혀 새로운 시각에 따르는 것이 아니라, 기존 이론들을 통합적인 관점에서 종합적으로 고려하고 있음을 알 수 있다. 하센클레버 등 (Andreas Hasenclever et al.)이 국제레짐이론을 분류하는 시각을 보면, 권력기반(power-based), 이익기반(interest-based), 지식기반(knowledge-based) 국제레짐 이론으로 구별하여 각각을 현실주의, 신자유주의, 인지주의 시각으로 구분한다.[114] 이러한 논의들을 토대로 할 때, 국제레짐의 형

---

113) Robert Jervis," Security Regimes," pp.360~362.

114) Andreas Hasenclever, Peter Mayer, and Volker Rittberger, *Theories of International Regimes* (Cambridge: Cambridge University Press, 1997). 이 책도 이러한 시각을 따르고 있다.

성은 각각의 이론적 시각들을 통합적으로 이해할 때보다 유효한 시각들 만들어낼 수 있음을 보여준다. 권력관계를 반영하는 강대국 간의 타협, 국가이익의 배분을 반영하는 참가국들의 이해 조정, 그리고 역사적·문화적 또는 인지적 측면의 특성을 반영하는 공통의 규범 창출과 정체성 형성 등의 세 가지 변수의 상호작용이 그것이다. 따라서 이 책은 다자간 협력안보레짐의 형성을 설명하는 이러한 통합적 시각을 '권력-이익-정체성의 상호작용' 모델로 명명한다. <그림 2-2>에서처럼, 이 모델에서는 안보레짐의 형성을 신현실주의 시각의 국가 간 권력관계, 신자유주의 시각의 국가이익의 분포, 그리고 구성주의 시각의 국제규범과 정체성의 상호작용이 세계 수준과 지역 수준 및 국가 수준의 상호 연계를 통해 설명한다.

이 책은 동북아 지역의 다자간 협력안보레짐 구축을 위한 프로세스를 어떻게 추진할 것인가에 초점을 맞추고 있으며, 헬싱키프로세스를 참고하여 제주프로세스를 성공적으로 추진해 나가기 위한 조건과 방향을 탐색한다. 이를 위해 이 책은 앞서 도출한 '권력-이익-정체성의 상호작용'을 기초로 하는 안보레짐 형성 모델을 분석의 기본 축으로 하여 전반적인 분석의 구도를 설정한다.

안보레짐 형성 모델은 레짐의 형성과 발전의 다이내믹스를 분석하기 위해 통합적 시각으로서 유럽의 경험을 설명할 뿐만 아니라 동북아에서의 경험에도 유용한 분석 틀이 될 수 있다. 유럽의 경우는 주로 어떻게 성공할 수 있었는지를 고찰할 수 있는 분석 틀이 되는 반면에, 동북아에서는 왜 성공하지 못했는지를 설명할 수 있는 분석 틀이 된다는 점에서 성공사례와 실패사례의 분석을 통해 유용한 시사점을 얻을 수 있을 것이다.

한편, '권력-이익-정체성의 상호작용'을 통한 다자간 협력안보레짐 형성을 위해서는 그 모티브가 있어야 한다. 동아시아와 동북아 다자안보협의체에 관한 많은 경험들을 가지고 있지만, 아직까지 안보협의체의 수준으로 발전한 사례는 없다. 특히 동북아의 경우, 남북관계뿐만 아니라 북·미, 미·중, 미·일관계 등의 불안정의 지속으로 사실상 상시적 안보 불안정 현상이 나타나고 있으며, 이로 인해 더욱 쉽지 않은 상황이다.

그럼에도 불구하고 역내 평화가 정착되어야 공동의 번영을 이룰 수 있다는 데 어느 정도 공감대가 형성되어 있기 때문에 적절한 기회와 동기 등이 부여될 경우 긍정적으로 접근해 볼 수 있다. 따라서 이 책은 '제주프로세스'를 다자안보협의체 형성의 동기를 부여하는 촉매제 역할을 수행할 수 있는 추진 방안을 모색할 것이다. 그리고 유럽의 다자안보협의체 형성에 대한 성공 사례와 그동안 동아시아 및 동북아에서의 다자안보협의체의 실패 경험을 토대로 '권력-이익-정체성의 상호작용'을 거시적인 실현 조건으로 하여 보다 구체적인 제주프로세스 구상의 추진방안을 모색할 것이다.

사실, 제주프로세스는 논의의 초기 단계로서 구체적인 목표 설정이나 내용, 그리고 핵심의제 등이 명료하지 않으며 구체적인 추진전략도 아직은 설정되지 않은 상태이다. 그럼에도 불구하고, 제주프로세스의 가능성은 '6자회담'의 발전적 진화 및 계승에서 찾을 수 있다. 주지하듯이, 6자회담은 한반도의 비핵화를 통해 동북아 역내의 평화를 추구할 수 있는 유력한 다자협의체로서의 가능성을 보이고 있다.

남북한 이외에 미·일과 중·러가 함께 한반도와 동북아의 안보문제를 논의하기 위해 한 테이블에서 만났다는 것 자체만으로도 6자회담은 동북아 다자안보협의체 형성의 가능성을 보이는 중요한 실마리가 될 수 있다. 따라서 6자회담의 성공적 진전은 동북아 다자안보협의체 형성의 주춧돌이 될 수 있다는 점에서 제주프로세스의 실현의 핵심적 조건으로 6자회담의 진전을 위한 조건들을 살펴볼 것이다. 그리고 6자회담의 진전 가능성과 함께 제주프로세스의 모호한 위상을 명확히 하고 보다 구체적인 목표와 내용, 핵심의제의 설정 등을 논의하고 제주프로세스의 추진전략과 과제, 그리고 제주의 역할 등에 대해 논의할 것이다.

이 책은 유럽의 다자간 협력안보레짐 형성과 발전의 경험에 대한 성공사례를 준거 틀로 삼고 있다는 점에서 유럽 사례에 대한 심층적 분석을 전제로 한다. 그리고 이와 대비하여 동북아에서 그동안 진행되거나 제기되어 왔던 다양한 안보 협의에 관한 논의들을 분석한다. 이러한 두 사례, 즉 성공과 실패의 사례에 대한 비교 분석을 바탕으로 다자간 협력안보레짐 형성의 형성을 위한 시사점과 함의들을 도출하고 정리하여 동북아 지역의 다자안보협의체 형성을 위한 제주프로세스의 발전 방안을 제시하고자 한다.

제주프로세스는 자체적인 경험이 전무할 뿐만 아니라 동북아, 나아가 동아시아에서의 다자안보협력 경험도 일천하다. 따라서 기존의 선행적 경험들에 대한 검토를 바탕으로 제주프로세스 구상의 실현 방향 설정을 위해 동북아 안보협력 증진을 위한 방안들을 추구하며 특히 제주프로세스의 중요한 모티브가 될 6자회담의 진전을 위한 조건을 검토하고, 이와 연관하여 제주프로세스 구상의 실현을 위한 방향을 제시할 것이다.

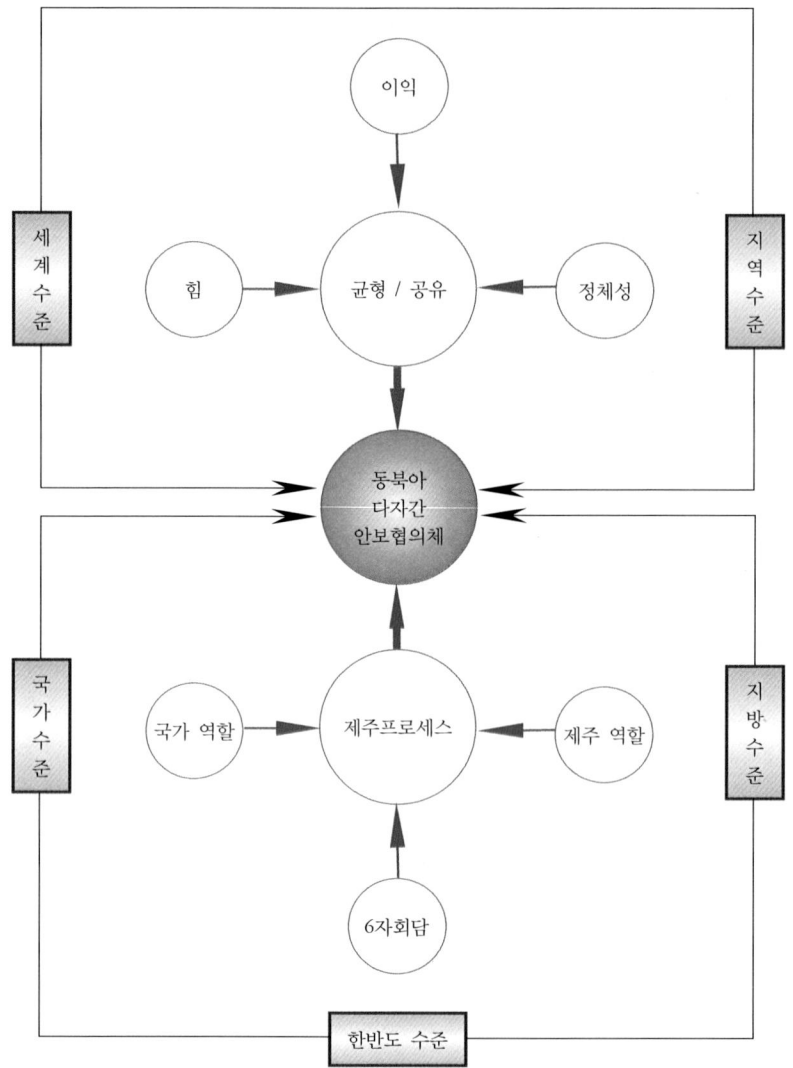

〈그림 2-3〉 동북아 다자안보협의체 형성의 구도: 분석 틀

거시적 차원에서 동북아라는 지역 차원에서의 세력균형, 국익의
균형, 정체성의 확보가 동북아 다자안보협의체 형성의 조건이라면,

동북아의 안보적 안정과 불안정을 가늠할 수 있는 주요한 관심사라고 할 수 있는 6자회담의 성패 또한 제주프로세스 구상의 가능성을 가늠해 볼 수 있는 중요한 사례가 되고 있다. 따라서 한반도를 그 중심에 놓고 벌어지는 동북아 및 주변국들의 역학구도를 보여주는 6자회담의 진전 여부를 살펴보아야 할 것이다. 그리고 제주프로세스가 국가차원과 지방차원의 연계적 협력의 틀 속에서 지속적인 동북아 안보협의체 형성을 위한 논의의 장이 될 수 있도록 하는 것 역시 필요하다.

이와 같은 세 가지 차원의 조건과 노력들이 결합될 때 제주프로세스는 구상의 차원을 넘어 실현을 위한 구체적인 단계로 진전될 수 있을 것이다.

이상과 같은 분석 틀을 도식화하면 <그림 2-3>과 같다. 이러한 분석 틀은 제주프로세스 구상의 거시적 국제환경 조건과 한반도 역학구도를 반영한 실현조건, 그리고 국가와 지방(제주)이 상호 연관된 실현조건 등 세 가지의 차원을 결합한 논의이다.

제 3 장

유럽의 경험:
헬싱키프로세스의 형성과 발전

제1절 역사적 배경: 국제환경 변화

　제2차 세계대전에서 연합군이 승리하면서 유럽의 서부는 미국이 차지하고 동유럽은 소련이 점령하였다. 동유럽국가들은 대부분 소련의 위성국가들이 되었고 그리스와 터키의 공산화 우려가 대두되자, 미국의 트루먼 대통령은 1947년 3월 그리스와 터키가 공산화의 위협을 받게 될 경우 자유를 지키기 위하여 양국에 군사원조를 실시하고 군사고문단을 파견하겠다는 '트루먼 독트린'(Truman Doctrine)을 발표했다. 이를 계기로 미국의 소련 및 공산주의에 대항하는 냉전정책이 본격적으로 부상되었다.

　그리스내전(1946~1949) 시기였던 1947년 3월 12일에 트루먼 대통령은 의회 연설에서 그리스와 터키가 필요한 도움을 받지 못한다면 공산화가 될 것이고 지역으로 파급될 것이라고 주장하였다. 트루먼은 터키와 그리스에 400만 달러를 군사적 경제적으로 지원하는 법안에 1947년 5월 22일 서명하였다. 이전까지는 이러한 미국의 역할을 영국이 해왔으나 국력의 약화로 미국이 이어받은 것이었다. 트루먼 독트린이 발표된 후 소련과의 협력관계는 악화되었고 유엔안전보장이사회에서 거부권을 행사하며 유엔의 역할을 제한하였으며 동서냉전이 시작되었다.[115]

소련의 흐루시초프 서기장은 1960년에 연합국이 베를린에서 철수할 것을 요구하는 최후통첩을 보냈으나 아이젠하워 대통령과의 정상회담을 기대하였기 때문에 태도를 바꿔서 이 최후통첩을 철회하였다. 흐루시초프는 케네디에게 1961년 비엔나 정상회담에서 1961년 말까지 서베를린에서 연합군의 철수를 요구하였으나 이에 대한 반응으로 미국은 오히려 더 강경한 조치를 취하면서 서베를린에 주둔군을 증파하며 군사력을 증강하였고 베를린 장벽이 1961년 9월에 세워졌다. 소련은 쿠바와 1962년 9월 '소련-쿠바무기원조협정'을 체결하였다.

미국은 1962년 10월 14일 공중촬영사진을 분석하여 중거리탄도미사일의 발사대가 쿠바에 건설 중인 것을 확인하였다.[116) 이에 대한 미국의 대응은 봉쇄로 결정되었으나 핵전쟁의 위기감을 동서 양진영은 감지하고 있었다. 1962년 10월 22일 케네디 대통령은 텔레비전 전국방영을 통하여 처음으로 "소련은 서반구에 대하여 핵공격을 가할 수 있는 기지를 쿠바에 건설 중"이라고 공포하고, 쿠바에 대하여 해상봉쇄조치를 취하였다. 1962년 10월 26일 소련은 미국이 쿠바를 침공하지 않는다는 것을 약속한다면 미사일을 철거하겠다는 뜻을 미국

---

115) 유럽에서 냉전이 발생한 것에 대한 설명으로 첫째는 두 강대국인 미국과 소련이 오인과 불신 때문이라는 것과 두 번째로, 서구가 나치 독일과 전체주의적인 소련을 동일시하는 경향을 가졌기 때문이라는 설명이 있으며 세 번째로 자유민주주의적인 미국의 국가성향이 소련을 용납할 수 없었기 때문이라고 설명하고 있다. Michael Cox, "Truman Doctrine to the Second Superpower Detente: The Rise and Fall of the Cold War," *Journal of Peace Research*, Vol.27, No.1, (1990), p.27.

116) 마크 화이트(Mark White)에 의하면, 소련의 후르시초프(Khrushchev)가 쿠바에 미사일을 배치한 이유를 몇 가지로 설명하고 있는데, 모스크바의 동맹(ally for Moscow)이며 여타의 라틴 아메리카 국가의 모델(socialist model for other Latin American countries)로서의 "쿠바의 방어"(defend Cuba), "미국과 소련 간의 핵 불균형을 해소하기 위하여"(correct the imbalance between Soviet and American nuclear arsenal), "소련의 국경인 터키와 이탈리아에 배치한 미국미사일"(presence of American Jupiter missiles in Italy and on the Soviet border in Turkey), 비엔나정상회의에서 후르시초프가 존 F. 케네디를 유약하게 봤기 때문에 "베를린문제를 개선하기 위하여"(a desire to improve his hand in the ongoing dispute over Berlin) 등이다. Mark J. White, *Missiles in Cuba Kennedy, Khrushchev, Castro and the 1962 Crisis* (Chicago: Ivan R. Dee, 1997), pp.34~40.

에 전달하였다. 이 사건을 계기로 1963년 미국과 소련 간에 핫라인 (hot line)이 설치되었다.

이 사건은 냉전역사에서 가장 핵전쟁의 위험에 다가간 것이었다. 케네디가 American University에서 "긴장 완화"를 추구할 수 있으며 "공멸의 길보다는 평화의 전략"을 추구할 것이라고 연설하였다.[117] 핵전쟁 직전까지 갔었던 '쿠바 미사일 위기'는 미국과 소련을 데탕트로 전환하게 하는 중요한 계기 중의 하나가 되었다.

유럽 안보협력회의(Conference on Security and Cooperation in Europe: CSCE)는 1972년 동서 냉전구조 시기에 태생되었다. CSCE가 태동하던 시기의 역사적 배경을 살펴보면, 이 시기는 첨예하게 대립하던 동서의 냉전이 화해의 분위기를 맞이하고 있었던 데탕트의 시기였다. 미국과 소련이 극단적인 대결구도가 상호 간의 필수이익에 큰 해를 끼치고 있다고 느끼면서 조정이 필요하다고 인식하고 있었던 동서 냉전의 해빙기라는 적절한 시기에 CSCE가 태생하였던 것이다.

쿠바의 미사일 위기를 넘긴 미국과 소련은 다양한 유형의 군비통제 안보레짐을 형성하고 있었다. 미국 영국 소련 간에 1963년 8월 수중, 대기 및 우주에서의 핵실험을 금지하는 '제한적 핵무기 실험 금지조약'이 서명되었다. 1968년 7월에는 국가가 핵무기를 제고하거나 다른 나라에 개발하도록 지원하는 일을 금지하는 '핵확산금지조약'(Nuclear Non-Proliferation Treaty: NPT)이 체결되었고 1972년 5월 미국과 소련 간에 전략무기제한협정(SALT I) 조인 등의 성과가 있었다.

지미 카터 미국대통령과 브레즈네프 소련공산당서기장은 SALT-II

---

117) *Ibid*, p.150.

협상을 1979년 개최하였다. 이것은 SALT-I을 항구협정으로 전환하고, MIRV를 중심으로 하는 공격용 전략무기의 제한을 목적으로 협상기본원칙, SALT-II 타개의 방향모색, 블라디보스토크 합의, SALT-II 교섭의 정지, SALT-II 협정조인의 순으로 1979년 6월에 발효되었다.[118] 이러한 안보레짐의 등장으로 미국과 소련을 중심으로 한 양극체제에 변화가 생겨 다극화 경향이 나타났으며, 중국의 핵무기 개발과 중국과 소련 사이의 국경분쟁으로 공산주의 블록이 분열양상을 보이기 시작했다. 서구에서는 프랑스가 NATO를 탈퇴하였다. 이러한 동서 양진영에서의 미소의 영향력 약화는 유럽국가를 중심으로 한 CSCE의 탄생을 가능케 한 주요 요인이 되었다.

마레스카(John J. Maresca)는 유럽다자안보회의(European security conference) 구상은 1954년 소련의 외무장관 몰로토프가 유럽에서 미국의 역할을 최소화하며 집단안보협정을 맺기 위하여 구상했다고 주장하였다.[119] 소련 측이 1966년 루마니아의 수도 부쿠레슈티에서 열린 바르샤바 조약기구(WTO) 수뇌회의에서 유럽안보문제 논의를 위한 대화협의체 결성을 제안하였다. 소련과 WTO는 '유럽의 평화 및 안보 강화를 위한 선언'을 통해 이를 서방측에 제안하였으며 이러한 제의는 1967년 유럽공산당 대회 등에서 반복되었다. 제임스 굿비(James Goodby)는 브레즈네프가 제2차 세계대전 후의 유럽의 국경선 현상유지, 특히 독일의 국경선을 현상유지하기 위하여 구체적으로 CSCE를 제안하였다고 주장한다.[120]

118) 한용섭, 「핵군축의 현황과 장래」, 백진현 편, 『핵비확산체제의 위기와 한국』(서울: 오름, 2010), p.239.

119) John J. Maresca, *To Helsinki. The Conference on Security and Cooperation in Europe, 1973-1975*. Durham and London: Duke University Press, 1985. P.4.

120) James E. Goodby, "Collective Security in Europe After the Cold War," *Journal of International Affairs*, Vol.

소련이 CSCE를 제안한 동기는 첫째, 전후 유럽에서 소련 활동의 정당성 획득, 둘째, 미국을 배제시킬 수 있다면 유럽에서 미국의 영향력을 감소시킬 수 있으며, 셋째로, 회의를 통하여 동·서 간에 경제협력을 이루어 소련과 동맹들의 경제개발을 추구하는 것이었다.[121] 소련은 헬싱키프로세스에서 미국을 배제시키려는 시도를 하였으나 궁극적으로 성공하지 못하였다.

서방국가들은 전 유럽 안보회의 개최에 관심을 보이지 않았으나 1972년 닉슨 대통령이 모스크바 방문 시 제의한 중부유럽에서의 상호균형감군협상(Mutual and Balanced Force reduction: MBFR)에 대한 소련의 수락과 비유럽 NATO 회원국인 미국, 캐나다의 동등한 참가, 인권문제의 의제화 등을 조건으로 참가를 결정하였다.[122] 헬싱키에서 1972년 9~11월까지 대사급 비공식 모임을 열어 조율을 거친 끝에 1972년 11월 22일 헬싱키 외곽의 디폴리에서 다자간 준비회의가 개최되었다. 이 회의는 1973년 6월 8일 종결되어 향후 CSCE의 의제와 절차를 확정한『블루 북』(Blue Book)에 합의했으며, 그 후 2년간 3단계의 협상을 거쳐 헬싱키 최종의정서(Helsinki Final Act)를 채택함으로써 알바니아를 제외한 전 유럽국가와 미국·캐나다 등 35개국(NATO 16개국, 바르샤바 조약기구 7개국, 비동맹 및 중립국 12개국)이 참여하는 CSCE가 본격적으로 운영되기 시작했다.[123]

---

46 No. 2(1993), p.314.

121) Stefan Lehne, *The Vienna Meeting of the Conference on Security and Cooperation in Europe: A Turning Point in East-West Relations* (Boulder: Westview Press, 1991), p.1~2.

122) Standard Arms Control Groups, *International arms control: Issues and Agreements* (Stanford University Press, 1984), p.209.

123) CSCE 협상 전개과정에 대해서는 Luigi Vittorio Ferraris, ed., "Report on a Negotiation: Helsinki-Geneva-Helsinki 1972-1975", Sijthoff & Noooordhoff International Publishers BV, 1979 참조.

제2절 헬싱키프로세스의 전개과정

 핀란드의 수도 헬싱키에서 NATO와 WTO 동맹국 대표들이 만나 3년여에 걸친 대화와 협의, 그리고 협상 끝에 1975년 8월 1일 채택된 '헬싱키 최종협약'(Helsinki Final Act)에 기초하여 CSCE가 공식적으로 출범되었다. CSCE는 1989년 56개 국가가 참여하는 OSCE라는 국제기구로 개편되었고, 유럽의 다자안보협력과 안보 공동체 구축에 중추적 역할을 담당해 왔다. 헬싱키 협약 체결 이후 유럽국가들의 안보 분야의 대화와 협의, 그리고 자발적 협력의 과정을 통상 '헬싱키프로세스'라고 부른다. 따라서 헬싱키프로세스는 유럽 내 안보협력 논의가 본격적으로 시작된 1973년부터 헬싱키 최종협약이 이루어지고 CSCE가 공식적으로 출범한 1975년까지 뿐만 아니라 이후 OSCE로 전환되어 유럽의 유일한 다자안보 협력레짐으로 유럽 각국의 안보정책을 구속하는 유일한 안보기구로 제도화될 때까지 프로세스가 지속되는 것으로 보아야 할 것이다.

 여기서는 헬싱키프로세스의 전개과정을 몇 단계로 나누어 살펴볼 것이다. 우선, 이에 관한 기존논의들을 살펴보면, 이홍엽은 CSCE/OSCE의 변천 과정을 베오그라드 후속회의(1977. 10. 4~1978. 3. 9)와 마드리드 후속회의(1980. 11. 11~1983. 9. 9) 및 일련의 전문가회의 기간을 CSCE

의 제1기로 보고 비엔나 후속회의(1986. 11. 4~1989. 1. 19)와 전문가
회의, 파리정상회의(1990. 11. 19~11. 21) 등이 개최된 시기를 CSCE의
전환기인 제2기로 보고 있으며, 헬싱키 정상회의(1992. 6. 9~6. 10),
부다페스트 정상 회의 (1994. 12. 5~12. 6), 리스본 정상회의(1996. 12.
1~3), 이스탄불 정상회의 (1999. 11. 17~18) 등이 개최된 후 오늘날까
지를 CSCE의 제3기로 보고 있다.[124]

홍기준은 CSCE/OSCE 안보레짐의 형성과 발전과정을 기능적 변천
에 따라 CSCE 안보레짐의 역사적요인(1945~1972); 제1단계: CSCE 안
보레짐의 태동기(1972. 11~1975. 5. 8); 제2단계: CSCE 안보레짐의 발
전기(1977. 10~1986. 5); 제3단계: CSCE 안보레짐의 전환기(1986.
11~1990. 11); 제4단계: CSCE 안보레짐의 변형기(1991. 11~현재)로 분
류하고 있다.[125]

이홍엽이 헬싱키프로세스의 형성과 발전을 유럽 역내 국가들이 참
여하는 주요 회의에서의 합의를 발전의 계기로 보고, 회의의 성과를
바탕으로 헬싱키프로세스의 발전을 역사적으로 추적하고 있는데 비
해, 홍기준은 CSCE/OSCE의 안보레짐으로서의 기능적 변화와 발전에
따라 시기를 구분하고 있다. 이 책은 헬싱키프로세스 전반에서 파악
되는 진화 과정에 초점을 맞춰 시기를 구분하여 전개과정을 고찰하
고자 한다. 이 책의 주제인 제주프로세스는 맹아적 단계이기 때문에
향후 지난한 과정을 거쳐 단계적으로 발전해 나가야 할 것이라는 점
에서 헬싱키프로세스를 태동, 발전, 성숙 및 진화, 정착의 점진적 진
화 과정에 초점을 맞출 것이다. 따라서 이 책은 헬싱키프로세스의 전

---

124) 이홍엽. "유럽의 다자지역 안보체." 『다자안보정책의 이론과 실제』(서울:서문당, 2002), pp.220~222.
125) 홍기준, 「안보레짐의 형성: CSCE/OSCE의 사례연구」, 『국제정치논총』, 제38집 제1호(1998), p.68.

개과정 전반을 CSCE의 출범을 계기로 한 '헬싱키프로세스'의 태동, CSCE의 발전, 탈냉전과 CSCE의 성숙 및 OSCE로의 진화, 그리고 OSCE의 정착과 유럽의 안정과 평화로 구분하여 그 전개과정 상세하게 살펴보겠다.

1. 헬싱키프로세스의 태동: CSCE의 출범

데탕트가 진행되면서 동서 양 진영은 좀 더 우호적으로 관계를 재정립하면서 CSCE 협상을 위한 예비회담을 고위층에서 할 분위기가 형성되었다. 예비회담이 헬싱키의 디폴리(Dipoli)에서 1972년 11월 22부터 1973년 6월 8일까지 개최되었다. 이 회담의 결과로 일명 『블루 북』(Blue Book)으로 알려진 최종권고안이 마련되었다. 1973년 7월 3~7일까지 헬싱키에서 35개국의 외무장관들이 유럽안보와『블루 북』의 적용에 관한 자국의 입장을 주장하면서 '헬싱키프로세스'가 전개되었다.

제네바에서 1973년 9월 18일부터 1975년 7월 21일까지 거의 2년여에 걸친 협상 끝에 헬싱키 최종안을 작성하였다. 1975년 7월 30부터 8월 1일까지 35개국이 서명하면서 CSCE가 역사적인 출범을 하게 되었다. 1977년 10월 4일부터 1978년 3월 8일까지 베오그라드에서 제1차 후속회의가 개최되었다. 유고슬라비아의 베오그라드에서 1977년 10월 4일부터 1978년 3월 9일까지 개최된 베오그라드 후속회의는 1975년 헬싱키 선언이 제대로 이행되고 있는지를 검증해야 한다는 여론에 따라 소집된 회의였으나 동서 대립의 격화로 성과 없이 끝나고 말았다.

'헬싱키 최종합의서'는 동서관계 진전의 중요한 기준이 되었던 '국가 간의 관계에 관한 10대 원칙'에 기초하고 있는데, 그 내용은 주권의 평등과 존중, 무력에 의한 위협 또는 행사의 억제, 국경불가침, 국가의 영토보전, 분쟁의 평화적 해결, 내정 불간섭과 같은 베스트팔렌 조약의 계승적인 내용과 사상, 양심, 종교, 믿음의 자유를 포함하는 인권과 기본적 자유 존중, 민족의 평등권과 자율결정과 같은 인권을 중요시하는 내용과 국가 간의 협력의무, 국제법상 의무의 성실한 이행 등의 협력을 강조하는 내용이 주요 골자로 되어 있다.[126] 또한 '헬싱키 최종합의서'는 유럽에서의 안보, 경제·과학·기술 및 환경, 인도주의 및 그 밖의 분야 등 세 부문의 협력으로 분류되어 있다.[127]

제1기의 CSCE의 발전은 군사적 신뢰구축 분야에서 주로 이루어졌는데 이는 군비통제레짐과 검증레짐의 발전으로 나누어진다. 군비통제레짐에서는 운용적 통제를 위한 방안이 더욱 정교해지는 한편, 구조적 통제인 군축을 위해 협상을 시작할 것에 합의하여 CSCE 군비통제 레짐은 운용적 통제와 구조적 통제를 동시에 갖는 이중 구조를 갖게 되었다. 또한, 모든 회원국이 지상과 공중에서 매년 3차례의 현장 사찰을 의무적으로 받기로 합의함으로써 검증레짐의 발전도 함께 가져왔다.[128]

가. 예비회담

1962년 쿠바미사일 위기로 냉전은 절정에 달하였다. 미국과 소련은 일촉즉발의 대재난을 겨우 수습하였지만 이런 위험이 재연되는

---

126) "Questions relating to Security in Europe 1. (a) Declaration on Principles Guiding Relations between Participating States", *CONFERENCE ON SECURITY AND CO-OPERATION IN EUROPE FINAL ACT.* 참조.

127) Adam Daniel Rotfield, "The CSCE Process and European Security," in Kari Mottola, ed., *Ten Years After Helsinki: Te Making of the European Security Regime* (Boulder, Westview Press, 1986), pp.18~19.

128) 이홍엽, 「유럽의 다자지역 안보체」, p.221.

것을 원치 않았다. 이러한 사고방식에서 동서 간에 긴장을 완화하려는 노력이 시작되었다. 1960년대 중반 소련은 유럽안보회의의 개최를 제안하였다. 대규모의 동서 진영 간의 경제협력의 틀을 만들고 유럽의 현존하는 국경을 인정하는 공식적인 문서로 규범을 정하자고 제안하였다.

이러한 사고방식은 유럽의 중립국과 비동맹국들의 환영을 받았으나 NATO는 그 의도를 의심하였다. 1969년에 서방진영은 그러한 회의에 참여하기로 결정하였고 몇 가지 조건을 제시하였는데 미국과 캐나다의 참여 및 베를린의 법적 지위의 재확인, 유럽의 재래식 무기 감축과 인권문제를 의제에 넣는 것 등이다. 첫째로, 서구의 단결과 서부 유럽에서의 소련의 영향력 증가 배제, 둘째로, 국경의 평화로운 변화와 같은 평화의 가능성을 여는 것, 셋째로, 사람과 사고의 자유로운 이동, 군사적 안보증진 같은 동구와 서구의 구체적인 관계개선의 성취, 넷째로, CSCE를 개최하려는 소련의 욕구를 이용하여 여러 요구사항에서 소련의 동의를 얻는 것 등이었다.[129] 미국은 CSCE에 대한 보답으로 MBFR에 대한 소련의 동의를 얻어냈다.

동서 진영 간의 이러한 문제들은 1970년대에 양 진영이 점차 접촉을 증가하여 상호이해를 증진시키면서 해소되었다. 두드러진 성과로는 SALT-1인데, 미국의 닉슨 대통령과 소련의 브레즈네프 서기장 간에 1972년 5월에 조인한 탄도요격미사일협정(Anti-Ballistic Missile Treaty)이다.[130] 미국과 소련은 1972년 9월에 CSCE와 MBFR에 대한 병

---

129) John J. Maresca. *To Helsinki. The Conference on Security and Cooperation in Europe. 1973-1975.* Durham and London: Duke University Press. 1985. p.24.

130) 제임스 굿비, 「미국의 시각에서 본 헬싱키프로세스」, 제주평화연구원 편, 『동북아시아의 평화와 번영: 유럽 경험의 탐색』, 제1권(제주: 제주평화연구원, 2008), p.140.

행 회담을 개최하는 데 합의하였고, CSCE를 위한 분위기가 성숙해지자 핀란드가 비공식 예비회담의 주최국이 되었다. 이 회담은 1972년 11월 22일 헬싱키 외곽의 디폴리 커퍼런스센터에서 시작되었다. 디폴리에 참가한 국가는 알바니아를 제외한 유럽국가들과 미국, 캐나다 등 35개국이었다.

디폴리회담(Dipoli talks)은 1973년 6월 8일에 『블루 북』(*Blue Book*)으로 알려진 헬싱키회담의 최종권고안을 도출하였다. 이 안에는 3단계 회의의 구체적인 조정안들이 들어 있었는데, 즉, 의제, 참가국, 일자, 장소, 절차규정과 재정조정 등이었다. 이 『블루 북』에는 CSCE를 3단계로 개최할 것을 구체화하였다.

『블루 북』에서는 헬싱키최종안의 주요 3항목들을 다루는 3개의 헬싱키 바스켓을 담고 있었다. 콘퍼런스 의제는 주요 3부분으로 나누어졌는데 첫째는 유럽의 안보와 관련된 쟁점, 둘째는 경제, 과학, 기술, 환경 분야의 협력, 셋째는 인도주의와 여타분야의 협력이었다. 『블루 북』을 수용하면서 CSCE가 개최되었다. 이렇게 헬싱키 최종협정을 도출해낸 CSCE는 하나의 '제도'라기보다는 자기발전을 해나가는 '과정'의 성격이 보다 강하였다.[131]

나. CSCE의 제1단계 헬싱키 회의

핀란드 헬싱키의 디폴리에서 1972년 11월 22일부터 1973년 6월 8일까지 개최된 회의에서 헬싱키회담의 최종권고안을 담은 『블루 북』을 도출하였고 이를 수용하면서 공식적인 제1단계 헬싱키 회의가 개

---

131) 이금순, 김수암, 『개혁·개방과정에서 인권의제: 이론과 실제』(서울: 통일연구원, 2005), p.70.

최되었다. 핀란드 헬싱키에서 1973년 7월 3일 개최된 CSCE의 제1단계 헬싱키회의에서 핀란드 대통령 케코넨(Urho Kekkonen)은 담장을 높여서 안보가 달성되는 것이 아니라 개방을 하면서 달성할 수 있다고 연설하였다. 알바니아를 제외한 유럽국가들과 미국, 캐나다를 포함한 35개국의 외무장관들은 『블루 북』을 수용하며 자국의 안보와 협력에 대한 관점을 주장하였다.[132]

이 회의에서 영국의 외무장관 알렉 더글러스 홈경(Sir Alec Douglas-Home)은 회의가 그저 외교적인 회의가 되어서는 안 된다고 주장하면서 "만일 우리들이 보통사람들의 일상생활을 개선할 수 없다면 우리의 외교적 수사와 좋은 말들이 무엇을 성취하였는가에 대한 의문이 제기될 것입니다"라고 주장하였다. 이 자리에서는 다자준비회담에서 나온 회의절차와 의제를 승인하였다. 또한 CSCE의 운영절차를 담은 '헬싱키협의에 관한 최종 권고'라는 문서를 공식 채택하였다.[133] CSCE 제1단계 헬싱키회의는 1973년 7월 7일 폐회하면서 다음 회의를 제네바에서 개최하기로 결정하였다.

다. CSCE의 제2단계 제네바회의와 헬싱키최종안 조인

헬싱키최종안의 합의를 위한 긴 회의가 제네바에서 1973년 9월 18일부터 1975년 7월 21일까지 개최되었다. 이 회의에서 본격적인 실무작업을 개시하였는데 35개국에서 온 수백 명의 외교관과 전문가들이 최초의 동서 간의 다자협의를 위하여 제네바에 모여들었다. 회의의

---

132) 이 시기를 사실상의 '헬싱키프로세스'의 출범으로 보고 있다.

133) 조성렬, 「동북아 안보레짐의 구축 전망: 냉전기 유럽과 현시기 동북아의 안보레짐의 조건 비교」, 『東西研究』, 제21권 제1호(2009), p.52.

진전은 천천히 진행되었는데 역사적 중대성을 고려하면 충분히 예상했던 일이었다. 일부 참가자들은 언론에 좌절감을 표현하기도 하였다. 미국대표는 1973년 11월에 *International Herald Tribune*지에 "우리는 사람들의 심정과 마음을 정확히 알지 못하고 있다. 외교관 이외에는 우리의 토론을 듣지 않고 있다"라고 토로하기도 하였다.

헬싱키최종안의 합의를 위한 제3단계 최종회의가 1975년 8월 1일에 핀란드의 헬싱키에서 개최되었고 마침내 유럽 35개국과 미국, 캐나다가 조인하였다.[134] 강대국의 지도자인 미국대통령 포드와 소련 서기장인 브레즈네프, 서독의 슈미트와 동독의 호네커가 조인하였으며 헬싱키최종안은 '바스켓'으로 부르는 세 가지의 주요 권고안을 포함하고 있는데, '유럽에서의 안보에 관한 제반문제'를 규정한 제1바스켓(Basket I), '경제, 과학, 기술 및 환경분야에서의 협력'을 규정한 제2바스켓(Basket II), 그리고 인도주의 및 그 밖의 분야에서의 협력'을 규정한 제3바스켓(Basket III)의 세 부분으로 분류되어 있다.

라. 베오그라드 제1차 후속회의

헬싱키최종안의 합의는 데탕트 시기의 가장 중요한 사건 중의 하나였다. 그러나 CSCE는 집단 자위동맹인 북대서양조약기구나 집단안전보장인 국제연합처럼 무력의 사용을 전제로 한 것은 아니었다. 단지 대화와 타협을 통해 분쟁의 발생을 방지하고 분쟁이 발생하였을

---

134) 전체 조인국은 Austria, Belgium, Bulgaria, Canada, Cyprus, Czechoslovakia, Denmark, Finland, France, the German Democratic Republic, the Federal Republic of Germany, Greece, the Holy See, Hungary, Iceland, Ireland, Italy, Liechtenstein, Luxembourg, Malta, Monaco, the Netherlands, Norway, Poland, Portugal, Romania, San Marino, Spain, Sweden, Switzerland, Turkey, the Soviet Union, the United Kingdom, the USA and Yugoslavia 등이다.

경우 평화적인 수단을 통해 해결하는 것이었다. 그래서 이와 같은 다자안보협력은 무력분쟁이 발생 시에 군사적 수단을 통해 해결할 수 없기 때문에 실효성이 떨어질 수밖에 없었다. CSCE는 평등주의 원칙에 입각한 다자안보협력이어서 만장일치로 의사결정을 하였고 의장직은 순번제로 실행되었다.

이러한 평등주의 원칙이 CSCE와 같은 다자안보협력을 가능하게 하였으나 정치적인 협의체의 성격을 갖게 되었고 법적 구속력이 없었으며 합의된 사항을 불이행하더라도 제재할 수 있는 강제적 수단이 없었다. 따라서 초기 CSCE는 느슨한 정치적 협의체로 출발하였다고 볼 수 있다. 그럼에도 불구하고 동서의 긴장을 강도 높게 완화시켰으며 역사적인 동서의 관계개선의 추동력을 유지하기 위하여 후속회의를 개최하였다.

이들 후속회의의 중요한 목적 중의 하나는 최종안의 조항과 회의에서 정한 업무를 실행하는 것에 대한 참여국들의 의견교환을 하는 것으로 제1차 후속회의는 유고슬라비아의 수도인 베오그라드에서 1977년 10월 4일부터 1978년 3월 8일까지 개최되었다. 이 시기에 인권탄압에 대하여 문제가 제기되었는데 소련은 1977년 헬싱키 감시단의 오로프를 형법 64조 반역죄 명목으로 체포하고 다른 4명의 지도자들도 체포하였고 체코슬라바키아에서도 77헌장에 대해 탄압하며 그 단체의 대표인 하벨(Vaclav Havel) 등을 체포하였다. 당시 민주당 후보로 대통령에 당선된 카터는 인권 정부를 천명하였다. 미국의 대외정책의 중심은 인권의 증진이라며 국무장관 벤스(Cyrus Vance)가 1977년 4월 조지아 대학에서 강연하며 미국의 대외정책의 우선순위는 데탕트가 아닌 인권 문제라고 선언하였다. 카터 행정부는 베오그라드 제1

차 후속회의에서 인권 문제를 가장 중요한 토의 사항으로 선정하였으며 그동안 미국측 대표로 활동했던 국무부 차관 워렌 크리스토프(Warren Christopher)를 전 대법원 법관이며 유엔 대사를 역임한 골드버그(Arthur Goldberg)로 교체하였다.

교체된 미국 대표는 베오그라드 제1차 후속회의에서 인권 및 인적교류 등에 관한 소련 및 동유럽국가들의 기록 및 활동들을 검토하며 헬싱키 합의를 이행하지 않았다고 비난하였으며 한편 소련과 동유럽 국가들은 미국 등 서방국가들의 인권 문제에 대한 문제 제기에 대해, 헬싱키 최종문서의 제6원칙 즉 국내 문제 불간섭 원칙에 위배되는 것이라고 역공세를 취하였다.[135] 인권 문제 공방으로 교착상태에 빠진 베오그라드 제1차 후속회의에서 신뢰구축조치 문제를 중요의제로 다루면서 진전을 이루게 되었는데 마드리드 후속회의에서 유럽신뢰구축 및 군축회의를 개최하기로 합의하였다.

2. CSCE의 발전

CSCE는 동서의 대화와 협력을 증진하기 위한 일련의 회합을 개최하였다. 신뢰와 안보구축조치를 위한 회의를 스톡홀름에서 개최하였다. 헬싱키최종안을 기념하기 위한 10주년 행사가 개최되었다. 10년이 지나면서 급속한 변화가 있었는데, 베를린장벽이 1989년 11월 9일 무너지면서 냉전의 종식을 상징적으로 보여주었으나 유럽의 안보문제는 오히려 더 불거지기 시작하였다. CSCE는 장래의 위협에 대처하

---

135) 최의철, 홍관희, 김수암, 『동북아 지역인권체제(포럼) 구성 추진』 (통일연구원, 2005), p.40.

기 위하여 개혁을 해야만 하였다.

가. 제2차 마드리드 후속회의와 CSBMs 및 군축회의

CSCE 2차 후속회의는 마드리드에서 1980년 11월부터 1983년 9월 9일까지 개최되었다. 이 회담에서 신뢰안보구축조치(CSBMs)와 유럽의 군축에 관한 회의를 1984년 1월 스톡홀름에서 열기로 결정하였다. CSBMs회의는 마드리드 최종문서에 따라 헬싱키최종안의 모든 참가국들이 조인하여 개시한 다자 프로세스인 CSCE의 '실질적이고 필수적인 부분'이 되었다. 각 단계마다 실질적인 군축을 이룰 수 있도록 신뢰와 안보를 강화할 수 있는 새롭고 효과적이며 구체적인 행위들을 고안하였다. 따라서 국가들이 의무적으로 상호 간에 무력의 사용이나 위협을 표현하지 않게 자제하도록 되어 있었다. 스톡홀름 회의의 첫 단계에서는 유럽에서의 군사대치의 위험을 감소하기 위한 상호 보완적인 CSBMs를 협상하고 수용하였다. 회의의 성과는 1986년 11월 비엔나에서 개최하도록 예정되어 있는 후속회의에서 평가하게 되어 있었다.

마드리드 후속회의의 합의에 따라 CSBMs와 유럽의 군축에 관한 회의가 1984년 1월 17일 스톡홀름에서 개최되었고 복합적인 협상이 1986년 9월 19일까지 3년 동안 지속되었다. 회의의 최종문서에 "군축을 달성하고 신뢰안보를 증진할 수 있는 새롭고 효과적이고 구체적인 행동을 착수하도록 하는 것"이 목표라고 명시되어 있다. 참여한 국가들이 수용한 CSBMs의 "범위나 성격이 유럽에서의 신뢰안보증진을 시킬 것으로 보고 따라서 무력의 사용이나 위협을 자제하도록 하고 국가들에게 의무를 부여할 것으로 봤다.

스톡홀름 회의는 원래의 헬싱키최종안 바스켓 I의 CSBMs의 조항을 강화하였다. 헬싱키최종안 바스켓 I의 CSBMs의 조항이 적용되거나 강화된 것은 '무력의 사용이나 위협의 자제', '특정 군사 활동 사전 통보,' '특정 군사 활동 옵서버 초청', '계획된 연례 군사 활동의 교류' 등이다. 또한 검증을 위한 강제조사 조항도 있는데, 군축역사상 처음 있는 일이었다. 이스라엘과 이집트 간에 합의된 1974년의 시나이 협정과 함께 1986년의 스톡홀름협약은 역사상 가장 성공적인 군사적 신뢰구축조치로 평가받고 있다. 헬싱키 최종선언에서는 병력 2만 5,000명 이상이 참가하는 군사훈련을 21일 이전에 상호 통보하는 것 이었으며, 통보된 군사훈련을 참관하도록 상대 국가를 초청하는 문제 는 국가들의 자발적인 의사에 맡겨 놓았기 때문에 서구 국가들은 동 구 국가들보다 더 많이 통보하고 참관단도 더 많이 초청함으로써 정 보와 신뢰의 비대칭 상황이 노정되었다.[136]

스톡홀름협약에서는 더 엄격한 규정에 합의하였는데 병력 1만 3,000명과 300대 이상이 탱크 동원훈련을 42일 전에 통보하고 7만 명 이상의 병력이 동원되는 훈련은 2년 전에 통보하고 4만 명 이상의 병 력이 동원되는 훈련은 1년 전에 통보하기로 합의하여서 헬싱키최종 안 바스켓 I에 비한다면 스톡홀름에서 정해진 조치의 범위와 강도는 제2세대 CSBMs라고 할 만하였다.

---

136) 한용섭, 「평화의 군사안보」, 『21세기 평화학』(서울: 풀빛, 2002), pp.225~226.

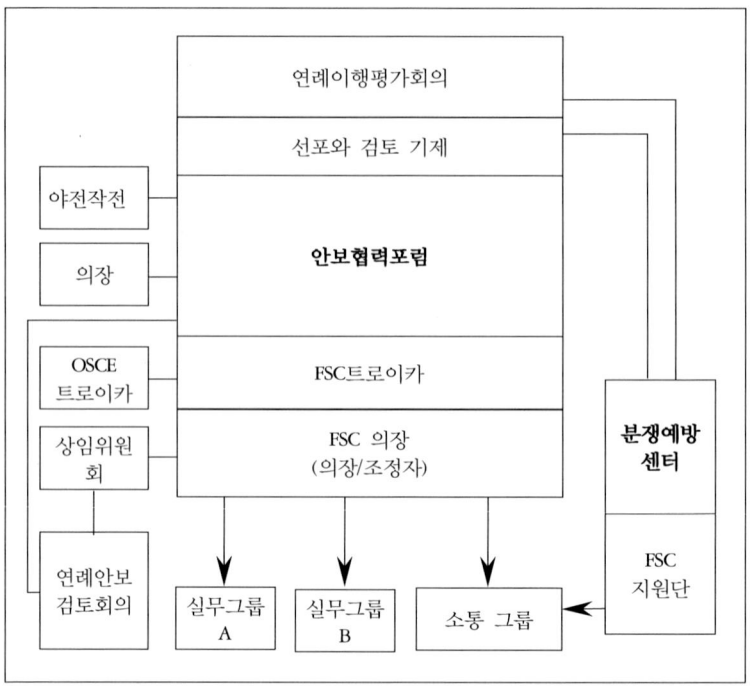

연례이행평가회의		
선포와 검토 기제		

야전작전

의장

안보협력포럼

OSCE
트로이카

FSC트로이카

상임위원
회

FSC 의장
(의장/조정자)

연례안보
검토회의

실무그룹
A

실무그룹
B

소통 그룹

**분쟁예방
센터**

FSC
지원단

출처: Zdzislaw Lachowski, *Confidence- and Security-Building Measures in the New Europe* (New York: Oxford University Press, 2004), p.26.

〈그림 3-1〉 신뢰안보구축조치실천 기구

레이건과 고르바초프는 1985년 11월 21일에 제네바에서 개최된 제 1차 정상회담에서 1984년 이후 실시된 CSBMs에 관한 교섭을 마무리 할 것과 비엔나에서 1986년 11월에 3차 CSCE 후속회담을 개최할 것 을 확실히 선언하게 되었고, 다른 서구 국가들도 스톡홀름 회의를 CSCE를 진전시킬 기회로 인식하게 되었다.[137] 재래식 군비축소에서 지나치게 확장된 재래식 군비를 포기하는 소련의 진정성 있는 결정

---

137) 홍규덕, 「헬싱키프로세스(Helsinki Process)와 한반도 평화체제」, 『동북아 핵무기와 한반도 평화체제』(서울평화상문화재단, 2009), pp.171~172.

은 소련의 의도, 진정성, 신뢰성을 높였고 1986년 1월 고르바초프는 현장조사를 허용하겠다고 발표하였다. 1984년부터 1986년간의 스톡홀름회의에서는 신뢰구축조치와 군축회의가 진일보하였다.[138] 교착상태에 빠졌던 동-서 간에 화해의 무드가 조성된 것은 소련의 새로운 지도자 고르바초프의 글라스 노스트(glasnost) 신사고가 적용되기 시작한 이후부터이다.

나. 헬싱키 최종안 10주년과 비엔나 제3차 후속회의

핀란드 수도에서 1985년 7월 30일부터 8월 1일까지 CSCE외무장관 및 고위층이 헬싱키최종안 10주년을 기념하기 위하여 모였다. 미국대통령 레이건은 워싱턴에서 "CSCE프로세스는 오랫동안 유럽의 분단을 극복하고 서구에서 존중받고 향유하고 있는 자유에의 희망의 원천이 되어왔다"고 또한 "헬싱키프로세스는 동구와 서구가 인내심을 갖고 진지한 대화를 할 수 있도록 하고 있으며 그렇게 하여 우리는 국가 간에 안보와 협력을 증진시키고 시민 개개인의 삶을 향상시킬 수 있을 것"이라고 주장하였다.[139] 헬싱키에서 미 국무장관 슐츠는 "지난 10년 동안 최종안의 성과에서 얻는 교훈은 개별인권이 유럽 안정과 안보의 근본이라는 것이다"라고 말하였다. 소련외무장관 셰바르드나제는 "본질적으로 아무도 헬싱키가 즉각 좋은 관계의 황금시대로 이끌 것이라고 믿지는 않았다. 그러나 지난 시기에 성취한 것들이 뿌리를 내렸고 시험의 시간을 견뎠다. 유럽에 영향을 주는 긴장

---

138) Zdzislaw Lachowski, Confidence- and Security-Building Measures in the New Europe, (OXFORD UNIVERSITY PRESS, 2004) p.12.

139) 헬싱키최종안 10주년에 대하여 미국대통령 로널드 레이건(Ronald Reagan)이 1985년 7월 30일 워싱턴에서 발표한 성명서.

악화의 시기에도 '데탕트'의 뿌리는 죽지 않았다"고 말하였다.

1985년 헬싱키 모임에는 서독의 겐셔 외무장관과 동독의 피셔 외무장관이 모두 참석하였다. 서독의 외무장관 겐셔는 "최종안은 인간의 존엄성과 자기결정권과 같은 기본원칙들을 재확인하고 있다. 최종안은 국가 간에 진정하고 지속 가능한 평화의 목적을 인정하고 있다. 최종안은 인간접촉의 개선, 협력과 개발을 위한 노력, 평화로운 변화를 이끄는 역동적인 원칙들을 구체화하고 있다"라고 말하였다. 또한 "유럽에서의 평화라는 미래의 전망을 부상시키는 평화로운 변화의 천명으로 독일은 최종안의 목표로 선언된 자유로운 결정으로 재통일될 것이다"라고 덧붙였다. 동독의 피셔 외무장관도 "헬싱키의 결과는 오늘날의 고도의 긴장과 어려움이 있는 국제상황에서 생명력을 증명할 수 있다. 십 년이 지난 지금 사회 정치적으로 다른 국가들 간에 평화로운 관계가 증진될 수 있다는 것이 더 현실적으로 되었고 공감을 얻게 되었다"라고 말하였다.

CSCE 제3차 후속회의는 1986년 11월 4일부터 1989년 1월 19일까지 비엔나에서 개최되었다. 이 회의에서는 스톡홀름 회의에서 이뤄낸 CSBMs의 진전에 대하여 검토하였다. 참가국들은 합의된 "군축과 군사안보협상의 중요한 진전"이 "긍정적인 경향으로 통합되도록 갱신된 노력을 이행하여야 한다"는 데 합의하였다. 이러한 목적을 위하여 참여국들은 1989년 3월에 비엔나에서 CSBMs 2차 회의를 열기로 합의하고 NATO나 WTO 회원국인 CSCE 참가국들의 유럽에서의 재래식 무기에 대한 협상을 하기로 합의하였다. CSBMs와 재래식 무기협상에 대한 진전은 1992년 3월 헬싱키에서 개최되는 다음 후속회의에서 평가하기로 하였다.

다. CSBMs와 재래식 무기협상의 개시

제3차 후속회의(1986~89)에서 참가국들이 합의한 대로 1989년 3월 9일 비엔나에서 CSBMs 협상의 다음 단계가 시작되었다. 이 협상에서 NATO나 WTO 회원국인 CSCE 참가국들이 함께 참여하였다. 첫 번째 단계로, 신뢰안보구축조치(CSBMs)에 대한 논의의 결과가 1990년 11월 17일에 비엔나문서로 작성되었다. 이 문서에서 상호 정보교환의 범위를 확장시켰으며 연례적인 토대에서 "현존하는 군사력, 주요무기체제의 배치계획, 군비예산" 등의 정보제공을 의무화하였다. 또한 검증조치의 범위를 확장하였으며 연례이행평가회의를 도입하여 합의된 CSBMs의 현재와 장래에 대하여 논의하도록 하였다. 1990년에 작성된 비엔나 문서는 군사정보의 연례교환에 대한 좀 더 강화된 조항으로 1992년판 비엔나문서(Vienna Document, 1992)로 수정되었다.

한편, 유럽에서의 재래식 무기 감축에 대한 협상이 결실을 맺어 1990년 11월 19일 파리에서 참여국 22개국이 유럽에서의 재래식 무기협정에 조인하였다. 이 법적인 구속력이 있는 조약은 NATO와 WTO 국가들 간에 군사장비와 항공기의 제한보유수를 정하여 낮은 수준의 군사적 평형을 이룰 수 있도록 되어있었다. 파리 정상회의에서는 '새로운 유럽을 위한 파리헌장'과 NATO-WTO 회원국 간 공동선언을 채택하고, 유럽재래무기감축협정(negotiations on Conventional Armed Forces in Europe: CFE)에 서명하였다. 또한 CFE 협정에 따라 병력상한을 정한 CFE-1A협약이 체결되었다. 이 시기의 가장 큰 성과는 비엔나 메커니즘이라고 부르는 포괄적 인권감시 메커니즘의 도입과 CFE 체결 합의라고 평가할 수 있다. 비엔나 메커니즘은 인도적 문제에 관한 정보 교환과 선거에 관한 정보교환 및 민주적 절차, 법치제도, 인권에 관한 세미나 개최를 주 임무로 하는 자유선거사무소(Office of Free Election) 설립으로 구성되어 있다. 이러한 인권감시 메커니즘은 전후 유럽정치에 있어서 처음으로 인권이 공동의 가치로 인정되었다는 점에서 중요한 의미를 지닌다. CFE 체결 합의는 NATO와 바르샤바 조약기구에 소속된 유럽 22개 국가들이 우랄산맥에서 대서양까지 배치된 재래식 무기를 감축기로 합의했다는 점에서 의미가 있다.

한편, 이 시기에는 비엔나에 분쟁예방센터(Conflict Prevention Center)가 설치되어 CSBMs에 관련된 모든 군사정보를 총괄 관리하게 되는 등 CSCE 군비검증 레짐에도 현저한 발전이 있었다. '비정상적 군사행동에 관한 협의 및 협력 메커니즘'이 채택되어 회원국이 비정상적 군사행동 발생에 대한 정보를 요구할 경우 48시간 이내에 쌍방 간에 정보를 교환하며, 요청국이 만족하지 못하면 양자 또는 모든 CSCE 국가가 참여하는 비상회의 소집을 요구할 수 있게 되었다. 또한, '군사적 성격의 위험한 사고에 관한 협력'이 채택되어 군사적 성격의 위험한 사고가 발생했을 경우 해당 국가가 동 사고에 대해 모든 CSCE 국가들에게 통보하게 되었다.

3. 탈냉전과 CSCE의 성숙, 그리고 OSCE로의 진화

냉전이 끝나자, CSCE 회원국들의 지도자들은 유럽에서 장기간의 분열과 대치가 마침내 해소될 것이라는 낙관적인 전망을 하고 있었다. CSCE의 전환과 제도화를 가로막는 잔혹한 분쟁이 유럽 각지에서 발생하였다. 1994년 12월 부다페스트 정상회의(Budapest Summit)에서는 CSCE를 OSCE로 개명하고 회의체에서 독립적인 국제기구로 전환하는 이정표를 만들었다. 1990년대를 통틀어서, CSCE/OSCE는 지속적으로 분쟁을 방지하고 해결하고 전후복구를 돕기 위한 현지작전과 수많은 제도를 구축을 위한 노력을 해왔다.

가. 경제협력회의와 제2차 정상회의(파리)

경제적인 차원에서 CSCE/OSCE의 발전에 기념비적인 행사가 1990년 3월 19일부터 4월 11일까지 본(Bonn)에서 개최되었다. 헬싱키최종안의 바스켓 II의 조항들에 따라서 참여국들이 시장경제에 대한 강한 의지를 표현하면서 대규모의 경제협력의 장을 열었다. 최종안에는 참여국들이 "지속 가능한 경제성장이라는 공통의 목표를 공유하며 삶의 수준을 향상시키고 삶의 질을 개선시키며 고용을 증대하고 경제자원을 효율적으로 사용하며 환경을 보호한다"고 되어 있다. 따라서 다음의 사항들을 "달성하거나 유지하도록" 합의하였다.

- 재정통화정책을 지속적인 경제성장이 가능하도록 균형적으로 운용하고 시장기능을 효율적으로 작동
- 국제·국내 정책은 투자, 자본, 무역을 자유롭게 할 수 있도록 증진하고 이익금의 자유로운 송금
- 가격이 수요와 공급에 따라서 결정되도록 자유경쟁시장경제를 운용;
- 환경적으로 지속 가능한 경제성장과 개발
- 지적재산권을 포함한 모든 형태의 사유재산의 소유와 사용 권리를 보호하고 인정

- 사유재산이 공공의 목적으로 사용될 경우 즉각적이며 공정하고 효율적인 보상
- 국제·국내 시장에서 개인과 국영 및 사기업 간에 재화와 용역의 원활한 교환을 위하여 공급자와 소비자 간의 직접거래

환경과 경제문제에서 OSCE의 역할을 증진하기 위하여 경제포럼 (Economic Forum)을 창설하였다.

냉전이 끝나고 CSCE 국가정상들이 파리에서 제2차 정상회의를 개최하였다. 유럽대륙의 큰 변화가 기구로 변화시킬 것으로 예측하고 있었다. 파리회의에 참가한 국가들은 15년 전 헬싱키회의 때보다 하나가 줄어들었는데, 정상회의 몇 주 전에 두 개의 독일이 하나로 통일되었기 때문이었다. 콜 독일총리는 "만일 CSCE의 생명력을 증명하려 한다면 특히 독일국민과 독일이 역사적인 번영의 전환점을 건넜다는 것을 들 수 있을 것이다. 40년 이상의 분단을 겪고 10월부터 우리는 통일을 성취하기 시작할 수 있었다"고 말하였다. 또한 "전 유럽을 포함하는 평화로운 질서의 토대가 15년 전에 놓이지 않았다면, 오늘날 우리가 이곳 파리에서 역사적인 대륙의 통합이나 독일의 통일을 이루는 것은 불가능하였을 것이다. 전향적인 정책을 위한 포럼과 사고로서 CSCE는 시험의 시기를 견뎌냈다"고 콜 독일총리는 말하였다.

미국 대통령 조지 부시는 "유럽의 영광의 날"이라고 말하면서 "유럽대륙은 미지의 항해를 시작하고 있으며 CSCE는 회원국들의 항해를 돕기에 적합하다"고 말하였다. 소련 대통령 고르바초프는 "1990년은 우리가 양대 세계대전과 두 사회체제 간에 거의 반세기에 걸쳐 벌여온 적대적인 핵의 시대를 뒤로 보내는 결정적인 해이다"라고 말하였

다. 정상회의의 최종문서는 "새로운 유럽을 위한 파리헌장"이었다. 그것에는 "유럽의 분열과 대치의 시대는 끝났다"고 선언하고 있다. "우리의 관계는 이후부터 존중과 협력으로 설립할 것을 선언한다. 유럽은 과거의 유산으로부터 자유로울 것이다. 남녀의 용기와 사람들의 강한 의지와 헬싱키 최종안의 위력으로 유럽의 통합과 평화와 민주주의의 새로운 시대를 열었다"고 선언하고 있다. 또한 "우리는 수십년간 사람들이 소중히 간직해온 기대와 희망 즉, 인권과 자유에 토대를 둔 민주주의, 경제적 자유와 사회정의를 통한 번영, 모든 국가들의 동등한 안보를 이룰 시간을 맞이했다"라고 선포하고 있다.

최종안의 10개 원칙은 이런 야심 찬 미래를 이끌었다. 그것이 지난 15년간 더 나은 관계로 가도록 하였다. CSCE가 천명한 모든 것들을 실행하면서, 오늘날 국가들이 자국의 포부대로 조화롭게 공존할 수 있게 하는 토대를 마련하였다.

CSCE는 단순한 정치 이교적 회의의 성격을 갖고 있어서 상설기구나 정기적 프로그램은 없었으나 베를린 장벽의 붕괴와 바르샤바조약기구의 해체와 같은 대외환경의 변화로 기구화의 분위기가 조성되었다. 이에 따라 1990년 11월 '파리헌장'(Charter of Paris)을 통하여 매 2년간의 후속 정상회담 개최, 외무장관 이사회 신설과 더불어 연례장관회의 개최, 고위급위원회 신설 및 사무국, 분쟁방지 센터(CPC: Conflict Prevention Center), 자유선거 사무소, CSCE의회를 신설할 것을 합의하고, OSCE의 창출에 중요한 전기를 만들었다.[140]

CSCE는 안보분야협력을 위하여 단순히 한 국가 차원의 안보뿐만이

---

140) 이승근, 「유럽안보환경의 변화와 NATO의 확대」, 『국제정치논총』, 제38집 2호(1998), p.243.

제3장 유럽의 경험: 헬싱키프로세스의 형성과 발전 115

아니라, 나아가 분쟁방지와 위기관리에도 역점을 두었는데 CSCE는 1992년 7월 헬싱키의 정상회담에서 '헬싱키문서(Helsinki Document 1992- The Challenge of Change)'를 채택해, 분쟁방지와 위기관리 기능강화, 평화유지군(PKO)창설, 안보협력포럼(Forum for Security Cooperation)설립에 합의했다.[141] 파리헌장의 중요 결정 중의 하나는 참가국의 외무장관이 연례적으로 만나기로 한 것이었는데 최초의 회합은 1991년 베를린에서 시작하였다. 이 회합의 예비실무는 고위위원회(CSO: Committee of Senior Officials)에서 다루었다. 파리헌장에서 처음으로 다음과 같은 CSCE 기관들이 설립되었다.

- 프라하사무국은 CSO위원회와 여타의 고위회합의 지원을 하기 위하여 설치되었다.
- 바르샤바 자유선거사무소(Office for Free Elections in Warsaw)가 설치되었는데 후에 민주제도인권사무소(Office for Democratic Institutions and Human Rights)로 전환되었다.
- 분쟁의 위험을 감소시키기 위한 위원회를 지원하기 위한 비엔나 분쟁방지센터(Conflict Prevention Centre in Vienna)가 설치되었다.

또한 유럽의 재래식 무기 감축 협정에 파리회의에 참여한 22개국이 조인하였다. CSCE가 OSCE로 전환하는 것이 진행되기 시작하였다.

---

141) 신범식, 「집단안보, 공동안보, 협력안보」, 함택영·박영준편, 『안전보장의 국제정치학』(서울: 사회평론, 2010), p.282.

나. CSCE 의회 설립과 CSCE 외무장관위원회

1991년 4월 2~3일간 참가국의 의회지도자들이 마드리드에서 만나서 CSCE의회를 설립하는 것에 대하여 논의하였다. 그러한 기구를 설립하는 것은 1990년 11월의 파리헌장에 따른 것으로 "CSCE프로세스에서 의원들이 중요한 역할을 할 수 있을 것"으로 인식하였기 때문이다. 헌장에는 "모든 참가국의 의원들을 포함하는 CSCE의회의 창설을 통하여 CSCE에 대규모의 의원들의 참여"를 주창하고 있다. 마드리드 회의에서 투표권의 분배, 위임사항, 규모, 방법, 절차 등에 대한 기본규칙을 정하고 의회의 설립에 대한 최종결의안을 발표하였다. 최종결의안은 "전체연례회기를 5일 이상 개최하도록" 구체화되어 있다.

이 회의는 통상적으로 CSCE참가국의 수도나 여타의 도시에서 7월 첫째 주에 개최하기로 하였다. 첫 번째 공식 의회는 1992년 7월 3~5일까지 부다페스트에서 개최하였다. 의회는 덴마크의회의 제안을 받아들여 국제사무국을 코펜하겐에 설치하기로 하였다. 의회와 덴마크 정부의 수뇌부들이 합의에 따라 국제사무국은 덴마크에서 UN이나 여타의 유사한 기구들과 같은 수준의 면책과 특권을 갖는 완전한 국제 외교적 지위를 부여하였다. 본래 245석으로 구성된 의회는 현재 모든 참여국의석이 317석으로 팽창되었다.

1990년 파리헌장에 따라 원래 설치되었던 CSCE외무장관위원회는 1991년 6월 19~20일까지 베를린에서 첫 번째 회의를 개최하고 장관위원회(Ministerial Council)로 변경되었다. 장관들은 파리에서 정상회의를 하기 전에 1990년 10월 1~2일간 뉴욕에서 회합을 가졌다. 그러나 CSCE장관위원회로 만난 것은 이것이 최초이다.

베를린회의에서 "CSCE의 장래임무에 관련한 현재의 쟁점, 유럽의 구도와 안보 강화에 대하여 논의하고 또한 유럽에서의 사회적 변화와 경제전환의 전망, 법치주의와 민주주의 인권의 통합에 대하여" 논의하였다. 장관들은 또한 "민주주의국가에서 시장경제로 전환되고 있는 지속적인 정치경제적 전환의 중요성을 재확인"하였다. 또한 "경제전환과 민주주의를 통합하려고 노력하는 국가들을 지속적으로 지지하는 것이 필요하다고" 강조하였다.

베를린장관위원회는 유고슬라비아사태에 대하여 성명서를 발표하였다. 성명서에는 "민주적 발전과 유고슬라비아의 영토의 통합을 지지는데 경제개혁과 유고슬라비아의 현 위기의 평화적 해결과 소수의 권리를 포함한 모든 부문에서 인권의 적용"을 표현하였다. 또한 "유고슬라비아 국민들만이 미래를 결정할 수 있다."고 강조하며 모든 관련 당사자들 간에 대화를 지속하기를 요청하였다. "현존하는 제도적 분쟁은 해결되어야 하고 현재의 난관은 무력의 사용 없이 적대적이지 않게 합법적으로 제도적 과정으로 해결하여야 한다"라고 덧붙였다.

또한 베를린회의에서 알바니아가 CSCE의 회원국이 되었다.

다. CSCE/OSCE의 팽창과 항공개방협정 조인

제2차 장관위원회는 1992년 1월 30~31일간의 프라하에서 개최되었는데, 구소련 편이었던 10개국이 CSCE 참가국이 되었다. 즉, 아르메니아, 아제르바이잔, 벨로루시, 카자흐스탄, 키르기스스탄, 몰도바, 타지키스탄, 투르크메니스탄, 우크라이나 그리고 우즈베키스탄이었다. 이들 새로운 회원국들은 1991년 말에 소련에서 공식적으로 해체하여 공화국이 된 후에 가입되었다. 에스토니아, 라트비아 그리고 리투아니아 등의 발트 3국도 이전에는 소련연방에 속하였으나 1991년 9월 10일 모스크바에서 장관급 부속회의에서 회원국이 되었다. 1992년 3월 24일에 크로아티아, 그루지야 그리고 슬로베니아 등 3개국이 헬싱키에서 개최된 첫 번째 부속장관회의에서 가입하였다. 그 후로도, OSCE는 계속 팽창하여 세르비아와 몬테네그로가 2000년 9월 10일에 가입하였다. 유고슬라비아가 1992년에 붕괴됨에 따라 몬테네그로는 세르비아와 함께 신유고 연방을 결성하였다.

장관들은 프라하에 자유선거사무소를 두기로 결정하였는데, 후에 민주제도인권사무소(Office for Democratic Institutions and Human Rights: ODIHR)로 개칭하였다. ODIHR는 다음과 같은 기능을 하였다.

- 새로운 민주제도를 설립하는 것을 지원하기 위한 정보교환과 공유를 위한 제도적 틀을 제공
- 그러한 자원을 제공하거나 사용하려는 국가들 간의 접촉을 원활하게 함
- 그러한 자원과 용역의 자료를 구축하여 이용하기 위하여 유럽의 회와의 협력개발
- 민주제도구축에 대한 광범위한 비정부기구의 자원과 경험을 참가국들이 활용할 수 있게 비정부기구와의 접촉
- 민주제도와 관련된 교육과 훈련의 협력 촉진
- 민주제도의 활성화나 구축과 관련된 주제에 대한 참가국들의 세미나나 회의를 조직

1992년 3월 24일 헬싱키에서 참가국들의 영공을 개방하는 항공개방협정(Treaty on Open Skies)이 조인되었다. 협정이 공식적인 CSCE/OSCE 틀에서 이뤄진 것은 아니지만 기본적인 개방철학에 근거한 것이었다.

협정 조항에서 당사국들이 "신뢰안보구축조치로 안보를 증진시키고 군사행동의 투명성을 개방한다."는 CSCE의 천명을 상기시키고 있다. 또한 항공개방이 "평화와 안정과 협력안보를 더 강화하고 발전시키는데 기여하도록" 동기를 부여하기를 바란다고 주장하고 있다. 그것은 CSCE 틀 내에서 위기관리와 분쟁예방능력을 강화하고 장래의 군축을 감시를 효과적으로 촉진할 것이다. 동시에 "CSCE 외무장관들이 항공개방레짐은 CSCE프로세스에 참가한 국가들의 안보에 중요하다고 인식한다"고 성명서를 발표하였다.[142] 그들은 협정이 "국제공동체 간에도 신뢰와 안보를 증진시키는 중요한 요소"라고 평가하였으며 모든 국가들에 동등한 안보원칙의 중요성을 다시 주장하였다. 항공개방협정은 2002년 1월 1일부터 효력을 발생하였는데, 비준문서를 작성하는 데 60일이 걸렸고 34개국이 현재 협정에 조인하였다. OSCE 사무국 안보협력지원부가 항공개방자문위원회(Open Skies Consultative Commission)의 포럼을 지원하고 있는데 위원회의 주요역할은 협정의 조항과 관련된 문제들의 적합성을 검토하는 것이다

라. 제3차 정상회의와 최초의 CSCE 야전작전배치

1990년 파리정상회의에서 유럽의 평화와 번영에 대하여 지나친 낙관을 하였다는 것이 드러났는데 공산주의의 붕괴는 평화가 아니라

---

142) 항공개방협정에 관한 내용은 OSCE 홈페이지(http://www.osce.org/mc/16146)를 참조할 것.

발칸반도의 잔혹한 분쟁을 가져왔다. 1992년 헬싱키최종문서에는 유럽이 "실망스럽고 심각한 어려움을 지닌 도전과 기회를" 직면하고 있다는 것을 인정하고 있다. "수십 년 만에 처음으로 CSCE지역에서 전쟁을 직면하고 있다. 패권을 장악하고 영토를 확장하려고 대규모의 무력을 사용하는 새로운 무장분쟁이 일어났다"라고 문서에 기록되었다. "생명의 손실, 난민의 발생으로 사람들은 제2차 대전 이래로 가장 비참한 상황에 있다. 문화유산과 재산의 손실은 엄청나다." 유고슬라비아연방의 헬싱키정상회의와 장래의 CSCE회의에 참가금지가 확정되었다. 1992년 7월 9~10일에 핀란드의 수도 헬싱키에서 CSCE 정상들이 다시 모였으며 유고슬라비아의 상황에 확고하고 단호하게 대처하기 위하여 헬싱키정상들은 다음과 같이 결의하였다.

- 소수민족을 위한 고위위원회
- 안보협력포럼(FSC: Forum for Security Co-operation)창설
- 경제포럼 역할의 원칙

새로운 소수민족에 관한 고위위원회는 "CSCE영역 내에서 분쟁으로 발전할 수 있는 소수민족이 관련된 긴장에 대하여 조기경보와 적절한 조기 행동"을 하도록 하였다. 장래의 분쟁위험을 감소하기 위하여 다른 조치들이 취해졌는데, 참가국들은 비엔나에 있는 분쟁예방센터를 강화하면서 새로이 안보협력포럼(Forum for Security Co-operation)을 설립하였다.

유럽의 안정과 평화를 위하여 경제개발의 중요성을 인식하고 CSCE 장관들은 1992년 1월 30일 프라하 위원회회의에서 고위위원회의 틀

내에서 경제포럼을 설립하기로 합의하였다. "CSO는 경제포럼을 주최하고 자유시장경제로 전환하는 것이 민주주의구축에 필수적으로 공헌한다는 정치적 자극을 줄 것이다"라고 정상들은 기록하였다. 또한 OECD, 유럽투자은행, 유럽재건개발은행, 유럽을 위한 유엔경제위원회 등과 같은 기관에서 "이미 실행하고 있는 활동을 고무하였고 자유시장 체제 개발과 경제협력을 위한 실질적인 노력을 제시하고" 있었다. 또한 헬싱키에서, 항공개방협정에 조인한 26개국을 환영하였다.

코소보, 산드자크, 보이보디나에서의 OSCE의 장기지속(long duration) 미션은 1992년 9월 8일에 개시되었다. 그것은 최초로 야전배치작전이었다. 이 중 세 번째 미션은 1992년 4월 14일 프라하에서 열린 제15회 CSO 회의에서 결정되었다. CSO의 결정에 따르면 미션은 다음과 같다.

- 3개 지역에 있는 공동체와 민족을 대표하는 당국자들과의 대화 증진
- 기본적인 자유와 인권유린과 관련한 모든 자료의 수집과 그런 문제해결의 증진
- 인식된 문제해결의 접점 설정
- 언론자유와 민주적 선거, 소수자보호, 인권에 관련된 법률에 대한 정보제공 지원

장기지속 미션의 위임명령은 단기간이었고 1993년 6월에 종료되면서 갱신되지 않았다. 이것은 1992년부터 CSCE에 참석하지 못하는 유고슬라비아연방이 다른 참가국들과 동등한 지위를 줄 때에만 협력하겠다고 선언하였기 때문이다. 그렇지만 3개의 미션이 갱신되지 못하

였음에도 불구하고 그들의 야전임무는 선구적이었으며 실질적인 CSCE/OSCE 야전활동의 선례가 되었다. 그 후부터 1990년대의 잔여기간에 많은 지역에서 CSCE/OSCE는 안정과 안보를 조성하도록 돕는 필수적인 역할을 하는 수많은 야전작전을 세웠다. CSCE/OSCE는 유고지역의 민족분쟁에 효율적으로 대처하지 못하였고 보스니아와 코소보 등에서 대규모 인종학살을 사전에 방지하는 데 실패하였다. OSCE는 기구화의 면모를 갖춘 이후 유럽 최대의 포괄적 안보기구로서 유럽의 안정과 평화 유지를 위한 중요한 역할을 했음에도 불구하고 협력안보의 한계를 보여주고 있다.[143]

마. 사무총장의 최초 임명과 제4차 정상회의(부다페스트)

장관위원회에서 사무총장을 두기로 하였는데, CSCE 최초의 사무총장(Secretary General)은 독일의 Dr. Wilhelm Höynck였으며 1993년 6월 15일 업무를 개시하였다. 1992년 12월 14~15일간 개최된 제3회 CSCE 외무장관위원회에서 사무총장의 직위가 설립되었다. 장관들의 스톡홀름결정문에는 "사무총장의 권한은 참가국들의 집단결정에서 나오며 의장의 지시에 따라 활동한다"라고 되어있다. "사무총장은 의장과 CSO의 만장일치 추천으로 위원회가 3년 동안의 임기로 임명한다. 임기는 한회에 한하여 2년 동안 연임이 가능하다"라고 되어있다.

1993년 4월 26~28일 프라하의 제21차 CSO 회의에서 독일외교관이었던 Wilhelm Höynck 대사를 추천하였으며 그는 최초의 OSCE사무총장이 되었다. 그는 1993년 6월 15일부터 3년 동안 비엔나에서 업무를

---

143) 김종갑, 「유럽안보협력기구(OSCE)의 형성과정과 정책적 함의」, 『외교안보연구』, 제6권 제1호(2010), p.201.

개시하였다. 이후 국제문제에 풍부한 경험을 가진 대사들이 뒤이어 사무총장의 역할을 수행하고 있다. OSCE는 평등주의원칙에 입각한 다자안보협력이어서 만장일치로 의사결정을 하였고 의장직은 순번제로 실행되었다.

<표 3-1>에서 보는 바와 같이 OSCE 사무총장은 강대국이 아니라 OSCE회원국이라면 어느 국가에서든 평등하게 할 수 있다는 것을 알 수 있다. 이러한 평등주의 원칙이 CSCE와 같은 다자안보협력을 가능하게 하는 동인의 하나로 작용하기도 하였으나 정치적 협의체로 법적 구속력이 없어 합의된 사항을 불이행하더라도 제재할 수 있는 강제적 수단이 없다는 약점도 가지게 되었다.

〈표 3-1〉 역대 OSCE 사무총장

기간	성명	국가	비고
1993-1996	Wilhelm Höynck	Germany	
1996-1999	Giancarlo Aragona	Italy	
1999-2005	Jan Kubis	Slovak Republic	연임
2005-2011	Marc Perrin de Brichambaut	France	연임
2011-현재	Lamberto Zannier	Italy	

1993년 11월 29일 제24회 CSO 프라하회의에서 CSO는 CSCE 사무국을 프라하와 함께 비엔나에도 설립하기로 하였다. CSO의 비엔나 선택은 사무총장이 오스트리아수도에 이미 근거하고 있는 것을 고려한 것이었다.

제4차 정상회의는 부다페스트에서 1994년 12월 5~6일간에 개최되었다. 이 회의에서 CSCE는 국제기구로 전환하기로 결정되었다. CSCE는 1995년 1월 1일부로 OSCE로 출범하기로 결정되었다. "CSCE는 밴

쿠버에서 블라디보스토크까지의 국가들을 포함하여 안보구조를 형성하였다. 우리는 CSCE에 새로운 정치적 추동력을 주어서 21세기에 직면할 도전에 중요한 역할을 수행할 수 있게 하였다. 이런 결정으로 CSCE는 향후 OSCE로 알려지게 될 것이다"라고 1994년 부다페스트 문서에 기록되어 있다. CSCE는 지역의 변화를 관리하고 장벽을 극복하는 도구였다. 유럽에서 냉전의 잔재는 거의 없어졌고 자유선거가 실시되었으며 민주주의가 뿌리를 내리며 확산하였다. "안정된 민주주의와 효율적인 시장경제와 사회정의를 이루는 것은 어려운 일이다"라고 문서에 부가하고 있다. 부다페스트에 참가한 러시아 옐친 대통령은 냉전이 끝났지만 그 자리에 "냉혹한 평화"(cold peace)가 자리잡을지도 모른다는 우려를 표명하였다. CSCE가 OSCE로 개칭되면서 고위위원회(Committee of Senior Officials)는 고위협의회(Senior Council)로 상임위원회(Permanent Committee)는 상임협의회(Permanent Council)로 바뀌었다. 부다페스트 정상들은 정치군사적 측면의 안보 행동규약(Code of Conduct on Politico-Military Aspects of Security)을 채택하였다. 그리고 유럽형 공통포괄안보(Common and Comprehensive Security Model for Europe)에 대한 논의를 개시하였다.

바. 데이튼 평화협정 조인과 제5회 정상회의(리스본)

'데이튼 평화협정'(Dayton Peace Accords)의 공식명칭은 '보스니아와 헤르체고비나에서의 평화를 위한 일반개요협정'(General Framework Agreement on Peace in Bosnia and Herzegovina)이다. 이 협정은 미국 오하이오주 데이튼에 있는 라이트 패터슨 공군기지에서 1995년 11월에 협상을 한 후, 1995년 12월 14일 파리에서 조인되었다. 보스니아와 헤르체고비나의 3년간의 분쟁을 종결시키는 이 협정은 협정의 여러 부분의 이행과 감시, 검열을 위하여 OSCE, NATO, UN 등 여러 국제기구들을 요청하였다. OSCE는 협정서 부속서 1B에 따라 3가지 법률문서를 만들었다. 즉, 제2항에 따라 "보스니아와 헤르체고비나에서의 신뢰안보구축조치에 대한 협정", 제4항(Article IV)에 따라 "소지역(sub-regional)의 군축협정", 제5항(Article V)에 따라 구유고슬라비아 전역에 적용할 수 있는 "지역(regional)군축협정" 등이다. "보스니아와 헤르체고비나의 신뢰구축조치" 제2항에 따라 3 당사자들은 OSCE의 후원하에 고위급 정치적 대화를 개시하여야 했다.

이들의 협상의 목적은 "OSCE의 협상에 대한 1994년 비엔나문서에 설명되었듯이 분쟁의 위험을 감소시키고 상호신뢰를 증진시키는 일련의 조치에 합의 하는 것"이었다. 제4항의 소지역군축조치의 목적은 안보를 달성하기 위한 최소 수준의 무장으로 군사적 균형을 안정화시키기 위한 것이었다. 당사자들은 OSCE의 후원하에 이러한 목표를 달성하기 위하여 협상을 개시하였다. 제5항에 따라, 지역군축협상을 담당하기 위하여 OSCE는 "구유고슬라비아 내 외의 지역균형을 이루기 위한 목표를 위하여 안보협력포럼(Forum on Security Co-operation)의 후원하에 당사자들의 협상과 조직을 돕도록 특별대표를 임명하였다. 데이튼 평화협정을 공식으로 조인하기 며칠 전인 1995년 12월 8일에, OSCE는 평화협정에 따른 업무를 수행할 보스니아 헤르체고비나 미션을 설립하였다. OSCE는 이 미션으로 전후복구와 민주주의와 안정화에 중요한 역할을 하였다.

OSCE 명칭으로는 최초인 제5회 정상회의가 1996년 12월 2~3일 동안 리스본에서 개최되었다. 이 회의에서는 2개의 주요문서가 채택되었는데, '리스본 정상선언'(Lisbon Summit Declaration)과 '21세기 유럽형 공통 포괄안보모델에 대한 리스본선언'(Lisbon Declaration on a Common and Comprehensive Security Model for Europe for the Twenty-First Century)이었다. 리스본 정상선언에서는 다음과 같이 주장하고 있다.

> 새로운 세기에 들어서면서, 우리의 모든 국가들과 개인이 안전한 평화로운 OSCE 지역을 함께 건설하는 것이 그 어느 때보다도 더 중요해졌다. … 우리는 OSCE 지역의 안정과 안보를 강화하기 위하여 '21세기 유럽형 공통 포괄안보모델에 대한 리스본선언'을 채택한다. … 우리는 유럽의 안보환경을 변화시키기 위하여 1997년 초에 CFE 협상을 시작하기로 한 OSCE 참가국들의 역사적인 결정을 환영한다. 우리는 다른 관련 기구들과 함께 보스니아와 헤르체고비나에서 지속 가능한 평화를 이루기 위하여 통합된 노력을 보여준 것과 같이 전체적인 OSCE 지역에서의 번영과 평화를 강화하려는 우리의 잠재성을 실현하려고 한다. … 진정한 민주 시민사회가 되기 위해서는 언론자유가 필수적이다.

언론자유를 위한 OSCE 대표를 임명하는 위임명령은 1997년 장관위원회에 제출되었고 리스본정상회의에서 결정되었다. 1996년 리스본문서에는 다수의 부속서가 있는데 안보협력포럼(Forum for Security Co-operation)의 의제로 군비축소와 개발(Framework for Arms Control and the Development)을 위한 개요도 포함되었다.

사. 언론자유대표 설립과 제6회 정상회의(이스탄불)

1996년 12월의 리스본정상회의에서 창설하기로 결정한 것에 따라 OSCE 상임협의회는 1997년 11월 5일에 언론자유 위임대표지위를 설립하였다. 상임협의회는 "표현의 자유는 기본적이고 국제적으로 인정하는 인권이며 민주사회의 근본요소이므로 자유롭고 독립적이고 다원적인 언론은 자유롭고 개방된 사회와 책임 있는 정부체제에 필수적이다"라고 주장하였다. 언론자유대표는 "모든 참가국의 언론발전을 주시하며 의장과 긴밀히 협조하여 언론자유와 표현의 자유가 OSCE의 천명과 원칙에 부합하도록 증진하고 옹호하여야 한다"라고 덧붙이고 있다.

1997년 12월에 코펜하겐에서 개최된 제6회 장관협의회에서, 독일의 Freimut Duve 가 최초의 언론자유대표(Representative on Freedom of the Media)로 임명되었다. 취임연설에서 Duve는 "자유와 책임, 이것들이 내게는 이 새로운 사무소가 강조하는 주도 개념이 될 것이다. 책임과 자유는 항상 헬싱키프로세스의 양대 기둥이 되어왔다. 그것이 없었다면 베를린장벽과 철의 장막은 아직도 존재했을 것이다"라고 말하였다. Duve는 연임하였고, 2004년 3월에 헝가리 작가이며 언론인이고 인권옹호자였던 대학교수 Miklos Haraszti가 Duve의 뒤를 이었다.

제6회 OSCE 정상회의는1999년 11월 18~19일 동안 이스탄불에서 개최되었다. 이스탄불정상선언과 유럽안보헌장이 조인되었다. "지난 회의(1996년 리스본) 이후로, 우리는 전례 없던 도전에 알맞게 OSCE를 전환하였다"라고 이스탄불정상선언에서 주장하고 있다. 정상들은 "번영과 안보와 자유로운 공동체와 개인, 모든 참가국들이 평화로울 수 있는 통합된 OSCE, 자유, 민주주의에 대한 확고한 공약"을 선언하였다. 이러한 공약을 실행하기 위하여 새로운 노정이 결정되었다. 헌장에 따라 정상들은 다음과 같이 합의하였다.

- OSCE와 국제기구나 다른 기관들과의 협력을 강화하기 위한 플랫폼 수용
- 안보에 대한 포괄적인 접근을 반영하여 OSCE의 평화유지활동을 개발
- 민간인을 위한 대규모 야전작전이나 지원이 필요할 경우 OSCE가 신속하게 대응할 수 있게 신속 전문 지원협력팀 창설
- 치안 유지를 지원하는 활동을 하기 위한 경찰 관련 활동을 수행할 수 있는 OSCE의 능력 향상
- OSCE의 야전작전의 배치와 계획을 위한 작전센터 설치
- OSCE 상임협의회 하에 예비위원회를 두어 OSCE 내의 자문과정을 강화.

또한 이스탄불에서 30개국의 OSCE 참가국이 냉전 이후의 변화를 반영하여 1990년에 수정된 CFE 협정에 조인하였다.

4. OSCE의 정착과 유럽의 안정과 평화

새로운 천 년이 시작되면서, OSCE는 낙관적인 전망을 하고 있었는데 분쟁예방과 해결조치들이 광범위하게 성공하였고 대부분의 유럽에 안정과 평화를 가져왔다. 그러나 2001년 9월 11일 미국이 테러공격을 받았으며 잇달아 다른 국가들도 테러공격을 받으면서 안보문제는 과거와는 다르게 좀 더 복잡해졌다. 10년이 지나면서 OSCE의 개혁의 필요성이 제기되었는데 지구적 안보도전에 적합한 뛰어난 기구의 유연성과 적응성이 21세기에 적합할 것이라는 것이다.

가. 제9회 장관협의회(부쿠레슈티)와 테러리즘 예방헌장 채택

미국이 2001년 9월 11일 테러공격을 받은 3달 후에, OSCE 외무장관들이 12월 3~4일 동안에 부쿠레슈티에서 회의를 하였다. 그 회의에서 반테러활동계획을 채택하였다. 미국무장관 콜린 파웰은 테러리스트들이 "헬싱키 최종안에서 소중히 여기는 국제안보와 협력의 모든 원칙에 대한 전쟁을 일으켰다"라고 주장하였다. "그들은 OSCE의 모든 신조를 두려워하고 증오한다. 그들은 우리가 함께 건설하려는 미래를 파괴하려고 한다. 우리는 모두 이것을 이해하고 있다. 우리는 공동행동을 취하려고 한다." 그는 회의에서 말하였다.

제9회 장관협의회는 다수의 문서를 채택하였다. 테러리즘과의 전쟁 결정(Decision on Combating Terrorism)과 좀 더 상세한 테러리즘과의 전쟁을 위한 부쿠레슈티 행동계획(Bucharest Plan of Action for Combating Terrorism)이다. 2001년 9월 11일의 공격을 "야만적인 행동"이며 이런 사건들은 "전체 국제공동체에 대한 공격이며 모든 사람들의 신앙과 문화에 대한 공격이다"라고 단호하게 비난하였다. 그런 공격은 "국제적으로나 지역적으로 평화, 안보, 안정을 위협하는 것이다. 그런 행동을 자행하는 것이나 재정지원, 은신제공, 여타의 지원은 그런 범죄행위에 책임이 있다. 테러리즘은 그 동기나 기원이 무엇이든 간에 결코 정당화될 수 없다"라고 계속하여 비난하였다. "OSCE 참가국들은 테러리스트 위협에 굴복하지 않을 것이며 국제공약에 부합하는 모든 수단을 다하여 그들과 싸울 것이다. 이것은 길고 지속적인 노력을 필요로 한다. 그러나 밴쿠버에서 블라디보스토크에까지 이르는 광범위한 연합을 강화할 것이다."

자유를 지키고 시민을 보호한다는 내용도 들어 있었다. "그들은 자유를 지키고 테러리즘에서 시민들을 보호할 것이다. 국제법과 인권을 존중할 것이다. 그들은 확고하게 테러리즘을 종교나 국적과 동일시하지 않을 것이며 OSCE의 가치와 원칙과 규범을 재확인할 것이다." 협의회 회원은 미국에 대한 공격으로 세계가 "심각한 영향"을 받았다고 주장하면서 모든 테러행위를 비난하였다. OSCE는 테러리즘과의 전쟁에서 명확하게 국제법의 준수를 천명하고 있다.144) "테러리즘은 동기나 기원이 무엇이든지 간에 결코 정당화될 수 없다. 어떤 명분으로도 선량한 사람들을 목표로 삼는 것이 정당화될 수 없다. 테러리즘과의 전쟁에는 중립이란 없다"라고 협의회는 주장하였다. 부쿠레슈티에서 채택한 테러리즘과의 전쟁을 위한 행동계획(Plan of Action for Combating Terrorism)의 목표는 "전체적인 테러리즘과의 전쟁에서 참가국들과 기구들이 취하는 포괄적인 OSCE 활동의 기틀을 마련하는 것"이다.

테러리즘전쟁과 예방에 대한 OSCE 헌장(OSCE Charter on Preventing and Combating Terrorism)이 2002년 12월 6~7일 동안 포르투에서 개최된 장관협의회에서 채택되었다. 장관들은 OSCE가 "3차원적인 포괄적인 접근을 증진하고 포용하여 우리의 안보를 위협의 성격변화에 대응할 수 있도록 개발하여야 한다"라고 선언하였다. "안정과 평화를 증진하려는 우리의 노력은 인권보장과 법치, 기본적인 자유와 함께해야 하며 모든 참가국들이 지속적인 개발을 위한 필수여건을 강화하여야 한다"라고 덧붙였다. 이전의 2001년 협의회에서 채택한 테러리즘과의 전쟁을 위한 행동계획(Plan of Action for Combating Terrorism)의

---

144) OSCE, *OSCE Commitments and International Legal Instruments Relating to Terrorism A Reference Guide* (OSCE, 2003), p.6.

내용을 확장시킨 테러리즘전쟁과 예방에 대한 OSCE 헌장(OSCE Charter on Preventing and Combating Terrorism)이 채택되었다.

헌장에는 참가국들이 "테러리스트들의 활동에 대하여 그들의 사법권에서 특히 생명권을 포함한 인권과 기본적 자유를 보호하기 위한 필요한 조치들을 취하겠다는 공약을 재확인"하였다. 그러므로 그들은 "테러리즘에 대하여 효과적이고 단호한 조치를 취하며 대테러리즘에 국제인도주의 법이 적용하는 국제기준의 인권, 국제법의 조항에 맞는 유엔헌장, 법에 부합하는 협력과 조치"를 취할 것이다. 또한 포르투(Porto)에서 장관들은 인간 밀매에 대한 OSCE 선언(OSCE Declaration on Trafficking in Human Beings)을 채택하였다. 그것은 "OSCE 영역 내외에서 안보에 심각한 위협이 되고" 있다고 주장하였다. "우리는 인간 밀매와 현대판 노예가 인권과 존엄성을 심각하게 해치고 있다고 선언한다"라고 장관들은 주장하였다.

나. 안보위협 대처 전략과 저명인사단 보고서

제11회 OSCE 장관협의회는 2003년 12월 마스트리흐트에서 개최되었는데, '21세기의 안정과 안보에 대한 대처를 위한 전략'을 채택하였다. OSCE 장관협의회는 20세기 말까지 OSCE 지역 전반에서 안정과 안보를 위한 방안을 제시하였고 OSCE 지역에서의 민주적 변화를 이끌었다. 오늘날 OSCE 지역의 불안정과 안보위협은 대규모의 무장분쟁이 아니라 정치군사, 경제, 환경, 인간차원 전반의 개발의 불안정과 부정적인 결과에서 부각되고 있으며 상당한 수준의 우려할만한 잠재적 분쟁요소들이 아직도 OSCE 지역 내에 존재하고 있다. 이것들을 협상을 통하여 해결하여야 한다는 내용들이 전략문서에 담겨있다. 약한 정부와 안정을 증진시키는 민주제도가 적절하게 기능하도록 하는데 실패한 국가들이 지역의 안보위협이 될 수 있다고 지적하고 있다. 사회경제와 환경요인도 안보와 안정에 영향을 미칠 수 있다고 전략문서에서 주장하고 있다. 지구화, 자유화, 기술의 변화는 무역, 성장, 개발에서 새로운 기회를 제공하지만 모든 참가국들에게 공평한 이익을 주지는 않는다. 따라서 국가들 간에 경제적 불균형을 더욱 심하게할 수도 있다. 마스트리흐트에서 2개의 중요문서가 채택되었다. 경제환경차원의 OSCE 전략문서와 남동유럽협력지역성명서이다.

OSCE의 성과를 검토하기 위하여 7명의 저명인사단(Panel of Eminent Persons)이 임명되었다. 2005년 6월 27일 Dimitrij Rupel 의장에게 최종보고서가 제출되었는데, OSCE의 장래에 대한 조언도 포함되어 있다. 보고서는 32페이지로 『공통의 목표: 더 효과적인 OSCE를 향하여』(Common Purpose: Towards a More Effective OSCE)라는 제목이었다. 보고서에는 장기적으로 조직을 강화하고 활성화하도록 할 수 있는 다수의 권고안을 포함하고 있다. "냉전의 분단선은 더 이상 존재하지 않는다. 그러므로 OSCE의 역할은 다른 안보기구처럼 이러한 새로운 패러다임(paradigm)을 수용해야 한다"라고 보고서에 적혀있다. OSCE가 새로운 안보위협에 적절하게 대응하려면 기구의 의제와 수단의 개선이 필요하다고 권고하고 있다. 보고서에는 다음과 같은 범주에서의 권고안이 들어있다.

- OSCE의 정체성과 개요 강화
- 자문과 결정과정의 개선

- 의장과 사무총장의 역할의 명료화
- 야전작전의 증진
- 운용능력의 강화

그 외의 중요내용으로는, 완전한 지역기구가 되기 위해서는 OSCE 의 기본목표, 원칙, 공약을 정한 헌장이나 법령의 제정을 권고하고 있다. 조직의 개혁을 위한 요청에 대응하여 2004년 소피아에서 개최된 장관협의회에서 저명인사단의 창설이 결정되었다.

제3절 헬싱키프로세스의 권력-이익-정체성의 상호작용

1. 국가 간 권력관계: 세력균형

제2차 세계대전 후 유럽에 미군과 소련군이 진주하면서 NATO와 구 WTO가 설립되었고 민주주의 체제와 공산주의 체제로 분할되어 극심한 냉전 경쟁에 돌입하였다. CSCE는 이러한 냉전의 돌파구로 모색된 소산물이라고 평가할 수 있는데 동·서독의 분할을 확정하고 동구와 서방 상호 간에 위협을 경감시켜 유럽의 현상유지를 인정한 대화체로부터 CSCE는 출발하였다. 유럽에서 CSCE 안보레짐이 형성될 수 있었던 가장 중요한 요인 중의 하나는 미국과 소련이 세력균형을 이루고 현상유지를 원하는 상황이 형성된 것이었다. 강대국들은 군사적 우위를 바탕으로 신속하게 전략적 의사결정을 내리는 것을 선호하는 경향이 있으므로 다자간 협의기구를 회피하려 한다. 그러나 CSCE를 통하여 미국과 소련은 서로 이득을 얻을 수 있다는 결론에 도달하였고 협상을 시작하였다.

가. 제2차 세계대전 후의 세력불균형

　제2차 세계대전 후의 동서유럽은 힘의 불균형 상태가 형성되었다. 동유럽국가들은 소련의 위성국가가 되었고 서유럽에서는 미군과 영국군이 철수하여 이 지역은 힘의 불균형 상태가 유지되고 있었다. 이 불균형을 해소하기 위하여 미국은 NATO를 출범시켰다. 즉, 제2차 세계대전 후 동유럽에 주둔하고 있던 소련군과 군사적 균형을 맞추기 위하여 체결한 북대서양조약의 수행기구인 NATO는 1949년 4월에 조인하고 같은 해 8월 24일부터 효력이 발생되었다. 최초에 NATO는 공허하다고 할 정도의 취약한 조직으로 출발하였으며 군사적 협약은 사실상 없었던 정치적 동맹의 형태로 출범하였다. 그 후 NATO는 유럽 내에서 반공세력을 형성하고 있던 서유럽국가들의 기본적인 집단 방위조약으로 지속되었으나 매우 취약한 상황으로 유럽을 방어할 능력이 없었다. 한국전쟁과 소련의 핵실험성공으로 NATO는 비약적인 발전을 하게 되었다. 투르먼은 국방비를 증액하면서 9개 사단에 450대의 전투기를 보유하고 있었던 NATO의 병력을 증강시켰는데 1개 사단의 육군을 5개 사단으로 증원시켜서 35만 명의 병력을 배치하게 하였고 총사령관은 아이젠하워 장군이 이 맡게 되었고 몽고메리 제독이 부관으로 임명되었다.[145]

　미국은 1953년 서유럽지역에 전술핵무기를 배치했으며 1955년 서독을 NATO회원국으로 받아들여서 NATO에 총 15개국이 가입하게 되었다. 소련의 힘이 다소 약화된 구도로 힘의 불균형 상태가 형성되자 소련과 동유럽국가들은 이에 대응하여 세력균형을 유지하려고 하

---

145) Richard L. Kugler, "NATO Chronicle: The Cold War Years," *JFQ(Joint Force Quarterly)* (1999, Spring) p.9.

였다. 1954년 구소련이 '유럽안보에 관한 全 유럽회의'를 제의하는 한 편 1955년 5월 11일부터 14일까지 폴란드의 바르샤바에서 체결한 군사동맹조약기구인 WTO를 탄생시켰다. 당시 소련진영은 재래식 무기 면에서 우세하였고 서방의 안보전략은 핵무기를 기반으로 한 "상호확증파괴"(Mutual assured Destruction: MAD) 전략에 의존하였다.

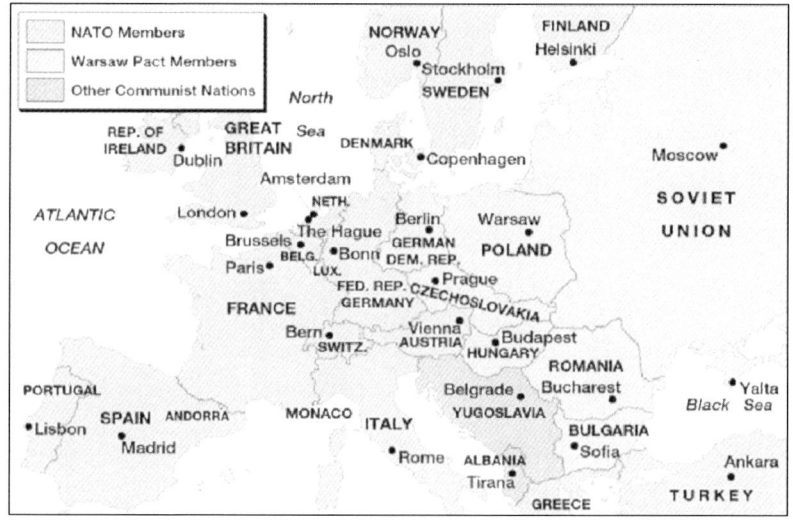

출처: http://astro.temple.edu/~barbday/Europe66/resources/images/coldwar.jpg
(검색일: 2010. 3. 16).

〈그림 3-2〉 유럽에서의 냉전구도

NATO는 초기에 공산권의 바르샤바조약군에 대항하여 집단방위에 목표를 두고 상당히 방어적 전략을 수립했는데 서독에 주력부대를 배치하여 기습공격에 대비하는 '전방전개전략'과 단거리핵무기로 바르샤바조약군의 보급로를 공격하고, 중거리핵으로 재래식 전력의 열세를 보완하며 핵무기 사용 가능성을 열어놓는 '유연반응전략'의 두

축으로 운용됐다. 이렇게 하여 소련에 대한 집단안정보장조치를 취하면서 동시에 세력균형을 유지하게 되었다. 그러나 드골 프랑스 대통령은 미국이 핵우산에 의존하는 정책을 선호하지 않았고 1966년 드골은 NATO의 통합구조하에 있던 프랑스 군대를 철수하고 대소련 정책에서 독자노선을 걷기 시작하였다.[146]

브레즈네프는 1966년 제23차 공산당대회에서 "국제관계의 평화협력 발전을 위하여"라는 연설을 하면서 "전 유럽의 정치적 긴장완화·경제협력에 관한 회의"(All-European Meeting on Political Detente and Economic Cooperation)를 제안하였으며 프랑스 드골 대통령도 유럽 내 데탕트의 필요성을 역설하였다. 1967년에 NATO는 억제·방위정책과 긴장완화를 위한 대화를 병행하는 것이 동맹의 장래에 유익하다는 내용을 담고 있는 'Hamel 보고서'를 이사회 성명으로 채택하였다.

나. 데탕트와 미소의 세력균형

미국과 소련은 냉전 체제에서 지속적으로 대결한 결과 경제적인 부담이 급격히 증가하였는데, 미국은 경제적으로 심각한 재정적자와 무역적자를 기록하고 있었고, 소련은 GNP의 70%를 국방비에 지출하는 형편이었다. 미국과 소련은 모두 대결구도가 감당할 수 없는 부담이 된다는 인식을 공유하게 되었다. 미국과 소련은 부담을 줄이면서 자신들의 국제적 지위를 유지할 수 있는 데탕트 체제로 나아갔다. 이러한 미국과 소련의 경제적 약화는 미국과 소련의 양극체제 내의 다극구조로 전환되었고 데탕트시대를 열게 하였다.

---

146) 버트란드 크롬브루게, "상호확증파괴"로부터 "협력안보"로의 전환, 제주평화연구원 편, 『동북아시아의 평화와 번영: 유럽 경험의 탐색』, 제1권(제주: 제주평화연구원, 2008), p.106.

미국진영에서는 프랑스가 독자 노선을 걸으면서 '프랑스의 영광'과 '유럽인에 의한 유럽'을 주창하며 미국의 영향권에서 이탈하여 독자 노선을 추구하는 분열 현상이 나타났다. 프랑스는 1960년에 핵 실험에 성공하고 1964년 중공과 수교를 했으며 1966년 NATO에서 탈퇴하였다. 유럽은 세계경제의 주도권을 상실하고 미국과 소련의 냉전체제에 종속되어 국제적 역할이 현저히 약화되었으며 이에 대한 각성으로 유럽에서 통합의 기운이 싹텄다. 프랑스, 독일, 이탈리아 등 6개국이 1957년 경제협력과 통합을 목적으로 유럽경제공동체(EEC)를 형성하였는데 1967년에는 유럽공동체(EC)로 발전시켜 경제적인 통합뿐만 아니라 정치적인 통합을 시작하였다. 소련진영에서는 중국과 소련 간에 이념과 국경분쟁이 발생하였는데 흑룡강 주변의 군사경계선에서 발생한 우발적인 충돌로 중국과 소련의 관계는 매우 악화되었다. 동유럽국가들이 소련의 지배에 대한 불만이 팽배하고 독자노선추구가 일어나고 획일적인 지배에 대한 변화가 요구되었다. 이러한 소련권 내부의 위기로 소련은 서방 측과 데탕트를 추구하게 하였다.

1969년에 미·소 간 전략무기 감축협상(SALT)이 시작되었다. 1969년 12월 NATO 각료이사회는 "동·서화해의 촉진이 NATO의 과제"임을 확인하면서, CSCE개최의 전제조건으로 동·서독 간의 관계개선과 베를린문제 해결 및 동·서독 간 사람과 정보 및 이념의 자유로운 유통과 이동 등을 제시하였다. 1969년부터 1972년까지 서독 빌리브란트 수상의 동방정책(Ostpolitik)은 '동·서독 기본조약'으로 발전되어 긴장완화의 획기적 전환계기가 되었다. 1970년 12월에는 서독과 폴란드 간 '불가침조약'이 체결되었고, 1971년 5월에는 브레즈네프가 상호균형군사력감축협상(Mutual and Balanced Force Reduction: MBFR) 수용의

사를 표명한 후, 동년 9월에 4대 점령국 조약이 체결됨으로써 베를린 문제가 해결되어 동·서 간 긴장은 크게 완화되었다. 1971년에는 캐나다와 소련 간 '긴장완화 및 협력증진에 관한 의정서'가 체결되고 프랑스와 소련은 '유럽안보와 평화를 위한 협력원칙'에 합의하였으며, 미국과 소련 간에는 1972년부터 1974년까지 '전략무기제한 확대 협정', '핵전쟁방지협정', '원자력의 평화적 이용을 위한 과학기술협력 합의문', '지하핵실험 제한조약', 'ABM 조약에 관한 의정서' 등을 체결하였다. 소련에 대한 미국의 핵전력의 우위가 1969~1975에는 거의 끝나고 평형을 이뤄가고 있었다.[147] 이러한 상황에서 미국은 소련과 유럽에서 재래식 무기의 군축을 통하여 재래식 전력에서도 평형을 이루기를 원하였다고 볼 수 있다. 미국과 소련이 유럽에서의 안정을 원하게 된 배경에는 1962년 10월의 쿠바미사일 위기로 핵전쟁에 직면하였던 경험이 크게 작용하였다.

다. 미국과 소련의 CSCE 지지와 세력균형

1972년 5월 미·소 모스크바 정상회의에서 CSCE를 공식지지하면서 구체적 협상진행에 합의하였다. 키신저 미국 국무장관은 1972년 9월 모스크바를 방문하여 MBFR에 대한 소련의 동의를 획득하였으며 미국은 소련이 주장해 온 고유의 유럽안보협력회의(Original Conference on Security and Cooperation in Europe) 예비회의 참가를 약속하였다. MBFR의 공식명칭은 '중부유럽에서의 상호군사력의 감축과 군비 그리고 통합된 조치에 관한 협상'(Mutual Reduction Forces and Armaments and

---

147) Richard A. Bitzinger, *Assessing the Conventional Balance in Europe, 1945-1975*(Rand Corporation, 1992), p.34.

Associated Measures in Central Europe; MURFAAMCE)이었다. NATO 측 12 개국[148]과 WTO 측 7개국[149]은 1973년 10월 3일 비엔나의 MBFR에서 재래식 무기의 감축을 모색하였다. 그러나 MBFR은 양측의 심각한 입장 차이로 별다른 성과를 내지 못하였다. 1973년에서 1989년까지 비엔나에서 협상이 계속되었으나 숫자 위주의 기계적 접근(mechanistic approach, 무기·장비·병력 등 Hardware의 제한, 감축)에 근거함으로써 1989년 2월 2일 결실 없이 종료되고 규정적 접근(regulative approach), 즉 군의 연성적인 면(교리, C4I)까지 종합적으로 고려한 유럽재래식 무기감축협상(CFE)으로 확대 발전되었다. 유럽의 동서진영은 1960년대 말부터 재래식 무기에 대한 감축을 의제로 하여 군비통제쟁점에 대한 협상을 시작하였다. NATO가 MBFR을 제안하였고 WTO는 CSCE를 제의하면서부터 이들 회담은 1973년에 공식적으로 시작하여 재래식 무기를 중심으로 감축협상이 진행되었다.

핀란드 헬싱키에서 알바니아를 제외한 전 유럽국가 및 미국 캐나다 등 35개국(NATO 16개국, WTO 7개국, 비동맹 및 중립국 12개국)이 참가한 CSCE는 1975년 8월 1일 CBMs)을 포함한 유럽에서의 긴장완화를 규정한 '유럽의 신뢰구축조치 및 안보군축사항에 관한 문서'의 채택을 계기로 하여 실질적인 군비통제효과를 거두었다.[150]

CSCE는 1975년 '헬싱키 최종의정서'로부터 탄생하였으며, 미국과 캐나다를 포함 한 유럽 33개국 등 35개국이 참가하였다. 1973년부터 1989년까지 19개국의 참가로 진행된 유럽재래무기 감축협상은 MBFR

---

148) 미국, 캐나다, 영국, 서독, 베네룩스 3국, 덴마크, 그리스, 이탈리아, 노르웨이, 터키.
149) 소련, 동독, 폴란드, 체코, 불가리아, 헝가리, 루마니아.
150) 약칭 헬싱키협약으로 1975년 8월 1일 조인되었다.

을 흡수하여 NATO와 WTO 회원국을 합친 23개국이 참가하여 비엔나에서 1989년에서 1992년까지 협상을 진행하였다. 주요의제는 군축의 적용지역, 적용대상 등으로써 MBFR이 적용지역을 중부유럽에 국한하였던 것과는 달리 대서양에서 우랄까지로 확대하고, 적용대상은 핵무기와 해상 및 화학무기는 제외한 육상 재래식 무기로 국한하고 있다.

미국과 소련은 CSCE를 통하여 군축협상을 유도하고 유럽에서 세력균형과 강대국의 지위를 유지하면서 군비에 대한 부담을 경감하였다고 평가할 수 있다. CSCE의 배경에는 유럽이 더 이상 전쟁을 겪어서는 안 되고 그 원인이 될 수 있는 세력불균형을 방지하고 안정적인 공존을 추구할 필요가 있다는 공감대가 형성되어 있었다. 상호확증파괴라는 공포 속의 안정과 우발적인 충돌을 방지하여 안정된 세력균형을 이루려는 미국과 소련의 합의점에 도달하였고 유럽의 국가들도 군축과 상호정보교류를 통하여 신뢰구축과 지역의 안정화에 대한 공감대가 형성되었다. 이런 국가들 간의 세력균형의 안정화에 대한 합의가 CSCE의 추동력의 중요한 한 축이 되었다. 결국 '헬싱키프로세스'는 현상유지의 안정화를 통해 부드러운 현상타파를 가져온 역설적 효과를 실증해 준 것이다.[151]

2. 국가 이익의 분포: 이익균형

CSCE의 형성과 발전의 중요한 요인 중의 하나로 참가국들의 이익균형을 들 수 있다. 미국과 소련이 세력균형과 전략적 타협과 아울러

---

151) 서보혁, 「다자안보협력의제도화경로: C/OSCE의 경험과 동북아 적용 방안 연구」, 『국제정치논총』 제49집 2호(2009), p.16.

나머지 참가국들에도 이익이라는 확신을 줄 수 있었다.

미국과 소련은 1960년대 초반 비생산적인 군비경쟁으로 과다한 국방예산을 지출하고 있었으며 경제적으로 상당한 부담을 느끼고 있었다. 이러한 문제의 해결책으로 소련은 유럽안보공동회의를 구성하여 유럽에서의 평화질서를 정착시키고 유럽에 주둔하고 있는 외국군대는 모두 철수하고 군비감축을 감행하고자 했다.[152]

서독이 1969년 11월 NPT에 조인하였는데 이는 서독의 핵보유를 우려하는 소련과 동유럽국가들의 이익에 부합하는 조치였다. 이렇게 신뢰의 토대를 구축하기 시작한 서독은 1970년 8월 12일에는 '독·소 불가침 조약'을 체결하였고 1970년 12월 7일에는 '독·폴란드 불가침 조약'을 체결하였다. 독일의 재무장을 두려워하던 유럽국가들의 우려를 불식시키는 서독의 이러한 일련의 조치들은 CSCE의 협상을 가능하게 하는 원동력이 되었다. 서독은 동방정책의 추진으로 1972년 12월에 '동·서독 기본조약'을 체결하였고 1973년 9월 유엔에 동독과 서독이 동시 가입을 하였다. 유럽의 국가들은 적대적인 상황일 때 국가 방어에 드는 막대한 비용과 기술적 필요를 고려할 때 국내적 부담을 줄이기 위하여 다자안보협력과 국가 간 협조는 경제적 활성화와 더불어 자국의 복리후생을 증진시킬 수 있다는 전망을 갖게 하였다.

다자적이고 집합적인 안보협정은 약소국들에게는 상당한 매력적인 조치였다. 국제무대에서 중소국들은 강대국들의 영향력에 대항하는 것이 사실상 불가하였는데 예를 들면, 미국이 CSCE에 참가하는 것에 대한 조건으로 MBFR에 대한 소련의 동의를 요구하는 것에 대하여

---

152) 박래식, 『분단시대 서독의 통일·외교정책』(서울: 백산서당, 2008), p.181.

다른 NATO회원국을 포함한 서구국가들이 모두 공감한 것은 아니었다. 중립국가(neutral)들과 비동맹국가(non-aligned)들(N+N)[153]은 당연히 이런 것에 공감한 것이 아니었으며 자국의 이해가 관련된 의제에 관심이 있었다. 이들 국가들은 디폴리회담이나 헬싱키프로세스에 참여하면서 강대국들과 같이 역할과 영향력을 발휘할 수 있는 기회를 얻게 된 것이었다. 점진적으로 N+N국가들은 NATO나 유럽공동체와 같은 관점을 나타냈으나 이들 국가들 간에는 국내 정치, 경제체제, 안보쟁점, 외교정책의 우선순위 등에서 상당한 차이를 보였다.[154]

헬싱키회담을 위한 1973년 6월 8일의 디폴리회담은 『블루 북』으로 알려진 헬싱키회담의 최종권고안을 도출하였다. 『블루 북』의 3단계별 협상에서 1단계로 "참가국의 외무장관이 참여하여" 의제와 절차에 따라 "유럽안보협력과 관련한 자국 정부의 우려사항을 언급하도록" 되어있었다. 즉 각국의 외무장관이 자국의 이익균형을 추구할 수 있었다. 또한, 3개의 헬싱키 바스켓의 첫째는 유럽의 안보와 관련된 쟁점, 둘째는 경제, 과학, 기술, 환경 분야의 협력, 셋째는 인도주의와 여타분야의 협력이었다. 이러한 안보 외의 경제, 과학, 기술, 환경, 인도주의 분야는 공동의 협력으로 참가국 모두에게 이익을 줄 수 있었다. 참가국들이 『블루 북』을 수용하면서 CSCE가 개최되었다.

이들 참가국들이 이러한 협력을 한 동기는 크게 두 가지를 들 수 있다. 첫째는 데탕트가 지속되기를 바랐다. 두 번째로는 유럽의 문제에 N+N국들의 견해를 표명하고 영향력을 행사하기를 원하였기 때

---

153) N+N국가들은 Austria, Cyprus, Finland, Liechtenstein, Malta, San Marino, Sweden, Switzerland and Yugoslavia 등이다.

154) Neuhold Hanspeter, "The Group of the N+N Countries Within the CSCE Process," *CSCE: N+N Perspectives*. Ed. Hans Neuhold. (Austrian Institute of International Affairs, 1987), P.24.

문이었다. 이런 역할을 지속하기 위하여 N+N국가들은 헬싱키프로세스가 지속되기를 원하였다.[155] 이들 국가들은 강대국들과 달리 국제무대에서의 영향력발휘가 사실상 어려웠는데 CSCE의 협상에서는 상당한 수준의 자국의 이해에 대한 주장이 가능하게 된 것이었다.

국가들이 불신이 만연하는 무정부적인 국제체제에서 협력을 이루게 되는 요인과 상황은 복합적으로 작동하게 된다. 민주국가의 경우는 국내 여론을 무시할 수 없으며 안보의 강화와 더불어 경제적 이익에도 관심을 집중하지 않을 수 없게 된다. 강대국들은 외교정책에서 대체로 자국의 이익을 극대화하는 경향을 보이고 있다. 미국의 경우는 정치 경제적 위기 상황에서 좀 더 협력적인 외교정책을 사용하는 경향이 나타나고 있다[156]는 연구결과에서 주지하듯이 미국은 세계전략과 함께 국내의 경제적 이익의 문제도 외교정책에 반영하고 있다고 볼 수 있다. 즉, CSCE의 탄생과정에서 약소국들만이 아니라 강대국들도 경제적 이익균형을 추구하였다고 평가할 수 있을 것이다.

3. 지역정체성과 가치체계: 국제규범

유럽의 다자주의 안보레짐의 역사는 오랜 전통을 갖고 있다. 1648년의 베스트팔렌조약은 고전적인 세력균형체제라고 평가할 수 있으며 어느 정도 안보에 기여하였다. 19세기 유럽에서 평화가 유지된 배경에는 비엔나 시스템(Vienna System)이라는 국제적 질서가 있었다. 1792년 프랑스 혁명 직후 시작되어 1815년 종식된 나폴레옹 전쟁은

---

155) *Ibid*, p.37.

156) Seong-Woo Yi, *Why Do Nation-States Cooperate Under Anarchy?* (Jeju Peace Institution, 2007), p.138.

비엔나 체제의 모태가 되었고 이 체제는 33년간 유지됐다. 제1차 세계대전을 겪은 후에는 집단안보적인 국제연맹(League of Nations)이 창설되었다. 이런 역사적 경험을 가진 유럽에서는 국제규범과 원칙의 적용 가능성이 비교적 높았다.

제2차 세계대전 후 유럽에서 지역정체성을 고무시킨 것은 기능적이고 경제적인 부분에서 먼저 시작되었다고 평가할 수 있다. 유럽석탄철강공동체(ECSC: European Coal and Steel Community)는 1952년 석탄·철강의 생산 및 판매를 위해 창설한 공동관리 협력기구로 1950년 프랑스의 외무장관 로베르 슈만(Robert Schuman)이 제창한 프랑스·독일 석탄 철강 공동시장 설립 안에서 비롯되었다. 기능주의적인 첫 통합방식인 ECSC가 성공할 수 있었던 것은 역사적으로 숙적관계에 있었던 프랑스와 독일이 2차 세계대전의 폐허 위에서 화해하지 않고서는 재기할 수 없다는 인식을 공유했기 때문이었다. 독일은 이후에도 2차 세계대전의 침략행위와 반인륜적 범죄행위 사죄와 피해 배상, 나치 관련자의 단죄 등 과거사의 청산을 통하여 주변국들의 불신과 우려를 불식시키려는 노력을 하였다. 이러한 노력과 아울러 재무장에 꼭 필요한 자원인 석탄 철강을 공동 관리하여 투명성을 확보함으로써 유럽국가들이 공동운명체라는 지역정체성과 공동의 규범을 발전시키려는 동기를 부여하게 되었다. ECSC 창설은 유럽의 다른 기구와는 다른 특징을 갖고 있었다. 첫째, 회원국 정부들에 대하여 초정부적 완전독립기구로 설치되어 회원국 정부들에 대한 구속력이 있었다. 둘째, ECSC가 계기가 되어 다른 분야의 협력의 토대가 되었다. 셋째, 독창적인 새로운 국제법 체계를 마련하였던 것이다. 이러한 초정부적 독립기구의 경험은 다자협력을 좀 더 원활하게 하는 데 도움을 주었다.

헬싱키 최종의정서를 수용하여 참가국들이 공동으로 지켜야 할 규범을 제정하면서 다자안보의 기틀이 마련되었다. 헬싱키 최종의정서 바스켓 I은 안보협력에 관한 것인데 '의제 및 관련 지침'(Agenda and the Related Instructions)에서 10개의 지도지침으로 ① 주권평등 주권의 고유한 제반권리 존중 ② 무력위협 혹은 사용금지 ③ 국경불가침 ④ 국가의 영토 보존 존중 ⑤ 분쟁의 평화적 해결 ⑥ 내정불간섭 ⑦ 사상 양심 종교 혹은 신념의 자유를 포함하여 인권과 기본적 자유존중 ⑧ 평등권과 자결권 ⑨ 국가 간 협력 ⑩ 국제법에 규정된 의무들의 성실한 수행 등을 명시하고 있다.[157]

1975년 8월 헬싱키 정상회의 개최 결과, 35개국 정상 및 정부 수반이 참석한 가운데 최종의정서가 채택됨으로써 출범한 CSCE는 이러한 ECSC 등의 초국가적인 협력을 토대로 형성되었다고 볼 수 있다.

---

157) CSCE, *Conference on Security and Co-operation in Europe Final Act* (1975), pp.3~8.

제4절 '헬싱키프로세스'의 형성과 발전의 함의

　제2차 세계대전 이후 미국과 소련은 유럽을 민주주의와 공산주의라는 이념대결체제로 나누어 패권적 지위를 유지하며 냉전을 이끌었다. 냉전이 군사적 대결을 방지할 수 있었던 것은 억지이론(deterrence theory)로 설명할 수 있다. 월스테터(Albert Wohlstetter), 셸링(Thomas Schelling)과 조지(Alexander George) 등의 정교한 이론화를 통하여 억지이론은 핵전쟁이 시작된다면 완전한 상호 간의 절멸로 종결된다는 것을 예측할 수 있게 하였다. 핵억지전략에 따라서 미국과 소련은 핵 우위를 유지하기 위하여 무한 핵군비경쟁에 돌입하였고 과다한 군비 지출이 소련붕괴의 한 요인이 되기도 하였다. 유럽에서 군비를 증가시켜도 안보는 증진되지 않았고 오히려 더 불안해졌으며 시간이 갈수록 비용이 상승해졌으므로 다른 대안을 모색하기 시작하였다. 양진영에서는 극심한 군비경쟁을 피하면서도 전쟁을 방지할 수 있는 방안을 강구하기 위하여 많은 노력을 하였다.

　유럽에서 1973년 CSCE가 개최되었고 군사적 신뢰구축문제와 더불어 경제 사회 인도적 교류와 협력을 모색하게 된 것이다. 유럽에서 CSCE라는 안보레짐이 형성될 수 있던 추동력은 세력균형과 이익균형, 국제규범의 통합된 결과라고 평가할 수 있다.

첫째, 당시 동서 진영을 대표하는 두 강대국인 미국과 소련의 입장이 유럽의 안정과 현상유지를 모색하기 위하여 다자안보를 통한 세력균형을 추구하였다. 냉전이라는 양극구도를 유지하기 위하여 미국과 소련은 정치적, 군사적, 경제적 부담을 안을 수밖에 없었다. 또한 양극의 축인 미국과 소련이라는 초강대국에 대한 도전세력이 서구와 동구 내에서 대두하게 되었다. 소련은 중국과의 갈등과 상호확증파괴의 위협을 주는 핵무기의 위협에 대한 부담이 있었고 미국은 소련의 재래식 무기의 우위와 프랑스의 NATO 탈퇴와 더불어 서구국가들의 CSCE에 대한 호감도가 높아가는 상황에서 유럽에서의 영향력 유지에 대한 고려를 하지 않을 수 없는 상황이 전개되었다. 이러한 국제환경의 변화는 미국과 소련이 모두 유럽에서의 현상유지와 안정화를 이룰 수 있는 방안을 모색하게 되었다. 그 결과로 유럽에서 다자안보레짐의 창설을 긍정적으로 검토하게 되었다.

둘째, 강대국들과 유럽의 제 국가들이 이익균형에 도달하는 것이 가능했다는 것이다. 소련은 현 상태의 유럽의 국경선에 정당성을 부여했으며 동구 국가들에는 헬싱키최종안의 안보분야의 10개 지도원칙에서 나타나듯이 국가 간에 주권의 평등과 존중으로 국가의 이익실현의 가능성을 열어 놓았다. 또한 경제협력에 대한 관심이 많았다. 서구에서는 인권의제를 수용하게 하는 데 큰 관심이 있었다. 헬싱키프로세스에서 참가국들의 외무장관들은 자국의 입장에서 안보상의 문제점을 제기하고 해소방안을 찾을 수 있었다. 국경문제와 여타의 문제를 대화로 해결할 수 있다는 것과 경제, 과학, 기술, 인도주의와 관련한 바스켓 II, 바스켓 III는 협상을 통하여 참가국들의 이익실현 가능성을 열어 놓았다. 특히 서독의 외교정책이 이러한 신뢰를 증진하는 데 크게 기여했다고 평가할 수 있다. 서독은 지속적으로 2차 세계대전의 침략행위와 반인륜적 범죄행위 사죄와 피해 배상, 나치 관련자의 단죄 등 과거사의 청산을 통하여 주변국들의 불신과 우려를 불식시키려는 노력을 하였다. 그와 더불어 프랑스와 독일 등 유럽국가들의 자구의 노력과 공동의 발전을 위한 신뢰구축과 공동의 번영과 안정을 추구하는 노력의 결과로 유럽안보협력회의가 형성되었고 지속적인 발전을 하여서 1995년 유럽안보협력기구로 명실상부한 국제기구가 될 수 있었다.

셋째, 유럽국가들이 공동운명체라는 지역정체성과 공동의 규범을 발전시키려는 노력의 결과로 유럽안보협의체가 형성될 수 있었다고 볼 수 있다. 석탄 철강공동체의 창설은 유럽의 다른 기구와는 달리 회원국 정부들에 대하여 초정부적(Super Governmental) 완전독립기구로 설치되어 회원국 정부들에 대한 구속력이 있었다. 이는 주권의 제약을 감수하면서 지역적인 협력과 신뢰를 구축하며 다른 분야의 협력의 토대가 되었다.

제 **4** 장

동북아의 경험:

동북아 다자안보협의체 평가

제1절 역사적 배경: 국제환경 조건의 지속성과 변화

동아시아의 세력구도는 19세기 말 일본이 강대국으로 부상하면서 크게 변화하였다. 일본은 1894년 청일전쟁에서 승리하였고 1905년에는 러시아를 격파하여 동아시아의 강국으로 등장하였다. 동아시아에서 일본이 부상하자 이를 견제할 세력이 없었고 일본이 지역 내 유일 초강대국으로 등장하였다. 그러나 일본이 태평양전쟁에서 패배하게 되자, 제2차 세계대전 후에 미국이 동북아에서 강력한 영향력을 행사하게 되었다. 제2차 세계대전 막바지에 소련이 일본과의 전쟁에 참여하면서 소련도 아시아에서 영향력을 행사하기 시작하였다.

1949년 중국이 공산화되면서 미국, 소련, 일본, 중국 등 세계 강대국들이 동북아에서 각축을 벌인 가운데, 비교적 안정적인 세력균형을 이루었다. 그러나 북한의 도발로 한국전쟁이 발발하고 동북아에서 미국 중심의 반공동맹체제가 형성되었다. 한국전쟁을 계기로 미·일 관계는 적대적 점령에서 동맹관계로, 한미관계는 불확실한 동반관계에서 '혈맹'관계로, 한일 관계는 적대적 대치관계에서 원치 않는 반공동맹관계로 변화되었다.[158] 그 분기점이 한반도의 휴전선이었다. 휴

---

158) 정병준, 「동서냉전체제와 한국전쟁」, 역사학회편, 『전쟁과 동북아의 국제질서』(서울: 일조각, 2006), p.498.

전선을 기점으로 남쪽 중심의 동맹(한·미 동맹, 미·일 동맹)과 소련을 중심으로 한 삼각동맹(북·소 및 북·중 우호조약)이 형성되어 사실상의 미국과 소련의 동북아시아 전략대치선이 형성되었다. 이러한 세력균형의 방식은 미국 중심과 소련 중심의 양자동맹에 기초한 것이었다. 냉전기 동맹은 19세기 동맹과는 달리 세력균형의 논리와 정체성의 논리에 함께 기반하고 있으며, 냉전이 오랫동안 지속되면서 동맹체제도 지속되는 특징을 보였다.[159]

동북아에서 비교적 안정적인 세력균형을 이루다가 1969년 중국과 소련이 연속적으로 국경에서 무력충돌을 일으켰다. 중국은 군사력이 상대적으로 우월한 소련에 대한 우려가 커져갔으며 1970년대 들어서 일본과 협력을 시도하는 변화가 일어났다. 1972년 2월 '상하이 코뮤니케'는 이러한 역학구도의 변화를 가감 없이 보여주었는데, 아시아 태평양지역에서 어느 특정국가의 패권추구를 반대한다는 것을 핵심 내용으로 한다. 사실상 소련의 팽창에 대항하는 묵시적 동맹으로 미국과 중국 간의 화해는 경제적인 동인이 아니라 군사적 이해에 기초하고 있었다.[160]

아시아에서 긍정적인 성과를 내지는 못하였으나 미국의 주도로 집단방위조약을 체결한 경험이 있다. 미국의 주도로 1954년에 동남아시아조약기구(South-East Asia Treaty Organization: SEATO)라는 집단안보기구가 결성되었는데, 동남아시아의 지역적 집단안전보장을 목적으로 국제연합헌장 제52조의 지역적 집단안전보장 규정을 근거로 하여

159) 전재성, 『동맹의 역사』, EAI국가안보패널(NSP)보고서 No.33(2009), p.13.

160) 김기수, 「미중일 삼각관계와 동북아시아 전략균형: 새로운 국제정치경제의 틀 모색」, 『세종정책연구』, 제4권 1호 (2008), p.88.

반공산주의 군사블록을 형성하였던 것이다. 1954년 인도차이나전쟁에서 프랑스의 패색이 짙어지자 미국 국무장관 J.F.덜레스 등이 동남아시아에서 공산주의를 봉쇄할 목적으로 1954년 9월 8일 필리핀의 마닐라에서 집단방위조약을 체결하였다. 1954년 트루먼 행정부에 이어 등장한 아이젠하워 행정부는 이전 정책의 연속선상에서 '동남아시아집단방위조약'(SEATO)을 결성하였고, 호주, 방글라데시, 프랑스, 뉴질랜드, 파키스탄, 필리핀, 태국, 영국 등의 회원국을 확보하였다. 8개국 외무장관 회의에서 '동남아시아집단방위조약(SEATO)' 및 의정서 등에 미국 ·영국 ·프랑스 ·오스트레일리아 ·뉴질랜드 ·필리핀 ·타이 ·파키스탄 등이 조인함으로써 결성되었다. 파키스탄은 동남아 국가가 아님에도 불구하고 '동남아시아집단방위조약(SEATO)'에 참가하였다. 파키스탄은 미국과 전략적 동반자로서 냉전에서 미국 측에 합류하였으며 허약한 민주주의제도를 잠식하여 제도적 독재체제로 되면서 '동남아시아집단방위조약(SEATO)'에 참여하게 되었다.[161]

이 조약의 체결을 위한 협상과정에서 미국과 영국은 난항을 겪었는데 공산주의 확산을 방지하려는 미국과 지역 식민지를 보호하려는 영국의 이해가 상충되었기 때문이었다.[162] 결국 미국과 영국이 협상을 통하여 이 조약을 1955년 2월 19일 발효시켰고, 이 조약에 근거하여 미국은 베트남에 군사 개입을 할 수 있었다. 이 조약은 아시아에서 3개국밖에 가입하지 않았다는 것과 NATO처럼 통합사령부를 설치하지 못하였다는 한계를 갖고 있었다. 프랑스와 파키스탄이 베트남전

---

161) Lubna Saif, 「Pakistan and SEATO」, *Pakistan Journal of History and Culture*, Vol.28, No.2 (2007), p.77.

162) Andrew Hall, "Anglo-US Relations in the Formation of SEATO," *Stanford Journal of East Asian Affairs* (2005,July) p.131.

쟁과정에서 사실상 탈퇴하였으며 1973년 1월의 베트남평화협정이 성립된 후에 오스트레일리아·뉴질랜드도 정식으로 이탈하였다. 결국 1975년 인도차이나반도의 공산화에 따라 '동남아시아집단방위조약(마닐라조약)'은 붕괴 상태에 빠졌으며 1977년 6월 30일 정식으로 해체되었다. 아시아에서 실패한 다자안보의 경험 때문에 미국은 냉전구도의 아시아 태평양지역에서 다자안보보다는 양자동맹이 더 효과적이라고 평가하게 되었다.

냉전기간에 미국의 세계전략은 유럽과 아시아 태평양지역 모두에서 소련의 봉쇄에 주안점을 두고 있었다. 미국의 대 전략은 첫째, 국제관계를 미국이 주도하는 것이었으며 둘째, 소련의 팽창을 저지하고 봉쇄하는 것과 셋째로, 두 강대국 사이의 전쟁을 방지하는 것이었다. 이러한 미국의 대 전략은 유럽과 아시아태평양 양 지역에서 다른 방식으로 추진되었다. 유럽에서는 이러한 목표를 집단방위조약인 NATO와 긴장완화협력조치인 CSCE/OSCE 프로세스를 이용하여 달성하였다. 그러나 아시아 태평양지역에서는 이러한 세력균형과 억지라는 목표를 주로 양자동맹으로 달성하였다. 유럽과 달리 아시아태평양지역에서는 다자안보가 미미한 역할을 하였을 뿐이었다. 미국은 미일동맹과 한미동맹, 그리고 초기에 대만과의 협력으로 이러한 목표를 달성하였다.

소련이 1991년 12월 몰락한 후 자본주의를 수용하면서 세계경제에 통합한 중국은 경제력을 신장시키면서 군사력도 강화시키고 있다. 중국의 군사대국화와 일본의 군비증강과 아울러 미국의 중국에 대한 인식도 달라져서 잠재적인 경쟁국이자 경제적 동반자적 국가로 보고 있다. 클린턴(Bill Clinton) 정권은 중국을 전략적 동반자로 간주하였으나 부시정권은 중국을 전략적 경쟁자로 규정하는 사고의 전환을 꾀하였다.[163] 결국 부시 정부는 중국 견제정책을 추구하였다. 부시 정부는 중국을 전략적 경쟁자 관계(strategic competition partnership)로 규정하고 북경 당국보다는 대만과의 협력을 강조하였다.[164]

동북아의 질서재편과 균형은 미국이 주도하고 있는데 북핵문제에서도 중국이 주도적인 영향력을 발휘하는 데 실패하였다고 평가할 수 있다. 미국은 동북아에서 다자간 안보협력보다 양자협력을 기반으로 하여 지역을 안정화시키고 있다.

미국이 능동적으로 다자안보를 주도한다면 동북아에서 다자안보협력이 실현될 가능성이 높아지게 된다. 아시아 지역에서는 냉전 이후 느슨한 안보대화가 활발하게 태동하고 있는 정도라고 평가할 수 있다. 다자간 안보협력은 제도화의 정도에 따라 안보대화, 안보레짐(security regime), 안보공동체(security community)로 구분될 수 있고, 안보협력이 지속성과 안정성을 가지기 위해서는 안보대화가 국제레짐이나 안보공동체로 제도화되어야 할 필요가 있다.[165] 미국의 정치경제적 영향력은 국제정치에서 냉전이라는 양극체제를 무너뜨리고 단극체제로 전환시켰다. 이러한 단극적 질서는 군사영역과 비군사영역 간에 차별성을 보이면서 '일초다강'(一超多强)적 세력관계의 틀 속에서 약 2025년경까지 지속될 것으로 전망된다.[166]

미국의 아시아 전략에 따라 아시아의 세력균형의 구도는 크게 영

---

163) *Ibid*, p.99.

164) 정세진, 『동아시아 국제관계와 한반도』(서울: 한울아카데미, 2002), p.140.

165) Yoshinobu Yamamoto. "Japanese Relations with Korea in Multilateral Perspective," in Chae-Han Kim, ed., *Domestic Politics, Trade Negotiation and Regional Integration: the US, Japan and Korea* (Seoul: Sowha, 1998), p.176.

166) 박인휘, 「동북아 국제관계와 한국의 국가이익: 미·중·일 세력관계를 중심으로」, 『국가전략』, 제11권 3호 (세종연구소, 2005), p.6.

향을 받게 되어 있다. 특히 미국이 중국의 부상을 견제하는 봉쇄전략과 우호적인 동반자적 관계로 가는 전략 중 어떤 전략을 사용하는지에 따라 동북아의 다자안보협의체 형성의 시기와 기구의 성격이 달라질 것이다. 미국은 단기적으로 중국을 '군사적 위협'으로 간주하지는 않지만 현재와 같은 중국의 군비증강이 계속되면 중장기적으로 볼 때 '적국'으로 발전할 가능성이 있다.[167] 미·중·일 관계는 기본적으로 미·일 대 중국이라는 비대칭구도, 미국이 나머지 관계 -중·일관계, 미·일관계, 미·중관계- 모두를 결정짓는 핵심 변수였다는 점, 그리고 냉전기·탈냉전기를 포함하여 일본의 경우 대외관계에서 아시아적 정체성보다는 미국을 활용한 탈 아시아적 정체성을 보였다는 점 등이 주목된다.[168]

아시아에서는 오히려 냉전이 끝난 후에 다자안보협력의 가능성이 더 커지고 있다. 냉전 이후에 아시아에서 다자간 대화수준의 진척이 점진적으로 이루어지고 있으며 국가 간 교류도 더 확대되고 있다. 이는 비전통적인 안보위협의 증가와 더불어 경제적 협력의 성과에 대하여 관련국들이 긍정적으로 평가하고 있기 때문이다. 경제적인 교역의 범위는 획기적으로 상승되고 있는 상황에서 대화 수준의 안보협력을 제도화하려는 다양한 시도가 전개되고 있다.

---

167) 조성렬, 「동북아 질서의 재편과 한국의 선택」, 『동북아질서의 재편과 한민족의 선택』(파주: 나남출판, 2005), p.29.
168) *Ibid*, p.13.

제2절 동북아 다자안보협력의 구상과 실험

1. 냉전 전후의 다자안보 제안과 성과

가. 냉전기의 다자안보 구상

냉전 시기에 동북아 지역에서 다자안보 시도가 있었으나 대개 현실주의적 사고에 입각한 국가 간 세력 균형이나 이익균형에 부합하지 못하여 현실화되지는 않았다.

냉전시기의 동북아(또는 동아시아) 다자안보협력 구상에 대한 많은 제안이 있었는데 1954~1950년 사이에 장개석, 이승만, 퀴리노 필리핀대통령 등이 구상하였던 '태평양 동맹구상'이 있었다. 이 구상에서 이승만은 일본을 배제할 것을 주장하였다. 그 후에, 1960년대 말에서 70년대에 걸쳐서 브레즈네프가 줄곧 주창해온 '아시아 집단안전보장회의'(Asian Collective Security Conference)[169]가 있었다.

이 주장에 근거를 두고 1986년 7월 러시아 고르바초프가 '아시아판 헬싱키회의'를 거론하다가 1989년 5월 '전 아시아 프로세스'(All Asian Process)를 제안하였다. 하지만 역내 국가들이 이 제안을 받아들이는

---

169) 이인호, 「동북아 다자안보협력의 전망과 대책」, 『국제문제연구』(2004년 겨울), pp.63~64.

환경이 조성되어 있지 않았다. 서태평양 지역에서의 해군력 동결과 한반도에서의 해·공군력 제한, 한반도 비핵화와 같은 내용을 담고 있는 고르바초프의 평화 제안은 당시 이 지역에서 소련에 비해 우위에 있는 미국의 세력약화를 초래하며 미국의 이익에 부합할 수 없는 제안이었다. 미국의 냉전 시기 동아시아 전략의 핵심은 소련을 이 지역에서 외교적으로 고립시키고 동아시아의 역동적 경제에 대한 접근을 차단하는 봉쇄정책이었는데, 다자안보협력을 통하여 소련이 지역에서 영향력을 행사하게 하는 것은 미국의 목표에 반하는 것이었다. 미국은 소련이 다자 포럼을 미국과 아시아 동맹국 사이를 떼어놓으려는 수단으로 이용할 것을 우려하였다.

냉전기에 동북에서 다자안보 협상이 이루어지지 못한 요인은 첫째로, 미국과 소련이 다자안보보다는 양자동맹으로 세력균형을 이루었기 때문이다. 한미동맹과 미일동맹으로 형성된 안정된 세력균형 상태에서 미국은 현상유지를 원하였고 다자안보의 필요성을 느끼지 못하였다. 즉, 일본이 자국의 경제력에 상응하는 정치적 영향력을 증대하는 데에 미국이 적극 지원함으로써 전 세계적으로는 경제면의 역할 분담을 일본에 요구하고, 아시아에서는 지역패권을 노리는 중국을 일본의 역할 증대를 통해 견제하려는 정책을 추구하고 있는 것이다.[170] 둘째, 역내 국가들 중에서 다자안보를 주도할 역량이 있는 국가가 없었다. 유럽에서는 유럽 내부의 역동성이 다자안보를 형성하게 하였으나 아시아에서는 공통의 이해가 부족하였으며 역내의 추동력이 없었다. 셋째, 근대국가 이후의 역내 국가들의 갈등이 해소되지 못하였고

---

170) 강근형, 『미·일관계의 정치경제』(제주: 제주대학교 출판부, 2003), p.330.

영토분쟁으로 민족주의적 갈등이 상존하였으므로 국가 간 신뢰구축의 경험이 적었다. 넷째, 동북아에서는 핵전쟁의 위협이 유럽보다는 비교적 적었으며 군비경쟁도 비교적 약하여서 다자안보협력의 필요성이 유럽보다 적었다.

〈표 4-1〉 냉전 시기의 다자안보 제안

제안시기	명칭	제안자
1954~1950	태평양 동맹구상	장개석·이승만·퀴리노
1960년대 말~'70년대	아시아지역 집단안전조약	브레즈네프
1989년	전 아시아 프로세스	고르바초프

냉전시기에는 현실주의적인 시각의 국제관계가 동아시아의 국제관계를 설명하는 데에 적실성을 갖고 있다고 할 것이다. 각국은 자국의 절대적 이익과 더불어 다른 국가들이 얻는 이익의 크기에 고민하였기 때문에 공통이익의 형성 가능성이 낮았다. 공통이익은 상호 협력을 통해서 접근 가능하고, 이를 통해 국가들 간에는 보다 조화로운 목표를 달성할 수 있는 것인데 동북아의 국제관계는 이러한 여지가 거의 없었다.

나. 냉전 이후의 다자안보 구상

냉전 이후 동북아에서의 다자안보협의체에 대한 논의가 두드러지게 부상하였는데 이는 동북아에는 전통적 안보위협과 비전통적 안보위협이 모두 증대하고 있다고 평가할 수 있다. 북한의 핵보유시도와 군비경쟁이라는 전통적 안보위협과 함께 비전통적인 안보위협요인도 함께 증가하고 있다. 미·중 및 일·중 간의 패권경쟁, 남북한 간의 갈등과 대결, 중·대만 간의 긴장 등으로 인해 안보 불확실성이 지속되거나 증대하고 있었다. 특히, 미군 감축 가능성의 증대, 중국의 부상, 일본의 보통국가화 움직임, 북한의 핵 개발, 무인도 영유권 다툼, 중·일의 역사 왜곡 등은 이러한 불확실성을 가중시키는 요인으로 작용하고 있다.[171]

이러한 전통적 안보의 불확실성에 더하여 탈냉전 이후 새롭게 부각된 비전통 안보 차원의 위협도 강조되고 있다. 동아시아 국가들 역시 테러리즘, 마약거래, 전염병, 환경오염, 난민, 불법이민, 국제범죄 증가 등의 초국가적 난제들에 직면해 있으며, 이러한 비전통적인 안보 차원의 문제들은 국제적 협력 없이는 좀처럼 해결되기 어려운 상황에 직면하고 있다.[172]

탈냉전 이후 동북아는 전통적·비전통적 안보 불안정과 안보위협이 혼재된 상황에 처해 있으므로, 이러한 안보 불안정과 안보위협에서 벗어날 수 있는 새로운 대안이 적극 모색되어야 할 필요성이 점점 커지게 되었다. 특히, 비전통적 안보위협에 대처하기 위해서는 발상의 전환과 전통적 안보체제를 대체할 수 있는 새로운 안보체제의 모색이 절실하다는 점이 역내 국가들이 공감하기 시작했다. 나아가 동북아의 경제 발전을 지속시키고 역내 경제통합을 촉진시키기 위해서도 동아시아의 안보공동체 창설이 긴요하다는 주장도 제기되고 있다.[173]

결국 이러한 다양화된 안보위협은 어떤 한 국가의 독자적인 역량

---

171) 김유은, 「동북아 안보공동체를 위한 시론: 구성주의적 시각을 중심으로」, 『국제정치논총』, 제44집 4호 (2004), p.70.

172) 조윤영, 「동아시아 안보와 제도주의: 안보공동체 형성의 조건과 발전과정」, 『한국정치외교사논총』, 제27집 2호(2005), pp.317~318.

173) 최영종, 『동아시아 지역통합과 한국의 선택』(서울: 아연출판부, 2003).

만으로는 대처할 수 없다는 인식이 확산되면서 국가 간 협력 또는 정책상의 조정과 더 나아가 동북아 지역 차원의 협력안보의 필요성이 점증하고 있으며 이에 대한 대책으로 다양한 다자안보 구상이 제안되었다.

1992년 미야자와 일본수상이 동북아 다자안보대화를 구체화하는 것을 제안하며 '아·태 안보기구' 설립을 주장하였다. 러시아의 옐친 대통령이 1992년 방한하여 국회연설에서 '아·태지역 분쟁방지센터'와 '아·태전략문제연구센터' 설립을 제안하였다. 한국에서는 1988년 10월 18일 노태우 대통령이 유엔 총회 연설에서 동북아 지역의 다자안보협의체의 필요성을 역설하면서 남북한과 미·일·중·소가 참여하는 동북아 6개국 평화협의회 의 창설을 제안하였다.174) 제43차 유엔총회 본회의에서 노태우 대통령은 미국, 소련, 중국, 일본, 한국, 북한 등 6개 국가 간에 다자안보협력을 위한 '동북아평화협의회'(Consultative Conference for Peace in Northeast Asia)창설을 제안하였다.

이 제안의 후속조치로 한국정부는 1988년 11월에 외무부 장관을 위원장으로 하는 '동북아평화협의회의추진위원회'를 발족하였다. 노태우 대통령은 1992년 9월 22일 유엔 총회 참석 시 '평화와 번영의 21세기를 위하여'라는 제목의 연설에서 동북아에서의 상호이해 및 신뢰증진을 위해 당사자들 간에 대화와 협력의 장이 필요함을 재차 역설하였다.175) 김영삼 대통령은 1993년 5월 제26차 태평양 연안 경제협의회(PBEC) 개막식 기조연설에서 한국정부의 외교 정책방향으로

174) 김계동, 「한반도 평화체제 구상」, 『국방정책연구』(2003년 가을), p.249.

175) *Korea: A Nation Transformed, Vol. 2, Selected Speeches of President Roh Tae Woo* (Seoul: The Presidential Secretariat, 1993), p.149.

항구적 지역평화의 틀을 마련하기 위해 "미국을 축으로 하는 양자 안보협의체제를 심화·발전시키는 동시에 다자안보대화를 추진할 것"이라고 발표하였다.[176]

1993년 5월 24일 제2차 태평양 경제협의회(PBEC) 개회식 연설에서 김영삼 대통령이 ARF와 별도로 소위 유럽의 안보협력회의 축소판과 같은 동북아 지역의 안보협의체제 구축인 'mini-CSCE'를 제안하였다. 1993년 7월 한승주 외무장관과 크리스토퍼 미 국무장관이 '2+4' 형태의 '6자회담'으로 한반도문제의 해법을 찾는 구상에 대하여 논의를 하였는데 이를 바탕으로 1994년 5월 제1차 ARF 고위관리회의(SOM)에서 김영삼 대통령이 '동북아안보대화'(North-East Asia Security Dialogue, NEASED)를 제안하였다. NEASED를 통해 북한의 핵·미사일 개발, 중·대만 간 긴장관계, 동북아의 군비경쟁 등의 문제들에 대하여 논의하려 하였으나 실현되지 못하였다. 미국은 동북아의 양자동맹에 우선순위를 두고 다자안보대화에 대해서는 소극적인 입장이었으며 중국도 한국이 주도하는 동북아 다자대화에 대해서 회의적인 입장을 지니고 있었다.[177]

미국은 동북아 안보문제에 대한 다자적 접근이 자국의 영향력 감소로 이어질 것으로 우려하였으며 이것이 두 개의 조선을 고착화시키려는 책동이라며 완강하게 반대한 북한의 입장에 동조하여 중국도 부정적인 입장을 보였다. 소련 역시 고르바초프의 블라디보스토크 및 크라스노야르스크 연설을 통해 동북아 다자안보 포럼의 중요성을 강조해

---

176) 이상균, 「동북아 다자안보 협의체제 구축방안: 유럽의 경험과 한국의 선택」, 『국가전략』(1997), pp.200~201.
177) 엄태암, 「4자회담 활성화 및 동북아 '6자회담'의 활용방안」, 「안보정책 논총 2」(서울: 국가안전보장회의 사무처, 2002), pp.329~331.

왔지만, 북한 요인을 감안하여 이를 지지하기 어려운 처지였다.[178]

동북아에서는 냉전시기에 강대국들이 양자동맹에 기반을 두고 세력균형을 이루는 것을 선호하였으며 비교적 성공적으로 지역을 안정화시켰으므로 다자안보협력의 추동력이 약하였다. 그러나 냉전 이후에는 동북아에서 전통적인 안보위협 외에도 비전통적인 안보위협이 증가하고 있어 미국과 여타의 국가들이 양자동맹을 보완하는 측면에서 다자안보의 필요성을 검토하게 되었다. 한·미·일, 미·일·호 협력 등은 각각 북핵문제와 중국 주도의 동아시아 지역주의에 대응하기 위한 유사동맹(virtual alliance) 내지는 삼각동맹(trilateral alliance)의 형태로 추진되는 소다자주의이다. 미국 오바마 행정부는 동아시아 지역주의와 지역 주의적 소다자주의를 결합해 동아시아 전략을 전개할 가능성이 커 보인다.[179]

조지 W 부시 행정부는 북핵문제가 순조롭게 해결된 이후 '6자회담'을 역내안보현안을 다루는 다자안보협력기구로 발전시킬 수 있다는 입장을 표명한 바 있다.

2. 동북아 다자안보협력 현황

아시아 지역에서 1967년 '동남아시아국가연합'(ASEAN)이 창설되면서 정부 차원의 다자 간 지역협력은 시작되었으나 냉전시대의 상황의 한계로 ASEAN은 경제협력 차원에 불과하였고 지역협력의 확대나 강화에도 별다른 역할을 하지 못했다. 그러나 탈냉전과 함께 동아시

---

178) 김국진, 『동북아 평화협력회의 구현방안 연구』(서울: 외교안보연구원, 1989), pp.14~24.
179) 김성한, 「미국의 新안보 구상과 동아시아 전략」, 『국방정책연구』, 제25권 제4호(2009년 겨울), p.80.

아 지역협력의 양상은 변화를 맞이하기 시작하였다. 가장 활성화된 것은 경제협력 부문이었으며, 점차 안보 영역에서의 지역협력도 나타나기 시작했다. <표 4-2>는 동북아 지역의 다자협력 현황을 정리한 것이다. 대체로 1989년 이후 최근까지 많은 소규모의 다자협의체들이 구성되었다. 이들 동북아 지역의 다자협의체들은 대체로 특정한 과업을 달성하기 위한 목표로 형성되는 성격이 강하며, 정부 차원의 트랙 I뿐만 아니라 비정부의 트랙 II 및 정부와 비정부의 트랙 I&II(또는 트랙 1.5) 등의 다양한 성격을 띠기도 한다. 그리고 협의체의 성격을 띠면서 주기적으로 모임을 갖기도 한다.

이러한 동북아 협의체는 동북아 다자협력 질서를 강화하는 데 기여하고 있다. 예컨대 APEC, ASEAN+3, EAS는 국가 간 신뢰강화의 창구 역할을, ARF와 CSCAP는 예방외교를 강화하는 실질적 대화 창구의 역할을 했다. 또한 TCOG, Tripartite Committee, 4 Party Talks, 6 Party Talks 등의 다자협의체를 통해서는 특정 사안에 대해 자국의 선호도를 표방하면서 이를 협상과 조정의 대상으로 삼았으며 상호 선호도를 조율하기도 했다. 또한 동북아의 느슨한 지역협력제도는 정부 간의 대화 채널과 더불어 비공식적인 협의체제 네트워크로 구성되어 있으며, 이는 현재 동북아 국가의 지역협력 선호도를 나타내고 있다고 할 수 있다.[180]

이상과 같은 다양한 다자협의체들 중에서도 안보협력에 한정하여 살펴보면, 트랙 I 다자협력과 트랙 II 다자협력으로 구분할 수 있다. 우선 트랙 I 차원에서는 1994년 ASEAN의 주도로 ASEAN 지역안보포

---

180) 최종건, 「패권국 지원 변화와 동북아 질서 재편: 동북아 다자협력질서의 특징을 중심으로」, 『한국과 국제정치』, 제25권 제4호 (2009), p.46.

럼(ARF)이 출범하게 되었다. ARF는 아·태지역 최초이자 유일한 공식적 정부 간 다자안보대화기구로서 이후 아·태지역 주요 국가들을 거의 망라하게 되었다. ARF는 1995년 아태지역의 제반문제 처리에 있어서 제1단계 신뢰구축조치 증진, 제2단계 예방외교 메커니즘 개발, 제3단계 분쟁 해결이라는 점진적·단계적 추진원칙을 천명하기도 했다.[181] 한편, 2003년에는 북핵문제 해결을 위해 한국, 북한, 미국, 중국, 일본, 러시아의 6개국으로 구성된 "6자회담"이 출범하였다.

〈표 4-2〉 동북아 다자협의체 현황

다자협의체	설립 연도	트랙*	한국	중국	일본	미국	현상태	영역
APEC(아시아태평양경제협력회의)	1989	I	○	○	○	○	활성	포괄적
NEAEF(동북아경제포럼)	1991	II	○	○	○		활성	경제
CSCAP(아태안보협력이사회)	1992	II	○	○	○		활성	안보
TRADP(두만강개발사업)	1993	I	○					경제/개발
APNEC(아시아태평양 NGO 환경회의)	1993	II	○	○	○		활성	환경
NNAF(반핵아시아포럼)	1993	II	○	○	○		활성	안보
ARF(아세안지역안보포럼)	1994	I	○	○	○	○	활성	안보
NOWPAP(북서태평양보전실천계획)	1993	I	○	○	○		활성	환경
AANEA(동아시아대기행동·네트워크)	1995	II	○	○	○		활성	환경
KEDO(한반도에너지개발기구)	1995	I	○		○	○	종료	경제/개발
NEAR(동북아자치단체연합)	1996	II	○	○	○		활성	경제/문화
4 Party Talks	1997	I	○	○		○	종료/확대	안보
ASEAN+3(동남아시아국가연합+3)	1997	I	○	○	○		활성	포괄적
TCOG(대북정책조정감독그룹)	1999	I	○		○	○	비활성	안보
TEMM(한중일3국환경장관회의)	1999	I	○	○	○		활성	환경
NEAPDGM(동북아항만국장회의)	2000	I	○	○	○		활성	경제/물류
EPNNEA(동북아환경평화네트워크)	2000	II	○	○	○		활성	환경

---

181) 이신화, 「동아시아안보공동체 구축에 관한 소고」, 『전략연구』, 제13권 제1호(한국전략문제연구소, 2006), p.14.

BSA(양자통화스왑협정)	2003	I	○	○	○		활성	경제/금융
6 Party Talks	2004	I	○	○	○	○	비활성	안보
Tripartite Committee	2004	I, II	○	○	○		비활성	포괄적
EAS(동아시아정상회의)	2005	I	○	○	○		활성	포괄적

* 트랙 I : 정부 간, 트랙 II : 비정부 간, 트랙 I&II : 정부와 비정부
　자료: 최종건, "패권국 지원 변화와 동북아 질서 재편: 동북아 다자협력질서의 특징을 중심으로", 『한국과 국제
　　　정치』, 제25권 제4호 (2009), p.45.

또 <표 4-2>에는 나와 있지 않지만, 2001년에는 러시아, 중국, 카자흐스탄, 타지키스스탄, 키르기스스스탄, 우즈베키스탄의 6개국으로 구성된 상하이협력기구(SCO)가 발족하였고, 1989년에 창설된 아시아태평양경제협의체(APEC)와 1997년 아시아 금융위기를 계기로 정례화된 ASEAN+3는 경제의제를 주로 다루고 있지만, 최근에 와서는 정치안보의제도 적지 않게 거론하고 있다.[182] 다음으로, 트랙 II 다자협력의 경우 트랙 I 차원보다 활발한 노력이 전개되었다. 1993년 아·태지역 10개국 정부와 싱크탱크를 중심으로 아·태안보협력이사회(CSCAP)가 창설되었다. CSCAP은 비공식적 논의나 연구그룹 등을 통해 정부 간 차원에서 다루기 힘든 문제에 대한 새로운 해결책을 제시하면서 정부 간 대화기구인 ARF의 운영과정에도 상당히 기여하고 있다.

동북아 차원에서는 미 국무부의 후원을 받는 캘리포니아(샌디에이고)대학교 세계분쟁협력연구소(IGCC) 주관으로 트랙-1.5 성격의 동북아협력대화(NEACD)가 1993년에 설립되었다. NEACD는 한국, 북한,

---

182) 예컨대, 2005년 11월 부산 APEC 정상회의에서는 북핵문제가 비공식적으로 논의된 바 있고, 2009년 10월 태국 ASEAN+3 정상회의에서는 대북 유엔안보리 결의 이행 의지를 재확인하고 북핵문제해결을 위한 '6자회담'의 조속한 재개를 전폭 지지하는 의장성명이 채택되기도 했다. 작금에 와서는, APEC 혹은 ASEAN+3 회의에 참석한 각국의 정상 및 외무장관들이 별도의 양자회담 혹은 다자회담을 개최하여 국가 간 교류협력 증진, 남북한관계, 북핵문제, 동아시아 다자안보협력 등의 정치안보의제를 논의하는 것이 일반적 추세가 되고 있다.

미국, 일본, 중국, 러시아 6개국의 전문가 및 외무부·국방부 관계자들이 개인자격으로 참석하여 동북아 국가들 간의 상호이해와 신뢰구축 및 협력증진을 도모하고 있다. NEACD는 전통안보문제 이외에도 경제협력 증진, 환경보호, 테러, 마약, 조직범죄, 불법이민 방지 등의 비전통 안보 문제도 다루고 있는데, 최근에 와서는 정부 간 대화로 격상시키자는 논의가 제기될 정도로 대화가 활발하게 이루어지고 있다.

1999년과 2000년에 각각 설립된 동아시아 비전그룹(EAVG)과 동아시아 연구그룹(EASG)도 민간 차원에서 활발한 활동을 전개하고 있다. 특히, EAVG는 2001년 '동아시아 공동체를 향하여: 지역 평화, 번영, 진보'라는 보고서를 통해 경제뿐만 아니라 정치, 안보, 사회, 문화, 교육 등 여러 분야에서의 협력을 목표로 하는 '동아시아 공동체' 구성을 제안하여 2005년 11월 동아시아 정상회담이 최초로 개최되도록 하는 데에도 적지 않게 기여한 바 있다.[183]

3. 동북아 다자안보협의체의 구상과 실험 사례

가. 아세안지역안보포럼(ARF)

아세안지역안보포럼(ASEAN Regional Forum: ARF)은 1993년 7월 23일부터 25일까지 싱가포르에서 개최된 26차 아세안 확대외무장관회의(ASEAN Ministerial Meeting and Post Ministerial Conference)에서 설립하기로 합의하였고 최초회의는 1994년 7월 25일 방콕에서 개최하였다. ASEAN이 주도하여 창설한 아시아-태평양지역의 유일한 정부 다자간

---

183) 엄상윤, 「한국의 동아시아 안보공동체 구성: 특징과 과제」, 『국제관계연구』, 제15권 제1호 (2010), p.49.

안전보장 협의체로 포럼 사무국을 별도로 운영하고 있지 않으며, 매년마다 지역안보에 대한 신뢰구축, 재난구호, 군비축소 등에 대하여 각국 외무장관들과의 회의 및 각종 실무현안을 논의하는 회의나 세미나를 연속적으로 개최하며 의사결정은 회원국 합의로 결정하고 있으며 표결로 결정하지 않는다.

아태지역의 최초의 정부 차원의 다자간 안보대화협의체로 그 목표는 첫째, 아태 지역의 포괄적인 안보현안에 대해 각 정부 간 솔직하고 건설적인 대화 및 협의를 통해 이 지역의 안보와 안정성을 추구하는 것이다. 둘째로는, 아시아 태평양지역의 예방외교와 신뢰구축에 상당한 기여를 하는 것이다.[184] 아세안은 미국과 러시아의 공백으로 지역의 세력균형이 불안정해지자 이에 대처하고 새로운 안보환경에 대응하기 위하여 ARF를 결성하였다.

한반도와 중국-대만의 양안(兩岸) 관계, 지역안보 논의, 회원국의 친선 도모, 역내 평화안정 기여, 역내 정치·안보문제 논의 등을 주요 의제로 삼고 있다. 회원국은 아세안 10개국을 포함하여 아세안 대화 상대국, 기타 국가 등을 포함한 총 27개국[185]이 참가하고 있다. 1995년에 캄보디아, 1996년에 인도, 미얀마, 1998년에 몽골이 가입하였으며, 2000년 제7차 외무장관회의에 북한이 참석하게 됨에 따라 회원국은 23개국으로 늘어나게 되었다. 북한은 2000년 7월 27일 태국 방콕에서 열린 ARF 외무장관회의에서 23번째 회원국으로 가입하였다. 우

---

184) ARF공식사이트 http://www.aseanregionalforum.org/AboutUs/tabid/57/Default.aspx (2010년 3월 23일 검색)

185) 2010년 3월 기준으로 오스트레일리아, 방글라데시, 브루나이, 캄보디아, 캐나다, 중국, 유럽연합, 인도, 인도네시아, 일본, 북한, 한국, 라오스, 말레이시아, 미얀마, 몽골, 뉴질랜드, 파키스탄, 파푸아뉴기니, 필리핀, 러시아, 싱가포르, 스리랑카, 타이, 동티모르, 미국, 베트남 등 27개국이 참가하고 있다.

리나라는 국가안위와 직결된 안보문제는 미국과의 상호방위 조약을 근거로 해결하면서 다자간 안보대화로 이를 보완하기 위해 출범단계부터 적극 참여해왔다.

호주의 외무장관 가레스 에반스가 유럽안보협력회의(CSCE)와 같은 아시아안보협력회의(CSCA)를 설립하여 아태지역에서도 안보대화를 제도화하자는 주장에 대하여 아세안 국가들은 부정적이었으나 법적이고 공식적인 제도적 장치보다는 좀 더 비공식적인 신뢰구축을 위한 대화채널이 필요하다고 봤는데 유럽지역과 달리 아시아지역은 영토분쟁이 미해결 상태이고 해양분쟁이 상존하기 때문에 이런 경향을 반영한 것이었다.[186]

ARF의 활동은 연 1회 개최되는 제1트랙(track one)의 각료회의 외에 다양한 연계망을 갖고 있으며, 그 기능적 연계구조들이 상호작용하면서 ARF의 활동에 직접적 또는 간접적으로 기여하고 있는데, 제2트랙(track two)의 활동도 중요하다. 제1트랙은 공식적인 정부 간 대화채널로서 ARF 각료회의, ARF 고위관료회의 및 회기간 회의 등으로 구성되어 있다. 각료회의는 제1트랙의 핵심구조로서 기능하고 있는데, 이 회의의 주된 역할은 회원국의 행위를 지배하는 규범(norms)을 정의하는 동시에, ARF 연계망의 전반적 방향을 제시한다.

그리고 ARF 고위관료회의는 각료회의를 보좌하는 실무회의체로서 각료회의에 필요한 회의 전반의 준비 및 문서작성 등의 업무를 맡고 있다. 회기 간 회의와 회기 간 지원그룹회의는 ARF 고위관료회의 사이에 개최되는데, 신뢰구축, 수색 및 구조, 평화유지 등에 관한 의제

---

186) 고성준·강근형·장원석·양길현·강경희, 『동아시아와 평화의 섬 제주』(제주: 제주대학교출판부, 2004), pp.62~63.

를 중심으로 하여 참여자들의 의견을 집약하여 고위관료회의나 각료 회의에 보고하거나 제안한다. 그리고 이 두 회의체가 분업을 통한 효율적 논의를 할 수 있게 하기 위하여 제2차 ARF 회의에서는 신뢰구축, 특히 안보인식과 방위정책백서에 관한 대화는 회기 간 지원그룹 회의에서, 그리고 평화유지를 포함한 협력적 활동에 관해서는 회기 간 회의에서 논의하고, 그 결과를 이듬해 ARF 고위관료회의에 제출 키로 한 바 있다. 제2차 회의에 참가한 19개국 가운데 EU를 제외한 18개국은 남지나해의 영유권을 주장하는 모든 국가들이 1992년 ASEAN 선언을 준수해야 하고 남북한 간 대화가 재개되어야 하며 모든 국가들이 핵실험행위를 중지할 것을 요구하기로 합의하였다.[187]

ARF는 아세안의 경험과 외세를 배격한 내부적 집합체의 성격을 갖고 있다. ARF의 정책결정절차도 아세안과 같은 합의제이며, 점진적·친화적 접근법을 모든 의제의 논의에 적용하고 있으며 아세안이 채택한 "동남아우호협력조약"[188](Treaty of Amity and Cooperation in Southeast Asia)의 목적과 원칙을 행동규범으로 삼고 있다.

ARF는 집단안보를 추구하는 것이 아니라 협력안보를 지향하고 있으며 비교적 느슨한 형태로 강제성보다는 협력과 협의에 중점을 두고 있다. ARF를 설립한 목적은 역내 국가지도자들이 정기적으로 회동함으로써 상호 이해와 신뢰를 구축하여 예방외교를 실천하고, 역내 국가 간의 분쟁이나 대립을 제거 또는 사전에 방지함으로써 잠재적

---

187) 김재한, 『동북아공동체』(파주: 집문당, 2005), p.66.
188) 제1회 ASEAN 정상회담 후에 발표되었는데 조약체결국 간의 평화와 우호 협력을 증진하기 위하여 ① 국가의 독립 주권평등 영토보존 및 국가적 동일성의 상호존중, ② 외부로부터의 간섭전복 또는 강제되지 않고 존재 할 권리, ③ 상호내정불간섭, ④ 평화적 수단에 의한 분쟁의 해결, ⑤ 힘에 의한 위협 또는 힘의 사용의 포기, ⑥ 조약체결국 간의 효과적인 협력을 원칙으로 제시하였다.

위협요소를 최소화시키고 안정을 이루고자 하는 데 있다.

2009년 7월 23일 제16차 ARF 외교장관회의에서는 북핵 문제와 테러리즘, 대량살상무기(WMD) 비확산 등 주요 안보 이슈와 역내 신뢰구축, 예방외교 등 광범위한 분야의 협력 방안 등에 대해 논의하였는데 이는 이러한 ARF의 설립 목적과 부합하는 의제들이다. 의장의 안보정책보고서(Chairman's Summary Report of the ARF Security Policy Conference, Phuket, Thailand, 19 May 2009)를 보면 비전통적인 안보문제를 강조하고 있다. 세계화가 여러 가지 많은 이익을 주고 있으나 그에 따라서 국제공동체는 비전통적인 안보에 취약해지고 있으며 국제적인 협력이 매우 중요하다고 밝히고 있다. 전통적인 안보와 아울러 비전통적인 안보부문에서의 다자적 협력이 매우 중요하다는 것을 공감하고 있으며 테러리즘, 초국가적 범죄, 대규모재해, 전염병, 기후변화, 해양안보, 에너지 및 식량안보, 사이버안보와 특히 아덴(Aden)만의 해적 등의 문제에 협력하기로 하며 아세안국가들의 다양성을 고려하고 공통의 쟁점에 중심을 두는 노력이 필요하다고 하였다.[189]

ARF는 아세안이라는 기존의 국가적 연대의 주도로 아세안 국가와 아세안 대화 상대국간 대화라는 제도화된 틀을 통해 추진하였으나 주도적 세력과 중견국가 역할을 할 국가들이 결여된 동북아 지역에서는 다자안보대화를 추진하는 데 한계에 직면하고 있다. 냉전 종식 이후 다자간 안보협력이 공동안보, 협력안보, 포괄적 안보 등 다양한 개념 정립을 통해서 활발하게 논의되고 있으나 군사적 신뢰구축, 군비통제 등 구체적 사안이 냉전의 잔재가 남아있는 동북아 지역에서

---

189) *Chairman's Summary Report of the ARF Security Policy Conference*, Phuket, Thailand, 19 May 2009.

실현되기에는 많은 시일이 소요될 수 있다.[190]

ARF는 제도화나 기구화가 되지 못하여 공동의 목적을 추구하는 데 있어 효율성과 책임성이 미약하다. ARF의 정책결정절차는 합의제로 모든 의제의 논의에 점진적·친화적 접근법을 적용하고 있으며 아세안이 채택한 동남아우호협력조약(TAC: Treaty of Amity and Cooperation in Southeast Asia)의 목적과 원칙을 행동규범으로 삼고 있는 것이다.[191]

새로운 세계화의 환경변화는 개별국가가 해결할 수 없는 새로운 안보위협을 야기하고 있으며 다자간의 협력이 불가피하므로 다자간의 협력에 원칙적으로는 공감하고 있으나 ARF를 주도하고 있는 아세안 국가들의 일차적 관심사항은 동남아지역의 안보문제이며 동북아 문제에 관한 전문성을 갖고 있지 못하기 때문이기도 하다.[192]

ARF는 비전통적인 안보위협에 협력적으로 대처하는 경험의 축적으로 기구화의 가능성이 있으나 단기적으로는 동북아의 안보문제를 직접적으로 다루기는 어려울 것으로 보인다.

나. 동북아 협력대화(NEACD)

NEACD는 미국 캘리포니아 대학 산하의 '세계분쟁 및 협력연구소 (Institute for Global Conflict and Cooperation)'가 미·일·중·러 및 남·북한[193] 등 6개국 외교부 관리·군인사·학자들을 1개국당 5~10명씩 초청하여 각국의 외교부산하 연구기관과 공동개최하는 다자간 포럼이

---

190) 한동만, 「동북아 다자안보협력의 현황과 전망」, 외무부집무자료(98-2)(1998), p.62.

191) Chairman's Statement, The Third ASEAN Regional Forum, Jakarta, July 23, 1996.

192) 박광섭·이요한, 『아세안과 동남아 국가연구』(대전: 대경, 2002), p.115.

193) 북한은 1993년 7월 개최된 준비회의에 참가한 후 불참하다가 2002년 10월 제13차 회의(모스크바 개최) 시부터 외교부 산하 평화군축연구소 관계자들을 중심으로 회의에 참석하고 있다.

다. 미국무부의 후원을 받아 수잔 써크(Susan Shirk)[194] 교수가 1993년 5월에 설립한 비정부 간 회의로서 6개국의 외교부·국방부 관료와 학자들이 한 데 모여 동북아 안보에 관한 각국의 시각 등에 대해 자유롭게 의견을 교환하는 '1.5트랙' 성격의 안보대화로, 동북아 국가 간 대화를 통한 상호이해·신뢰구축·협력증진에 그 목적이 있다. 정부 간 대화체는 아니지만 정부관리(외교부 및 국방부)가 참여하기 때문에 NEACD는 사실상 준 정부 간 회의(Track 1.5)로 평가 받고 있으며 지역 안보문제에 대한 참여국가의 평가 및 시각이 포함되어 있다.

NEACD에는 동북아 지역의 6개국이 참여하고 있고 미국이 적극적으로 주도하고 있다는 점에서 동북아 지역의 다자안보협력체제의 모델이 될 수 있는 측면이 있다[195]. NEACD는 1993년 7월 준비회의가 개최된 이후 6개 참가국을 순회하면서 회의를 개최해오고 있는데 트랙 1.5의 NEACD를 정부차원의 트랙 1로 격상한다면 동북아다자안보협의체가 될 수도 있을 것이다.

NEACD는 회의 목적을 "동북아 국가 간에 대화를 통한 상호이해증대·신뢰구축·협력증진"에 두고 있다.[196] NEACD는 다자간 안보대화 포럼인 만큼 역내의 안보문제와 관련된 사항을 다루고 있다. 제1차 회의 시부터 동북아 안보상황에 대한 각국의 시각과 평가를 각국 외무부 및 국방부 관리가 발표하고 있으며 NEACD의 중요한 목적이 국가 간 상호 불신제거와 신뢰구축에 있으므로 동북아 지역에 적용

---

194) 전 미국무부 동아시아태평양 차관보.

195) 이상현, 「동북아 다자안보체제의 형성과 북한의 체제전환」, 『미래전략연구원논단』(서울:미래전략연구원, 2004), p.3.

196) Tae-Am Ohm, "Toward a New Phase of Multilateral Security Cooperation in the Asia-Pacific Region : Limited multilateralism or issue-based regionalism," *The Korean Journal of Defense Analysis*, Vol. IX, No.2, (Winter 1997), p.162.

될 수 있는 CBMs이라고 할 수 있는 상호안심조치(Mutual Reassurance Measures: MRMs) 방안도 집중적으로 논의하고 있다.197)

NEACD는 외형상 IGCC가 주관하였으나 1993년 윈스턴 로드(Winston Lord) 미국무부 동아시아태평양차관보가 제의하여 개최되었으며 그는 다자간 안보협력의 구성요소로서 '정보교환, 의도의 전달, 긴장완화, 분쟁해결 및 신뢰증진' 등을 들었다.198) 동북아에서 상호안심조치는 개념상 광범위하고 포괄적이어야 하며 이행과 관련해서는 그 내용이 점진적·단계적이어야 한다는 원칙 아래 적용 가능한 구체적 조치로서 ① 해상재난 구조 및 안전협약 체결 ② 각국 방위정보교환 ③ 군비통제 및 군수품 수출규제 완화 ④ 긴급통신망 구축 ⑤ 해상사고 방지 등 해상안전 및 안보대화 ⑥ 자연재해 긴급구조 대화 ⑦ 에너지 등 경제협력 등이 제시되고 있다.199)

동북아 지역 국가 간 국방정보공유를 위한 향후 특별연구작업반 회의 운영과 관련, 일본은 연구계획의 범위를 ① 군사조직, 군 인력을 포함한 군사력에 대한 정보교환, ② 주요무기 및 장비체제와 관련된 데이터 교환, ③ 국방예산 공개, ④ 국방정책서 및 원리 공표, ⑤ 군사력 증강 계획 공개 등으로 정하고 이를 협의하기를 희망하였다. 그러나 중국 측은 일본 측이 제시한 세부의제 보다는 안보인식과 개념, 국방정책 및 전략 등 포괄적인 것부터 협의하기를 희망하고 별도의 연구계획보다는 NEACD 본회의에서 의제에 포함시켜 논의하기를 희

---

197) 호주는 신뢰구축조치(CBMs) 용어대신 Trust-Building Measures(TBMs) 용어를 대신 사용했다. Australian Paper on Practical Proposals for Security Cooperation in the Asia-pacific Region, Canberra, April 1994.

198) 이서항, 「동북아 지역 다자 간 안보대화·협력의 모색과 전망」, 『주요국제문제분석』(외교안보원, 1993),p.5.

199) 한동만, 「동북아 지역 다자안보대화 추진현황과 전망」, 『다자안보정책의 이론과 실제』(서울: 외교통상부, 2002), p.200.

망하고 있다.[200]

    NEACD는 동북아 지역 국가 간 다자간 안보대화로서 외형상 트랙 Ⅱ로 불리는 민간차원의 회의이나 실질적으로는 정부인사가 개인자격으로 다수 참가하는 준정부 간 회의라는 점에 커다란 의의가 있다. 정부인사가 다수 참여한다는 사실은 동북아 지역 국가 간 상호이해·신뢰구축·협력증진이 단순히 말로만 논의되는 것이 아니라 각국의 실제정책으로 나타날 수 있다는 것을 뜻한다. 그러나 물론 앞으로 NEACD의 발전은 이 회의에 참여한 국가들의 태도에 달려 있다. 다행히 최근 역내국가의 국내체제 변화에 따른 불확실성의 상존, 미국 중심 동맹관계 지속 여부의 불투명성 등 동북아 안보에 대한 중장기적 도전요인들을 극복하고 안정된 안보환경을 유지하기 위한 다자안보대화·협력의 필요성이 강조되고 있기 때문에 참가 국가들이 적극적인 자세를 보이고 있다.

    주요 의제로서 국가 간 관계에 관한 규제원칙도 다뤄지고 있는데 이 의제하에서는 주권존중·영토보전·무력불사용·내정불간섭 등 국가 간 관계를 규제하는 기본원칙과 무역·투자·기술 등 경제협력 증진, 환경보호, 테러·마약·조직범죄 및 불법이민 방지 등 행동원칙에 관한 사항이 광범위하게 논의되었다.[201] 이외에 동북아 안보문제에 영향을 미칠 수 있는 에너지, 경제 또는 환경에 관한 사항도 본 회의 직후 관련 전문가들을 추가로 초청하여 집중적으로 논의하고 있다. 일본과 러시아는 NEACD 회의기간 중 정부대표 간 회의를 별도로 개최하는 것

---

200) 1997.9.30~10.1간 하와이에서 국방정보공유(Defense Information Sharing) 작업반회의(study project meeting)가 개최되었다(우리나라에서는 최강 박사가 참석).

201) 1997.10.1~2간 하와이에서 동북아 협력원칙(Principles of Northeast Asia Cooperation) 작업반회의(study project meeting)가 개최되었다(우리나라에서는 안병준 연세대 교수가 참석).

에 찬성하였으나, 중국은 NEACD의 현 상태유지(status quo)를 희망하였으며, 우리나라는 NEACD 기간 중 정부대표 별도 회동의 필요성을 인정하나 우리의 기본입장은 북한이 참여한 가운데 이를 정부 간 다자안보대화 (NEASED)로 발족하는 것이 필요하다는 입장을 견지하였다.[202] <표 4−3>에서 보듯이 동북아시아협력대화 개최지는 미국, 한국, 중국, 러시아, 일본 등 동북아 주요국가에서 고르게 개최되고 있다.

<표 4−3> 동북아협력대화 개최지(1993~2009)

회차	년도	개최지
제1차	1993년 10월	미국, 샌디에이고
제2차	1994년 5월	일본, 동경
제3차	1995년 4월	러시아, 모스크바
제4차	1996년 1월	중국, 북경
제5차	1996년 9월	한국, 서울
제6차	1997년 4월	미국, 뉴욕
제7차	1997년 12월	일본, 동경
제8차	1998년 11월	러시아, 모스크바
제9차	1999년 12월	중국, 북경
제10차	2000년 11월	한국, 서울
제11차	2001년 11월	미국, 호놀룰루
제12차	2002년 4월	일본, 동경
제13차	2002년 10월	러시아, 모스크바
제14차	2003년 9월	중국, 칭다오
제15차	2004년 4월	미국, 샌디에이고
제16차	2005년 4월	한국, 서울
제17차	2006년 4월	일본, 동경

202) 제3차 ARF(96.7.23, 자카르타)에서 공로명 외무장관은 NEACD에 북한 참여를 유도한 후, 이를 점차적으로 정부 간 협의체인 NEASED로 격상시켜 나가겠다고 언급하였다. 한편, 동북아 협력대화(NEACD)를 주관하고 있는 미 캘리포니아 대학(샌디에고 소재) 「국제분쟁 및 협력연구소」는 2001년 3월 「Northeast Asian Track Ⅰ Multilateral Dialogue」라는 문서를 통해 ARF 외무장관회의 계기, 6개국 간 비공식 조찬 대화 개최를 제의하였다.

제18차	2007년 11월	러시아, 모스크바
제19차	2008년 11월	중국, 북경
제20차	2009년 10월	미국, 샌디에이고

NEACD는 동북아 지역에서 큰 거부감 없이 적용 가능한 상호안심 조치의 개발을 위해 특별연구작업반(study project meeting)을 편성, 구체적인 방안까지 논의하고 있다. 그러나 역내 국가 간 위협인식의 차이, 문화·역사적 다양성에 따른 다자간 협력 전통의 결여 및 역내국가들 간의 경제적·제도적 상호 의존도 발달미비, 동북아 다자안보대화에 대한 북한의 부정적 태도 등은 NEACD는 물론 공식적인 다자안보대화 및 협력의 진전을 가로막는 장애요인으로 작용하고 있다. 특히 북한은 아태지역의 민간 연구소 간 안보모임인 아태 안보협력이사회(CSCAP)와 정부 간 안보 협의체인 아세안 지역안보포럼(ARF)에 가입하는 등 아태지역 광역 차원의 다자안보 대화에는 긍정적으로 평가하고 있으나 미국 일본과의 외교관계 미수립을 이유로 내세워 동북아 다자안보 대화에 대한 부정적 태도를 표명하였다.

중국이 북한의 참여가 없는 상태에서 비정부 간 협의체인 NEACD를 정부 간 협의체인 동북아다자안보대화(NEASED)로 발전시키는 방안을 반대하고 있음을 감안, 우선 북한이 NEACD에 정회원 또는 옵서버라도 참여토록 유도해 나가기로 하고, 제5차 서울 회의에서 처음으로 시행한 정부관리 간 별도 회동을 계속 유지함으로써 NEASED로의 격상방안을 계속 모색하기로 하였으나, 결국 궁극적으로 북한의 참여가 없이 5개국 간 정부 간 대화 또는 협의체 출범은 실효성이 없음을 감안, 현행 NEACD 회의 체제를 당분간 유지하기로 하였다.[203]

동북아 다자안보 대화에 대한 북한의 부정적 태도는 미국·일본과의 관계개선이 본격적으로 이루어지지 않는 상황에서 변화가 어려울 것으로 전망되었다. 이에 따라 앞으로 동북아 다자안보대화 및 협력문제는 북한을 제외한 주요 관련국의 정부 간 차원 및 민간수준에서 활발히 논의될 것이나 지역전체를 포함한 실질적인 제도화 및 체제 구축에 이르기까지에는 어느 정도 시간이 소요될 것으로 전망하고 있다.[204]

동북아 다자대화협의체제는 한반도 평화체제 구축에 긍정적 영향을 미칠 수 있다. 남북한 통일문제는 긍정적으로 남북한 당사자들에 의해서 해결되어야 할 문제이지만 한반도 평화체제 구축은 모든 관련국의 이해와 직결되는 만큼, 동북아 다자 간 협의 체제는 한반도 평화체제 구축에 긍정적으로 공헌할 수 있다. 북한의 핵 개발 문제, 미사일 및 화학무기 확산문제 등에 대한 논의, 그리고 남북협상의 진전에 따라 앞으로 본격화될 한반도 군비통제와 관련, 이에 대한 동북아 4국의 지지와 협력획득이 다자 간 협의체제를 통해 가능하다. 따라서 한반도 문제가 안고 있는 국제적 성격을 감안, 동북아 다자대화협의체제가 야기할 '한반도 문제의 국제화'를 남북한 당사자 해결원칙과 조화시킬 필요가 있다.[205]

동북아 다자 간 대화체제가 출범할 경우 두만강 유역의 개발 등을 통해 북한의 경제난 해소에 기여할 수 있다는 긍정적 평가의 추론도 가능하다. 또한 다자 간 대화협의체제의 참여를 통해 북한이 외교적

---

203) 제7차 NEACD 회의(1997.12.2~4, 동경)에서도 정부관리 간 별도 오찬 모임을 가졌으나, 정부 간 협의체로의 격상문제는 북한의 NEACD 참가를 우선 확보한 후, 추후 검토하기로 하였다.

204) 한동만, 앞의 글, pp.103~106, 동북아 협력대화(NEACD)의 상세 회의결과는 「동북아 다자안보협력의 현황과 전망」 외무부 집무자료(98-2), pp.111~204, 참조.

205) 이서항, 「동북아 및 아태지역 다자간 안보협력 추진방향: 개념 및 접근 방법」, 외교안보연구원 정책연구 시리즈(93-12) (1994), pp.17~18.

고립으로부터 탈피하고 미국, 일본과의 관계 정상화도 앞당길 수 있음을 북한 측에 주지시키는 방안을 강구함과 함께 중국이 동북아 대화체제에 적극적인 반응을 보일 경우 북한도 참여할 가능성이 있으므로 중국이 동북아 대화체제에 응하도록 설득 노력도 병행해 나갈 필요가 있다.

다. 아·태안보협력이사회(CSCAP)

아·태안보협력이사회(Council for Security Cooperation in Asia-Pacific: CSCAP)는 아시아-태평양지역의 안보를 위한 민간부문의 대화를 촉진시키기 위하여 설립된 민간안보문제연구소 간 비정부 민간차원의 협의기구로서 1994년 1차 회의를 개최하였다.[206] 1992년 11월에 아태지역 국가들의 연구소들이 아태지역의 안보문제를 협의 조정하기 위한 협의체를 구성하는 데 합의하였다. CSCAP는 1993년에 전문가, 전 현직 외교관 및 국방관료들로 창설하였으며 현재 한국과 북한을 포함한 21개국이 가입하고 있는데 미얀마와 라오스, 파키스탄, 동티모르를 제외한 ARF 회원국 모두가 참여하고 있다. 한국은 1994년 50여 명의 학자, 기업인, 언론인으로 구성된 아·태안보협력이사회 한국위원회 (CSCAP- KOREA)를 설립하여 적극적으로 참여하고 있다.[207]

CSCAP 활동을 주도하는 운영위원회(Steering Committee)는 참가국(기관) 대표로 구성되며 연 2회(6월, 12월) 개최하고 있다. 총회는 비정기적으로 개최하는 데 통상 12월에 운영위원회와 병행하여 개최하고 있다. 참가국 학자/정부관리가 개인자격으로 참가하는 국가위원회

---

206) 하영선, 『변환의 세계 정치』(서울: 을유문화사, 2007), p.269.
207) 외교통상부, 『외교백서 1997』, p.211.

가 현재 21개 참가국 내 설립되어 있다. 실무그룹회의는 5개 분야가 있는데 신뢰안보구축조치, 해양안보협력, 북태평양안보협력, 초국가적 범죄, 협력안보 등이다. CSCAP는 2004년 실무그룹을 해체하고 6개 연구그룹(study group)을 신설하여 2년 시한으로 운영하고 있는데 6개 연구그룹에서는 대량살상무기 확산방지, 동북아 다자협력, 해양안보협력, 평화유지 및 평화구축, 마약밀매 및 반테러 등의 연구를 수행되고 있다. CSCAP는 신뢰안보구축조치, 예방외교와 관련하여 ARF를 정책적으로 지원하고 있는데 지역안보문제(예방외교, 초국가적 범죄 등)와 관련 연구, 워크숍, 세미나 개최 결과를 ARF에 비공식적으로 보고하고 있다.

CSCAP는 국내문제를 의제로 다루지 못하지만 최근에 예외가 생기고 있다. CSCAP의 격년 총회에서 필리핀과 인도네시아의 전문가가 참가하여 국내 대테러리즘 노력을 의제에 포함하였다. 지역의 평화유지구축에 관한 CSCAP Study Group은 아체 모니터링 미션(the Aceh Monitoring Mission)과 솔로몬군도 지역지원임무(Regional Assistance Mission to the Solomon Islands)를 통한 지역 중재 능력배양을 다루었다. 인도네시아 중부 술라웨시(Central Sulawesi), 말루꾸(Maluku), 칼리만탄(Kalimantan) 군도를 중심으로 기독교도-모슬렘 종교분쟁 지역에서 잠재적인 폭력의 긴장상태를 비정부기구의 다양한 구상으로 악화를 방지하였다. 말루꾸(Maluku)의 경우 기독교와 모슬렘 간의 말리노 II선언(Malino II Declaration)을 정부가 주도하여 평화적으로 조인하도록 하는 토대를 비정부기구가 마련하였다.[208]

---

208) *CSCAP Regional Security Outlook 2009-2010*. p.21. http://www.cscap.org/index.php?mact= News,cntnt01, detail,0&cntnt01articleid=15&cntnt01origid=51&cntnt01dateformat=%25d% 20%25b& cntnt01returnid=31

남북한 간의 현안문제에 대한 의견교환의 장으로 활용되기도 한다. 미국 워싱턴 D.C.에서 2001년 10월 29일부터 31일까지 개최된 아태안보협력이사회(CSCAP)에 남측에서 외교부 박희권 안보정책심의관과 현인택 고려대 교수 등이 참가하였고 북한 측에서는 외무성 산하 군축 및 평화연구소 조길홍 부소장과 김삼종 전 주유엔대표부 참사관 등 관계자 3명이 참가하여 미국의 미사일방어(MD)와 테러와의 전쟁, 예방외교 등을 논의하는 신뢰안보구축작업반회의에 참석하였다.

(검색일: 2010년 3월 25일)

제3절 동북아 다자안보협의체 형성의 한계 요인

1. 국가 간 권력관계: 세력불균형과 다자안보

미국은 아시아 태평양지역에서 전략적으로 일본, 한국, 필리핀, 호주 등 아시아 태평양지역 동맹 국가들과의 양자안보관계를 중시해왔다. 미국은 냉전 종식 이후에도 아시아 태평양지역 안보정책의 근간을 이러한 양자안보협력관계 유지에 초점을 맞추어 왔으므로 러시아, 호주, 캐나다 등 역내 국가들이 다자안보대화나 다자안보협력 제안을 하여도 별다른 반응을 보이지 않았다.

미국은 부시 행정부 말기에 아시아 태평양지역 다자안보협력 문제에 대해 긍정적인 태도변화를 보이기 시작하였으며 클린턴 행정부는 좀 더 적극적으로 정부차원에서 다자안보대화를 지지하였다. 클린턴 행정부는 다자주의를 방위비 분담, 책임과 비용을 분담하는 도구임과 동시에 융통성 있고 혁신적인 수단으로 생각하고 보다 적극적으로 추진했다.[209] 그러나 이러한 다자안보에 대한 정책기조는 지속성을 갖지 못하였는데 동북아의 안보를 양자동맹을 중심으로 하며 이를

---

209) 이대우, 「동북아 다자안보협력체 구성: 미국의 입장」, 이대우 공편, 『동북아 다자안보협력과 주변 4강』 (성남: 세종연구소, 2001), p.31.

보조하는 수단으로 다자안보를 일정 부분 수용한다는 측면의 긍정적인 부분과 다자적인 협정이 미국의 전략적 자율성을 침해하고 신속한 상황대응을 어렵게 한다는 부정적인 관점에서 명확한 방향을 정하지 못하였기 때문이다.

미국무성 윈스턴 로드 동아시아 태평양 차관보가 동북아다자안보협의 필요성을 제기하면서 1993년에 NEACD가 처음 개최되었으며 미국의 지지와 참여로 1994년 ARF가 출범하게 되었다. 이러한 미국의 정책전환은 1995년 미 국방부가 발간한 '동아시아 태평양지역 안보전략'(Security Strategy for the East Asia Pacific Region) 보고서에서 향후 미국은 아시아 태평양안보전략의 근간으로서 기존의 전진배치전략 및 양자동맹 그리고 다자안보대화 및 협력과정을 공히 활용해 나갈 것을 천명하면서 나타나기 시작하였다. 페리 미국방장관이 APEC에서 안보문제를 논의할 수 있는 협의체를 구성하자는 제안과 함께 아시아 태평양지역 국방장관회의를 제안하였으나 미 국무부는 이를 부인하였다.

미국이 군사안보문제를 보다 본격적으로 논의할 수 있는 제도화된 다자안보대화체를 부정하지는 않고 있으나 현실적으로는 기존의 양자안보 동맹관계를 보완해 나간다는 측면에서 다자안보의 활용에 관심을 보이고 있는 것이다. 미국은 1990년대 초까지는 동북아 다자안보협력에 대해 부정적인 입장이었으나 북핵문제의 해결을 위하여 다자안보협력에 대해 긍정적 태도를 보이기 시작하였다. 특히 북한 핵문제가 대두되자 북한에 가장 큰 영향력을 행사할 수 있는 중국과의 협력이 필요하게 된 것이다. 그러나 미국은 역내 다자안보의 장기 비전에 대한 뚜렷한 입장 표명 없이 모호한 태도를 유지해 오고 있으며 미국의 강력한 추진의지가 없는 동북아의 다자안보협의체 형성은 한계를 노정시키지 않을 수 없는 것이다.

또한 <그림 4-1>에서처럼, 중국과 일본의 2008년도 국방예산을 보면 지역의 군비경쟁이 심각한 상황인데 중국과 일본이 지역의 패권추구경쟁으로 치달을 가능성을 내포하고 있어 중장기적으로 이 지역 안보는 불안정할 수도 있다. 동북아의 냉전이 해소되면서 오히려 중국, 일본, 한국의 군비는 증강되는 상황이다.

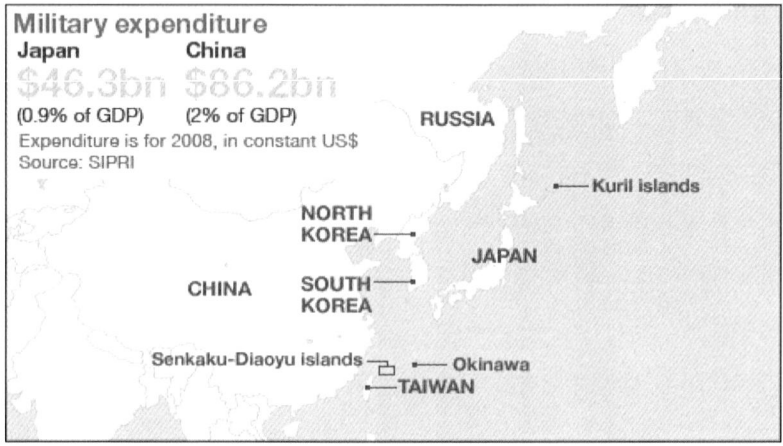

출처: BBC(http://www.bbc.co.uk/news/world-asia-pacific-12015362)
검색: 2010년 12월 20일)

〈그림 4-1〉 중국과 일본의 군비증강(2008년)

동아시아의 세력구도는 1990년대 이후 냉전이 종식되면서 유럽만큼 극적이지는 않았지만 큰 변화가 있었는데 미국과 소련의 대결구도가 해소되었고 중국과 소련의 관계도 비교적 좋아졌다. 한국도 중국, 소련과 관계를 정상화했으며 미국-베트남, 중국-ASEAN, ASEAN-

베트남 등 과거 적대적 관계에 있던 많은 국가들의 폭넓은 양자관계가 진전되었으나 동북아 지역은 북한의 핵문제 및 양안문제, 일본·러시아 간 북방 영토문제 등 아직도 과거 냉전의 유산들이 잔존하고 있어 국가 간에 신뢰구축이 어렵다. 또한 한국, 일본, 중국 간의 해양분쟁의 위험과 중국과 베트남, 말레이시아, 필리핀, 브루나이 등 주변 동남아제국 간에 남중국해 (South China Sea) 영유권 분쟁 가능성은 새로운 지역안보 문제로 대두되고 있다.

미국은 역내 동맹국의 지위와 능력을 향상시켜 지역을 안정화하려는 경향을 보이고 있다. 지난 2000년에 작성된 부시 1기 행정부의 동아시아전략을 가장 잘 보여주는 '아미티지나이보고서'에서 일본에 '동아시아의 영국'과 같은 전략적 지위를 부여하도록 권고하고 있으며 '미일동맹'을 '미영동맹' 수준으로 격상하도록 권고하고 있다.[210] 동북아에서 중국과 일본이 지역패권에 대한 경쟁은 불신과 견제를 팽배하게 하며 동북아에서 군비경쟁을 촉진하게 되는 것이다. 이러한 현상은 다자안보에 대한 협력대화의 증가와 함께 역내에서 군비경쟁을 확산시키게 하고 있는 것이다. 중국과 일본의 두드러진 군비증강은 동아시아지역의 급격한 전략 환경의 변화를 초래하고 있으며 한국, 대만 등 동북아 주변국가들 뿐만 아니라 동남아국가들의 군비증강을 가속화시키는 중요요인이 되고 있다. 특히 1990년대에 효력을 발생하게 된 유엔해양법협약의 등장으로 해양갈등이 첨예화되면서 동남아 국가들도 해군전력의 강화를 위하여 경쟁적으로 군비를 증가하게 되었다.

---

210) "The United States and Japan: Advancing Toward a Mature Partnership," INSS Special Report (2000). (http://www.ne.jp/asahi/nozaki/peace/data/data_inss_sr.html.)

북핵문제가 발생하자 관련 국가들은 입장이 다르게 나타나는데 미국은 안보부담을 분담하기 위하여 부분적으로 다자주의를 활용하려고 하였다. 우월한 힘을 가진 미국은 자율성과 전략적 유연성을 유지하면서 다자안보협의체가 미국의 지역안보전략에 도움을 줄 것으로 기대하고 있다. 미국은 공식적·비공식적 다자안보대화에 적극적으로 참여하고 있다. 미국은 아시아의 다자안보대화가 중첩되어 있어 보완과 상호 간섭작용을 하면서 참여국가들 간의 신뢰와 사오이해의 폭을 넓힐 것으로 보며 미국은 다자주의가 장래에 아시아에서 미국의 중요한 관여의 한 요소로 보고 있다.[211]

동북아의 주도권을 쥐려는 중국은 6자회담을 통하여 영향력을 확장하려 하고 있으며 일본과 러시아도 동북아에서 일정부분 영향력을 추구하고 있다. 북한 핵문제에 대한 러시아의 기본 입장은 한반도의 비핵화와 국제적 비확산 체제의 유지, 제네바 합의 준수 및 대화를 통한 평화적 해결이라는 세 가지 원칙으로 집약될 수 있다.[212] 동북아에서 미국은 초강국의 지위를 인정받고 있으나 북한핵문제를 해결하기 위하여 다자안보대화에 전례 없는 적극성을 보이고 있으며 중국, 일본, 러시아, 남·북한도 적극적인 자세로 다자안보대화를 진전시키고 있다. 중국의 학계에서도 동북아의 안정은 양자보다는 다자적인 관계에서 더 안정화될 수 있으므로 6자회담을 계기로 다자안보협의체 형성을 추구하여야 한다는 주장이 제기되기도 하였다.[213]

'헬싱키프로세스'의 경험에서 보면 유럽에서의 대결로 미국과 소

211) U. S. Secretary of Defense, *The United States Security Strategy for the East Asia-Pacific Region 1988*, pp.43~44.

212) 정태익, 『러시아, 동북아시아 그리고 한국』(서울: 연경문화사, 2006), p.213.

213) Pang Zhongying: "Building Regional Security System," *China Daily*, March 26, 2004, p.A6.

련이 공멸의 위기를 경험하면서 불안정한 정세를 안정화 하기 위하여 다자안보를 위한 대화와 협상을 개시하였으나 동북아에서는 불안정하지만 양자동맹으로 위기를 관리하려는 의지가 강하다. 즉, 미국과 중국이 자율성을 희생하면서 다자안보협의체를 형성하는 것을 선호하지 않고 있다. 현실주의에 입각한 안보전략에 따라 나타나고 있는 지역패권추구 세력 간의 경쟁과 군비증강은 동북아다자안보형성체 형성에 한계를 노정시키고 있다.

2. 국가이익의 분포: 이익 불균형

미국은 1990년대 초까지는 동북아 다자안보협력에 대해 비협조적인 태도를 견지해 왔으나, 1990년대 초반부터 북한의 핵 개발, 중국의 군사력 증강 등 동북아에서의 새로운 불안요인이 대두됨에 따라 다자안보협력에 대해 긍정적 입장으로 선회하기 시작하였다. 그동안 미국은 양자동맹의 약화를 우려해 다자간 협력안보에 소극적 자세를 취해 왔으나 냉전 이후 동맹의 보완수단으로 다자간 협력안보에 관심을 갖기 시작하였는데 이러한 배경에는 전통적인 군사안보위협 외에 비전통적인 안보위협이 증대하고 있으며 이에 대한 안보비용부담을 홀로 감당하지 않으려는 의도가 있는 것으로 평가된다. 제4차 2기 '6자회담'에서 북한과 미국이 조금씩 양보하여 공동합의문을 작성하였다. 한국은 공동합의문에 따르면, 중유 부담과 200만 Kw의 전력공급을 모두 하기로 되어 있으며 통일부 장관의 예측에 의하면 한국정부는 최소 6조, 최대 11조 원의 비용이 드는 것으로 추산하고 있다.[214] 미국은 예방외교에서부터 지역분쟁의 관리에서 패권국의 지도력을 보여주고 있으나 미국 경제력이 약화되면서 국제안보라는 공공재를 공급하기 위한 부담을 동맹국들에 분담시킬 필요성을 절감하고 있는 것이다.

중국은 1990년대 중반 이후 안정적인 경제 성장을 바탕으로 어느 정도 자신감을 갖게 되자 주변 국제질서에 영향력을 행사하려는 움직임을 보이고 있는데 2001년 상하이협력기구(SCO) 창설을 계기로 중국의 군사력 증대에 대한 주변국의 우려를 불식시키고 일본의 군사대국화를 견제하면서 지속적인 경제성장을 위하여 주변 환경을 안정시키기 위하여 동북아 다자안보대화를 추구하고 있다. 중국은 동북아 지역에서 교역규모가 증대되고 있으므로 동북아 지역의 모든 국가들과 긴밀한 경제관계를 원하고 있다. 일본과 한국의 자금·기술·발전모델은 중국경제 발전에 매우 중요한 역할을 하고 있는데 일본과 한국은 이미 중국의 중요한 무역파트너와 투자국으로 중국은 이들 국가들과 경제적으로는 이미 상호의존상태를 유지하고 있다. 중국과 러시아 등 여타 국가들 간의 경제협력도 많은 잠재력을 갖고 있다. 중국은 동북아 국가들과의 경제적 상호보완성이 매우 강하므로 지역의 안정과 협력을 증진시키기 위하여 다자안보에 긍정적인 입장을 취하기 시작하고 있다.

---

214) 강근형, 「제2기 부시 행정부의 대북정책과 6자회담」, p.92.

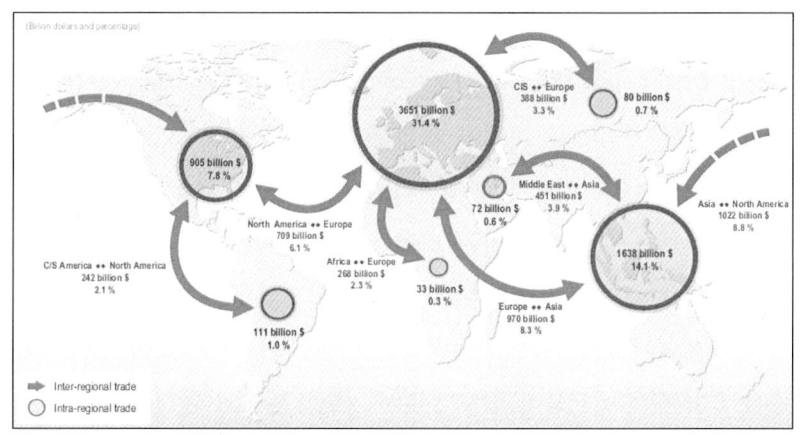

출처: International Trade Stratistics 2007, WTO

〈그림 4-2〉 2007년도 역내 외 교역규모

  그러나 <그림 4-2>에서 보듯이 교역량의 증가에도 불구하고 남중국해에서는 남사 및 서사군도의 영유권 및 석유·천연가스 개발을 둘러싸고 베트남을 비롯한 동아시아 국가들과 중국 간의 대립이 계속되고 있으며 동북아에서는 북한과의 관계와 한미 동맹, 미·일동맹과 같은 군사동맹에 대한 대치구도로 다자안보협의체형성에 한계를 드러내고 있는데 특히 관련 국가들이 에너지와 관련한 해양자원에 대한 이익을 추구하고 있기 때문이다. 이는 현실주의에 입각한 국익추구행태로 중국은 이러한 현실주의적인 해양전략에 기초하여 동중국해와 남중국해에서의 해양권익 문제를 '핵심적 국익'(core national interests)으로 타협의 여지가 없는 것으로 공표하고 있어 중국의 해양자원에 대한 국가 이익추구가 갈등을 격화하는 요인이 되고 있다.
  아시아 지역의 역내외 교역규모는 증가하고 있으며 경제적인 협력이 활발하게 이루어지면서 정치 군사적인 협력을 촉진하고 있으나 느슨하고 취약한 형태로 진행되고 있다. 한국과 중국, 일본 어느 국가 간에도 FTA를 체결한 국가가 없으며 논의나 연구가 진행되는 수준에 그치고 있는 실정이다. 이러한 경제협력을 통한 상호이익에는 긍정적 인 태도를 보내고 있으나 경제협력이 다자안보의 추동체가 될 수는 없다는 한계를 보여주고 있는 것이다. 일본은 1990년대 초까지 동북 아 다자안보협력에 소극적이었으나 탈냉전 이후 동북아 다자안보 협력에 대해 긍정적인 자세를 보이고 있는데 동북아 안보현안은 북핵 문제이며 여타 비전통적 안보 이슈에 대한 논의의 추진은 북핵문제 해결이라는 우선순위에 밀려있다.

러시아는 다자간 안보협력을 통해 역내 패권국의 등장을 견제하고, 자국의 발언권 향상을 도모하고 있다. 러시아는 동북아 지역의 다자 안보협력을 통하여 역내 국가들과 우호관계 구축을 통한 러시아의 영향력 확대, 미국의 패권과 중국의 세력 확장견제, 동북아 및 한반도 의 안정 도모, 다양한 초국가적 안보위협에 대처, 한반도와 동북아에 대한 러시아의 경제교류에 따른 이익을 추구하고 있다. 러시아는 푸 틴 이후 동북아의 중요행위자로 영향력을 회복하고 있으며 동북아다 자안보협의체 형성에 긍정적인 입장을 보이고 있다. 특히 지역의 안 보와 함께 러시아는 극동지역의 개발에 관심이 많다. 시베리아 지역 및 극동지역의 경제현대화와 정치안정을 위해 러시아는 동 지역의 풍부한 자연자원을 수단으로 그간 쇠퇴하였던 동아시아에서의 영향 력을 제고함과 동시에 지역 국가들의 협력을 통한 개발을 모색하고 있다.[215)

---

215) 김유은, 「푸틴 이후 러시아의 동북아 다자안보에 대한 입장」, *The 20 Years of Korea-Russia Relations: Accomplishments and Prospects* (한양대학교 아태지역연구센터,2010), p.145.

북한은 한·미·일의 대북 군사위협이 지속되는 한 동북아 다자협력은 시기상조라면서 일관되게 대미 양자협상을 주장하여 왔다. 그러면서도 북한은 아태지역 전체를 대상으로 하는 CSCAP나 ARF 등 정부 및 민간 차원의 안보대화에는 적극 참여하는 이중적 태도를 보이고 있는데 이들 다자안보대화에서 한반도 문제가 아태지역 안보의 주요 의제로 성정되는 경우에 북한이 외교적으로 고립되는 것을 방지하는 효과가 있다. 북한이 2·13 합의에 따른 '6자회담' 내 '동북아 평화 안보체제 실무그룹' 설치에 동의하였고 1차 '동북아 평화 안보체제 실무그룹' 회의에서 동북아 평화안보 달성을 위해 북·미 및 북·일간의 관계정상화가 필수적임을 강조하였다.

한국은 1988년 노태우 대통령이 "동북아 평화협의회" 창설을 제안한 이래 줄곧 한반도 안정과 평화의 직접적인 당사자로서 동북아 지역의 다자안보협의체의 필요성을 절감하고 있으나 양자동맹을 중시하는 미국의 입장 때문에 소극적인 자세를 취하였다. 그러나 북핵 위기의 평화적 해결을 위하여 형성된 '6자회담'이 개최되면서 '동북아다자안보협의체' 구상이 구체화되기 시작하였다. 한국은 다자안보를 제안하고 있으나 주도적으로 다자안보협의체를 형성할 수 있는 역량이 없으므로 가능성을 높일 수 있는 다양한 방안을 내놓는 것이 필요하다. 이러한 활동을 지속하다 보면 다자안보협력에 대하여 관련국들의 이해가 맞아떨어지는 시기에 한국은 중요한 역할을 할 수 있을 것이다.

냉전 이후 동북아에서 다자안보논의가 활기를 찾았으며 '6자회담' 당사국들은 동북아 다자안보협력에 대한 선호도에 차이가 점차 다자안보협력에 호의적인 태도로 변화하고 있다. 그러나 북한 핵의 해결이 난항에 부딪히면서 동북아 다자안보협의체 실현은 요원하게 보인다. 결국, 교역의 증가와 경제의존도가 높아지고 있지만 현실주의에 근거를 둔 자조적인 국제질서는 다자안보협의체의 형성을 어렵게 하고 있다.

3. 지역정체성과 가치체계: 국제규범의 미확립

동북아의 다자안보협력 수준은 유럽과 북미의 지역안보협의체에 비한다면 미미한 수준인데 동북아는 유럽과 달리 지역정체성이 모호하며 그 원인은 여러 가지가 있지만 상이한 정치체제와 경제체제 및 이질적인 문화가 지역정체성을 형성하기 어렵게 만들고 있다고 봐야 할 것이다.

중국이 대외개방을 하면서 민족주의가 대두되고 있는데 중국지도부는 이를 양날의 칼로 받아들이고 있다. 민족주의의 일반적은 동질성은 타민족에 대한 배타성이며 비교 우위에 있는 민족주의나 비교 열위에 있는 민족주의나 타민족에 배타적일 수밖에 없다. 중국에서는 반일의 감정이 거세게 나타나고 있다. 가장 비근한 예로서, 2005년 4월에 중국의 상하이(上海)와 베이징(北京)을 포함해 주요도시에서 약 3주간에 걸쳐 반일시위가 열렸다.[216] 이러한 반일시위의 원인은 일본의 전시 역할을 왜곡한 역사교과서 문제에 대한 규탄과 일본이 유엔 안전보장이사회 상임이사국 진출하려는 시도에 대한 반발이었다.

동북아에서는 지역의 정체성 형성보다는 반감과 불신이 팽배한 동북아의 다자적인 안보협력은 구체적인 발전조치나 기준이 없이 정보

---

216) 이홍표, 「중국의 민족주의와 21세기 중·일 관계」, 『21세기 중·일 관계와 동아시아 안보』(한국해양전략연구소, 2006), p.59.

나 의제를 교환하는 수준에 머무르고 있는 가운데 안보를 위한 군사비를 지속적으로 증가시키고 있다. 지역의 군비경쟁은 관련국 모두에게 큰 부담이 될 수밖에 있으며 한 국가가 군비를 증가시킨다 하여도 인접국가가 그에 상응하여 군비를 증가시키기 때문에 안보를 증진시키지도 못하면서 전쟁의 위험만을 키우는 역설적인 상황에 빠지게 된다.

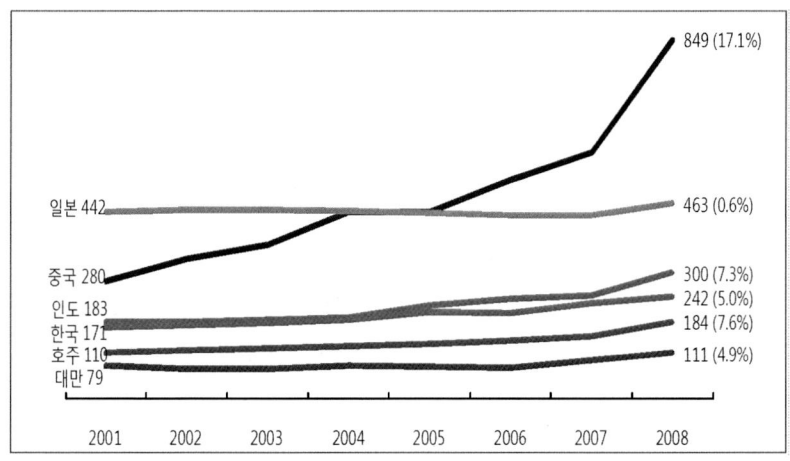

단위: 억 달러, ( ): 연평균 증가율
* 연평균 증가율에 기초한 추정치.
출처: Stockholm International Peace Research Institute, op. cit.

〈그림 4-3〉 아시아 주요 국가의 군사비 지출현황(2001~2008)

동북아 국가들이 대부분 바다와 접하여 있으며 해양이익의 충돌이 불가피한 상황이다. 특히 해양에서의 이익충돌이 지역의 협력을 어렵게 하고 있는데 중국은 과거 연안방어를 중심으로 하던 해양전략에서 보다 적극적인 근해방어 전략으로 전환하면서 동중국해와 남중국해에서의 미국 및 일본, 그리고 인근 국가들과 해양문제로 충돌이 빈번해지고 있다. 남중국해에서는 남사 및 서사군도의 영유권 및 석유・천연가스 개발을 둘러싸고 베트남을 비롯한 동아시아 국가들과 중국 간의 대립이 계속되고 있는데 특히 관련 국가들이 에너지와 관련한 해양자원에 대한 이익을 추구하고 있기 때문이다. 특히 1994년 유엔 해양법협약(UNCLOS) 발효에 의해 한반도 주변해양에서의 배타적 경제수역(EEZ: Exclusive Economic Zone) 선포에 따라 해양경계획정이 중복되고 무리하게 무인도(無人島)를 유인도(有人島)화 등에 의해 해양영유권 분쟁을 유발되고 있다.[217] 해양이익을 강화하기 위하여 해양분쟁과 관련된 국가들은 두드러지게 해군력의 증강에 관심을 보이고 있다. 해양에서의 충돌은 국수주의적 민족주의를 자극하고 있으며 해양갈등의 평화적 해결을 위하여 다자협력이 필요한 실정이다.

유럽인들이 다자안보협력의 어려움을 극복해낸 것은 보편적인 공동체의 지역정체성과 공유하는 가치체계에 힘입은 바가 크다 할 것이다. 이를 바탕으로 신뢰구축을 한 후에야 예방외교가 가능해지는 것이다. 동북아의 공동체 형성에 가장 심각한 걸림돌이 되는 것 중의 하나가 근대사에서 발생한 상호불신이다. 일본의 침략전쟁, 식민지배, 제2차 세계대전, 한국전쟁, 냉전으로 인한 역사적 적대관계와 상호불신감은 뿌리 깊으며 냉전 종식 이후에도 지역의 대립과 긴장은 완화되었다고 해도 전통적・군사적 안보 의미에서의 잠재적 갈등과 위험요소가 팽배하다.

2005년 이후 일본은 '중국 위협론'을 제기하고 중국은 '일본군국주의의 대두'를 우려하고 있다. '중국인으로부터 본 일본'이란 한 포털

---

217) 윤석준, 「한국 중심의 한・중・일 3자 간 군사협력 발전: '중국 부상'의 동북아 지역안보 영향을 중심으로」, 『외교안보연구』, 제7권 제1호(외교안보연구원, 2011), p.195.

사이트(SINA) 특별조사에 의하면 "일본이란 말을 듣고, 제일 먼저 연상되는 것은"이란 질문에서, 80%의 응답자가 '위험한 군국주의국가'를 들고 있으며, '세계의 경제국가'로 응답한 경우는 15%에 불과하였다.[218] 특히 동북아에서의 적대적인 상황은 다른 지역보다 더 심각하다고 볼 수 있는데 현재에도 중국과 일본의 패권 다툼, 남한과 북한의 오랜 대립과 전쟁의 재발 가능성, 중국과 대만의 양안문제 등의 갈등과 대립 요소가 산재하여 있고 강도의 차이는 있으나 진행 중에 있는 것이다. 역내 국가들 간 신뢰가 쌓이지 않는다면 협력을 이루고 긴장을 완화시키기는 어려울 것이다. 중국과 일본과 한국의 군비는 지속적으로 증강하고 있는데 이는 불신과 경쟁이 국가정책에 반영되고 있다고 할 것이다. 따라서 아시아, 특히 동북아에서는 현실주의적인 정책이 주도하고 있다고 평가할 수 있을 것이다.

유럽의 경우는 19세기 초에 나폴레옹이 전후 처리과정에서 유럽협조체제를 성립시켜 강대국 간 회의를 통한 외교라는 기제와 다자협의체제의 원형이 형성되었고 20세기에 걸친 대규모 세계대전을 치르면서 패전국인 독일의 처리문제와 전쟁재발 방지를 위하여 다자협의체제를 발전시켰으며 근대국제정치의 안보논리를 극복할 수 있는 논리로 다자적 지역주의 협력이 발전되어왔다. 냉전 이후에는 아시아에서도 다양한 형태의 다자협의체들이 형성되고 있다.

---

218) 손기섭, 「일본의 정치·안보전략의 재편과 중국의 반응: 미·일동맹의 강화와 중·일 관계의 약화」, 『21세기 중·일 관계와 동아시아 안보』(한국해양전략연구소, 2006), p.165.

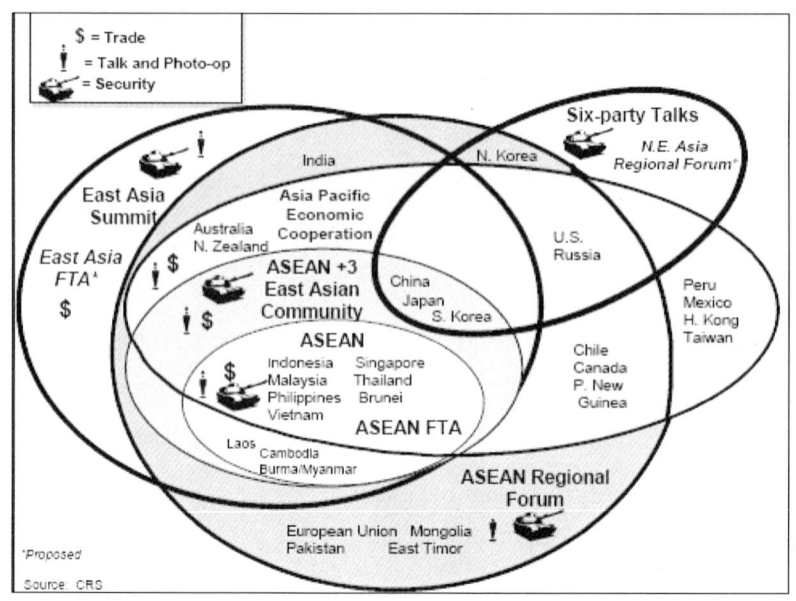

출처: Dick Nanto, East Asian Regional Architecture: New Economic and Security Arrangements and US
Policy, CRS Reports for Congress, order code RL33653, September 18, 2006, p.20.

〈그림 4-4〉 아시아 태평양지역의 안보와 경제협력구도

<그림 4-4>에서 보듯이 아시아 태평양지역에서 다양한 경제협
력과 안보협력기제가 중첩되고 상호영향을 주면서 형성되고 있다. 동
북아 지역에서는 냉전시대 이래 양자동맹중심의 안보체제가 지역안
보유지에 주춧돌 역할을 해 왔기 때문에 미국의 전진배치와 양자동
맹관계를 대체할 대안적 안보체제를 구상하는 것은 쉽지 않은 일이
다. 냉전이 끝나고 국제적 안보상황이 변화함에 따라 지역 다자안보
체제의 필요성이 증대되고 있지만, 동북아에서는 여전히 한-미, 미-
일, 북중 동맹관계가 강력한 영향력을 행사하고 있으며 이러한 대결
구도는 지역정체성과 가치체계를 형성하는 데 큰 걸림돌로 작용한다

할 것이다.

세계경제가 블록화하기 시작하자 아시아에서도 시장을 통합하려는 움직임이 대두되었으며 1997년 경제위기 이후에 동아시아에서 경제협력이 가속화되었다. ASEAN+3 프로세스가 제도화되었고 이를 기반으로 2005년 동아시아 정상회의가 출범하였다. 이러한 경제협력은 동아시아지역은 지역정체성과 가치체계형성에 기여할 것으로 예측된다.

무정부적인 국제체제라 해도 홉스, 로크, 칸트적 무정부상태에서 칸트적 무정부상태가 다자안보를 형성하는 데 바람직한 환경이 될 것이다. 동북아의 국제체제를 칸트적 무정부적 체제로 변화시키기 위해서는 지역의 정체성을 민주적 자유주의로 유도하여야 한다. 칸트 이후 자유주의 국제정치이론가들은 국가들 사이에 발생하는 안보딜레마를 완화시키고 상호협력을 진작시키기 위하여 국가와 민간기구가 인위적인 노력으로 칸트적 지역정체성을 만들 수 있을 것이다.

동북아 지역의 민족주의가 영토분쟁을 부추기는 요인이면서 또한 영토분쟁이 민족주의를 강화시키는 역할을 하고 있다. 국력이 커지면서 민족적 정서와 영토적 의식의 상승과 국내정치의 영향으로 일본의 고위 정치인들이 과거 전범들이 묻힌 야스쿠니신사를 참배하는 것이나 일본의 역사교과서 왜곡사건은 동북아 국가 간에 적대감을 증폭시킨다.

구성주의는 국가들의 행위동기를 국가이익보다는 정체성이라는 분석단위에 무게를 두고 분석한다. 국가의 선호도, 이익, 행위는 정체성의 영향을 받는다고 주장한다. 즉, 민족분쟁, 역사분쟁, 종교분쟁, 인종분쟁 등은 국가의 물질적 이익보다는 자국의 정체성과 밀접한

관계가 있고, 이는 이성적 이익에 근거한 설명 틀로 이해되기 어려운 부문이 있다.[219] 동북아의 경제협력이 증가하고 문화교류가 확대되면서 지역의 정체성 형성에 긍정적으로 작용하고 있다. 최근에는 한류열풍으로 과거와 달리 한일 간에 더 많은 교류와 접촉이 일어나고 있다. 한국 거주 일본인 영주자는 2001년 808명에 달했으나 2006년 1,622명을 시작으로 꾸준히 늘어 2009년 6,952명, 2010년에는 10월 1일 기준으로 7,519명인데 여성이 6,182명으로 남성 1,337명보다 4.6배 많았다. 한국 거주 일본인 영주자와 3개월 이상 장기 체류자를 합친 한국 내 거주 일본인도 2003년 1만 9,685명에서 지난해 2만 9,064명으로 7년 새 60% 이상 늘었는데 일본인 영주자 중 여성이 압도적으로 많은 것에 대해 전문가들은 "한류 드라마의 주인공들의 자상하면서도 남성적인 이미지가 상승효과를 일으켜 한국인 남성을 배우자로 선호하는 현상이 반영된 결과"라고 분석했다.[220]

<그림 4-5>에서 보듯이 우리나라는 아시아태평양지역에서는 다양한 다자협력기구에 적극 가입하여 활동하고 있다. 우리나라의 이러한 다자협력기구들에서의 활동경험이 많든 적든 지역정체성을 확대하는 데 기여하게 될 것이다.

---

219) 최종건, 「구성주의 국제정치이론과 안전보장」, 함택영·박영준편, 『안전보장의 국제정치학』(서울: 사회평론, 2010), pp.164~165.

220) "6,000 Japanese women in Korea in marriage," *The Korea Times* (2011. 10. 15)

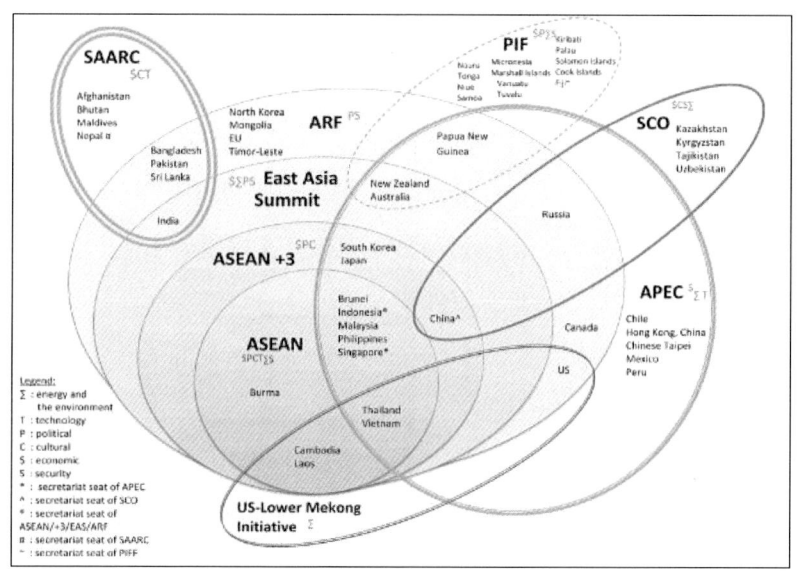

출처: Ernest Z. Bower, A New Paradigm for APEC?, CSIS Newsletter, Volume I, Issue No. 24 (2010).

〈그림 4-5〉 아시아 태평양지역의 다자협력기구 구도

　　동북아에서 북한이 핵보유를 시도하면서 평화적으로 핵비확산이
라는 목표를 달성하려는 공감대가 형성하여 '6자회담'이 형성되었고
이러한 핵비확산이라는 공감대도 정체성형성에 도움을 줄 것이다. 만
일 대화로 북한 핵문제를 해결하는 데 성공한다면 그러한 경험이 다
자협력을 촉진하는 촉매제가 될 수 있을 것이다. 또한 유럽인들 사이
에서처럼 다자협력의 어려움을 극복해 내는 원동력이 될 수 있는 보
편적인 공동체의 이념이 동북아 지역에도 절실히 필요하다. 동아시아
지역에서는 여러 가지 다자적 협력이 이루어지고 있는데 정부 간 협
력과 비정부 간 협력 및 대화가 전통적 안보차원과 비안보차원을 망
라하여 이루어지고 있다. 그러나 아직도 현실주의적인 시각이 근저에

깔려 있음이 정책결과로 나타나고 있어 협력 증진에 걸림돌로 작용하고 있다. 저비스(Robert Jervis)가 주지시켰듯이, 안정적이고 효과적인 지역안보협의체제(레짐)를 구축하기 위해서는 적어도 4가지의 요소, 즉 공동안보 및 협력에 대한 관련 국가들의 공감대 형성, 강대국들의 호응, 정책목표로서 안보딜레마, 전쟁이나 개별국가차원의 정책이 갖는 높은 비용에 대한 인식이 필요하다. 관련 국가들의 공감대 형성에 지역정체성과 공통의 가치체계는 매우 중요하다 할 것이다. 그러나 아직 동북아의 지역정체성은 안보체제 형성 동기를 부여할 정도로 충분히 강력하지는 못하다.

제4절 동북아 다자안보협력 사례에 대한 평가와 함의

아시아에서 다자안보 협력의 주요 사례 중에서 ARF만이 유일하게 정부 간 공식 대화체이며 유럽의 사례를 참고하여 다자 안보협의체제의 활성화를 시도하고 있으나 수많은 회의와 방안의 도출에도 불구하고 제도화되고 있는 사항은 거의 없다고 평가할 수 있다. 그 외의 동북아 다자안보협력의 주요 사례들은 비공식적인 민간 수준의 대화체로 유럽에서 냉전 종식에 기여하였다고 평가받는 CSCE를 따라 안보문제를 다자적으로 접근해 나가고자 하는 발의와 제안들을 제시하고 있으나 실질적이고 구체적인 성과가 없으며 ARF가 공식 대화체로 출범하게 된 것이 오히려 이례적인 것으로 여겨질 정도이다. 호주의 에반스 외무장관이 1990년 7월 역내 안보 이슈를 다루기 위한 장으로서 아시아판 유럽안보협력회의, 즉 CSCA를 제안하였을 때 이에 대한 주변 국가들의 반응은 냉담하였다.

냉전 이후 사실상 유일 강대국이 된 미국은 아시아 지역에서 유럽안보협력회의의 복사판인 다자대화체가 출범할 경우 불가피하게 고르바초프가 제안한 것과 같은 군비통제 문제에 초점이 맞추어지면 동북아에서 미국의 역내 위상을 하며 자율성을 제약할 것으로 평가하고 있었으므로 아시아 지역의 안보문제를 다루기 위한 수단으로 양자동맹에 더 많은 비중을 두었다.

아시아 지역에서 다자안보 논의가 공식적인 형식으로 진행되기 어려운 것은 이런 현실주의에 기초한 세력균형 안보전략에 있다. 동북아시아의 경우에는 더욱 지역정세의 불안전성이 크고, 전략적 패권경쟁이 재발할 가능성도 높은데 미국은 수년 전부터 중국의 부상을 대비하여야 한다는 주장이 제기되고 있으며 미국이 추진해온 미사일 방어(Missile Defense)가 중국과 러시아의 경계심을 강화시킨 상태이다. 2001년 중국과 러시아는 중앙아시아 국가들과 함께 서방과의 대결에 대한 대비라고 해석할 수 있는 상하이협력기구(SCO)를 형성한 바 있고, 이에 자극받아 "미국-일본-호주"는 2002년부터 "3각 전략대화"(Tri-lateral Strategic Dialogue)를 출범시켰으며, 최근 미국은 일본 및 한국과의 동맹관계를 강화하고자 노력하고 있다.[221] 미국과 중국과의 관계만이 아니라 중국과 일본 간에도 지역패권에 대한 경쟁이 있으며 특히 해양에서의 충돌이 분쟁으로 심화될 우려마저 보이고 있다. 이러한 세력경쟁이 진행되는 동북아에서 다자안보협의체가 형성되기는 어려운 상황이다. 또한 북한의 돌출적인 행동은 지역의 안보상황을 매우 불안정하게 하고 있다. 2010년 3월 26일 북한이 한국의 초계함인 천안함을 어뢰로 공격하여 격침시킨 사건은 동북아시아에 잠재하고 있는 세력경쟁을 보여주고 있는데 한국정부가 천안함사건의 조사 결과를 2010년 5월 20일 발표하였을 때 미국과 일본은 적극적으로 수용하면서 북한을 제재해야 한다는 입장을 표명했으나 중국과 러시아는 북한은 옹호하는 태도로 일관하였다. 천안함 사건에 대한 입장을 보

---

221) 박휘락, 「천안함 사태 이후 동북아시아 세력정치(power politics)의 잠재성과 한국의 정책 방향」, 『외교안보연구』, 제6권 제2호(2010. 12) (외교안보연구원, 2010), p.10.

면 남방 3각 관계(한국-미국-일본)와 북방 3각 관계(북한-중국-러시아)가 여실히 드러나고 있다.

한국은 다자안보협의체에 대한 구상을 지속적으로 제안하여 왔는데 1993년 5월 김영삼 대통령이 태평양연안경제협의회(PBEC) 개막식 기조연설에서 신외교 주요정책 방향으로 항구적 지역평화의 틀을 마련하기 위해 다자안보대화를 추진할 것을 천명한 후, 같은 달 외교협회 연설에서 한승주 외무장관이 mini-CSCE 형식의 동북아 안보협의체 구성을 추진할 것을 밝혔다. 이어 1994년 5월 방콕 개최 제1차 아세안지역안보포럼 고위관리회의(ARF-SOM)에서 한국정부는 동북아다자안보대화(NEASED)를 공식 제안하였다.[222] 공노명 외무장관이 1996년 7월 제3차 ARF에서 비정부 간 다자안보대화인 동북아협력대화를 정부 간 안보대화로 발전시켜나가겠다고 밝혔으나 이러한 일련의 제안은 역내 국가들 사이에서 별다른 관심을 끌지 못하였다.

다자안보협의체는 역내 국가들이 국가 자율성을 제약한다는 속성 때문에 관련국들의 호응을 얻기가 어렵다. 역내 유일의 공식 다자안보대화인 아세안지역안보포럼도 결정사항을 참여국이 준수하도록 의무화하는 방식이 아니라 합의적 의사결정 방식과 최소 제도화를 원칙으로 하고 있을 뿐이다. 즉, 이러한 의사결정방식은 다자안보협의체형성의 동인이 되면서 동시에 장애요인이 된다고 평가할 수 있다.

유럽형 다자협력과 비교해 볼 때 동북아의 다자안보협의체는 제도화와 강제성에 있어 매우 약한 것이 현실이지만 이러한 소규모협력체가 동북아 다자협력질서를 강화하는 데 기여하였고 국가 간의 신

---

222) 한동만, 「동북아 지역 다자안보대화 추진현황과 전망」, 『다자안보정책의 이론과 실제』(서울: 외교통상부, 2002), p.140.

뢰구축 역할(예: APEC, ASEAN+3, EAS), 예방외교(예: ARF, CSCAP)를 강화하는 실질적 대화창구로도 활용되었다. 동북아는 이러한 다자협력체를 통해 특정 사안에 대해 자국의 선호도를 표방하였고, 이를 협상과 조정의 대상(예: TCOG, Tripartite Committee, 4 Party Talk, 6 Party Talk)으로 삼았으며, 상호 선호도를 조율하기도 하였다.[223]

　　동북아에서의 다자안보협력에 관여하는 국가들 간의 동등성 혹은 대등성은 군사력-경제력 수준이 다른 것을 고려해 볼 때, 비교적 약한 국가는 긍정적으로 수용하겠지만 강대국은 자국의 군사력-경제력에 조응하는 발언권과 영향력의 비중을 원하기 때문에 부정적으로 받아들일 것이다. 실제로 동북아의 다자안보협의체 형성에서 이러한 요구를 일정 부분 반영하는 이익균형을 이루는 것이 필요하다. 동북아다자안보협력의 참여국들은 군사력과 경제력 간의 부조화는 물론이고 정치 경제 체제가 다양하여 정체성 등의 차원에서 차이가 크기 때문에 이들 참여국가들의 발언권과 영향력을 적절하게 조율하는 것이 난제이다. 이러한 맥락에서 일본 나카야마 외상이 1991년에 아세안확대외무장관회의(ASEAN-PMC) 내에 다자안보대화를 창설할 것을 제안하였으나 국가별로 이해가 상이하여 수용이 어려웠으며 특히 일본의 군국주의적 과거사와 아세안이 출범 초기부터 표방하여 온 강대국의 역내 불간섭 원칙과 강대국 간 대립체제로부터 탈피하는 비동맹 중립 주의적 자세로 일관하여 일본이 주도하는 다자안보대화는 형성이 어려웠다.

　　아세안 회원국들은 아세안 국가들이 참여하는 지역제도는 아세안

---

223) 최종건, 「동아시아 다자협력의 현황과 특징: 제주평화프로세스 현실화를 위한 함의」, 『제주프로세스의 추진: 그 이상과 현실』(제주평화연구원, 2009), p.47.

국가들이 주도하여 추진되어야 한다는 사고가 강하며 일본이 주도하여 다자안보대화체가 형성될 경우 아세안의 동질성을 위축시키거나 아세안회원국들의 입지가 약화될 것을 우려하였다.

미국은 냉전시기에 유럽에서 북대서양조약기구와 같은 다자동맹을 통해 강력한 대소 봉쇄전략을 추진해 왔던 것과는 달리 동북아에서는 양자동맹 네트워크를 핵심적인 전략으로 삼아왔다. 냉전이 종식되고 동북아 지역에서 소련 사회주의 세력의 확산 위협이 소멸된 후에도 미국은 여전히 동아시아 전략의 핵심을 미·일동맹, 한·미동맹과 같은 양자관계 중심에 두어 왔다. 현실주의적 관점에서 분석하면 국가들은 이익을 추구하므로 독자적으로 국가 목표를 달성할 수 있는 힘을 충분히 갖고 있을 때 일방주의를 선호하는 것은 자연스러운 권력현상이다. 냉전 이후 미국이 유일무이한 패권적 초강대국이란 입지를 고려하면 동북아에서 미국이 다자안보협의체에 대한 관심이 저조한 것은 당연하다. 강대국의 입장에서 보면 다자안보협력의 제도화가 높아지고 규범이 보다 구체적으로 명세화될수록 강대국의 행동반경이 제약을 받게 되므로 실질적 다자주의보다는 명목적 다자주의를 선호하게 되는 것이다.

미국은 동북아에 다자주의가 도입될 경우 그것이 자국이 역내에서 향유하고 있는 기득권을 보장하지 못하며 미국의 자율성을 침해하게 될 것을 우려하였으나 안보비용의 분담이라는 측면에서 양자동맹의 보완이라는 관점에서 다자적 협력체계의 형성을 검토하게 되었다. 즉, 냉전 종식 이후 미국의 경제력이 약화되면서 미국은 안보부담의 분담을 고려하여 소극적인 다자주의의 적용을 검토하는 것으로 보이는 사례가 나타났는데 1991년 1월 걸프전 당시 미국을 주축으로 한

다국적군이 이라크 공격을 개시하면서 일본에 군사적 기여를 요청한 것이었다.

일본은 미국의 안보공약에 의존하여 안보비용의 지출 없이 경제성장에 몰두하여 1980년대 세계 최고의 국제경쟁력을 과시하며 경제대국으로 부상하였다. 반면에 미국은 냉전기간의 과도한 군비경쟁으로 막대한 재정적자와 무역적자에 시달리게 되었다. 1991년 미국은 마이너스 경제성장을 기록하였고, 국가경쟁력은 세계 5위로 하락하여 경제적으로는 일본 및 서유럽국가에 추월당하는 상황이었다. 이라크가 1990년 8월 2일 쿠웨이트를 침략하자 미국은 일본에게 전투부대 파병을 요청하였으나 일본은 병력을 보내지 않고 100.12억 달러를 지원하였다. 걸프전 기간 중 일본은 총 130억 달러의 전쟁비용을 지불하였지만 미국의 미·일동맹 폐기론자들은 미국은 일본의 안전을 보장하고 있지만, 일본은 미국의 안보협력 요구에 적극 호응하지 않고 있다는 이른바 미·일동맹의 비대칭성을 지적하였다.[224]

일본 정부와 집권 자민당은 '유엔평화협력법' 제정 의사를 밝히며 자위대의 걸프전 파병을 계획하였으나 자위대의 해외파병계획은 헌법 제9조와 전수방위 원칙에 위배된다는 국내 여론과 일본의 군국주의 부활을 우려한 주변국들의 반대에 부딪혀 무산된 것이었다. 동북아 지역에서 경제교류 협력이 활발하게 이루어지고 있으나 다자안보의 추동력이 되지는 못하고 있으며 해양이익의 충돌로 국수적 민족주의의 대두와 국가 간 반감이 형성되고 있는 점도 동북아 다자안보의 저해요인이 되고 있다.

---

224) 김국신·여인곤·강한구, 『미·일동맹 강화에 따른 동북아정세변화와 한국의 안보정책 대응전략』(서울: 통일연구원,2007), pp.10~11.

1991년 6월 아세안 전략・국제문제연구소(ASEAN-ISIS)가 개최한 회의에서 기존 제도를 활용한 다자안보 틀 형성에 대한 문제가 논의되었다. 이 회의는 아시아・태평양 지역에서 제기되고 있는 다자 프로세스에서 아세안이 중심적 역할을 해야 한다는 전제하에 아세안의 보다 적극적인 역할을 강조하고, 아세안확대외무장관회의를 지역안보문제를 다루기 위한 장으로 활용할 것을 제안하였다. 이어 필리핀 외교부가 개최한 또 다른 회의에서 역내 안보대화를 위해 확대외무장관회의의 기능과 역할을 확대시키자는 비슷한 제안들이 나왔고, 1992년 1월 제4차 아세안 정상회의에서 아세안은 확대외무장관회의 의제에 안보문제를 공식 추가할 것을 승인하였고 1992년 7월 아세안 확대외무장관회의에서 공식적으로 지역 안보문제가 처음으로 토의되었다. 베이커 미 국무장관은 1992년 7월 아세안확대외무장관회의 아세안 이니셔티브를 승인하였으며 1993년 5월 아세안과 일본은 아세안지역안보포럼을 공식 출범시키기로 합의하였다. 클린턴 행정부는 1993년 적극적 다자주의(assertive multilateralism)를 천명하면서 출범했으나 합의가 어려운 안보영역에서 다자적인 접근을 할 경우 미국의 정책에 제약을 가한다는 것을 심각하게 재검토하게 되었다. 콘돌리자 라이스 미국무장관도 2000년 대선 당시 부시 후보에게 다자주의는 그 자체가 목적이 되어서는 안 되고 외교의 한 수단이어야 한다[225]고 주장하였다. 다자적인 체제에서는 합의에 도달하는 것이 어렵고 적시에 정책추진을 어렵게 한다는 문제를 고려하면 다자적으로 모든 문제를 다루는 것이 사실상 불가하다고 할 것이다. 로버트 죌릭

---

225) Condoleezza Rice, "Campaign 2000: Promoting the National Interest," *Foreign Affairs*, Vol. 79, No. 1 (Jan.–Feb. 2000), pp.45~62.

(Robert Zoellick)도 '모든 문제가 다자적으로 다루어질 필요는 없다'[226] 는 주장을 하였다. 이러한 주장에서 다자주의에 대한 미국의 입장이 드러나고 있는데 미국은 기존의 한미동맹, 미일동맹을 강화하는 양자 동맹을 토대로 한 안보정책을 보완하는 정도의 수준에서 동북아 다 자안보협의체 형성에 관심을 두고 있다.

냉전 종식 이후 지역정세의 구조적 변화가 생겼는데 미·소간 양 극 대결구도가 종식되고 지역안보구조의 다극화가 예상되는 상황에 서 미국은 아·태지역에서 군사력 역할축소를 추진하였다. 이러한 전 략에 따라 미국은 동아시아 안보에서 양자동맹을 강조하면서도 역내 에서 제기되고 있는 다자대화를 비전통적인 안보에 대응하고 방위비 의 분담을 위한 수단으로 고려하였다. 미국은 이러한 관점에서 다자 안보협의체 형성에 관심을 두고 있으므로 느슨한 상징적 다자안보협 의체 형성에는 긍정적으로 기여하겠지만 제도적이고 구체적인 다자 안보협의체 형성에는 부정적일 것으로 평가된다.

중국은 동북아 지역에서의 영향력을 극대화하려 하고 있으며 한반 도의 영향력확대는 매우 중요하다. 따라서 미국과 일본이 주도하는 동북아의 다자안보협의체는 대중포위전략이라는 관점으로 보고 부 정적인 입장을 취하여왔다. 중국의 한반도 정책에서 최우선을 차지하 는 것은 남북한 관계의 균형적 유지를 통하여 영향력 우위를 확보하 는 것이었다. 이러한 상황에서 중국 또한 다자안보제도에 참여를 주 저하고 있었지만 이에 참여하지 않음으로써 예상되는 정치적 비용을 고려하여 참여하는 쪽으로 입장을 정리하였다.[227] 특히 중국은 남북

---

226) Robert Zoellick, "Campaign 2000–A Republican Foreign Policy," *Foreign Affairs, Vol.* 79, No. 1 (January/February 2000), pp.63~78.

한과 중·미 혹은 남북한과 중·미·러·일이 참여하는 형태의 대화·협상을 통해 한반도 평화체제 전환이 이루어지고, 이는 곧 동북아 지역 다자안보협력의 기본 틀이 될 가능성이 높다는 점을 예의 주시하지 않을 수 없을 것이다.[228]

중국은 1990년대 이후 다자안보협력에 대한 인식 변화로 아태지역의 다자간안보논의 과정에 적극적으로 참여하고 있으며 ARF에 적극적인 지지를 표명하게 되었다. 아세안지역안보포럼은 아세안을 위시하여 미국, 일본, 중국, 한국, 호주 등 18개국이 참석한 가운데 1994년 7월 첫발을 내디뎠다. ARF는 유엔 재래식 무기 등록제도 참여, 연례 안보평가서 제출 등과 같은 초보적 신뢰구축조치(CBMs) 이행을 통해 역내 긴장을 완화하고, 군 인사 교류 시행 권고, 국방인사 참여 보장 등을 통해서 군사문제에 관한 국가 투명성을 부분적으로 확보한 것은 긍정적 평가를 받고 있으나 지역 안보 현안 해결을 위한 실효성의 관점에서는 아직도 미약한 수준이다.

ARF는 영토분쟁이나 군비증강과 같은 지역 안정과 직접 관련이 있거나 역내 안보에 크게 영향을 미치는 핵심 문제 또는 민감 사안들에 대해 구체적인 논의를 하기에는 적합하지 못하다. 이는 아시아의 이질적 정치경제체제와 문화적 정체성이 상이하기 때문에 상호신뢰의 수준이 낮으며 국가자율성의 침해를 크게 우려하는 경향이 있기 때문이다. ARF는 초보적인 신뢰구축조치 이행이나 안보정세 의견교환

---

227) Weixing Hu, "Economic and Security Cooperation in Northeast Asia: A Chinese Perspective," in Tsuneo Akaha, ed., *Politics and Economics in Northeast Asia: Nationalism and Regionalism in Contention* (New York, NY: St. Martin's Press, 1999), p.128.

228) 문흥호, 「동북아 다자안보협력과 중국의 역할」, 홍현익·이대우 공편, 『동북아 다자안보협력과 주변 4강』 (세종연구소, 2001), p.120.

과 같은 주변문제에 논의의 초점을 맞추고 있으나 대화의 경험 축적과 신뢰구축의 성숙도에 따라 예방외교를 추진할 수도 있을 것으로 전망된다.

NEACD는 정부 간 대화체는 아니지만 정부관리가 참여하기 때문에 사실상 준 정부 간 회의(Track 1.5)로 평가받고 있으며 지역안보문제에 대한 참여국가의 평가 및 인식을 상호 교환하여 정책에 반영한다고 볼 수 있다. 2001년에는 동북아 정부 간 다자안보대화체를 ARF와 같은 느슨한 포럼형태로 추진할 것을 논의한 바 있으나, 현실적으로 불가능함에 공감하고 NEACD를 통한 정부 조언 기능을 계속해 나가기로 한 바 있다.[229] NEACD는 북한 핵문제해결을 위한 전통안보 논의와 더불어 비전통적인 안보문제에 대한 논의도 활발히 하고 있으나 가까운 장래에 제도적인 다자안보협의체로 발전하기는 어려울 것으로 평가된다.

CSCAP는 아시아-태평양지역의 안보를 위한 민간부문의 대화를 촉진시키기 위하여 설립된 민간차원의 회의지만 전문가, 전 현직 외교관 및 국방관료들이 참여하고 있다. CSCAP의 실무그룹회의는 신뢰안보구축조치, 해양안보협력, 북태평양안보협력, 협력안보, 초국가적 범죄 등 5개 분야가 있으며 신뢰안보구축조치, 예방외교와 관련하여 ARF를 정책적으로 지원하고 있어 다자안보협의체 형성의 의제개발과 신뢰구축조치의 실천방안 및 비전통적 안보문제를 다룰 방안 구상에서 일정한 역할을 할 것으로 평가된다. 또한 NEACD는 민간차원의 학술회의지만 관례적으로 남북한과 미국, 중국, 일본, 러시아 6개

<hr>

229) 이원우, 『다자안보협력의 한계와 제약: 아세안지역안보포럼(ARF) 중심으로』(한국학술정보, 2009), p.166.

국의 정부 관료들도 참석해 상호 의견 교환 및 의중 파악의 자리로 활용해 왔으며 참여국을 모두 순회하면서 열림에 따라 협력대화의 제도화, 회의의제의 확대, 정부 간 회의로의 전환 여부 등 정부 간 대화로의 발전을 모색하고 있다. 수잔 써크 교수는 중국이 NEACD를 포함한 유사 다자안보 대화체에 참여하면서 다자안보협의체에 긍정적인 태도를 보이기 시작하였다고 평가하고 있다.[230]

지난 2006년 4월 9일부터 13일까지 도쿄에서 개최된 제17차 NEACD는 북핵 6자회담 당사국 수석대표들이 비공식적이나마 자리를 함께하여 6자회담 재개문제와 관련 주목을 받기도 하였는데 이는 교착 상태의 정부 간 대화를 NEACD를 통하여 재개할 수도 있다는 기대감 때문이었다. NEACD가 공식적인 동북아 다자안보대화체로 발전하지 못한다 하여도 아시아·태평양 광역차원에서의 활발한 다자안보대화의 경험 축적과 비공식적인 대화의 장을 통하여 국가 간 신뢰구축을 증진하는 데 긍정적으로 기여하고 있다고 평가할 수 있다.

동북아에서의 다자안보협의체가 제도적으로 작동하려면 상당한 기간 신뢰구축과 다자대화의 경험이 축적되어야 할 것으로 평가된다. 동북아에서 다자안보가 어려운 것은 역내 국가들이 주권의 제약에 대한 우려와 불신 때문이다. 다양한 안보대화의 경험 축적이 이러한 한계요인을 점차 개선하여 동북아 다자안보협의체를 형성하게 할 것으로 전망되나 단기적으로는 이러한 한계를 넘기 어려울 것으로 판단되며 현재상태로 대화의 경험을 축적하면서 발전을 모색할 것으로 전망된다.

---

230) Susan L. Shirk, "China's Multilateral Diplomacy in the Asia-Pacific" Before the U.S.-China Economic and Security Review Commission "China as an Emerging Regional and Technology Power: Implications for U.S. Economic and Security Interests" February 12-13, 2004(http://www.uscc.gov/hearings/2004hearings/written_ testimonies/04_02_12wrts/shirk.htm).

제 5 장

제주프로세스 구상과
유럽 · 동북아 경험의 함의

제1절 제주프로세스의 필요성

　동북아 안보 문제는 무력충돌이 벌어지고 있는 상황이 아님에도 국제적으로 가장 우려되는 사항이라고 할 수 있다. 동북아 지역의 국가 간 상호 교류는 표면적인 활성화 이면에 상당한 불신이 존재하며, 전략적 협력보다는 전략적 경쟁의 양상이 보다 두드러진 특징이 되고 있다. 자유무역지대, 전략적 동반자, 그리고 다양한 형태의 다자협력을 포함한 역내의 많은 제도적 발전은 건전한 역내 질서로의 수렴보다는 국익의 보호나 국가적 영향력 확대를 위한 책략을 반영한 것이다.[231] 경쟁 담론에 대한 일반적 찬사와 달리, 불신을 배경으로 하는 표피적 상호 교류의 활성화, 그리고 그에 따른 과도한 국가적 경쟁은 평화체제의 주요한 도전 요인이 된다.

　특히 중국의 부상에 따른 영향력 확대는 '힘의 전이'(power transition)가 잠재적으로 지역의 불안정성을 야기한다는 세력전이론[232]을 방증

---

231) Charles Morrison, 「동아시아의 평화, 협력 그리고 안보체제」, 제주평화연구원·동아시아재단 편, 『상생과 공영의 동아시아 질서: 공동의 비전을 향하여』, 제1권(서울: 오름, 2010), p.389.

232) 세력균형이론을 동적으로 설명하는 이론으로서, 현 상황에 만족을 느끼는 강력한 국가가 그의 동맹국들과 함께 도전국가나 그의 동맹에 대하여 압도적인 우위를 확보할 때 평화가 보장되고, 현재의 세력균형에 관하여 불만족을 느끼고 있는 국가가 국력을 급격하게 신장하여 현 질서를 지배하고 있는 국가와 유사한 세력을 구비하게 되었을 때 전쟁의 가능성이 높아진다고 주장한다. A.F.K. Organski, *World Politics* (New York: Alfred A. Knopf, 1958), p.332.

하는 근거이자 사례가 되고 있는 것으로 보인다.[233) 이외에도 해양 문제로 인한 빈번한 갈등과 충돌, 역사문제, 자원 및 에너지 경쟁, 핵을 포함한 군사력 증강 등의 긴장이 상시적으로 존재하고 있다. 지나친 국가 간 경쟁은 장기적인 노력이 필요한 이러한 문제들을 확대 혹은 왜곡할 수 있으며, 따라서 동북아 역내의 대화와 협력의 여건과 분위기 조성에 찬물을 끼얹는 돌발변수가 될 수 있다.

무엇보다도 동북아의 가장 중요하고도 당면한 안보 현안은 북한의 핵무기 및 장거리 미사일 개발과 시험이라고 볼 수 있다. 하지만 동북아 지역이 당면한 안보 도전 과제 중 이는 빙산의 일각일 뿐이다. 중국의 급속한 부상에 따른 영향력 확대와 이를 봉쇄하는 동시에 지속적인 영향력 유지를 목표로 한 미국의 이해가 충돌하는 지역이 바로 동북아이다. 이러한 안보 현안 이외에도 한·중·일 간의 갈등이 끊이지 않으면서 복잡한 분쟁 구도를 보이고 있다. 그러나 동북아 역내 분쟁을 어떻게 관리할 것인가에 대한 구체적인 아이디어나 대안은 부족한 상태이다.

역내 갈등을 관리하는 방식으로 유엔과 같은 국제기구, ARF와 같은 지역 협의체, 양자적 방식 등이 있지만, 동북아에서의 갈등 관리 방식은 주로 양자적 방식이 대부분이었다는 것이 그간의 평가이다. 가장 대표적인 다자적 노력으로 북핵 프로그램 관련 '6자회담'이 있지만, 이는 제도화된 협력 방식이 아니라 임시적인 방식이다. 따라서 동북아는 안보 및 협력 문제를 다루기 위한 지역적·다자적으로 제

---

233) 이에 대해서는 다음을 참조할 것. 이희옥, 「중국의 부상과 미·중관계의 새로운 변화: 중첩의 확대와 갈등의 일상화」, 『외교안보연구』, 제6권 2호(2010); 김태운, 「미·중 간 세력전이 가능성과 동북아 안보협력질서」, 『아시아연구』, 12권 1호(2009); 이대우, 「2020년 안보환경 전망: 세력전이이론에서 본 패권경쟁」, 세종연구소 편, 『한국의 국가전략 2020』(서울: 세종연구소, 2004).

도화된 기본 틀이 부족하다. 제주프로세스 구상은 바로 동북아 지역에서 다자안보협의체 결성의 계기를 만들기 위한 노력의 출발이라고 할 수 있다.

유럽은 근대로 이행해 가는 과정에서부터 모든 문제를 오랜 기간 많은 희생을 치르면서 해결해 나가는 '유럽의 길'을 걸어갔다. '헬싱키프로세스'는 유럽 다자안보협의체를 결성한 대표적인 '유럽의 길'이라고 할 수 있다. 그렇다면, '헬싱키프로세스'를 참고하여 제기된 제주프로세스는 '유럽의 길'을 따라야 할 것인가, 아니면 독자적인 '동북아의 길'을 개척해야 할 것인가? 제4회 제주포럼에서 테렌스 호프만(P. Terrence Hopmann)은 제주프로세스의 동북아 다자안보협의체 구상의 방식과 관련하여 다음과 같이 언급했다.[234]

> 전 세계적 '만병통치약' 접근 방식을 시도하기보다는, 아시아 국가에서 고안한, 아시아인들이 관리하는, 지역의 특수한 문화 및 정치적 필요를 반영하는 방식으로 아시아 문제에 적극 대응하는 방향의 제도를 창출하겠다는 동기가 필요하다. 또한, 협력을 촉진하는 지속적 지역 제도의 틀은 현안 간 연관성을 발생시키고, 거래 비용을 줄이며, 위기가 발생할 때마다 대응하는 임시적 접근이 아니라 위기 발생 시에 즉각적으로 적용 가능할 것이다. 이러한 제도는 국가 및 지역 안보에 대한 아시아 특유의 관점을 합법적으로 대표하는 것으로 인식되어야 하며, 또한 어느 국가의 권리를 침범하지 않고 모든 참가국의 이해에 부합하는 초국가적 기반으로 협력을 촉진하는 것이어야 한다.

또 제주평화연구원이 2009년 6월 12일 개최한 『제주프로세스의 추

---

234) P. Terrence Hopmann, 「헬싱키프로세스와 유럽안보협력기구 경험의 동아시아에의 적실성」, 제주평화연구원 편, 『동북아시아의 평화와 번영: 유럽 경험의 탐색』, 제1권(제주: 제주평화연구원, 2008), pp.226~227.

진: 그 이상과 현실』 학술회의에서 박인휘 교수도 유사한 지적을 한 바 있다.

> 21세기적 인간안보의 문제를 놓고 지역국가 간 협의를 거치고, 여기서 마련된 공동의 가치관, 협의와 협동의 제도적 관성을 발전시켜, 과거에 완성하지 못한 협력을 추진하는 독자적인 "아시아의 길"을 걷는 것이 보다 현명할 것이다.

이런 지적들을 통해서 볼 때, 제주프로세스는 유럽의 경험을 참고하면서 새로운 아시아, 특히 '동북아의 길'을 개척해 나갈 필요가 있다.

그러나 '동북아의 길'은 쉽지 않은 행로이다. 여러 측면들을 고려할 때 현재 동북아에서 다자안보협의체 실현 구상은 시기상조로 보일 수도 있다. 하지만, 유럽의 경험을 토대로 할 때, 분명한 것은 제도화된 다자적 안보 레짐이 지역 분쟁이 모두 해결되기보다 훨씬 먼저 역내 분쟁의 예방과 안보구축에 큰 기여를 할 수 있다는 점이다. 동북아 역내 국가들 간에 역사적으로 뿌리 깊은 불신과 적대의식이 있고, 해결하기 어려운 난제들이 동북아 국가들 간에 중첩되어 있다는 것 자체가 다자안보협의체 형성의 근본적인 걸림돌이 될 수는 없을 것이다. 오히려 뿌리 깊은 갈등이 동북아 지역의 불안정성을 가중시키며, 심지어는 전쟁으로 치달을 가능성도 배제할 수 없다는 위기의식이 다자안보협의체 결성의 발로가 될 수 있다.

사실, 뿌리 깊은 불신과 적대감은 쉽게 종식되기 어려울 뿐만 아니라, 만약 그것이 종식된다는 것을 다자안보협의체 창출의 전제가 되어서는 안 된다. 갈등이 없다면 협의체도 필요하지 않을 것이기 때문이다. 동북아 지역이 만약 다자안보협의체 형성을 위한 시기가 무르익을 때까지 기다리면서 보다 효과적인 갈등 예방이나 안보 구축의 건설을 지체한다면 그것은 너무나 소극적인 자세이다. 상황이 적절할 때까지 기다리는 동안 갈등이 발생할 수 있기 때문에 지체하는 것은 위험하다. 또 이렇게 발생한 갈등이 동북아에서 최소한의 협력안보 기구를 설립하려는 향후의 노력을 저해할 수도 있다.[235]

동북아 다자안보협력을 위한 제주프로세스는 동북아의 정세 불안을 조정할 수 있는 중요한 방안이 될 수 있다. 동북아의 안보 불안정은 경제 등 다른 부문으로 파급되어 동북아 정세의 전반적 불안으로 파급될 수 있기 때문에 제주프로세스를 통해 이러한 불안을 해소하는 것이 중요하다. 따라서 제주프로세스 구상의 필요성은 다음의 이유에 토대를 둔다.[236]

첫째, 동북아 지역에서 비전통적 안보위협에 대한 협력적 대응이 공감을 얻고 있음에 따라 이를 뒷받침할 수 있는 여건의 조성과 제도적 장치에 대한 논의의 필요성 또한 증대되고 있기 때문이다. 둘째, 제주프로세스를 한반도의 안전보장과 평화통일에 대한 주변국의 이해와 지지를 확보할 수 있는 기반으로 삼을 수 있으며, 북한의 변화유도와 한반도 및 동북아 지역의 위기관리의 장으로도 활용할 가능성이 높기 때문이다. 셋째, 역내에서 세력 간의 패권경쟁을 둔화시켜 군사적 긴장을 낮추고 지역의 안정지속적인 경제발전 등을 보장해줄 수 있는 제도적 장치이기 때문이다.

---

235) P. Terrence Hopmann, 「헬싱키프로세스와 유럽안보협력기구 경험의 동아시아에의 적실성」, p.241.

236) 고성윤, 「제주프로세스 구상과 OSCE의 협력 방향에 대한 고찰」, JPI Working Paper 07-08호(2007), p.5.

제2절 제주프로세스 구상

　동북아에서 논의 되어온 다자안보협의체의 실현을 전제로 하는 제주프로세스 구상이 선언된 것은 동북아뿐만 아니라 세계 각국의 지도자와 정치인, 학자들이 동북아 평화와 번영을 위한 토론장인 '제주포럼'에서였다. 이 포럼은 '세계평화의 섬 제주' 구현을 위한 다양한 평화사업들 중의 하나로, 비록 트랙 1.5 또는 트랙 2 수준의 국제회의이기는 하지만 한국에서 유일하게 국가원수가 정기적으로 참석하는 지방행사로서 자리매김을 해왔다.237) 따라서 제주프로세스 구상과 관련하여 가장 주목해야 할 것이 '제주포럼'이다.

1. 제주포럼: 제주프로세스 구상의 산실

　'제주포럼'은 제주도가 '세계평화의 섬'으로 나아가기 위해 추진하는 주요사업으로 평화를 염원하는 전·현직 국가수반, 정치지도자, 석학, 언론인 및 기업인들의 관심을 제주로 집약하여, 제주를 '한반도와 동북아에서 평화와 번영의 지식공동체'로 자리매김하려는 목적에

---

237) 문정인, 「동북아 지역안보와 제주프로세스」, 제주평화연구원 창립 3주년 기념 학술회의(2009. 3. 20) 기조연설문. 2011년 제6회 포럼에서는 국무총리가 참석했다.

서 이루어지고 있다. 2001년 이후 격년으로 개최되고 있는 '제주포럼'은 스위스 다보스 포럼(Davos Forum), 중국 보아오포럼(Boao Forum) 등에 버금가는 아·태지역 대표적 포럼으로 도약시키려는 노력을 하고 있다.[238]

제1회 '제주포럼'은 '동북아시아 공동평화와 번영을 위한 제주평화포럼'이라는 명칭으로 2001년 6월에 개최되었다. 이 포럼은 세계적 냉전 종식의 최종단계라 할 수 있는 2000년 남북 정상회담과 6·15공동선언 1주년을 회고·평가함으로써 남북관계의 발전적 방안을 모색한다는 목적에서 개최되었다. 그리고 이 포럼의 개최를 통해 동북아와 세계의 새로운 정치질서에서 20세기 유물인 대립과 갈등의 냉전논리를 종식시키고 평화와 공동번영을 위한 새로운 논의의 장을 마련했다. 또한 남북한의 교류협력 과정에서 제주가 지향하는 미래상과 연계하여 21세기 새로운 동북아 평화질서에서 제주가 지향해야 할 위상, 즉 '세계평화의 섬'의 중요성을 분명하게 정립할 수 있었다.

'21세기 세계평화의 재검토와 평화의 확산'이란 명칭으로 2002년 4월 12~13일에 개최된 "세미제주포럼"은 "문명의 충돌, 9·11테러에 대한 원인분석과 평가", "한반도의 평화정착: 새로운 도전과 과제"라는 주제로 발표와 토론이 있었다.[239] '동북아의 평화와 안보'라는 주제로 원로인 원탁회의와 '9.11테러 이후 한반도 평화정착'을 주제로 외교관 원탁회의가 진행되었고, '동아시아의 인권, 민주주의 그리고 평화', '제주 4·3의 현대적 의미' 등이 함께 논의되었다. 제주발전연

---

238) 세계평화의선범도민실천협의회, 『'세계평화의 섬' 제주 실천지침』(2009. 5), pp.15~16.

239) 윌리엄 페리 전 미국방장관, 도널드 그래그 전 주한미국대사, 임동원 청와대 통일외교안보특보 등 국내외 정치지도자와 외교관·교수·언론인 등 65명이 참가.

구원·연세대 국제대학원·제주대평화연구소·미국 태평양세기연구소(The Pacific Century Institute) 공동주관으로 제주 그랜드호텔에서 개최된 이 포럼에서는 평화의 개념을 심도 있게 논의하고 평화의 섬 제주의 위상을 한층 드높이는 계기를 마련했으며, 여기서 제기된 문제와 방안들은 제주도의 '세계평화의 섬' 지정을 위한 기존전략의 개선 및 새로운 실천전략 마련에 기여하였다.

제2회 '제주포럼'은 '동북아평화공동체의 건설: 도전과 새로운 비전'이라는 명칭으로 2003년 10월에 개최되었다. 포럼에서는 동북아의 평화와 안정 및 번영 모색을 위한 총체적 논의가 전개되었으며, 특히 북핵 위기가 고조되고 있는 시점에서 평화포럼을 통해 한반도와 동북아 지역에서 평화정착을 위한 제도적 장치가 공식적으로 다루어졌다. 이와 함께 한반도와 동북아 지역의 정치 경제적 추이에 대한 전망을 비롯하여 지역 내 신뢰구축과 상호협력을 통한 동북아공동체 모색, '제주포럼'을 동북아 지역의 핵심적 협의체로 발전시키는 방안, 제주도를 동북아의 경제 및 문화교류의 중심거점으로 육성하는 방안 등의 논의가 이루어졌다.

제3회 '제주포럼'은 미국, 중국, 러시아, 일본 등 주변 4강 인사들이 대거 참여하여 2005년 6월에 개최되었다. "동북아시아 공동체의 건설: 평화와 번영을 향하여"란 주제로 열린 이 포럼에서는 '제주 동북아 공동체 선언'을 채택했다. 참석자들은 이 선언에서 동북아의 지속가능한 평화와 공동번영을 구축하기 위한 가장 확실한 길은 교류와 협력에 기초한 동북아 공동체 구축의 필요성을 확인했다. 그리고 안보 딜레마를 극복하기 위해서는 다자간 안보대화와 협력을 촉진하고 구체화해 역내 국가 간 신뢰를 구축해 나가야 하고, 북한의 '6자회담'

복귀가 동북아 평화공존의 최우선 과제임을 재확인했다. 아울러 참석자들은 세계평화의 섬이자 국제자유도시로서의 이점을 잘 살려 동북아의 평화와 번영을 위한 선구자적 역할을 해 나가고자 하는 제주도와 도민들의 노력을 높이 평가하였다.

제4회 포럼부터는 제주평화연구원이 중심이 되어 행사를 조직하고 운영하기 시작했다. 2007년 6월 개최된 제4회 '제주포럼'은 지금까지 동북아 지역에 집중되었던 관심을 확대하여 동북아 6개국은 물론 향후 세계평화에 국제적 역할의 증대가 예상되는 유럽의 정치·경제·안보적 경험을 탐색함으로써, 유럽의 평화정착과 경제통합의 과정 속에서 동북아 공동체의 형성을 촉진하는 데 적용할 수 있는 구체적 방안을 중점적으로 검토하였다. 특히 헬싱키프로세스, 즉 1975년 헬싱키에서 냉전시대의 동서 간 대화증진 및 인권보호 등을 논의하기 위한 CSCE의 성립과정에 대한 논의를 중심으로 동북아 지역에서 다자안보협력의 진전에 대한 심도 있는 토론이 이루어졌다. 이러한 논의를 통해 동북아 국가들 간에 신뢰를 조성해가는 중심적 역할을 수행할 지역 내 대표적 다자 대화의 장으로서의 '제주포럼'의 역할에 대한 국제적 공감대가 형성되었다.

제5회 '제주포럼'은 기존 포럼의 동북아 지역에 대한 편중을 지양하여 지역적 범위를 확대하고, 보다 폭넓은 국제 협력의 가능성을 모색하고자 2009년 8월 11일 개막되었다. '상생과 공영의 동아시아 질서: 공동의 비전을 향하여'라는 대주제하에 안보, 경제, 역사, 국제협력 등의 다양한 주제에 대해 각 참여 기관들이 상호 긴밀한 협조하에 독자적으로 토론의 장을 마련했다. 또한 제4회 제주포럼에서 제기된 제주프로세스의 구체적인 실천방안을 모색하고, 아울러 북핵 '6자회담'의 발전방향에 대해 각 분야의 전문가들의 심도 있는 논의와 상호 이해의 증진을 통해 한반도와 동아시아의 평화와 공동번영을 구체적으로 제도화하는 방안을 모색했다. 뿐만 아니라 평화의 문제를 군사 안보문제에 국한하지 않고, 정체성, 연성권력, 동북아시아의 역사적 갈등 현안, 인간안보 등 비전통적 안보와 관련한 국내외의 다양한 이슈들과의 연계를 통해 검토하는 작업도 이루어졌다.

제6회 '제주포럼'은 '새로운 아시아-평화와 번영을 위하여'를 대주제로 6개의 전체회의와 52개의 동시회의 등 모두 64개 세션으로 진행되었는데 평화, 안보, 경제, 경영, 문화, 여성, 교육 등 다양한 국제현안을 다루었다. 또한 중국의 부상과 한반도 통일이 가져올 새로운 도전과 기회를 평가하여보고 아시아 기업가 정신에 바탕을 둔 새로운 성장 가능성을 탐색하였다.

〈표 5-1〉 역대 '제주포럼' 개요

구분	대주제	주요 참가자
제1회 2001. 6. 15~17 제주발전연구원 주관	동북아시아 공동 평화와 번영을 위한 제주평화포럼	김대중 대통령, 윌리엄 페리 전 미국 국방장관, 로버트 스칼라피노 버클리대학 교수, 한승수 외교통상부 장관 등 공식참가자 9개국 66명, 일반참가자 300여 명
제2회 2003. 10. 30~11. 1 제주발전연구원, 연세대 국제학대학원 공동 주관	동북아 평화공동체의 건설: 도전과 새로운 비전	노무현 대통령, 에브게니 프리마코프 전 러시아 총리, 존 아이켄베리 조지타운대학 교수, 윤영관 외교통상부 장관 등 공식참가자 8개국 76명, 일반참가자 1,100여 명
제3회 2005. 6. 9~11 제주발전연구원 등 공동 주관	동북아시아 공동체의 건설: 평화와 번영을 위하여	이해찬 총리, 무라야마 도미이치 전 일본 총리, 첸 지첸 전 중국 부총리, 한승수 유엔총회 의장 등 공식참가자 10개국 127명, 일반참가자 1,500여 명

제4회 2007. 6. 21~23 제주평화연구원 주관	동북아시아의 평화 와 번영: 유럽경험 의 탐색	노무현 대통령, 가이후 도시키 전 일본 총리, 에브게니 프리마코프 전 러시아 총리, 제랄드 커 티스 컬럼비아대학 교수 등 공식참가자 13개국 129명, 일반 참가자 1,600여 명
제5회 2009. 8. 11~13 제주평화연구원 주관	상생과 공영의 동 아시아 질서: 공동 의 비전을 향하여	반기문 UN사무총장, 한승수 국무총리, 존 하워드 전 호주 총리, 이홍구 전 국무총리 등 135명(외국 인 78명)의 전현직 관료 및 내외 전문가들이 연설, 발표, 토론 등으로 참여, 일반 참가자 500여 명
제6회 2011. 5. 27~29 제주평화연구원 주관	새로운 아시아: 평 화와 번영을 위하여	김황식 국무총리, 한승수 전 국무총리, 아로요 필 리핀 전 대통령, 자오치청 중국 인민정치협상회의 외사위 주임, 여성학자 글로리아 스타이넘 등 20 개국에서 정계, 재계, 학계인사 등 1천 200여 명이 참석

제주프로세스는 사실상 '제주포럼'과 불가분의 관계에 있다. 제주
프로세스가 그 협력의 목표로 하는 동아시아의 평화와 번영은 이미
2001년 제1회 '제주포럼'의 대주제인 "동북아시아 공동 평화와 번영"
에 반영이 되었고, 그간 동북아시아 공동체 건설의 논의를 거쳐 제4
회 평화포럼에서는 유럽의 평화정착과 경제통합의 경험이 동북아시
아에 주는 함의가 무엇인지 검토한 바 있다. 이러한 논의를 토대로
지역 국가들 간에 신뢰를 조성해 나가는 중추적 역할을 수행할 대표
적 다자 대화의 장으로서의 '제주포럼'의 역할에 대한 국제적 공감대
가 형성되어 왔다.[240]

위의 <표 5-1>에서 보듯이, 그동안 '제주포럼'을 이끌어 온 많은
기관과 주요 인사들의 노력을 바탕으로 '제주포럼'은 이제 동아시아
의 대표적인 포럼으로 정례화되었으며, 특히 2011년부터는 명칭을 제
주포럼으로 바꾸고 '아시아의 다보스 포럼'을 지향한다는 목표로 매

---

240) 고봉준, 「제주프로세스 추진 방향에 대한 일고: 네트워크 이론의 관점에서」, 제주평화연구원 창립 3 주
년 기념 학술회의 발표논문 (2009. 3. 20), p.19.

년 개최될 예정이다. 동아시아 지역에서 대화와 협력을 통하여 공동체 의식을 함양하고 평화와 번영의 공동체를 건설하기 위한 노력의 일환으로 출범한 제주 포럼은 지난 10년간 많은 지도자들이 참석하여 큰 성공을 거두어 왔으며 그동안 격년제로 개최되어 왔으나 제6회 포럼을 계기로 매년 5월에 제주에서 개최되는 대표적인 국제포럼으로 새롭게 출발하고 있다.241) 제주포럼은 제주프로세스 구상의 실현을 위한 산실로서 향후에도 지속적인 논의의 장이 될 것이다.

2. 제주프로세스 구상

제주프로세스는 냉전시대 유럽지역 국가들의 긴장상태를 관리하고 공동번영을 위한 협력 과정인 '헬싱키프로세스'의 경험을 동북아 지역에 적용하기 위해 제창되었다. 제주프로세스가 공식적으로 제기된 것은 "동북아의 평화와 번영: 유럽경험의 탐색"이라는 대주제하에 2007년 8월 23일 제주에서 격년으로 개최되는 제4회 '제주포럼'을 통해서였다. 이 포럼은 정치·경제·안보적으로 고도의 통합을 이뤄가고 있는 EU의 경험 속에서 동북아시아 공동체 형성에 접목시킬 수 있는 구체적인 구상을 찾아내는 것을 목적으로 개최되었다. 특히 이 포럼은 유럽의 협력 경험에 대한 천착을 바탕으로 동북아 평화와 번영을 제도화하는 데 어떠한 기여를 할 수 있는지를 심층적으로 탐색하고자 했다.

제4회 '제주포럼'의 개회식 기조연설에서 노무현 대통령은 다음과

---

241) 제주평화연구원 홈페이지 "제6회 포럼 개요"
   (http://jejupeaceforum.jpi.or.kr/contents/?mid=KR1110(2011년 6월24일 검색)

같이 동북아 다자협력의 필요성을 역설했다.[242]

> 동북아에는 지금도 제국주의와 냉전에서 비롯된 역사적, 이념적 앙금이 해소되지 않은 채 남아있습니다. … 동북아가 아무리 경제적으로 발전하더라도 평화의 공동체를 구축하지 못하면 문명의 중심이 될 수 없습니다. 자국만의 이익의 울타리를 벗어나 상호존중과 협력에 의한 공존의 질서를 만들어야 합니다. 이것이 바로 우리가 추진해온 '평화와 번영의 동북아시대' 구상의 핵심입니다. 우리 정부는 이러한 구상 속에서 북핵문제를 한반도와 동북아 평화 전반에 걸친 문제로 다루어 왔습니다. …
> … 6자 회담이, 북핵문제 해결 이후에도 북핵문제를 푼 경험과 역량을 바탕으로 동북아시아의 평화안보협력을 위한 다자간 협의체로 발전해 가야 한다고 생각합니다. …
> 동북아협의체제는 안보분야에만 머물러서는 안 됩니다. 물류·에너지 협력은 물론, 역내 자유무역, 통화금융협력으로까지 이어져 궁극적으로 동북아 경제공동체로 발전해나가야 합니다. …
> 세계대전을 겪은 유럽이 헬싱키프로세스를 통해 유럽안보협력기구를 만들고, 석탄철강공동체를 발전시켜 유럽연합을 만든 것은 동북아에도 좋은 모범이 될 것입니다. … 동북아에 EU와 같은 지역통합체가 실현되면 그야말로 새로운 역사가 열리고 세계의 평화와 번영에도 이바지하게 될 것입니다.

제4회 '제주포럼'에서는 이러한 유럽의 경험을 안보와 경제의 두 측면에서 집중적으로 살펴보았다. 즉, OSCE(Organization for Security and Cooperation in Europe)의 사례를 통해 이 같은 협력안보 모델이 동북아에 적용이 가능한지를 타진했다. 특히 "헬싱키에서 제주까지: 동북아 다자협력 제도화를 위한 제주프로세스 구상"을 특별회의 의제로 설정하여 OSCE를 창출한 헬싱키프로세스의 주역들과 국내외 외

---

242) 노무현, "기조연설", 제주평화연구원 편, 『동북아시아의 평화와 번영: 유럽경험의 탐색』 제1권(제주: 제주평화연구원, 2008), pp.48~50.

교 전문가들 사이에 동북아에서의 '헬싱키프로세스'의 함의와 실현 가능성에 대해 논의했다. 2007년 제4회 '제주포럼'의 참가자들은 유럽과 달리 다자대화의 경험과 다국적 협력이 미진한 동북아의 현실적 어려움에 동감했다.[243)]

특히 제4회 '제주포럼'에서의 헬싱키프로세스의 동북아 적용 가능성과 함의에 대한 논의는 발표와 토론에 그치지 않고, 유럽의 경험이 동북아 지역에서도 재현되어야 한다는데 포럼 참가들이 의견을 같이했다. 참가자들은 동북아가 과거 어느 때보다도 다자안보협력을 필요로 하는 지역이라고 강조하고 헬싱키프로세스를 참고로 하는 제주프로세스의 실현을 촉구했다. 이는 제주프로세스가 역내의 평화와 안정을 위협할 수 있는 북핵 위기, 군비경쟁, 비전통적 안보현안 등을 다루는 데 있어 바람직한 자산으로 활용될 수 있음을 강조한 것이다.

헬싱키프로세스가 시작되던 당시 유럽의 상황 및 그간의 경험을 고려할 때, 현재 동북아의 지정학적 구도하에서 여타의 강대국들보다 한국이 이러한 역할을 하기에 더 적합하다는 것이었다. 그에 따라 한국과 제주가 동북아 다자안보협의체 구축의 중심적 역할을 해야 한다는 내용을 담은 '제4회 제주평화포럼 제주선언문'이 채택되었다.

<제4회 제주평화포럼 제주선언문>
냉전 이후 동북아는 세계에서 가장 역동적인 지역으로 부상하였다. 세계화와 그에 따르는 역내의 상호의존과 협력이 증대되고 있는 반면, 핵문제, 역사인식문제, 영토문제 등 갈등요소가 지역안보에 심각한 위협이 되고 있을 뿐 아니라 역내 협력과 통합 과정에 장애물로 등장하고 있다. …(중략)… 제4회 제주평화포럼은 유럽의 지역 협력과 통합 경험을 동북아에 적용하는 것이 가능한가를 탐색해

---

243) 고성윤, 「제주프로세스 구상과 OSCE의 협력 방향에 대한 고찰」, JPI Working Paper 07-08호(2007), p.5.

보았다. …(중략)… 유럽은 정치·안보공동체를 지속적으로 발전시키고 있고, 경제통합은 물론 다자안보협력에서도 큰 진전을 이루었다. 역사 및 문화 등의 다양성으로 인해 유럽의 경험이 동북아에 그대로 적용되기는 힘들다. 하지만 지난 30여 년간에 걸친 유럽의 성공 사례는 개별 국가들이 민족주의와 국가주의를 넘어서 경제·안보 공동체를 형성해 감으로써 동아시아에 좋은 선례를 보여 주었다. 제4차 제주평화포럼은 다음을 천명하는 바이다.

• 유럽에 비하여 동북아시아에서의 분쟁해결 및 협력과 통합을 위한 다자주의 노력이 상대적으로 미흡함을 공감한다.
• 북한 핵위기, 군비경쟁, 역내 구조적 불안정 그리고 새롭게 등장하고 있는 비전통안보 현안 등을 감안할 때, 동북아 지역 다자안보협력의 필요성이 과거 어느 때보다 요청된다.
• 동북아 다자 안보 협력의 증진을 위해서는 유럽안보협력기구(OSCE)의 다양한 협상과 대화의 경험을 반추할 필요가 있다. 특별히 이러한 다자협력체제 구축에 있어서 강대국의 경합관계로부터 상대적으로 자유로웠던 유럽의 핀란드, 유고슬라비아 및 스위스와 같은 중간 규모 국가의 역할이 매우 중요하였음을 인식한다.
• 국가의 규모와 지정학적 맥락에서 볼 때, 한국은 동북아시아의 효율적인 안보구축과 정치적 통합을 추진함에 적합한 국가라 할 수 있다.
• 북한 핵문제 해결을 위한 '6자회담'과, 그에 따른 9.19 공동성명 및 2.13 합의에 포함된 한반도 평화체제 및 동북아 다자안보협력 관련 사항들은 지역 공동체 건설에 긍정적인 기제로 작동할 것으로 기대한다.
• 동북아 지역의 정부 간, 그리고 비정부단체 간의 지속적이고도 신축성 있는 역내 안보대화협의체를 구축하기 위하여 헬싱키프로세스를 모델로 하는 제주프로세스의 실현을 촉구하는 바이다.
• 2005년 1월, 대한민국 정부에 의해 '세계 평화의 섬'으로 지정된 제주에서 이러한 다자안보협의 프로세스가 조속히 실행될 수 있도록 구체적 조치를 취할 것을 천명했다.

2007년 6월 23일
제주평화포럼

이 '제주선언문'은 "유럽에 비하여 동북아시아에서의 분쟁해결 및 협력과 통합을 위한 다자주의 노력이 상대적으로 미흡함을 공감한다"고 전제하고, "북한 핵위기, 군비경쟁, 역내 구조적 불안정 그리고 새롭게 등장하고 있는 비전통안보 현안 등을 감안할 때, 동북아 지역 다자안보협력의 필요성이 과거 어느 때보다 요청된다"고 지적했다. 이 선언문은 또 "동북아 지역의 정부 간, 그리고 비정부단체 간의 지속적이고도 신축성 있는 역내 안보대화협의체를 구축하기 위하여 헬싱키프로세스를 모델로 하는 제주프로세스의 실현을 촉구"하면서 2005년 1월, 대한민국 정부에 의해 '세계 평화의 섬'으로 지정된 제주에서 이러한 다자안보협의 프로세스가 조속히 실행될 수 있도록 구체적 조치를 취할 것을 천명했다. 이러한 제4회 제주평화포럼 제주선언문이 '제주프로세스'가 등장하게 된 직접적인 배경이 되었다.

제3장에서 살펴보았듯이, 헬싱키프로세스는 유럽국가들이 1975년 체결된 '헬싱키 협약'과 관련하여 약 35년 동안 유럽지역에서 지속되어 온 안보 분야의 대화와 협의, 그리고 자발적 협력의 과정을 의미한다. '헬싱키프로세스'와 그 결과로 제도화된 CSCE와 OSCE는 조기경보, 분쟁예방, 위기관리 등 군사적 신뢰구축을 통해 우발적인 전쟁의 발생을 방지해 왔을 뿐 아니라, 냉전 구조하에서 적대 관계에 있었던 NATO와 WTO 동맹국들 사이에 경제·과학기술·환경 분야의 교류와 협력을 활성화하는 동시에 인적·사회문화적 교류 증진을 통해 유럽지역의 긴장 완화에 크게 공헌했다. 이와 같은 '헬싱키프로세스'의 경험을 통해서 볼 때, 제주프로세스는 '세계 평화의 섬' 제주를 중심으로 동북아의 신뢰구축, 군비통제, 군축, 그리고 더 나아가서는 동북아 공동체 형성과 관련된 일련의 이론적·철학적 담론과 성찰, 정

책 구상, 정책 연계망, 그리고 공식·비공식적 논의를 발전시켜 나가는 과정을 의미한다.[244]

현재의 동북아 안보 환경은 북핵 문제, 남북한 간의 첨예한 군사대치, 불안한 양안 문제, 영토와 민족주의 문제를 둘러싼 역내 국가 간마찰, 그리고 중국의 군사적 부상, 일본의 보통 국가화에 따른 전략적불안정 등으로 인하여 1990년대 초의 냉전 종식 이전보다 더 불안정한 상황에 처해 있다. 그러나 이러한 지역 정세의 불안정을 완화시킬수 있는 제도적 장치는 존재하지 않는다. 역내 국가들 간에는 새로운안보 패러다임으로 부상한 공동안보, 포괄안보, 협력안보 등에 대한구체적 합의도 이루어지지 않았다. 북한 핵 문제를 다루기 위해 구성된 "6자회담"이 있고, 이의 발전적 전환, 특히 다자안보협력기구로의 전환에 대한 많은 기대들이 있으나 수차례의 난관을 거치면서 현재는 다시 해체의 위기에 봉착하고 있다.

제주프로세스는 바로 이러한 동북아 지역의 현실과 상황을 고려하여 지속 가능한 동북아 다자안보협의체와 지역공동체를 구축하기 위한 이론적이고 정책적 노력이다.[245] 현 상황에서 볼 때, 헬싱키프로세스와 달리, 제주프로세스는 아직까지 그 실체적 존재나 과정 수준에 이르지는 못했다. 제주프로세스는 다자안보협력이나 경제공동체에 관한 논의가 정부 수준에서 이루어지고 다양한 형태의 후속 조치들이 구체화 될 때 비로소 그 프로세스가 본격적으로 출발하는 것이라고 할 수 있다. 이런 측면에서 보면 아직도 제주프로세스는 동북아

---

244) 문정인, 「제주프로세스의 추진: 그 이상과 현실」, 제주평화연구원 주최, 『제주프로세스의 추진: 그 이상과 현실』 학술회의 기조 발제문(2009. 6. 12), p.3.

245) 문정인, 「제주프로세스의 추진: 그 이상과 현실」, p.5.

다자안보협의체를 위한 구상을 제기한 수준에 있으며, 앞으로 제주프로세스의 체계적인 진행과 본격적인 출발을 위해서는 지난한 과정이 기다리고 있다고 할 것이다.

제3절 제주프로세스의 추진 배경

　유럽의 다자안보협력을 위한 시발점이 헬싱키였으므로 '헬싱키프로세스'라고 명명되었던 것처럼, 동북아 지역의 다자안보협력을 위한 논의를 제주에서 시작한다는 상징적인 의미를 담고 '제주프로세스'라는 이름으로 동북아 다자안보협의에 대한 논의가 시작되었다.

　제주프로세스는 근본적으로 중앙정부 차원의 국가전략 또는 대외정책 기조, 즉 참여정부의 '동북아 평화번영정책'과와 무관하게 추진될 수 없다. 또한 동북아 다자안보협력 추진을 위한 논의의 장이 제주에 마련되고 여기서 선언되었다는 점에서 '세계평화의 섬'으로 지정된 제주 지방정부의 정책 역시 중요한 배경으로 작용했다.

1. 중앙정부 차원: 동북아 평화번영정책

　탈냉전 이후 한국 지역정책(regional policy)의 키워드는 '다자주의'라고 해도 과언이 아닐 것이다. 그동안 한국은 한반도 안정과 평화의 당사자로서 동북아 다자안보협의체의 필요성을 역설해 왔다. 1988년 노태우 대통령의 '동북아 평화협의회' 제안, 1993년 김영삼 대통령의 '동북아 지역의 안보협의체제 구축 선언', 그리고 김대중 정부와 노무현 정부에 이르기까지 한국의 동북아 다자안보협의체의 구축은 한국 정부의 지역정책에 대한 중요한 외교정책구상이었다. 특히 노무현 정부의 경우, 안보정책에서 대북정책과 동북아정책을 연계하여 동북아 공동체 구축을 국가전략 차원에서 구상했고, 이러한 정책의 핵심에는 동북아 다자안보협의체의 제도화 구상이 자리 잡고 있었다. 동북아 지역에서 다자간 협의체계를 달성하고자 하는 한국의 의도와 동기는 동북아 지역의 안보환경 개선을 통해 한반도 평화를 유지함과 동시에 한반도 분단의 속성을 분쟁적 질서에서 화해와 협력으로 전이시키고자 함이었다.[246] 요컨대, 탈냉전 이후 한국은 동북아의 다자 틀을 구축하고 활용하여 지역의 신뢰 구축 및 확대를 모색하고 이를 통해 안보환경의 증진과 평화정책을 꾸준히 모색해 왔다고 할 수 있다.

이처럼 한국정부의 노력 중에서도 가장 눈여겨볼 정책이 '평화와 번영의 동북아 공동체' 구현을 핵심으로 하는 참여정부의 '동북아시대 구상'이라고 할 것이다. 이 구상은 동북아에서 오랜 경쟁과 대립과 갈등의 역사를 극복하고, 역내 협력과 통합을 제도적으로 강화시켜 신뢰·호혜·상생의 지역공동체를 건설함으로써 평화와 번영의 동북아시대를 실현하기 위한 '중장기 국가전략이자 비전'이다.[247] 이 구상은 참여정부의 국정목표 구현을 위한 총체적인 인식체계 및 종합적 정책체계로서 안보·통일을 포함하여 외교·무역 등 대외정책 전반을 포괄한다고 할 수 있다. 이런 측면에서 동북아시대 구상은 상호 연계된 세 가지 층위의 복합적인 전략체계이다. 즉 동북아 역내

---

246) 최종건, 「동아시아 다자협력의 현황과 특징: 제주평화프로세스 현실화를 위한 함의」, 제주평화연구원 주최, 『제주프로세스의 추진: 그 이상과 현실』 학술회의 발표논문(제주평화연구원, 2009. 6. 12), p.32.

247) 박경석, 「동아시아의 협력과 갈등의 역사」, 동아시아대위원회 수시연구과제 (2005); 동북아시대위원회, 『평화와 번영의 동북아시대 구상』(2005).

국가 간 교류협력을 통해 지역공동체의 제도적 기초를 형성함으로써 동북아 차원에서 평화와 번영의 선순환 구조를 형성하기 위한 '지역전략'이며, 동북아 평화번영의 선결조건인 한반도 평화체제를 구축하기 위한 '한반도전략'이고, 국가적 역량 및 국제 경쟁력 강화와 국민복리 증진을 위한 '국가전략'인 것이다.[248]

동북아 구상의 미래 비전은 '열린 동북아', '네트워크 동북아', '함께 하는 동북아', 그리고 궁극적으로 '하나 되는 동북아'라는 미래상의 구현을 통해 실현될 수 있으며, 한국을 비롯한 역내 국가들과 각국 시민사회의 적극적인 참여와 이들을 하나로 묶는 공동체 의식과 지역 정체성의 형성을 필수조건으로 한다는 점에서 협력과 통합의 거버넌스라고 할 수 있다.[249]

이러한 미래비전을 구현하기 위한 추진원칙으로는 첫째, 경제·안보·사회문화 교류협력 등 여러 영역들을 연계시켜 병행 추진함으로써 평화와 번영의 시너지 효과를 극대화하기 위한 '동시병행 연계'의 원칙 둘째, 중앙정부와 지방정부, 기업과 같은 민간영역, 시민사회 등 여러 행위주체들이 참여하는 '중층적 협력'의 원칙 셋째, 비차별주의, 호혜주의, 개방성의 원칙하에 동북아 구상을 지지하는 역내외 모든 국가와 기관들과의 협력을 열어 두는 '개방적 지역주의'의 원칙 그리고 마지막으로, 점진적으로 역내 교류와 협력을 확대해 나가면서 동시에 통합의 거버넌스를 구축함으로써 한층 더 제도화된 지역 공동체의 구축을 지향하는 '공동체 지향'의 원칙 등이다.[250]

---

248) 동북아시대위원회, 『참여정부의 동북아시대 구상』(2006), pp.24~25.
249) 동북아시대위원회, 『평화와 번영의 동북아시대 구상』(2005), p.26.
250) 동북아시대위원회, 『참여정부의 동북아시대 구상』(2006), pp.25~28.

평화와 번영의 동북아 시대를 구현하기 위한 추진전략은 기본적으로 두 가지의 틀, 즉 동북아 안보협의체와 경제협의체 형성을 목표로 하며, 여기에는 핵심전략으로서 남북협력과 동북아협력의 연계, 그리고 평화협력과 경제협력의 연계를 함축하고 있다. 동북아 구상의 핵심전략으로서 이러한 연계를 강조하는 것은 남북 간 화해협력을 넘어 동북아 평화번영을 추구하는 과정에서 평화, 즉 안보적 측면과 번영, 즉 경제적 측면은 서로 분리되어 있는 것이 아니라 상호 연관되면서 서로를 보완하고 강화시켜주는 관계라고 보기 때문이다.251)

　　동북아시대 구상을 토대로 도출된 참여정부의 평화번영정책은 김대중 정부의 '대북포용정책'(이른바 '햇볕정책')의 성과를 바탕으로 남북관계를 한 차원 더 높게 발전시키기 위한 전략과 비전이 담겨 있다. 그러나 '햇볕정책'이 주로 남북관계 개선을 통한 화해와 협력에 초점을 맞췄다면, '평화번영정책'은 한반도 차원에서 더 나아가 동북아 지역의 평화와 번영으로 그 초점을 확대하고 있다. 따라서 '평화번영정책'은 한반도 내부의 화해와 협력을 넘어 동북아 전체의 공동번영을 지향한다252)는 점에서 정책의 내용과 대상을 한 차원 확대한 국가전략이다.

　　이와 같은 한국 대외정책의 인식적 지평의 확대는 동북아라는 지정학적 환경의 중요성을 고려한 전략적 선택의 결과라고 할 수 있다. 경제협력과 군사·안보적 대결이 공존하는, 따라서 안정과 불안정 사이를 오가는 동북아 지역의 특성상 남북한 간의 화해와 협력의 진전

---

251) 김근식, 「노무현 정부의 평화번영정책: 구상과 현실 그리고 과제」, 『통일문제연구』, 제16권 1호 (2004), p.11.
252) 통일부, 『참여정부의 평화번영정책』(2003), pp.7, 19.

만으로는 한반도의 공고한 평화를 달성하기 어려울 뿐만 아니라, 동북한 정세의 불안정성은 남북한 화해협력에도 지대한 영향을 미친다는 현실주의적 인식이 그 바탕에 자리 잡고 있다. 그리고 한반도 평화와 향후 통일과정은 남북한 당사자만의 문제가 아니라, 결국은 한반도를 둘러싼 동북아의 지역적 문제로 인식될 필요성 또한 고려되고 있다.

참여정부는 동북아시대 구상의 우선순위를 평화보다는 번영에 두었다. 물론 동북아시대위원회가 평화와 번영 양자를 동시에 추구하는 '동시병행 연계'의 원칙을 제시하고는 있지만, 이는 불가피한 측면 때문이다. 즉 북핵문제의 장기화와 동북아 안보 정세의 유동적 전개로 인해 번영과 평화의 순차적인 연계가 어렵게 된 데 따른 불가피한 선택이라고 할 수 있다.253) 따라서 안정적이고 공고한 동북아 지역공동체의 구축은 남북한 평화체제에서 그치지 않고 남북경제공동체를 형성하고 나아가 동북아가 경제공동체로 발전하게 될 경우 가장 안정적인 평화보장체제의 토대를 마련할 수 있을 것이다.254)

안보이슈와 관련하여 동북아는 갈등과 협력이 공존하는 지역이다. 한편으로는 북·중, 한·미, 미·일 등 양자 동맹에 기초한 안보협력 체제가 공고하게 구축되어 있고 북핵문제, 양안문제, 영유권 분쟁 등이 안보불안 조성 요인도 엄존한다.255) 다른 한편으로는, 상대적으로는 미흡하기는 하지만, 아태안보협력위원회(CSCAP), 동북아협력대화(NEACD), 아세안지역안보포럼(ARF) 등의 다자적 협의체제가 존재한

---

253) 동북아시대위원회, 『평화와 번영의 동북아시대 구상』(2005), p. 6.

254) 김근식, 「노무현 정부의 평화번영정책: 구상과 현실 그리고 과제」, p.10; 조민, 「남북경제공동체 형성의 이론적 틀: 평화경제론」, 통일연구원 Online Series, PA 06-03, p.1.

255) 동북아시대위원회, 『참여정부의 동북아시대 구상』(2006), p.57.

다. 이러한 동북아 안보정세하에서 참여정부의 동북아시대 구상은 동북아 안보공동체 구축의 전제로서 다자간 안보협력의 틀을 마련[256] 하는 데 안보전략 기획의 우선성을 부여했다. 이와 같은 측면에서 볼 때, 동북아 다자안보협의체제의 형성은 노무현 정부의 평화번영정책 추진을 위한 전략적 안보과제의 핵심이었다고 할 수 있다.

2. 지방정부 차원: 세계평화의 섬 지정

제주가 '평화의 섬'으로서의 상징성을 대내외에 알리게 된 직접적인 계기는 '한·소 정상회담'의 개최라고 할 수 있다. '한·소 정상회담'은 고르바초프가 주도하였던 소련이 펼친 새로운 탈이데올로기 외교정책 노선에 의한 국익 증진과 1988올림픽 성공에 힘입어 사회주의국가들과의 관계개선을 통해 북한에 접근하려는 노태우 대통령의 '북방정책'의 만남에서 비롯되었다. 1991년 4월 18일 제주에서 개최된 이 회담에서 한·소 양국 정상은 두 차례의 단독 회담과 한 차례의 확대 정상회담을 통해 한반도의 긴장완화와 평화 정착, 한국의 유엔가입 등을 논의했다.

한·소 정상회담 이후 제주지역에서는 한·미, 한·일 정상회담이 잇따라 열렸다. 1996년 4월 미국 클린턴 대통령의 제주방문으로 이루어진 한·미 정상회담을 통해 양국은 한국, 북한, 미국과 중국을 포함한 4개국이 한반도 평화체제에 대한 토의를 하자는 데 합의했다. 또한 2004년에는 노무현 대통령과 고이즈미 일본 총리 회담도 제주에

---

256) 동북아시대위원회, 『평화와 번영의 동북아시대 구상』(2005), p.20.

서 개최되었다. 뿐만 아니라 주변국 지도자들도 제주를 방문했는데, 1995년에는 장쩌민 중국 국가주석이, 1998년에는 후진타오 국가부주석이 각각 제주를 방문했다.

이상에서 살펴본 바처럼, '세계평화의 섬' 구상은 1991년 4월 한·소 정상회담이 제주도에서 개최되고 이후 11개국 19명의 정상들의 제주 방문이나 정상회담 개최를 계기로 시작되었다. 이러한 상황 변화에 제주도가 능동적으로 대처해야 할 필요성이 제기되면서 세계평화의 섬에 대한 논의가 성숙되었고, 2000년 개정 공포된 '제주도개발특별법'에 세계평화의 섬 지정 관련 조항이 신설되었다. 이 법 제155조에 의하면 "국가는 세계평화에 기여하고 한반도의 안정과 평화를 정착시키기 위하여 제주자치도를 세계평화의 섬으로 지정할 수 있다고" 규정하고 있다. 또한 이 법은 제주도가 '세계평화의 섬'의 기능과 역할을 수행하기 위하여 평화 관련 국제기구의 유치, 국제평화 관련 연구소의 설립, 국제평화 관련 회의의 유치, 남북교류 및 협력에 관한 사업 등을 추진해야 하며, 국가가 필요한 행·재정적 지원을 해야 한다고 규정하고 있다. 이러한 일련의 조치들은 제주가 동북아의 평화를 앞당길 수 있는 '평화의 섬'이라는 상징성을 갖게 만들었다.

<표 5-2> 정상회의개최 및 세계 주요인사 제주방문 현황

시 기	방 문 자
1991. 4. 19~20	• 고르바초프 구소련 대통령과 한·소 정상회담
1992. 10. 16~19	• 보드앵 벨기에 국왕
1993. 9. 29~30	• 李嵐淸 중국부총리
1994. 4. 15~16	• 吳學謙 중국전국정치협상회의 부주석
1994. 11. 3~4	• 李鵬 중국총리
1995. 2. 16~18	• 진모화 중국전국부녀연합회주석
1995. 4. 1~2	• 鄧楠(등소평차녀) 중국과학기술위원회 부주임
1995. 4. 16~17	• 도 무오이 베트남 공산당 서기장
1995. 4. 21~22	• 교석 중국전인대상무위원장
1995. 5. 17~18	• 나자르바예프 카자흐스탄공화국대통령
1995. 11. 16~17	• 강택민 중국국가주석
1996. 4. 16	• 빌 클린턴 미국 대통령과 한·미 정상회담
1996. 6. 21~23	• 하시모토 일본총리와 한·정상회담
1997. 6. 5~6	• 아스카르아카예프 키르키즈공화국 대통령
1997. 7. 25~26	• 프리마코프 러시아외무장관
1998. 4. 29~30	• 후진타오 중국국가 부주석
1999. 10. 23~24	• 오부치 게이조 일본총리
2000. 3. 29~31	• 라드나슘베를린 곤치그도르지 몽골국회의장
2000. 6. 21~6. 22	• 부시 전 미국 대통령
2000. 6. 20~22	• 라모스 전 필리핀 대통령
2000. 9. 30~10. 3	• 나카소네 전 일본 총리
2000. 10. 21~22	• 주룽지 중국총리
2000. 11. 17~19	• 케사이노트 마샬아일랜드 대통령
2001. 2. 14~15	• 나차긴 바가반디 몽골대통령
2001. 10. 23~24	• 마하티르 모하마드 말레이시아 수상
2001. 11. 17~18	• 고르바초프 전 소련 대통령
2003. 10. 3~9	• 나차긴 바가반디 몽골대통령
2003. 3. 29	• 하시모토 류타로 전 일본총리
2004. 7. 21~22	• 고이즈미 쥰이치로 일본총리와 한일정상회담
2005. 3. 21~22	• 메리 맥컬리스 아일랜드 대통령 방문
2006. 6. 15~17	• 세이크 모하메드 아랍에미리트 왕세자
2007. 10. 28~31	• 죠르제 삼파이오 전 포르투갈 대통령 방문(UCLG 기간 중)
2009. 6. 1 ~ 2	• 한-아세안 특별정상회의

자료: 세계평화의 섬 범도민실천협의회, 『'세계평화의 섬' 제주 실천지침』(2009. 5), pp.14~15.

<표 5-2>와 같이 1991년부터 2009년 6월까지 각국 정상 및 주요
인사들이 제주도를 방문하여 정상회담을 하면서 제주도가 안전하고
평화롭다는 사실을 국제적으로 입증한 것이었다. 각국 정상들이 제주

도를 휴식을 취하면서 대화를 나누기에 최적의 장소로서 인식하게 하는 계기가 되었다고 볼 수 있을 것이다.

'세계평화의 섬' 지정에 관한 법적 근거를 마련한 제주도는 2003년부터 1년에 걸쳐 '세계평화의 섬' 지정계획안을 마련했고, 제주도민의 의견 수렴을 하여 2004년 6월 제주도의회에 보고했다. 이후 제주도는 정부에 계획안을 제출했고 관계부처의 의견검토를 거쳐 2005년 1월 4일 국무총리가 위원장인 '제주국제자유도시추진위원회'에서 심의·통과되었다. 2005년 1월 27일 청와대에서 노무현 대통령은 관계부처 장관들과 제주도민 대표들이 참석한 가운데 제주를 '세계평화의 섬'으로 지정하는 데 서명하게 되었다.

<세계평화의 섬 지정 선언문>
대한민국 정부는 제주도가 삼무(三無)정신의 전통을 창조적으로 계승하고, 제주 4·3의 비극을 화해와 상생으로 승화시키며, 평화정착을 위한 정상외교의 정신을 이어받아 세계평화에 기여할 수 있도록 제주국제자유도시특별법 제12조의 규정에 의하여 제주도를 세계평화의 섬으로 지정한다.
대한민국 정부는 제주도가 세계평화의 섬으로서 기능과 역할을 다할 수 있도록 다음 사항을 실천한다.

- 제주도가 세계평화의 섬임을 대내외에 널리 알리고 세계평화의 섬 구현을 위한 사업을 차질 없이 실행한다.
- 세계평화의 섬 지정을 통해 제주도를 국가 간 자유로운 교류와 협력이 이루어지는 국제자유도시로 육성한다.
- 제주도에서 평화 증진 및 확산을 위한 평화 실천사업이 활발히 이루어지도록 지원한다.
대한민국 정부는 제주 세계평화의 섬 지정을 계기로 세계 평화 증진에 앞장설 것임을 대내외에 천명한다.

2005년 1월 27일
대통령 노무현

세계평화의 섬은 모든 위협요소로부터 자유로운 상태인 적극적 의미의 평화를 실천해 나가는 일련의 사고체계와 정책 등을 포괄하는 문화적·사회적·정치적 활동체계이다. 즉 적극적 평화 상태를 실현하기 위한 사회구성원 간의 지적·인적·물적 네트워크가 형성되어 평화를 창출하고 확산하고 건설하는 모든 과정을 의미한다.257) 세계평화의 섬은 전쟁의 부재로서의 소극적 평화만 아니라 다양한 구조적 폭력의 제거까지 포함하는 적극적 평화258)를 지향하고 있다. 즉 실천목표로서 전쟁·인권·환경·범죄·빈곤·사회적 차별 등 제반 위협요인으로부터 자유롭고 안전한 섬을 설정하고 이를 범도민적 실천운동을 통해 세계평화의 섬 제주를 구현할 뿐만 아니라 더 나아가 범 국민적, 세계적 수준으로 확산을 지향하고 있다. 그리고 제주특별자치도는 세계평화의 섬 실천전략으로 다음의 네 가지를 제시하고 있다.259)

○ 인권과 복지가 보장되는 제주 평화공동체 구현
○ 지역·국가·세계와의 교류를 확대하는 국제자유도시 추진
○ 인간과 자연의 조화를 추구하는 환경친화적 발전모델 제시
○ 남·북한 화해 협력과 동북아 평화와 번영의 선도역할 수행

그리고 단계별 실천계획으로는 평화의 창출·확산·정착의 구도 하에 내부적 범도민 평화운동 전개, 범국민적·세계적 수준으로 평화 확산, 그리고 평화의 제도화 및 유지를 수립하고 있다.260)

---

257) '세계평화의 섬' 홈페이지(http://www.peace.jeju.kr/)
258) Johan Galtung 저, 강종일 외 역, 『평화적 수단에 의한 평화』(서울: 들녘, 2000).
259) 제주특별자치도, 「세계평화의 섬 지정 2년' 주요성과와 향후계획」(2007. 1. 26), p.4.
260) 위의 글, p. 4.

<표 5-3> 세계의 평화의 섬 구현 사업 추진 상황

구분	사업명	추진상황
세계 평화 논의의 거점 구축	○ 제주평화연구원 설립	완료
	○ 제주포럼 개최	계속
	○ 평화 관련 국제회의 개최	계속
	○ 국제기구 설립 및 유치	추진 중
한반도 평화정착 사업	○ 남북당국 간 회담 개최	계속
	○ 대북 인도적 지원사업(감귤북한보내기 운동)	계속
	○ 제주도민 방북사업 민족평화축전 개최	완료
제주 4·3 관련 사업	○ 제주 4·3 평화공원 조성	추진 중
	○ 제주 4·3 유적지 보존관리	추진 중
다목적 평화인프라 구축 사업	○ 제주국제평화센터 밀랍인사 섭외	완료
	○ 제주국제평화센터 콘텐츠 확보	완료
	○ 모슬포 전적지 평화공원 조성	추진 중
	○ 평화교육 지원	계속

자료: 세계평화의 섬 범도민실천협의회, 『'세계평화의 섬' 제주 실천지침』(2009. 5), pp.14~15.

그동안 '세계평화의 섬' 구현을 위한 사업들은 활발하게 지속적으로 추진되어 옴으로써 나름대로 많은 성과를 거둔 것으로 평가되고 있다. 우선, '세계평화의 섬' 지정계획 당시 선정된 '동북아 교류·세계평화를 위한 회의체 구축 사업' 가운데 제주평화연구원 설립과 '제주포럼'의 정례화는 획기적인 일이라 꼽지 않을 수 없다. 2006년 3월 개원한 제주평화연구원은 한반도의 평화정착, 동아시아의 안보협력 등을 통한 평화공동체 구현, 나아가 세계평화에 이바지하는 평화 담론 및 실천의 거점으로 자리 잡는 것을 목표로 하고 있다. 또 2001년 제1회 포럼을 시작으로 격년제로 열리고 있는 '제주포럼'의 경우 2009년 8월에 개최된 제5회 포럼에서는 어젠다를 기존의 동북아에서 동아시아로 더욱 넓히는 등 평화와 안보·경제협력 관련 세계적인 포럼으로 발돋움해 가고 있다.

세계평화의 섬 구현을 위한 '남북화해·협력을 위한 교류·협력사업'에 있어 감귤보내기 운동은 제1차 남북정상회담이 열리기 전인 1998년부터 시작되어 제주도 내는 물론, 도외 거주출향인사들의 성원까지 모아지면서 2009년으로 11년째 계속되고 있으며 지방자치단체 남북교류사업의 모범적 사례로 꼽히고 있다. 또 '제주 4·3 관련 사업'으로 제주 4·3의 희생자를 위령하고 화해와 상생의 4·3평화정신을 고양하기 위해 '4·3평화공원'이 2002년 착공돼 위령제단과 위령탑 등을 완공했고, 2008년 3월에는 4·3 평화기념관이 개관됨으로써 인권·평화교육의 장이 되고 있다. '다목적 평화인프라 구축 사업'으로는 2006년 9월 개관한 제주국제평화센터에는 그동안 제주도를 방문한 세계 정상들의 모습을 밀랍인형으로 만들어 전시하는 한편 '세계평화의 섬' 지정 배경 및 과정 등을 각종 첨단 전자장비를 동원하여 생생하게 보여줌으로써 일반시민과 관광객에게 할 수 있게 하는 살아있는 평화교육의 장이 되고 있다.

'세계평화의 섬' 지정으로 제주는 적극적 평화 협력 및 실천 활동을 통해 한반도와 동북아 평화정착에 기여하고 국제평화와 교류의 중심지로서, 그리고 각국 정상들의 회담장소로서뿐만 아니라 세계평화의 섬 사업과 연계된 국제기구·국제회의 유치 등 이른바 평화산업 육성을 통한 지역발전, 그리고 나아가 지역 주민과 내외 관광객들에게 평화교육의 장으로 발전할 것으로 기대되고 있다.[261] 그리고 보다 장기적인 관점에서 '세계평화의 섬 제주'는 동북아 국가 간의 전쟁 가능성을 예방하고, 한반도 내지 동북아의 평화체제를 구축하는

---

261) 강근형, 「해군기지와 제주발전」, 『평화연구』(제주대학교평화연구소, 2007), pp.80~82.

데 중심적인 역할 수행에 대한 기대도 있다. 세계평화의 섬으로서의 제주도는 동북아시아의 다자안보 구축이나 아시아의 집단안보기구 및 동북아공동체의 형성과 같은 평화공동체를 결성해가는 데에 초석이 될 수 있을 것이다.[262]

한반도의 최남단에 위치한 제주도는 지정학적·지경학적 위치상 한반도의 동서와 남북을 잇는 교량적 위치에 있다. 지경학적 시각에서 제주도는 성공적인 국제자유도시 조성을 통해 한국의 21세기 '동북아 경제 중심국가'로의 성장을 위한 첨병으로서 역할을 맡게 되었고, 지정학적 측면에서도 제주도는 세계평화의 섬 지정을 계기로 한반도·동북아·세계 평화의 발신지로서의 상징성과 함께 한반도 및 동북아 평화체제 구축을 위한 실질적인 역할을 해야 할 위치에 서게 되었다. 따라서 '세계평화의 섬'으로서 제주도는 "한반도를 포함하여 동아시아의 평화체제 구축에 기여하려는 지방적 수준에서의 전략"[263]으로서 중요한 의미를 가진다.

---

262) *Ibid*, p.90.

263) 고성준·강근형·장원석·양길현·변종헌, 『제주도의 남북교류협력』(제주: 온누리, 2005); 양길현, 『평화번영의 제주정치』(서울: 오름, 2007), p. 15.

제4절 동북아 및 유럽의 경험과 제주프로세스

1. 동북아 다자안보협력 실험의 한계

　냉전 이후에 동북아에서 긴장이 완화되고 있으나 북핵문제로 인한 불안정과 뿌리 깊은 한국, 중국, 일본 간의 불신이 군비를 증강하게 하고 있다. 동아시아의 경제와 문화교류가 확대되면서 지역의 협력을 촉진하고 있으나 공동안보 및 협력에 대한 관련 국가들의 공감대 형성은 매우 저조하다. 신뢰증진보다는 오히려 상호불신의 증가 속에서 군비경쟁에 몰두하고 있는 상황이다. 중국, 일본, 남·북한은 군비를 지속적으로 증가시키고 있다. 또한 강대국들이 다자안보에 대한 호응도가 낮으며 양자동맹에 치중하면서 보완적으로 다자안보를 검토하는 실정이다. 정책목표로서 안보딜레마에 따른 고비용이 개선되어야 한다는 공감대가 아직 동북아에서는 형성되어 있지 않다고 할 것이다. 즉, 안보정책으로서의 다자안보는 그 토대가 약하다고 평가할 수 있다. 미국이 다자안보에 관심을 보이고 있으나 안보 관련 부담을 다수의 국가들에게 분산시켜 분담하려는 정도이지 유럽의 CSCE/OSCE와 같은 다자안보 레짐을 형성하려는 의도는 없는 것으로 평가할 수 있다. 또한 동북아 국가들의 이익 균형점을 찾기도 어려우며 관련 국가들의 공감대 형성에 필수적인 지역정체성보다는 갈등을 심화하는 민족주의가 크다 할 것이다. 오히려 자본주의 체제와 사회주의 체제의 대결구도가 형성되어 있다. 다자안보에 있어서 지역정체성과 공감하는 가치체계는 매우 중요하지만 동북아 지역의 안보체제 설립에 동기를 부여할 정도로 충분히 강력하지 못하다.

아세안 지역 안보포럼(ARF)은 아세안이 주도하여 아세안 국가와 아세안 대화 상대국간 대화라는 제도화된 틀을 구현하려 하였다. ARF는 협력안보대화체의 성격이 강하여 강제력을 배제한 대화체라고 평가할 수 있다. 이것은 ARF의 무용론의 근본원인이 되고 있다. 동티모르사태의 경우를 보면 인도네시아의 내정으로 보고 내정불간섭원칙에 따라 개입하지 않았다. 동티모르사태는 유엔평화유지군(PKF) 파견으로 해결되었다. 즉, ARF는 남중국해, 한반도, 양안에서 분쟁이 발생할 경우 항의성명서 발표 정도의 역할밖에 할 수 없다는 한계를 갖고 있다.

NEACD는 비정부 간 회의로서 6개국의 외교부·국방부 관료와 학자들이 한 데 모여 동북아 안보에 관한 각국의 시각 등에 대해 자유롭게 의견을 교환하는 '1.5트랙' 성격의 안보대화로, 동북아 국가 간 대화를 통한 상호이해·신뢰구축·협력증진을 목표로 하고 있다. 민간차원의 Track 2 회의지만 실질적으로 정부 인사들이 개인자격으로 참가하기 때문에 각국의 실제정책이 논의될 수 있다. 그러나 동북아의 다자안보체로 제도화가 되기까지는 많은 시일이 걸릴 것으로 전망된다. 북한이 특히 부정적인 태도를 보이기 때문에 북한이 미일과 관계개선이 선행되어야 동북아의 다자안보기구로 발전할 수 있을 것이다. NEACD의 설립에 미국이 주도적으로 관여했다는 것은 미국이 동북아의 다자대화 혹은 다자안보를 검토하기 시작했다고 평가할 수 있다.

CSCAP는 1993년에 전문가, 전 현직 외교관 및 국방관료들로 창설하였으며 현재 한국과 북한을 포함한 21개국이 가입하고 있는데 미얀마와 라오스, 파키스탄, 동티모르를 제외한 ARF 회원국 모두가 참여하고 있는데 신뢰구축, 해양안보, 포괄적 협력안보, 북태평양 등의 5개 실무그룹(working group)이 활동하고 있다. CSCAP는 ARF의 신뢰구축 조치를 지원할 수 있는 것으로 평가할 수 있다.

'6자회담'은 동북아의 이해당사국들이 모두 평화로운 비핵화라는 이익에 공감하여 북한 핵무기의 제거라는 목표를 위하여 지역협력과 다자협력을 진행시키고 있다. 역내안보환경에 중요한 이해당사국들인 주요 6개국이 대화의 경험을 쌓고 북한 핵무기의 제거과정에서 강제와 검증의 경험은 동북아의 다자안보 협의체를 설립하게 하는 기반이 될 것이다. 6자회담이 성공적으로 북한 핵문제를 해결한다면 동북아의 다자안보 레짐형성과 제도화의 가능성이 열릴 것이라고 평가할 수 있다. 그러나 이 역시 난항을 겪고 있음은 주지의 사실이다.

이처럼 동북아 다자안보협력 실험은 여전히 가능성 차원에서 역내국가들이 다양한 노력을 하고 있다는 의미를 갖지만, 그 구체적인 성과에서는 비교적 분명한 한계를 보이고 있다. 이런 측면에서 구체적인 성공 모델로서 유럽의 경험을 창조적으로 수용하여 새로운 동북아 다자안보협력의 틀을 구성하기 위한 논의가 시작된 것인데, 그것이 바로 제주프로세스라고 할 수 있다. 제주프로세스는 공식적으로 유럽의 경험에서 교훈을 찾고자 한다는 점에서 앞에서 살펴보았던 헬싱키프로세스의 형성과 발전에 관한 논의로부터 구체적인 목표와 내용, 전략 등을 모색할 필요가 있다. 이런 측면에서 유럽의 다자안보협력에 대한 성공적 경험이 동북아 다자안보협력, 나아가 제주프로세스에 주는 함의를 구체적으로 검토할 필요가 있다.

2. 헬싱키프로세스의 경험적 함의: 비교적 시각

CSCE와 OSCE의 기구로서의 경험이 일반화되고 그래서 다른 지역으로 이전될 수 있는 교훈을 제공해줄 수 있다는 데 대해 헬싱키프로세스의 창립자들 모두가 동의하는 것은 아니다. 본질적으로는 모든 지역적 프로세스가 해당 지역의 특수성을 반영할 수밖에 없기 때문이다. 이러한 분명한 특수성에도 불구하고, 다른 지역이 CSCE/OSCE 경험으로부터 많은 것을 배울 수 있다는 데에는 의심의 여지가 없다.[264] 마찬가지로, 35년 전에 시작되었던, 그것도 유럽이라는 특정 지역의 경험을 토대로 동북아 지역의 다자적 안보협의체 창설을 위한 제주프로세스를 추진한다는 데는 그 적실성 문제와 함께 많은 이견이 있을 수 있다. 그럼에도 불구하고 제주프로세스가 제4회 제주포럼에서 유럽 다자안보협력 성공사례의 경험, 즉 '헬싱키프로세스'를 참고하여 추진하기로 선언했다. 필리핀의 피델 라모스(Fidel Valdez Ramos) 전 대통령은 그러한 필요성을 다음과 같이 적절하게 언급한 바 있다.[265]

---

264) Lynch, Dov, 「유럽안보협력기구의 정치·군사적 함의」, 제주평화연구원 편, 『동북아시아의 평화와 번영: 유럽 경험의 탐색』, 제1권(제주: 제주평화연구원, 2008), p.215.

265) Fidel Valdez Ramos, 「동북아에서의 화합, 평화와 번영: 역사적 경험의 탐색」, 제주평화연구원 편, 『동북아시아의 평화와 번영: 유럽 경험의 탐색』, 제1권(제주: 제주평화연구원, 2008), p.58.

긴장상태가 다소나마 완화된 동북아시아의 상황은 장기적 평화와 번영의 기반이 되기에 충분치 않은 것처럼 보입니다. 그러나 지난 50년 동안의 서유럽 역사를 살펴보면 그것이 사실이 아님을 알 수 있습니다. 70년 동안 세 차례의 전쟁을 치른 유럽의 강대국 프랑스와 독일에 현재 어떠한 분쟁의 가능성도 없기 때문입니다. 서유럽이 주는 교훈은 바로 이것입니다. '분쟁을 해결하는 장기 해결책은 주변국과 강력한 경제, 정치, 안보관계를 유지하고 공통의 관심사를 충족시키는 지역 공동체를 구축하는 것이다.'

이 포럼에서 도출된 헬싱키프로세스의 교훈은 다음 네 가지로 정리될 수 있다.[266]

- '헬싱키프로세스'의 성공적인 경험은 동북아 지역 국가들로 하여금 대립과 갈등의 냉전적 사고에서 벗어나 협력적 안보와 공동의 번영을 추구하는 방안에 대해 진지하게 논의하도록 자극함.
- 유럽의 경험은 다자안보 대화를 통해 회원국들이 투명하고 정확한 정보를 공유하게 되어 오해와 불신의 위험성을 합리적으로 관리해 나갈 수 있음을 시사하고 있음.
- OSCE의 경우 56개 회원국 외에 한국, 일본, 이집트, 이스라엘 등 타 지역 11개국을 협력 파트너로 삼을 만큼 조직이 매우 유연하고 포괄적이어서 냉전구조의 해체 등 큰 전세변화에도 융통성 있게 적응함.
- 대화의 습관화와 신뢰의 조성을 통해 규범을 만들고 제도적 장치를 구축할 때까지 많은 시간과 노력, 인내와 타협의 자세가 필요하다는 것을 일깨워 구조 있으며 핀란드, 유고슬라비아, 스위스와 같은 국가들의 역할이 중요한 것처럼 상대적으로 견제와 거부감을 덜 받는 한국의 역할이 부각되는 것임.

앞서 검토한 '헬싱키프로세스'와의 비교적 함의를 '제주프로세스'의 향후 미시적인 전략적 방향 설정은 물론 거시적인 실현 조건을 찾

---

266) 「제4회 제주평화포럼이 남긴 과제: 제주프로세스 구상 어떻게 실현할 것인가?」, 『JPI News & Views』, Vol.I, No.4, (2007년 12월).

는 데도 중요하다. '헬싱키프로세스'가 '제주프로세스'에 주는 함의는 단순하지 않다. '헬싱키프로세스'가 추진되었던 당시의 조건과 '제주프로세스'를 추진하려고 하는 최근 조건 사이에는 유사성과 차이가 함께 있으며, 이를 보는 학자에 따라 가능성과 한계라는 상이한 전망을 제시한다. 여기서는 유럽의 지역적 특성을 반영하여 추진된 '헬싱키프로세스'가 동북아를 중심 무대로 하여 추진될 '제주프로세스'와 어떤 유사점과 차이점이 있는지를 검토할 것이다.

가. 차이점

제4회 제주평화포럼에서 유럽의 다자안보협력 경험을 가지고 발표한 전 OSCE 상임이사회 의장 버트란드 크롬브루게(Bertrand de Crombrugghe) 대사는 유럽과 동북아 사이의 유사점뿐만 아니라 지리적·문화적인 부분 외에도 다른 여러 차이점들이 존재한다는 점을 다음과 같이 지적한다.

> 동북아시아의 상황은 단순히 2차 세계대전의 결과로 형성된 것은 아니다. 중국 공산주의 혁명과 한국전쟁, 그리고 그 이후 일련의 전개 과정들이 현재 이 지역 국가들 사이의 관계를 형성한 것이다. 특히 오늘날 동북아에는 당시 유럽과는 달리 서로 경쟁관계에 있는 명확한 양대 진영이 존재하지 않으며, 1975년 유럽에 비해 영향력을 행사하는 국가의 수가 적다는 차이가 있다. 동맹체제 역시 NATO와 바르샤바조약기구가 대립하던 유럽의 상황과는 차이가 있다. 또한 현재 동북아는 당시 유럽과 비견될 만한 구조가 갖추어지지 않아서 당시 유럽에 존재했던 유럽공동체, 유럽위원회, 유럽경제개발협력기구 등에 상응하는 기구가 존재하지 않는다.[267]

---

267) 위의 글, p.105.

톨로라야(Georgy Toloraya)도 유럽에서는 신뢰구축 조치(CBM)와 군축을 통해 다자안보협력을 추진할 수 있었지만, 동북아에서는 이러한 조건을 형성하는 것이 거의 불가능하다고 주장한다.[268] 이러한 유럽과 동북아의 '차이점'에 대한 지적은 다음과 같은 몇 가지 핵심 논제를 중심으로 강조되어 왔다. 여기서는 그러한 논제들을 중심으로 다자안보협의체 결성에 부정적 영향을 미칠 수 있는 동북아와 유럽의 차이를 재검토할 것이다.

첫째, 앞에서도 언급한 바 있듯이, 유럽과 동북아 각각의 지역 세력균형 여부의 차이가 종종 지적되곤 한다. 유럽에서는 미국과 소련 간에 세력균형이 존재했고 이 세력균형 속에서 NATO와 WTO 간에 군사력도 균형을 이루었다는 것이다. 또한 미·소를 중심으로 한 각 진영은 상대 진영에 대해 위협을 느꼈기 때문에 양 진영이 공통 위협의 존재를 인식했고, 그 때문에 결국 상호 협상을 통해 신뢰구축과 군축을 이룰 수 있었다.

그러나 이에 반해 동북아에서는 아직 세력균형이 존재한다고 보기는 어렵다고 본다. 중국의 급속한 부상에도 불구하고 아직 미국과 대적할 수 있는 수준에는 이르지 못하고 있으며, 러시아 역시 구소련의 붕괴로 동북아에서의 영향력과 위상은 회복 불능의 수준으로 추락했다. 더 나아가 미국을 견제하기 위한 중국과 소련이 협력움직이 있기는 하나 아직 동북아에서 미국과 경쟁할 정도는 아니다. 또한 NATO와 WTO에 비견될 수 있는 적대적 동맹세력 간의 군사력 경쟁도 없다. 한·미 및 미·일 동맹이 중국과 러시아 북한 3국을 공동의 적으

---

268) Georgy Toloraya, "Whither Institutionalization of Cooperation in Northeast Asia?" *Korean Journal of Security Affairs*, Vol. 12, No. 1(December 2007), pp.93~108.

로 보지 않을 뿐만 아니라 어떤 국가가 북·중·러 각국에 위협을 가하는 국가인지를 보는 시각에서도 차이가 있기 때문에 다자안보협력의 기본 구도 형성의 조건이 결여되어 있다고 본다.

둘째, 첫 번째와 밀접하게 연관된 문제로 다자안보협력을 위한 채널의 존재 여부에서의 차이가 있다. 유럽에서는 냉전 시기에 안보 문제를 논의하기 위해 역내 국가들 모두, 즉 35개국이 참여하는 다자안보협력 채널이 만들어졌으며, 특히 NATO와 WTO를 중심으로 자유 진영과 공산 진영의 집단방위동맹에 속한 국가들은 다자안보대화의 습관이 배양되었기 때문에 다자안보협의체가 성공할 수 있었다. 그러나 동북아에서는 역내 국가들이 다자적으로 참여하는 대화 채널이 부재하다. 또한 한·미·일 간 및 북·중·러 간 양자동맹은 있으나 다자동맹체가 구성되어 있지 않다. 따라서 동북아 지역에서는 유럽과 같은 습관화된 다자안보대화의 경험이 부재하기 때문에 다자안보협력의 가능성이 낮다. 또한 유럽국가들은 법치주의와 합의 존중의 행동습관이 있기 때문에 협상의 결과를 조약이나 합의문으로 만들어 상호 준수하는 경향을 보이지만, 동북아 국가들은 이런 문화가 거의 없기 때문에 역내 국가 간의 신뢰구축과 안보협력이 더 어렵다.[269]

셋째, 협력을 위한 논의의 장으로서 다자간 협상의 경험 또는 제도화 여부 수준이 유럽과 동북아의 차이점으로 지적된다. 유럽은 안보와 협력을 촉진하기 위한 다자적 기구와 관련해 가장 많은 경험을 가진 지역이며, 그래서 유럽을 세계에서 '기구가 가장 많은' 지역으로 언급된다. 유럽 전 지역에 걸쳐 광범위하게 분포되어 있는 각종 기구

---

269) 한용섭, 「OSCE의 경험과 동북아의 평화」, 제주평화연구원 편, 『제주프로세스와 동북아 평화 번영』(제주: 제주평화연구원, 2009), pp.37~38.

들의 네트워크가 안보협력을 촉진한다. 군사적 측면에서의 NATO, 경제 및 기술 영역에서 출발했지만 점차 정치·안보·사법의 영역까지 포괄하는 EU, 대체로 인권, 민주적 지배, 환경과 관련된 유럽회의(Council of Europe), 그리고 헬싱키프로세스의 주축인 CSCE/OSCE도 설립되었다.[270] 이러한 다자적 기구 이외에도 유럽에서는 역내 국가들의 정상이 함께 참여하는 정상회의가 정기적으로 개최되어 왔다. 그러나 이에 비해 동북아에서는 이러한 포괄적이고 광범위한 기구나 그것들 간의 네트워크는 상대적으로 빈약한 편이다. 또 다자간 정상회담의 개최도 쉽지 않은 상황이다. 이러한 동북아에서의 다자적 기구의 형성과 정상회담의 경험 부재는 북한 변수가 가장 큰 영향을 미친다고 지적한다. 북한의 경우 미국이나 일본, 그리고 한국과의 양자 간 정상회담은 동의하지만, 다자간 정상회담의 경험은 전혀 없으며, 양자 간 정상회담의 경우에도 지속적으로 추진되어 제도화되기보다 간헐적으로 이루어져 왔다.

넷째, 다자간 협상 테이블에서의 첨예한 이해관계를 조정할 수 있는 중재국의 존재 여부 또한 유럽과 동북아의 차이점으로 지적된다. 유럽에는 스웨덴, 핀란드, 스위스, 바티칸공화국 등 12개 중립국 및 비동맹국들이 있는데, 이 국가들은 안보문제를 논의하는 다자간 협상이 개최되어 동·서 양 진영 간에 이해와 입장이 첨예하게 대립될 때 이런 국가들이 중재자로서 이 역할을 수행함으로써 다자간 협상을 조정하여 '헬싱키프로세스'를 성공적으로 이끌 수 있었다고 지적한다.[271] 그러나 동북아에서 다자간 회담이 성사되기도 쉽지 않거니와,

270) P. Terrence Hopmann, 「헬싱키프로세스와 유럽안보협력기구 경험의 동아시아에의 적실성」, 제주평화연구원 편, 『동북아시아의 평화와 번영: 유럽 경험의 탐색』, 제1권(제주: 제주평화연구원, 2008), p.227.

성사된다 하더라도 미·중, 미·러, 북·미, 남북한 간에 이해가 첨예하게 대립될 때 이를 중재할 수 있는 중재자나 중재국가가 없기 때문에 동북아에서는 다자간의 안보협력의 가능성이 낮다고 본다.[272]

마지막으로, 유럽의 경험은 이론적 맥락에서도 동북아의 직접적 원용의 가능성이 희박하다고 주장된다. 다자주의 이론, 특히 자유주의적 다자주의 이론이 말하는 바의 방책이 동아시아에 직접 적용되기 어려운 것임을 보여준다. 자유주의 이론은 무엇보다 구미의 경험에서 일차적으로 생겨난 것으로 비교적 완결된 근대적 주권국가 단위들 간의 관계에 기반한 이론이다. 동아시아의 경우, 여전히 민족주의적 대결의식이 잔존한 상황에서 칸트의 자유주의, 경제적 상호의존 등에 기반 한 자유주의적 평화는 한계를 가질 수밖에 없다.[273]

이상과 같이 유럽과 동북아, 특히 한반도에 대한 비교분석을 통해서 다자안보협력을 위한 양 지역의 '차이점'을 강조하는 논자들은 동북아에서 다자안보협력의 성공 가능성을 상당히 제한적으로 본다.

나. 유사점

버트란드 크롬브루게(Bertrand de Crombrugghe) 대사에 의하면, 당시의 유럽과 오늘날의 동북아 사이에는 다음과 같이 여러 측면에서 유사점들이 있음을 지적한다.

---

271) 일례로 1986년 스톡홀름 선언에서 1975년 헬싱키 최종선언의 신뢰구축조치(CBM)와 다른 신뢰 및 안보 구축 조치(Confidence and Security Building Measures) 중 안보(Security)라는 용어를 첨가하게 되었는데, 이것은 비동맹국인 유고슬라비아 대표의 발의로 된 것이었다.

272) 김경수, 『비확산과 국제정치』(서울: 법문사, 2004), p.303.

273) 박인휘, 「제주프로세스: 실현가능성과 주요 과제」, p.72.

1975년 유럽의 지정학적 상황은 2차 세계대전의 결과로 형성된 것으로, 당시의 상황은 오늘날 동북아시아의 상황과 비슷한 점이 많다. 당시 유럽에 존재했던 국경과 영토 구조가 지금 동북아시아에도 존재한다. 오늘날 동북아시아에 한국이라는 분단국이 있는 것처럼 1975년 유럽에는 독일이라는 분단국이 있었다. 유럽에서는 공산주의 혁명으로 인해 서로 다른 정치적, 경제적, 사회적 체제에 직면해야 했다. 동북아시아에도 이러한 특징이 일부 남아 있다. 1975년 유럽에서는 핵무기와 상호확증파괴(MAD) 원칙이 안보 체제의 논란거리로 남아 있었다. 오늘날 동북아시아 역시 핵 문제로 고민하고 있다. 1975년 유럽에서는 오늘날 동북아와 마찬가지로 역외 강국, 즉 미국이 개입돼 있었다. 그리고 1975년 유럽과 오늘날 동북아의 또 다른 특징은 소련이 중요한 요소로 작용한다는 점이다. 실제로 소련은 헬싱키프로세스에서 중요한 역할을 했으며, 오늘날 동북아에서는 러시아 연방이 지역안보 차원에서 중요한 파트너 역할을 하고 있다.[274]

　이상과 같은 크롬브루게 대사의 '유사점'에 대한 지적을 통해서 볼 때, 유럽과 동북아 사이에는 유사점도 만만찮게 존재함을 알 수 있으며, 특히 양 지역의 분단국 동서독과 남북한의 존재에서도 유사점을 찾을 수 있다. 여기서는 몇 가지 핵심 논제들을 중심으로 동북아에서의 다자안보협의체 결성에 긍정적 영향을 미칠 수 있는 유럽과의 유사점을 재검토할 것이다.

　첫째, 지역적 이념적 대결구도와 분단국 간 군사력 균형에서의 유사점을 지적할 수 있다. 헬싱키프로세스가 실행되기 시작한 시기는 시대적으로 냉전기로서, 이념적으로 유럽은 동유럽과 서유럽으로 분단되어 있었다. 그리고 거시적인 전략적 구도상으로는 세력균형이었지만, 소련을 비롯한 동구권은 미국과 서방에 비해 경제적으로 매우

---

274) 버트란드 크롬브루게, 「'상호확증파괴'로부터 '협력안보'로의 전환」, 제주평화연구원 편, 『동북아시아의 평화와 번영: 유럽경험의 탐색』, 제1권(제주: 제주평화연구원, 2008), p.104.

열세한 입장에 있었다. 동북아 역시 유사한 경향을 보이고 있다. 탈냉전 시대인 오늘날에도 동북아 지역만큼은 사실상 냉전체제 속에 살고 있다. 북한은 경제위기에 처해서 체제의 생존이 위협받고 있는 상황이므로 체제의 인정과 안전을 보장받기를 원하고 있다. 미소 양 진영 간의 핵무기와 재래식 무기는 억제력의 균형을 이루었다고 볼 수 있다. 재래식 군사력 균형 면에서는 소련과 동구가 수적으로는 우세였으나 질적으로 열세였다고 볼 수 있다. 한반도에서 한미동맹을 고려하면 북한과의 사이에 억제력의 균형을 이루고 있다고 볼 수 있다. 남북한 군사력 균형 면에서도 북한이 양적으로 우세하나 질적인 면에서는 한국이 우세하다고 평가되고 있다. 유럽에서 상호 합의에 의한 군축이 가능했던 것은 동서 양 진영 간에 어느 정도 군사력의 균형이 이루어진 시기라고 본다면 한반도에서 군사력 균형의 달성은 비슷한 조건을 가지고 있다고 볼 수 있다.[275)]

둘째, 유럽 지역도 처음부터 쉽게 신뢰구축 조치를 취할 수 있었던 것은 아니다. 유럽에서 소련과 동구권 국가들은 초기에 미국 주도의 신뢰구축과 검증을 완강하게 거부했다. 공산권 국가들은 서방국가들이 군사적 투명성을 제고하기 위해 군사정보의 교환, 군사훈련의 상호참관 등에 대한 제안을 거부했던 것이다. 인권에 대한 조항도 반대가 만만치 않았다. 이러한 상황은 현재 동북아에서도 유사하게 나타나고 있다. 신뢰구축 제안에 대한 북한의 태도가 완강하다. 남한의 수차에 걸친 신뢰구축 제안을 반대했으며, 군사정보의 투명화, 한미연합훈련에의 참관 초청 등에 대해 중국과 북한은 계속 반대를 표명해

---

275) 한용섭, 「OSCE의 경험과 동북아의 평화」, p.40.

왔다. 인권문제 역시 마찬가지이다. 물론 소련의 반대에도 불구하고 미국이 협상을 통한 타협을 유도하여 신뢰구축과 검증을 통과시킴으로써 점차 신뢰구축 단계로 나아갔다. 이런 유럽의 예에서 볼 때, 현상적으로 신뢰구축 조치의 가능성이 희박하기 때문에 유럽과의 차이를 강조하는 것은 부적절한 평가라고 할 것이다.[276]

셋째, 군축의 측면에서도 신뢰구축 조치와 유사한 측면에서 차이점만 부각시킬 문제는 아니다. 사실, 미국과 서구는 소련과 동구가 주장하는 군축의제를 원하지 않았다. 특히 미국은 소련이 제기하는 미국의 해·공군 감축 문제를 군축협상의 의제로 삼기를 원하지 않았다. 게다가 소련은 서유럽에서 외국군의 철수를 군축의 전제조건으로 주장했던 것이다. 이러한 현상은 동북아, 특히 한반도의 경우에도 일치한다. 한·미 양국은 북한이 지속적으로 주장해 온 주한미군의 철수를 거부해 왔다. 특히 주한미군은 남북협상이나 한·중·미·북 4자회담의 의제로 될 수 없음을 분명히 했다. 반면에 북한은 주한미군의 철수를 한반도 군비통제 및 평화체제 구축 협상에 가장 중요한 의제로 항상 제기해 왔던 것이다. 따라서 군축의제에 대한 호/불호만 가지고 단순한 차이점이라고 지적하는 것은 문제가 있다.[277]

마지막으로, '헬싱키프로세스'에서 관련국들이 안보협력을 위한 포괄적 합의를 이끌어낸 것이 주요 동력이었던 것과 마찬가지로 남북한 관계에서도 포괄적 합의라고 할 수 있는 여러 포괄적 합의들이 이루어진 바 있다. 특히 1992년 '화해와 불가침 교류협력에 관한 기본합의서'는 정치·군사·경제·사회·문화 측면에서 포괄적 합의를

---

276) *Ibid*, p.40.
277) *Ibid*, p.41.

이룬 대표적 사례이다. 다만, 유럽국가들은 시간이 걸리기는 했지만 헬싱키 최종선언과 스톡홀름 협약을 꾸준히 준수한 것에 비해서 남북한관계에서는 북한이 이를 준수하지 않고 있다는 차이가 있다. 역시 마찬가지로 동북아 국가들이 전원 참여하는 동북아 다자간 안보 대화가 없었으며 포괄적인 합의가 없었다는 점이 유럽과의 중요한 차이로 지적된다. 그러나 여기에 대해서도 북한 핵문제에 대해 2003년부터 '6자회담'을 개최했으며, 북핵문제 해결을 위한 여러 차례의 포괄적 합의가 있었다. 제4차 회담에서의 한반도 비핵화, 미국의 대북 불가침 의사 확인 등을 내용으로 하는 6개 항목의 '9·19 공동성명', 제5차 회담에서 북한의 핵시설 폐쇄와 불능화, 북한의 핵 프로그램 신고와 이에 상응하는 5개국의 에너지 100만t 지원, 북한의 테러지원국 지정 해제 과정 개시 등을 내용으로 하는 '2·13합의', 그리고 '2·13합의'의 이행 조치를 구체화하기 위한 방안 등을 논의하기 위한 6차 회담에서 이루어진 '10·3합의' 등은 다자협력을 통해 이룩한 성과라고 할 수 있다. 물론 이 합의들 역시 북한이 거의 일방적으로 준수하지 않고 있다.

이상과 같이 볼 때, 유럽과 동북아 사이에는 차이점만 있는 것이 아니라 유사점도 있으며, 특히 사안을 어떻게 볼 것이냐, 즉 결과적 측면과 과정적 측면 어디에 초점을 맞춰 볼 것이냐에 따라 상이한 인식과 평가가 가능하다는 점에서 전망적 해석이 달라질 수 있다는 점도 유의할 만하다.

3. 헬싱키프로세스가 제주프로세스에 주는 함의

이상에서 살펴본 바와 같이 다자안보협력의 지역적 맥락으로서 유럽과 동북아 상황에 대한 평가는 유사점과 함께 차이점이 공존하고 있음을 알 수 있다. '헬싱키프로세스'를 참고하는 제주프로세스는 향후 차이점을 이해하는 가운데 그에 대한 분석과 평가를 바탕으로 창의적으로 접근함으로써 그 문제를 극복해야 할 필요가 있다.

제4회 제주포럼에 참석했던 미국 존스홉킨스대의 필립 테렌스 호프만(P. Terrence Hopmann) 교수는 동북아 다자안보협력의 적실성을 높일 수 있는 유럽의 경험에서 비롯된 8개의 교훈을 다음과 같이 제시한 바 있다.[278]

> #1: 지역 안보 기구를 창립하는 시기가 중요하다. … 갈등은 폭력의 단계로 들어선 후에 해결하는 것보다는 그 이전에 관리하는 것이 쉬운 것이 일반적이다. 잠재적 갈등이 돌이킬 수 없는 상태 이상으로 악화되기 이전에 조기 경보가 고위급 정치 의사결정자들에게 도달되어 잠재적 갈등 상황에 조기에, 결정적으로 개입하는 것이 최선이다. … 위기가 발생한 당시에 새로운 갈등 예방·해결 메커니즘을 만드는 것이 훨씬 더 어렵다.
> #2: 안보구축 과정은 한 번에 한 단계씩 추구되는 장기적인 노력으로 보아야 한다.
> #3: 투명성은 안보와 신뢰에 기여하는 가장 간단하면서도 위협이 적으며, 쉽게 이해되고, 즉각적으로 협상될 수 있는 방안이다. 따라서 개방성을 촉진하는 방안이 안보구축의 유용한 첫 단계라 할 수 있다. … 30년 전에 헬싱키에서 채택한 투명성 방안이 없었더라면 현재 유럽안보 레짐이 오늘과 같이 잘 발전하지 않았을 수도 있다.

---

278) P. Terrence Hopmann, 「헬싱키프로세스와 유럽안보협력기구 경험의 동아시아에의 적실성」, 제주평화연구원 편, 『동북아시아의 평화와 번영: 유럽 경험의 탐색』, 제1권(제주: 제주평화연구원, 2008), pp.238~240.

#4: 전통적인 군축에 대한 다른 좋은 수단이 없을 때 억제는 특히 중요할 것이다. … 대만해협, 핵무기를 보유한 북한과 이웃 국가들 등 잠재적 긴장이 있는 지역에서는 억제 방안들이 우발적, 혹은 의도하지 않은 폭력의 위험을 낮출 것이다.

#5: 예방외교는 주로 제3자에 의해, 특히 그 제3자가 갈등의 당사국 모두가 참여하는 다자적 기구일 때 가장 효과적이다.

#6: 안보 협력은 이의 실행을 위한 메커니즘이 제도화되었을 때 가장 효과적일 수 있다.

#7: 현 국제 체제에서 다자적 기구들은 결정적 조치를 취하고자 할 때는 핵심 국가들의 리더십과 의지에 의존한다.

#8: 평화지대를 만드는 과제는 장기적 과정이며 어느 단일한 결정이나 단일 기구의 설립으로 이루어질 수 없다. 궁극적으로 평화는 국가가 개방되고, 국민의 의사를 자유롭게 대표하고, 국내적 혹은 국외적으로 법치를 준수하고, 갈등을 해결하고 폭력을 예방하기 위해 필요한 절차를 제도화할 때에만 얻을 수 있다.

이러한 유럽의 교훈을 참고로 제주프로세스는 '헬싱키프로세스'로부터 얻을 수 있는 함의를 적절하게 도출할 필요가 있다.

우선적으로 지적할 수 있는 함의는 세력균형과 국가이익의 절충 문제에서부터 찾을 수 있다. '헬싱키프로세스'는 역내 국가 간 관계의 지속적인 발전과 유럽의 안보 보장을 위해서는 어떤 한 측면에 국한된 협력 논의보다 포괄적인 측면에서의 협력 논의를 진전시켜 나가야 한다. 즉 군사안보, 인권, 경제협력의 세 가지 축이 헬싱키프로세스의 중심적인 축이라고 할 수 있는데, 역내 참가국들은 이들 세 축이 균형적으로 발전해야 된다는 강력한 믿음을 공유하면서 국가 간의 이익을 상호 조정할 수 있었기 때문에 성공적인 다자안보협의체제를 출범시킬 수 있었다.

주지하듯이, CSCE 내에서 양대 진영의 중심국인 미국과 소련의 국가이익이 적절하게 절충되었다. 소련은 미국과 서유럽국가들로부터 제2차 세계대전 이후 생긴 국경선과 소련의 영향권을 인정받으려고 시도했으나 미국은 유럽에서 소련의 기득권과 영향권을 인정해 주는 것이 싫어서 유럽안보협력회의의 탄생을 지지하지 않았다. 그러나 만약 소련이 유럽안보협력회의에서 공산권의 인권문제의 증진과 철의 장막 속의 고련의 군사력에 대한 투명성과 예측 가능성을 증진시키기 위한 신뢰구축 조치를 받아들인다면 소련의 기득권과 영향권을 인정해 주어도 좋다는 생각으로 돌아서게 되었다. 이런 동기가 상호 타협을 보게 되어 CSCE가 시작된 것이다.

두 번째로 다자협력은 여러 국가들이 참여하기 때문에 그에 따른 참가국들의 미래의 비전 공유가 중요하다는 점을 지적할 수 있다. 사실 현상을 이해하고 또 현상을 넘어설 수 있는 동기도 충분치 않을 경우 그 현상을 타파하기 위한 노력은 절실하기 어렵다. 이럴 때 현상타파를 위한 미래 비전이 제시되고 이를 공유할 수 있을 때 성공적인 다자협력이 가능할 것이다.

당시 유럽은 냉전 체제하에서 동서 양진영의 대립 구도하에 있었다. 이 양 진영은 이념적·군사적 대립을 현실로 수용하면서도 그러한 대립의 해소를 목표로 한 포괄적인 전략을 구상하고 있었다. 서유럽국가들은 유럽의 자유로운 왕래, 사회·문화·경제·기술 교류뿐만 아니라 미·소 간의 첨예한 대결을 완화하고 유럽에서 광범위한 안보협력을 통해 안전하고 평화로운 유럽을 건설하고자 하는 희망에서 CSCE를 찬성했다. 반면, 동유럽국가들은 서유럽국가들과 경제·기술 교류를 통한 경제발전을 희망하면서 CSCE 개최에 찬성했던 것이다. 중립국 및 비동맹국들도 자국의 안보를 확보하고 미·소 간의 충돌과 전쟁 가능성을 방지하며 양극체제 간 타협과 양보를 통해 유럽을 안정시키고 안보를 확보하기 위해 CSCE에 참가해서 적극적인 중재 역할을 담당했다. 이처럼 헬싱키프로세스를 통해 유럽의 다자안보협의체를 구성하기 위해 각국 및 진영별로 상이한 관점과 이해관계들이 있었지만 유럽의 안보와 평화라는 미래의 비전에는 모두가 공감했다.

셋째, 신뢰구축과 군축의 병행적 추진을 들 수 있다. 유럽의 국가들은 미국과 소련의 주도하에 군사적 신뢰구축과 군축은 반드시 동시에 추구되어져야 실질적으로 신뢰와 안보를 증진시킬 수 있다는 믿음을 가지고 CSCE와 동시에 재래식 군축을 시도했다. 이러한 유럽의 경험은, 다자간 안보협력을 성공시키기 위해서는 정치·경제·과학기술·인권 같은 포괄적인 문제를 다루는 한편, 군사적인 문제를 동시에 해결하고자 하는 노력이 국가 간의 안보협력을 실질적으로 증진시킬 수 있음을 보여준다. 또 유럽에서는 미국과 서유럽국가들이 소련과 동구권 국가들에게 검증조치를 요구했으며, 그것을 관철시켰다는 점도 동북아 다자안보협력에 중요한 함의를 제공한다. 사실, 처음에는 소련과 공산권이 완강하게 반대했으나, 고르바초프 등장 이후 군축에 대한 검증을 수용했다. 상호 검증의 결과, 신뢰가 더욱 증가했으며, 군축과정에서 검증에 대한 협조로 인해 미·소 간, 양 진영 간 신뢰가 더욱 증가했다.

이런 유럽의 경험을 고려할 때, 동북아 국가들이 모두 참여하여 상호공존과 협력을 위한 공동 비전의 형성 및 안보이익 절충을 위한 포괄적인 제도적 디자인이 필요하다. 특히 신뢰구축을 군사적인 면에 한정하기보다 북한과 중국 등 사회주의 국가에서 민주주의를 향상시키기 위해 인권 문제와 경제 및 과학기술 교류협력 등이 포함되어야 할 필요가 있다. 이는 안보 문제를 가장 우선적이고 직접적인 이슈로 제기할 경우 미·중·러·일 등이 참가를 주저할 가능성이 있기 때문에 오히려 주변 4국의 핵심적 안보이익과 관련이 없는 작지만 협력하기 용이한 문제부터 거론하는 것이 현실적일 것이다.

넷째, 다자다안보협력을 위해서는 정상회담과 같은 책임 있는 당국자 간의 회담을 지속적으로 개최함으로써 다자적 논의와 협력을 습관화해 갈 필요가 있다. 유럽에서 다자간 신뢰구축이 가능했던 것은 1973년부터 계속된 35개국 정상회담을 통해 정치적 신뢰구축이 이루어졌고, 1985년 10월에 소련에서 개혁개발을 주창하는 신사고를 가진 지도자 고르바초프의 출현에 힘입은 바 크다. 그러나 앞에서도 지적했듯이, 동북아 지역에서는 북·미 및 북·일, 그리고 남북한 정상회담이 정례적으로 이루어지지 못하고 있다. 또한 남북한 및 미·중·러·일본의 지도자가 참가하는 정상회담은 단 한 차례도 개최된 적이 없다. 북한이 참가를 희망하지 않기 때문이다. 어려운 만큼이나 그것이 실행된다면 그 파급효과는 클 것으로 보인다. 즉 동북아 정상회담에서 남북한 간뿐 아니라 동북아에서 정치적 신뢰구축과 더불어 군사적 문제 해결, 경제사회적 교류협력, 인권문제 개선이 동시에 합의되도록 노력해 나갈 수 있기 때문이다. 이런 맥락에서 북핵문제 해결을 위한 '6자회담' 또는 이와 유사한 회담을 장기적으로 그리고 정례화된 회담으로 개최하도록 노력할 필요가 있다.

다섯째, 협상을 통한 상호 양보와 타협을 도출해 나가야 할 것이다. 다자안보협력의 핵심 의제는 역시 군사적인 문제라고 할 것이다. 유럽의 경우 그것은 군축으로 집약된다. 유럽에서 미·소 간에 중거리 핵무기 감축협정이 성공한 사례와 재래식 군비통제 협상이 성공하게 된 사례는 모두 협상을 통해 군사적 위협을 실질적으로 감소시키기 위해 상호 양보가 가능했기 때문이라는 점에 유념할 필요가 있다. 유럽의 신뢰구축과 군축과정을 볼 때, 수적으로 우세한 상대방을 일방적으로 감축하라고 주장하거나 자국 편의 군사력과 동맹의 군사력은 어떠한 일이 있어도 감축대상이 될 수 없다는 완고한 자게는 상대방의 협력을 결코 유도할 수 없다는 것이다. 상호 협상을 통해 군사적 안정성을 달성하는 낮은 수준의 군비감축에 합의하려면,[279] 안보전문가들과 군사당국자들이 감축 이후 어떻게 군사적 안정성을 달성할 것인가 미리 연구해서 내부적인 합의를 이루어놓는 것이 필요할 것이다. 유럽에서 군축이 획기적으로 이루어지게 된 것은, 미국과 유럽의 안보전문가들이 NATO가 보유하고 있었던 현존 군사력보다 낮은 수준에서 국경을 지키고, 군사적 안정성을 확보할 수 있다는 결과들이 있었기 때문에 이를 협상에서 활용함으로써 소련 측을 설득했으며 소련 측의 합의를 유도해낼 수 있었기 때문이다.

마지막으로, 집단방위동맹과 같이 첨예한 안보이익에 대해서는 현상을 인정하는 가운데 출발해야 할 필요가 있다는 점을 지적할 수 있다. 유럽에서 다자안보협력이 시작될 때, 집단방위동맹을 부정하지 않았다. 즉 NATO와 WTO의 존재를 인정한 바탕 위에서 다자안보협력을 추구해갔다는 것이다. 또한 국가들은 당시의 국경선을 존중하고 국가 간의 이해 충돌이 발생할 경우에도 무력사용을 배제하는 데 합의했었다는 것이다. 현재 동북아 지역에서의 집단방위동맹은 주로 양자동맹이 중심이다. 안보협력 논의 과정에서 이러한 동맹체제의 파기를

---

279) The Final Document of the 1989 Vienna Meeting, September 1989.

주장할 경우 국가별로 안보에 대한 근본적 문제제기로 간주하여 협상이 진전되기 어려울 것이다. 따라서 동북아에서 다자안보협력을 위한 논의와 협상은 기존의 양자동맹, 즉 한·미동맹, 미·일동맹, 북·중 동맹을 인정하는 토대하에서 시작해야 할 것이다. 실제로도 양자동맹은 다자안보협력과 상호보완관계에 있는 것이지 결코 상호 배타적이지 않다는 점을 상호 인식할 필요가 있다. 미국과 일본이 그동안 다자안보협의체 구성에 소극적인 태도를 보인 가장 큰 이유가 바로 이 구상이 미일안보조약을 대체하는 것으로 잘못 인식했기 때문이다.[280]

모든 지정학적 상황은 독특할 수밖에 없다. 지역을 구성하는 국가와 문화가 다양하고 이해관계도 다르기 때문이다. 다자안보협력에 관한 유럽과 동북아의 환경은 당연히 다를 수밖에 없을 것이다. 따라서 유럽이라는 지역적 토대에서 이루어진 '헬싱키프로세스'의 경험을 동북아라는 지역적 맥락을 기반으로 하는 제주프로세스에 적용하는 것은 분명한 한계가 있을 것이다. 그러나 그 경험적 적용에서 중요한 것은 유사점과 차이점의 통합적 수렴을 의미하는 것이지 경험의 단순한 원용은 아니다. OSCE 상임이사회 의장이었던 버트란드 크롬브루게(Bertrand de Crombrugghe) 대사는 유럽과 동북아의 차이에도 불구하고 "그 유사점으로부터 상상력을 발휘할 수 있다"[281]고 지적한다. 이는 곧 유럽의 경험에 대한 학습, 나아가 과거 동북아에서의 실패의 교훈을 토대로 정치적 상상력을 발휘함으로써 성공과 실패의 교훈을 창조적으로 수용해야 한다는 것을 의미한다.

---

280) 강근형, 「동북아시아 안보공동체 구축: 한국의 시각」, 『법과 정책』, 제10호, (제주대학교사회과학연구소, 2004), p.10.

281) Bertrand de Crombrugghe, 「유럽안보협력기구(OSCE), 다자간 안보협력과 동북아를 위한 교훈」, 제주평화연구원 편, 『동북아시아의 평화와 번영: 유럽 경험의 탐색』, 제1권(제주: 제주평화연구원, 2008), p.105.

제 6 장

제주프로세스 실현의
조건과 과제 및 전략

제1절 제주프로세스 구상의 실현 조건: 거시적 국제환경

　위에서 동북아 다자안보협력 실험의 한계와 유럽의 '헬싱키프로세스'와 제주프로세스의 유사점과 차이점에 대한 분석을 토대로 함의를 도출했다. 이러한 논의를 통해 알 수 있는 사실은 제주프로세스의 가능성과 한계가 상호 엇갈리고 있다는 점이다. 주지하듯이, 제주프로세스는 한국만의 주도적 노력으로는 불가능한 문제임에 틀림없다. 동북아에서 서로 각축하는 강대국 미·중·일의 역학관계를 무시할 수도, 또 세계 전반의 전략 환경 및 정세 변화와 무관하게 독자적으로 추진될 수도 없다. 특히 동북아에서 대결과 갈등의 빈도가 점점 높아지는 미·중 및 중·일 관계 구도를 볼 때, 제주프로세스의 필요성과 함께 그 한계도 비례적으로 높아지고 있다.

　제주프로세스 구상을 실현해 나가기 위해서는 거시적인 국제환경이 호의적이어야 한다. 동북아라는 지역 정세가 국가 간 힘의 균형과 이익의 조정, 더 나아가 동북아 정체성의 형성이라는 거시적 변수들의 의미 있는 전환이 있어야 한다. 물론 이러한 거시적 국제환경의 변화가 일국의 의식적인 노력만으로 변화될 수 있는 가능성은 희박하다. 따라서 제주프로세스 구상의 조건으로서 국제환경은 인위적인 노력을 통해 다자안보협력에 호의적인 방향으로 변화시키는 것은 지난한 문제이다. 그럼에도 동북아 다자안보협력이 가능한 국제환경으로 변화되어야 할 것임이 분명할진대, 여기서는 어떤 방향으로 거시적 국제환경이 변화가 이루어져야 하는지에 대해 살펴본다.

1. 힘의 분포: 세력균형

동북아 국제관계는 냉전 이전과 이후로 구분되어 이해될 수 있다. 냉전 시기 동안의 기본적인 세력구도는 유럽과 마찬가지로 동서 간 대립구도였다. 냉전시기 동안 미국은 1952년 '미·일 안보조약'과 1953년 '한·미 상호방위조약'을 체결하여 미군을 전진 배치하고 동북아 지역의 군사적 패권을 확립하였다. 그러나 역사적 갈등으로 인해 한·일관계가 유사동맹(quasi alliance)[282]에 머물러 있었기 때문에 NATO와 같은 한·미·일 집단동맹체제의 구축으로까지 발전하지는 못했다. 북·중·러의 관계도 유사한 구도를 보였다. 1961년 '조·중 우호협력 및 상호원조 조약'과 '조·소 우호협력 및 상호원조 조약'을 체결했지만, 중국과 러시아 간의 분쟁으로 인해 러시아·중국·북한 간 집단동맹체제가 구축되지는 못했다. 냉전 시대 동북아는 이처럼 자유 진영 3국의 쌍무적 동맹과 공산 진영 3국의 쌍무적 동맹이 동북아의 패권을 놓고 대치했었다.

그러나 냉전 종식으로 이러한 동서 양 진영의 대립구도는 균열되었고, 이후 동북아의 세력구도는 미·중·일 3국이 중심 축이 되었

---

282) Victor D. Cha, "Positive and Preventive Rationals for Korea-Japan Security Cooperation: the American Perspective," Ralph A. Cossa, ed. *U.S.-Korea-Japan Relations: Building Toward a Virtual Alliance* (Washington D.C. : CSIS, 1999).

다.[283] 이러한 세력구도의 변화 속에서도 우세한 군사력 및 일본, 한국과의 쌍무 동맹관계를 바탕으로 러시아나 중국에 비해 미국이 동북아 지역에서 압도적인 영향력을 행사해 왔다. 그러나 1990년대 후반 이후 중국의 부상이 주목받으면서 동북아에서의 미·중 간 세력균형의 가능성이 조심스럽게 논의되고 있다. 따라서 동북아에서의 세력균형은 미·중·일 3국 중에서도 새롭게 부상하는 중국의 영향력 확대·강화와 이에 대한 미국의 대응에 주목함으로써 그 변화 여부를 파악 또는 전망할 수 있다.

개혁·개방 이후 성장을 거듭하고 있는 중국은 빠른 속도로 미국의 경제적 위상을 추격하고 있다. 중국은 개혁·이후 30년 동안(1979~2008년) 연평균 9.9%의 경제성장률을 기록하면서 미국, 일본에 이어 세계 3위의 경제대국이 되었다.[284] 1990년 미국의 6.7% 불과했던 중국의 GDP 규모도 2008년에 30.9%로 급증했으며,[285] 이러한 추세가 지속될 경우 GDP 규모에서 2030년경이 되면 미국을 추월할 것으로 전망되고 있다. 중국의 급속한 경제성장 및 경제규모의 확대로 세계 최대의 외환보유국이자 세계 최대의 공장과 시장을 구비한 해외직접투자 유치국이 되었을 뿐 아니라 국제통화의 다원화를 주장하는 등 세계경

---

283) 동북아 국제관계는 미·중·일 3국 간 세력균형의 변화에 따라 역사적인 변화를 경험하였다. 박인휘는 1947~72년까지의 시기는 미·일에 대한 중국의 상대적 약화, 데탕트의 진행 이후부터 냉전 종식까지인 1972~1990년까지는 미국이 중국의 전략적 가치를 인정한 데 따른 3국 관계의 부분적 균형 회복, 1990~1997년 시기는 냉전 종식에 따른 미국의 대 세계 및 대동북아 전략가치 조정에 따른 3국 간 균형의 냉전기로의 회귀라는 특징을 보였으며, 1997년 이후 현재까지는 3국 간 불균형의 완화를 특징으로 한다고 분석한다. 박인휘, 「동북아 국제관계와 한국의 국가이익: 미·중·일 세력관계를 중심으로」, 『국가전략』, 제11권 3호(2005), pp.10~12.

284) Wayne M. Morrison, "China's Economic Conditions," *CRS(Congressional Research Service) Report for Congress*(May 5 2009), pp.3~4.

285) IISDS(The Institute of International Strategic and Development Studies), The Rise of China's Power and International Role. School of Public Policy and Management, Tsinghua University(June 2009), p.9.

제의 중심축으로 성장했다.[286]

최근에는 군사력과 소프트파워 영역에서도 부상하고 있다. 중국 정부가 2010년 3월에 발표한 공식 국방예산은 780억 달러이다.[287] 7,000억 달러에 육박하는 미국에 비하면 미미하지만, 2002년 200억 달러였던 국방예산은 2008년 3배로 증가하여 600억 달러에 이르고 있으며, 2000~2009년 기간 동안 중국의 국방예산은 평균 11.8%씩의 높은 증가율을 보이고 있다.[288] 그리고 중국은 러시아로부터 1990년 대부터 매년 대규모로 신무기를 구입해 왔고 2000년대 들어서 그 규모는 더욱 증가했다.[289] 또 중국은 핵미사일·핵잠수함·대륙간탄도미사일(ICBM), 중국형 첨단 전투기(J-11) 자체 생산, 항공모함 건조 등의 군사역량을 보유하면서 새로운 군사강국으로 떠올랐다.

중국은 소프트 파워 증진을 위해서도 다양한 노력을 기울이고 있다.[290] 중국의 경제발전 경험에 기초한 '중국식 발전모델' 또는 '베이징 컨센서스'(Beijing consensus)를 선전하고, 또 이를 뒷받침하고 향후 중국의 새로운 에너지 공급처나 상품시장이 될 수 있는 지역이나 국가를 중심으로 대규모의 경제 원조를 병행하고 있다. 그리고 2004년

286) Fareed Zakaria, *The Post American World*(New York: W. W. Norton & Co., 2008), pp.89~92.

287) 중국의 불투명한 국가회계 방식 때문에 실제로는 1,500억 달러 이상이 될 것으로 추산한다. U.S. Department of Defense, "Annual Report to Congress – Military and Security Developments Involving the People's Republic of China, 2010," p.43

288) *Ibid*, p. 41.

289) 김태호, 「중국의 군사·안보전략과 한국의 대응」, 이장규 외, 『중국의 부상에 따른 한국의 국가전략 연구(1)』, 경제·인문사회연구회 미래사회협동연구총서 09-08-01(1), 대외경제정책연구원(2009), pp.158~159.

290) 조영남, 「중국의 부상과 한국의 대응: 정치·외교 분야 대(對) 중국 국가전략 총괄연구」, 이장규 외, 『중국의 부상에 따른 한국의 국가전략 연구(1)』, 경제·인문사회연구회 미래사회협동연구총서 09-08-01(1), 대외경제정책연구원(2009), pp.33~34; 이희옥, 「한국에서의 중국의 부상의 성격: 시각과 실제」, 『한국과 국제정치』, 제25권 제4호(2009), pp.6~7; 박병광, 「중국의 동아시아 전략: 인식, 내용, 전망을 중심으로」, 『국가전략』, 제16권 2호(세종연구소, 2010), p.42.

부터 '공자학원' 설립을 통해 전 세계를 대상으로 중화문명을 활용한 소프트파워 전략을 구사하고 있다. 또한 중국은 강대국 및 양자외교 중심의 기존 정책에서 벗어나 아시아 주변국, 다자기구, 제3세계 국가 등에 대한 전방위 외교정책을 전개하기 시작했다. ASEAN+1, ASEAN+3, 상하이협력기구(SCO), 동아시아 정상회의(EAS), 북핵 '6자회담' 등과 같이 중국은 국제기구와 레짐 형성에 적극적으로 참여하면서 다양한 국제적 역할 수행을 통해 책임대국(責任大國)으로서의 위상을 확보해 나가고 있다.

이와 같은 부문별 중국의 부상 중에서도 가장 민감한 부문이 안보 부문이라고 할 것이다. 중국의 안보 목표는 "경제성장, 영토 통합, 체제안전, 유리한 전략균형 조성, 그리고 국제 영향력의 확대"[291] 등으로 요약할 수 있다. 이 중에서 유리한 전략균형의 조성과 국제 영향력의 확대는 대외전략 목표이다. 이러한 대외적 안보 목표에 따를 때, 중국은 동북아에서 자국에 유리한 힘의 균형을 추구하고, 그것을 바탕으로 전 세계적으로 영향력의 확대한다는 목표를 가진 것으로 파악할 수 있다. 그러나 경제성장 역시 간과할 수 없는 중요한 영향력 확대의 수단이다. 대외전략 목표의 달성을 위해서는 지속적인 경제성장을 통해 막대한 군사비를 충당할 수 있어야 하기 때문이다. 이처럼 강력한 중국의 등장은 유리한 세계적 균형을 전략 목표로 설정하고 있는 미국의 이해와 충돌하는 것이다.[292]

---

291) Wu Xinbo, "China: Security Practice of a Modernizing and Ascending Power," Muthiah Alagappa, ed., *Asian Security Practice: Material and Ideational Influences*(Stanford : Stanford University Press, 1998), p.127.

292) 김기수, 「미·중·일 삼각관계와 동북아시아 전략균형: 새로운 국제정치경제의 틀 모색」, 『세종정책연구』 제4권 1호(2008), pp.98~99.

이러한 중국의 대외전략 목표의 설정에 대해 미국도 적극적으로 대응하기 시작했다. 2000년대에 들어서면서 미국의 군사비가 다시 증가하기 시작했고,[293] 부시 행정부가 들어서면서 미국은 중국에 대한 전략적 인식을 새로이 하기 시작했다. 국방비 지출이 감소 혹은 정체 상태를 보이던 클린턴(Bill Clinton) 행정부는 중국을 전략적 동반자로 간주했지만, 부시 행정부는 중국을 전략적 경쟁자로 규정하는 전략적 사고의 전환을 꾀했다. 2001년 발행된 '4개년 국방검토보고서'(*Quadrennial Defense Report*)에 따르면, "지금 현재 미국에 필적하는 경쟁자는 없으나, 지역 강대국이 미국의 이해와 직결되는 안정을 해칠 수 있는 충분한 능력을 개발할 가능성은 상존하고 있는 바 … 엄청난 자원을 배경으로 하고 있는 군사적 경쟁자가 이 지역에서 등장할 가능성이 있다"고 중국을 구체적으로 지목하고 있다. 결국 "동아시아 연안은 특히 도전적인 지역(challenging area)이 될 수밖에 없으므로 … 아시아에서 안정된 균형을 유지하는 것은 복잡한 과제가 될 것이라고" 예측하고 있다.[294]

동북아를 자국의 사활적 이해가 걸린 지역으로 평가하는 미국은 중국을 이 지역에서의 군사적 경쟁자로 간주함에 따라 미·중간 대결이 세력균형에 어떻게 작용하는가가 지속적인 관심사이다. 2009년 수교 30주년을 맞이한 미·중 양국은 경제적 상호의존성 심화와 공

---

293) 미국과 소련 간의 치열한 군비경쟁은 미국이 1989년 3,760억 달러라는 당시까지 최고 수준의 군사비를 지출함으로써 그 정점에 이른다. 소련이 경쟁에서 한계를 보이기 시작한 1990년부터 군사비는 감소하는데, 그 추세는 줄곧 이어져 1997년 2,540억 달러를 기록하며 최저치를 기록한 후 부시 행정부 등장 직전인 2001년까지 증가세를 보이지는 않았으나 2001년 부시 행정부의 출범과 동시에 다시 증가세로 돌아서, 2002년에는 3,450억 달러로 대폭 증가한 후, 2003년 3,790억 달러, 2004년 4,013억 달러, 2005년에는 4,206억 달러를 기록하고 있다. 김기수, 「미중일 삼각관계와 동북아시아 전략균형: 새로운 국제정치경제의 틀 모색」, p.97.

294) The US Department of Defense, *Quadrennial Defense Report*, September 30, 2001, p.4.

동이익 기반이 확대되면서 대립과 긴장을 가급적 회피하고 안정적이고 건설적 협력관계 강화를 모색해왔다. 예컨대, 2009년 4월 런던에서 개최된 G20 회의에서 오바마 미국 대통령은 미중관계를 "세계에서 가장 중요한 양자관계"라고 하였으며, 후진타오 중국 주석도 "미중관계는 21세기를 공동으로 건설해 나가는 적극적이고 전면적인 협력관계가 되어야 한다"고 강조했다.[295]

그러나 미·중 양국은 상호 전략적 불신(strategic mistrust) 속에 상호견제와 제한적 협력을 추구하고 있는 것으로 보인다.[296] 사실, 중국과 미국은 이미 동북아에서 첨예한 대결 양상을 보여 왔다.[297] 그러나 최근 미국은 표면상으로는 부강한 중국을 환영하고 중국이 동아시아에서 더 큰 지역적 책임을 떠맡기를 기대하지만, 내심으로는 중국 해군력의 빠른 증강 및 이를 통한 태평양과 인도양으로의 세력확장을 자신에 대한 위협으로 받아들이고 있다. 또한 중국을 이해 관련자로 지칭하면서도 다른 한편으로는 여전히 패권 도전국으로 상정하고 경계하는 이중적 인식을 지니고 있다.[298]

반면, 중국은 미국에 대해서 일본과의 동맹강화, MD체제의 구축 시도, 중앙아시아와 서남아시아 지역에 대한 군사적 영향력 증대, 북한에 대한 압박, 대만에 대한 무기판매 등 일련의 조치들이 중국의

---

295) 구본학, 「천안함 피폭사건 이후 한반도 안보 전망」, 세종연구소 주최, 제23차 세종국가전략포럼, 『급변하는 동북아 안보환경과 한국의 대응방향』(2010. 10. 27), p.10.

296) Bonnie S. Glaser, *U.S.-China Relations: Cooperation Amid Strategic Mistrust*, CSIS, Sep. 15, 2009.

297) 1990년대 이후 동북아 지역에서 미·중 간 군사적 경쟁과 갈등에 대해서는 조현태, "미·중 해양전략과 동북아 파장." 세종연구소 주최, 제23차 세종국가전략포럼, 『급변하는 동북아 안보환경과 한국의 대응방향』(2010. 10. 27), pp.51~52 참조.

298) 라이스 전국무장관은 "중국은 아시아·태평양지역에서의 미국의 역할에 불만을 갖고 있다. 이는 중국이 '현상유지' 파워가 아니라 아시아의 전략적 균형을 자신에게 유리하게 변경시키려는 파워임을 의미한다"고 지적한다. Condoleezza Rice, "Promoting the National Interest." *Foreign Affairs*, Jan/Feb. 2000.

주변 정세를 불안정하게 할 뿐만 아니라 중국을 고립 또는 포위하는 새로운 봉쇄정책(containment policy)을 펼치고 있다고 불신을 떨쳐버리지 못하고 있다.[299]

최근 들어 미국과 중국의 경쟁과 갈등은 더욱 현재화되고 있다. 예컨대, 2010년 초 중국의 인터넷 검열에서 촉발된 구글(Google) 사태를 시작으로 미국의 대대만 무기판매, 위안화 환율정상, 무역보복, 오바마 대통령의 달라이 라마 면담 등을 놓고 대립하던 양국의 갈등은 천안함 사건을 계기로 군사문제로까지 확산되면서 아시아 전역에 걸친 패권경쟁으로 진행되고 있다.[300] 이러한 미·중의 경쟁과 갈등은 양국의 해양전략 충돌이 핵심 요인의 하나로 작용하는 것으로 보인다.

2010년 3월 초 다이빙궈(戴秉國) 중국 외교담당 국무위원과 스타인버그(James Steinberg) 미 국무부 부장관 및 베이더(Jeffrey Bader) 백악관 국가안보회의(NSC) 아시아 담당 선임보좌관의 회담에서 남중국해가 대만, 티베트와 같은 자국의 주권 및 영토보전과 관련된 중국의 핵심 이익에 속한다는 입장을 미국 측에 통보한 바 있다. 또 같은 해 7월 23일 베트남 하노이에서 개최된 아세안지역포럼(ARF)에서 미국과 중국이 남중국해 문제를 둘러싸고 날카롭게 대립하였다. 이날 힐러리 클린턴 미 국무장관은 중국 및 주변 5개국의 영유권 분쟁 해역인 남중국해 문제와 관련하여 "미국의 이해와 직결된 사안"[301]이라고 하면서 동 지역이 중국의 핵심이익이라고 한 주장을 반박했다.

이에 대해 양지에츠(楊潔篪) 중국 외교부장이 영토분쟁 지역인 남

---

299) 조현태, 「미·중 해양전략과 동북아 파장」, p.50.

300) 구본학, 「천안함 피폭사건 이후 한반도 안보 전망」, p.11.

301) "Offering to Aid Talks, U.S. Challenges China on Disputed Islands," *The New York Times*, July 23, 2010.

중국해를 국제이슈화하려고 들지 말라고 경고했다. 2010년 10월 3일 홍콩의 '사우스차이나 모닝포스트'(*South China Morning Post*)는 중국이 일본과 영토분쟁을 벌이고 있는 댜오위다오 문제를 대만, 티베트(西藏) 및 위구르 자치구(新疆), 남중국해에 이어 중국의 '핵심이익'으로 격상한 것으로 보도했다. 또 같은 해 7월 18일 필리핀을 방문한 로버트 윌라드 미 태평양함대 사령관도 "미국은 남중국해의 안보를 보장할 것이며 이곳의 중요한 해상 교역로를 보호할 것"[302]이라고 했다.

이러한 미·중간 대결 구도에서 일본은 미국의 동북아 전략에 편승하여 중국의 부상을 견제하고 있다. 그러나 G-2로 부상한 중국의 위상에 비해 일본이 세력균형에 미치는 영향은, 현재로서는 크지 않을 것으로 보인다. 단지 미국이 동북아 전략에서 어떻게 일본의 역할을 규정하고 미·일 동맹을 활용할 것인가에 일본의 전략적 역할과 위상이 달려 있다고 할 것이다.

이상에서 볼 때, 동북아는 과거 냉전 시절의 전략균형을 벗어나 새로운 균형으로 접어들고 있는 것으로 보인다. 그러나 여전히 동북아뿐만 아니라 세계에서 미국은 중국을 훨씬 뛰어넘는 사실상의 패권국이다. 국제정치의 논리상 미국은 그들의 국력이 허용하는 한 동북아 지역에서의 기득권적 패권을 지속적으로 유지하려 할 것이다. 따라서 그러한 상황하에서 중국의 능력은 미국과 대비되어 상대적으로 결정될 수밖에 없다. 이는 뒤집어 미국의 강성함이 지속되는 한 중국의 능력은 절대적인 수치에 비해 상대적으로 할인될(discount) 수밖에 없을 것이다.[303] 그러나 다른 한편으로 미국의 향후 대동북아 전략과

---

302) 『문화일보』, 2010/08/20.

303) 김기수, 「미중일 삼각관계와 동북아시아 전략균형: 새로운 국제정치경제의 틀 모색」, p.111.

관련하여 방어적 현실주의(defensive realism)에 기반한 세력균형정책과 공격적 현실주의(offensive realism)에 기반한 세력극대화정책 사이에서의 정책적 선택이 주요 관심사로 부각될 수밖에 없을 것이다.[304]

동북아에서의 다자안보협력의 실현조건으로서의 세력균형은 아직은 요원한 문제인 것처럼 보인다. 중국의 부상을 인정하더라도 미국의 동북아에 대한 이해와 영향력을 고려하지 않을 수 없기 때문이다. 냉전 이후 동북아 지역에서의 영향력을 유지하고 핵심 이익을 보장받기 위해서 미국은 외교정책 실행에 있어서 '허브 앤 스포크(hub-and-spoke)' 전략을 채택하여 일본이나 한국, 호주, 필리핀을 비롯한 여러 국가들과 양자적 동맹관계를 유지해왔다. 이러한 양자관계는 동북아 안보구도에 있어서 매우 중요한 역할을 해 왔으며 앞으로도 큰 변화는 없을 것으로 보인다. 그런데 현재 미국이 처한 문제는 다자주의를 기존의 안보구조에 어떻게 반영할 것인가 하는 점이다. 미국은 중국과 일본, 러시아의 성장이 자국의 이익과 상충할 수 있고 동아시아에 대한 자신들의 영향력을 감소시킬 수도 있다는 점에서 보다 효율적인 정책을 구상하려 하려 할 것이다.

유럽처럼 미·소 간의 세력균형에 의한 다자안보협력의 가능성보다는 미국 스스로의 안보전략 수정에 대한 기대를 생각해 볼 수 있다. 실제로 미국 내에서는 부상하는 중국을 관리하기 위해 봉쇄정책을 취하기보다는 적극적인 포용정책을 통해 중국을 다자간 안보레짐 속에서 관리해야 한다는 구상도 제기되고 있다.[305] 이러한 미국의 전략

---

304) 미국의 패권이 '세력균형'(power balancing)을 추구할 때와 '세력극대화'(power maximization)를 추구할 경우를 비교분석하면서 외교정책 개발, 우선순위, 국제정치 전체의 안정성, 패권대결 전망 등과 관련한 현실적인 분석에 대해서는 다음을 참조. Glenn H. Snyder, "Mearsheimer's World Offensive Realism and the Struggle for Security: A Review Essay," *International Security*, Vol.27, No.1(2002), pp.149~173.

은 최근 클린턴 미 국무장관의 언급에서도 그 가능성을 엿볼 수 있다. 2010년 1월 12일 클린턴 미 국무장관은 하와이 East-West Center 연설을 통해 미국의 대아시아 지역협력 강화를 위한 5대 원칙을 표명한 바 있다.306)

첫째는 동맹 및 양자관계를 바탕으로 한 협력 추구로, 한·일·호주 등과의 동맹관계, 인도·중국·베트남·싱가포르 등과의 협력관계를 바탕으로 다자적 협력의 추구를 시사했다. 둘째는 지역협의체의 분명한 목표로 안보, 경제성장, 민주주의, 인권 등을 추구한다는 것이었다. 셋째는 지역협의체의 성과 지향적 운용으로서, 효율적인 의사결정과정을 갖추고 구체적이고 실용적인 목표를 위해 작동되는 지역협의체의 필요성을 강조했다. 넷째는 성과 도출을 위한 유연성 제고를 위해 미·일·호, 한·미·일 등 소규모 국가들로 구성된 이슈 중심의 협력 강화를 강조했다. 다섯째로는 공동의 미래를 도모하는 지역기구(regional institution)의 구성 필요성을 제시했는데, 이를 위해 주요 이해 당사자의 참여가 필요한바 APEC과 같은 기존 협의체 또는 EAS 같은 비교적 최근의 협의체 등 모든 협의체를 두고 관련 국가들 간에 논의가 필요하다는 점을 강조했다.

이런 맥락에서 볼 때, 동북아 지역의 다자안보협력을 위한 세력균형의 문제는 냉전시대의 미·소 간 세력균형과는 다른 관점에서 접근해야 할 것이다. 미국은 여전히 지역 패권국가의 등장을 저지하려 하기 때문에 중국과의 세력균형을 고려할 가능성은 높지 않을 것으

305) 조성렬, 「동북아 안보레짐의 구축 전망: 냉전기 유럽과 현시기 동북아의 안보레짐의 조건 비교」, p.57.
306) Hillary Rodham Clinton, "Regional Architecture in Asia: Principles and Priorities," January 12, 2010, Imin Center-Jefferson Hall, Honolulu, Hawaii, http://www.america.gov/st/ textrans-english/2010/January/ 20100113082409bpuh0.0404169.html

로 보이기 때문이다. 탈냉전 국제체제하에서 미국이 세계 및 동북아 안보에 대한 부담을 완화하기 위해 새로운 형태의 협력안보 차원에서 다자안보협력의 가능성을 고려할 수 있을 것이다. 이러한 가능성을 염두에 둘 때, 제주프로세스는 변화된 안보 현실, 특히 동북아에서의 다자안보협력 논의의 부상을 감안한 지속적인 논의와 움직임이 필요할 것이다. 이와 함께 '힘의 균형'보다는 '공동 혜택의 균형'에 기초한 안보협력[307])의 방향 모색도 병행할 필요가 있다. 이를 위해서는 동북아 지역의 모든 국가들이 역내 평화와 안보를 위해 힘을 모아 부담을 공유해야 하며 미국, 일본, 중국, 한국과 같은 아태지역 내 강국들 간의 협력적 이해가 바탕이 되어야 할 것이다.

2. 이익의 분포: 이익 균형 또는 이해관계의 수렴

참여 국가들 간의 이익 균형은 세력균형 문제와 함께 다자안보협력의 중요한 거시적인 실현 조건이다. 동북아 국가들 간에 경제협력을 통한 이익균형 문제는 대체로 기본적인 조건을 확보한 상태인 것으로 보인다. 2007년 현재 중국은 한국, 일본의 최대 교역 상대국이 되었으며 한국과 일본은 중국에 대해 각각 6위(1,599억 달러), 3위 (2,360억 달러)의 교역상대국이다. 한중일 사이의 인적 왕래 규모는 2004년 1년 동안 1,200만 명을 넘어섰다. 동북아를 넘어서 동아시아로 확대할 때도 중국을 중심으로 한 경제교류와 협력은 지속적인 증가 추세에 있다. 2007년부터 중국은 ASEAN의 제1위 교역대상국이 되

---

307) Fidel Valdez Ramos, 「동북아에서의 화합, 평화와 번영: 역사적 경험의 탐색」, 제주평화연구원 편, 『동북아시아의 평화와 번영: 유럽 경험의 탐색』, 제1권(제주: 제주평화연구원, 2008), p.62.

었고, 한국, 일본, 필리핀, 호주, 싱가포르, 태국 등 6개국의 총수출에서 중국시장이 차지하는 비율도 1996년 5.1%에서 2006년 14.3%로 약 3배 증가했다.[308] 중·일 무역도 1996년부터 2006년까지 239% 증가한 데 비해 같은 기간 미·일 무역은 12% 증가했다.[309]

동북아 및 동아시아 역내 국가들과 함께 또 다른 중요한 이익균형의 문제 국가로 미·일 양국의 관계를 살펴볼 필요가 있다. 2000년대 들어오면서 중국경제의 비대화, 특히 엄청난 자본축적과 대외무역의 팽창이 처음으로 미국의 국내경제 자체에 영향을 미치기 시작했다. 중국이 미국으로부터 받는 영향도 거의 절대적인 수준으로 증가했다. 이른바 '구조적 상호의존'(structural interdependence)의 틀이 서서히 만들어지기 시작했다.[310]

중국의 대외무역 팽창에 결정적인 역할을 한 국가는 미국으로 1993년 이후 중국 수출의 대미 의존도가 연평균 20% 안팎을 기록하고 있다. 중국의 대미 무역흑자는 2005년 2,016억 달러였고, 2005년까지의 누적 흑자는 무려 1조 2,680억 달러에 이른다. 반면, 미국의 무역적자는 계속 증가하고 있다. 미국의 총 무역적자는 1998년 2,330억 달러, 2000년 4,360억 달러, 그리고 2006년에는 무려 8,180억 달러를 기록한다.[311] 이러한 무역적자의 75%가 외국 자본, 특히 일본과 중국을 위시한 동아시아 경제 강국들에 의해 보충되고 있다.[312]

---

308) Evan S. Medeiros et al, *Pacific Currents: The Response of U.S. Allies and Security Partners in East Asia to China's Rise*(Santa Monica, C.A.: RAND, 2008), pp. 5-6.

309) *Ibid.*, p.33.

310) 김기수, 「미중일 삼각관계와 동북아시아 전략균형: 새로운 국제정치경제의 틀 모색」, p.104.

311) 무역연구소(KITA), 미국무역통계 (http://stat.kita.net/top/state).

312) Andrew Sheng, "Why Asia needs to integrate its financial markets," *Financial Times*, Dec. 2, 2005.

이러한 사실은 금융 부문에서의 상호의존을 가져온다. 중국과 일본이 대규모로 미국 유가증권을 구매함으로써 달러화 가치의 하락이 억제되고 있다. 중국의 경우 저평가되어 있다고 지적되는 위안화 환율로 대규모 대미 수출이 가능한 것이다. 또한 위안화 환율의 유지를 통해 미국 채권의 수익률 하락도 방지할 수 있다.[313] 수출주도형 정책을 추구하고 있는 중국은 수출을 위해 환율 안정을 통한 상품의 국제경쟁력 제고가 필요하다. 이를 위해 중국은 의도적으로 위안화를 달러화에 연계시킴으로써 위안화의 환율을 낮게 유지하려고 노력한다. 이러한 중국의 정책은 실업 상태의 막대한 노동자들을 위해 일자리를 창출하기 위해서는 수출이 지속되어야 하기 때문에 이러한 정책은 쉽게 바꾸기 어렵다.[314]

그리고 또 한 가지 측면에서 상호의존의 이유를 찾을 수 있다. 중국과 같은 개발도상국들은 낙후된 경제체제, 특히 낙후된 금융시스템 때문에 필요보다 더 많이 저축하는 경향이 있고, 이 저축을 자신의 금융시스템을 통해 국내투자로 전환하는 기회가 제한되어 있다. 따라서 저축이 투자를 상회하는 결과가 초래되므로 국제수지 흑자는 피할 수 없게 된다.[315] 이런 이유 때문에 중국은 저축과 같은 잉여 자금을 국내에 투자하는 대신 미국에 투자해야 한다는 것이다. 이러한 상호의존이 구조적으로 고착화될 수밖에 없는 상황은, 만약 중국이 의도적으로 미국에 대한 투자를 축소할 경우 그 피해는 우선 중국이 입게 되기 때문이다. 이 경우 달러화가의 약세로 돌아설 것이고, 중국이

---

313) *The Economist*, "The Dragon and the Eagle," Sep. 30th 2004.

314) *The Economist*, "A Fair Exchange?" Sep. 30th 2004.

315) *Ibid.*

보유하고 있는 달러표시 기존 자산가치가 급격히 하락하기 때문이다. 주식의 하락과 비슷하게 앉은 자리에서 대규모의 자산이 사라지는 셈이다.[316] 이와는 정반대로 미국의 달러화는 기축통화이기 때문에 환율 변동에 별로 취약하지 않다.[317] 구체적으로 외국이 보유하고 있는 미국 금융자산은 달러화로 표시되어 있다. 반대로 미국이 가지고 있는 외국 자산의 약 70% 정도는 외국환으로 되어 있다. 그러므로 달러가치가 하락하는 경우 외국인들은 손해를 보지만 미국 소유의 외국 자산은 오히려 가치가 상승하게 된다.[318] 결국 미국 채무자들(미국 은행들을 포함)의 대출이 불안정하거나 빚의 규모가 과하다 하더라도, 이것들이 달러화의 약세에 대해서는 취약하지 않은 셈이다.[319]

이와 같이 경제적 측면에서의 미국과 중국의 구조적 상호의존 경향은 이익의 분포 면에서 균형을 추구할 수 있는 중요한 요소가 될 수 있다. 따라서 앞서도 지적했듯이, 중국의 경제발전이 미국에 갖는 중요한 문제는 군사비 증액과의 연계 측면이다. 즉 날로 증강되는 중국의 군사비가 결국에는 경제력에서 기인하기 때문에 경제적 상호의존은 그 자체의 문제로서보다는 미·중간 군사안보관계의 측면으로 확대될 경우 이익의 균형이 깨질 수 있는 가능성을 높이게 될 수 있다. 결국, 미국과 중국 간의 경제적 상호의존이라는 것은 양측이 모두 이득을 취하고 있다는 점은 비교적 분명하지만, 힘의 투사능력이라는 관점에서 바라보면 중국의 영향력이 미국의 그것과 동등하지는 않다

---

316) *The Economist*, "The Great Thrift Shift," Sep. 22nd 2005.

317) Ronald Mckinnon, "The International Dollar Standard and the Sustainability of the U.S. Current Account Deficit," Brookings Papers on Economic Activity, March 29 and 30, 2001, p.228.

318) The Economist, "Forever Free," Sep. 22nd 2005.

319) Ronald Mckinnon, "The International Dollar Standard and the Sustainability of the U.S. Current Account Deficit," p.228.

는 사실을 알 수 있다. 즉 미국 측에 어느 정도는 경도된 가운데 양국 간의 이익 균형이 맞추어져 있는 것이다.

한편, 동북아 역내에서 세력균형의 핵심 변수가 미국과 중국의 힘의 분포의 문제라면, 미국을 제외했을 때, 동북아 역내에서 이익균형의 핵심 변수는 한·중·일 3국의 갈등문제라고 할 수 있다. 물론 미국과 러시아가 동북아 지역과 관련하여 갖는 이익도 중요하지만, 역내 갈등을 지속적으로 산출하는 3국의 이해관계 문제가 다자안보협력의 가능성을 가늠해 볼 수 있는 핵심적인 변수라고 할 수 있다.

동북아 한·중·일 3국 간에는 경제 및 인적 교류가 빠른 속도로 증가하고 있다. 그러나 그와 동시에 한·중·일 3국 간에는 각종 갈등이 산재해 있으며, 특히 영유권 문제, 역사문제, 해양경계문제 등을 둘러싼 갈등은 정부 간 관계를 악화시킬 뿐만 아니라 국민들 간에도 적대감을 확대·재생산하는 소재가 되고 있다. 그리고 이러한 갈등은 일시적으로 잠재되어 있다가 3국 정권의 성향, 국내정치적·국제정치적 계기가 따라 현재화되어 나타나는 반복적 성향을 보이고 있다. 역사문제에서는 일본의 역사교과서와 야스쿠니 신사참배, 중국의 동북공정이 갈등의 핵심 사안이다. 영유권 문제에서는 한·일 간 독도 및 동해표기 문제, 중·일 간 센카쿠(댜오위다오) 갈등, 대만 등이 갈등 사안이다. 해양경계문제에서는 한·중·일 3국 사이에 배타적 경제수역과 대륙붕이 겹침으로써 갈등이 발생하고 있는데, 서해에서는 한·중의, 동해와 남해에서는 한·일의, 그리고 동중국해에서는 한·중·일의 배타적 경제수역이 겹침으로써 해양 갈등을 불러일으키고 있다.

이러한 3국 간 갈등은 민족주의 강화 추세로 더욱 빈번하게 그리고 강도 높게 나타나고 있다.[320] <표 6-1>에서 보듯이, 민족주의의 강화 추세로 이러한 핵심 갈등 사안 이외에 새로운 갈등 문제가 계속 추가되는 상황이다. 따라서 한·중·일 3국 간 갈등 문제는 동북아 다자안보협력을 제약하는 핵심 요소가 되고 있다. 그리고 이는 3국 간 이익균형을 저해하는 동북아 내부의 핵심 요소이며, 뒤에서 살펴 볼 동북아의 정체성 확보를 제약하는 근본 요인으로 작용한다는 점에서 우려할 만한 문제이다.

〈표 6-1〉 한·중·일 3국 간 갈등의 증가 추세

구분	1989 이전	1990~1995	1996~2000	2001~2005	2006~2008
영토 갈등	-독도 -센카쿠 (댜오위다오)		-타이완	-간도/백두산	-시네마현의 '다케시마의 날' 조례 제정
역사 갈등	-일본 역사교과서 문제 -정치인 망언		-일본 역사교과서 (국민의 역사)	-일본 역사교과서 -동북공정 -일본총리 야스쿠니신사 참배 -일본 헌법개정	-동북공정 -세계문화유산 등재 -베이징올림픽 성화봉송 관련 폭력사태
경제적 이익 갈등			-해양경계	-춘샤오유전	-이어도 -동중국해 유전·가스 개발
국제 정치적 갈등			-미·일 안보 동맹	-자위대 해외파병 -일본의 UN 안보리 상임이사국 진출 시도 -WMD -중국의 군비 증강	

자료: 이남주·배기찬, 「동아시아 공동체 추진과 민족주의 극복방안」, p.428.

이상과 같이 동북아 지역의 주요 국가들 간에는 다자안보협력을 위한 이익분포의 균형과 불균형이 상존하고 있음을 알 수 있다. 주로

---

320) 이남주·배기찬, 「동아시아 공동체 추진과 민족주의 극복방안」, 동북아역사재단 편, 『동아시아공동체 논의의 현황과 전망』(서울: 동북아역사재단, 2009).

경제적 측면에서는 다자협력의 실현을 위한 기본 조건이 어느 정도 형성되어 있는 반면, 한·중·일 3국 간의 뿌리 깊은 갈등 문제는 다자협력을 제약하는 중요한 요인이 되고 있으며, 이는 민족주의의 강화 추세와 더불어 지속적인 문제로 남아 있게 될 것으로 보인다. 이처럼 탈 냉전기 동북아 지역은 역내 국가들 간에 내재하고 있는 다양한 갈등관계와 잔존하는 안보위협 때문에 오래전부터 다자안보협의체 구축의 필요성이 제기되어 왔다. 그 필요성이 가장 직접적으로 나타난 것이 북한 핵위기라고 할 것이다.

앞에서도 살펴본 바와 같이, 북핵문제 해결을 위한 '6자회담'은 그간 여러 차례 진행되면서 문제의 본질인 북핵 폐기까지는 접근하지 못했다는 한계도 분명했지만, 다른 한편으로, 다자안보협력을 위한 조건을 형성한다는 측면에서는 나름의 의미 있는 합의도 있었던 것이 사실이다. 예컨대, '2·13합의'에서 일정한 조건이 충족되면 6자 외무부장관 회의를 갖기로 했고, 동북아 안보평화체제 워킹 그룹이 구성되어 새로운 다자안보협력을 위한 제도적 장치를 연구하기로 합의했다. 이렇게 보았을 때 동북아 지역 국가들이 거시적 차원에서 다자간 안보협력의 필요성에 공감하고 있다고 볼 수 있으며, 이는 '헬싱키프로세스'의 초기조건과 유사하다고 볼 수 있다. 그러나 보다 구체적으로 각 국가들의 개별적인 입장들을 살펴보면 여전히 이익분포상의 이해관계가 복잡하게 얽혀 있어 이익균형을 이루기는 쉽지 않음을 알 수 있다.

우선, 미국은 동북아 지역에서 중국의 부상을 견제해야 할 필요성과 협력을 지속·강화해야 할 필요성의 상충에 직면해 있다. 중국은 군사비를 지속적으로 증강시키고 있을 뿐만 아니라 미국의 3대 수출

시장으로 등장했고, 미국 국채의 21%를 소유하고 있어서 경제위기에 직면해 있는 미국에 막강한 영향력을 행사하고 있다.[321] 이러한 중국의 경제적 부상으로 미국은 쉽게 중국과의 대결 국면을 만들어내기 쉽지 않게 되어 있다. 특히 북핵문제에서 미국은 중국의 협력을 이끌어내야 하는 입장에 처해 있다. 국제적 공조를 통한 대북 제재 추진에서 중국의 협력은 절대적이라고 할 수 있다. 따라서 2010년 1월 12일 클린턴 미 국무장관이 하와이 East-West Center 연설을 통해 미국의 대아시아 지역협력 강화를 위한 5대 원칙을 표명한 바와 같이, 미국은 다자적 접근을 통해 북핵문제에 접근하고 있다. 결국 미국은 중국에 대한 견제와 협력이라는 이율배반적 상황에서 다자안보협력이 자국의 이해를 만족시킬 수 있는 유용한 수단이 될 수 있을 것이다.

중국은 지속적 경제성장을 바탕으로 동북아를 넘어 동아시아 지역에서 일본과의 주도권경쟁에서 우위를 차지하려 하고 있다.[322] 중국은 이러한 자국의 이해를 충족시키기 위해 동북아에서 분쟁이 발생하는 것을 원치 않으며 특히 한반도 비핵화를 원칙적으로 지지하면서 '6자회담'을 통한 조정자로서의 역할을 계속하려 할 것이다. 따라서 중국이 한반도에 대해서 가지고 있는 태도는 현상유지라고 볼 수 있으며, 북한의 핵문제에 대해서는 미국 등 국제사회와 공조를 취하면서 북한이 '6자회담'에 복귀하도록 압력을 넣을 가능성이 높다. 따라서 '6자회담'이라는 제한적인 다자안보협력 사례를 통해서 볼 때, 중국도 안정적인 경제성장과 동북아에서의 패권 확보를 위한 군사안

---

321) John Swenson-Wright, "The Strategic Mind Set of the Obama Administration and U.S. Policy toward Northeast Asia," 한국국제정치학회 국제학술회의 "미국 오바마 정부의 한반도 정책" 발표논문, 2009년 4월 21일, 서울.

322) 주장환, 「중국의 동아시아정책과 한반도」, 코라아연구원 특별계획 제25-2호.

보적 역량의 구축을 위해 다자안보협력에 일정 부분 동의할 것으로 보인다.

러시아는 동북아에서 미국 헤게모니의 견제를 통한 전통적인 영향력의 복구와 시베리아 극동지역의 경제개발이라는 전략목표를 달성하기 위해서 한반도 평화유지는 필수적이며 동북아 다자안보협의체의 구성이 필요하다고 보고 있다. 일본 역시 중국이 동북아에서 강대국으로 부상하는 것에 대한 위기의식을 가지고 있고 북한의 미사일 발사와 핵실험 등으로 인하여 위협감이 증대함에 따라 일본을 보통국가화하려는 움직임이 가시화되고 있으며, '6자회담'을 통하여 북한에 의한 일본인 납치문제를 해결하는 것을 선결과제도 보고 있다. 북한은 강성대국을 실현하기 위한 수단으로 미국과의 양자대화를 통한 관계개선을 추구하려 하고 있다. 미국과의 관계개선은 정치적으로 미국의 대북 적대시정책의 포기, 경제적으로는 미국의 대북 경제제재해제, 군사적으로는 핵무기를 포함한 대북 선제공격의 포기, 외교적으로는 북미 국교수립을 포함한다.

이상과 같이 '6자회담'을 둘러싼 동북아 지역국가들의 이해관계는 큰 틀에서는 일치하면서도 구체적인 사안에서는 상이한 이해를 보이고 있다. 그러나 어느 국가도 북한이 핵을 보유하는 것을 원치 않는다는 측면에서 공통의 이해가 있으며, 특히 중국과 러시아가 반대의사를 분명히 하는 상황에서 북한을 제외한 동북아 국가들 간의 다자간 안보협력의 가능성 또한 높아졌다고 볼 수 있다. 그럼에도 불구하고, 최근 '6자회담'은 큰 진전 없이 교착 상태에 빠져 있다. 바로 여기서 한국의 역할, 특히 '6자회담'의 지속뿐만 아니라 동북아 다자안보협력의 돌파구를 찾아야 할 필요성이 커지고 있다.

한국의 동북아 전략은 북핵문제의 평화로운 해결을 통하여 한반도 비핵화를 실현하고 평화체제 구축을 통하여 항구적 평화를 실현하며, 동북아 다자안보협의체의 구성에 주도적으로 기여하는 것이다. 이를 위해 효과적인 수단으로 '제주프로세스'의 작동이 필요한 상황이다. 제주프로세스를 위해 지금과 같이 큰 틀에서는 다자안보협력에 대한 이해를 공유하지만, 국가별 특수한 입장과 이해가 엇갈리는 문제를 어떻게 조정해 나갈 것인가가 제주프로세스가 당면한 이익균형 전략이라고 할 것이다.

아울러 보편적 지역이익에 대한 관심 제고와 공감대 형성도 필요하다. 동북아 안보 공동체 구축과 관련, 부잔(Barry Buzan)이 제안했던 '지역안보 콤플렉스 (regional security complex)'에 주목할 필요가 있다.[323] 규범, 가치, 원칙, 정체성과 같은 지역안보의 철학적 기반(ideational dimension), 역내 세력 분포의 변화와 그에 따른 구조적 역동성, 새로운 안보 아젠다, 그리고 그 관리를 위한 제도적 장치 등에 대한 연구가 있어야 할 것이다. 이점에서 동북아 역내 국가의 이익을 넘어선 보편적 지역이익의 극대화에도 관심을 기울여야 한다.[324]

제주프로세스는 동북아 역내 국가들의 이익균형을 위해 다차원적으로 협력에 접근할 필요가 있다. 헬싱키프로세스는 정치와 군사 면에서 다자간 신뢰구축, 경제와 과학기술의 교류와 협력 촉진, 인권과 사회문화, 인도주의 교류협력 등 세 차원의 협력을 추진함으로써 성공적인 다자안보협의체를 결성할 수 있었다. 이런 '헬싱키프로세스'

---

323) Barry Buzan, *People, States and Fear: An Agenda For International Security Studies in the Post-Cold War Era*, 2nd ed.(Hertfordshire: Harvester Wheatsheaf , 2008).

324) 문정인, 「동북아 지역안보와 제주프로세스」, 제주평화연구원 창립 3주년 기념 학술회의(2009. 3. 20) 기조연설문.

를 참고할 때, 제주프로세스의 이익균형 전략도 단지 안보에만 국한되지 않은 정치·경제·과학기술 및 사회·문화·인권 등 다차원적 측면에서 이해관계의 수렴을 위해 노력해야 할 것이다.

3. 공동규범과 정체성 확보

동북아 다자안보협력제도는 힘의 분포에서의 세력균형과 이익의 분포 차원에서의 이익의 조정 및 이해관계의 수렴에 의한 이익균형이 중요하지만, 그보다 한 차원 높은 다른 요소가 필요하다. 즉 지역 차원의 공동의 규범이 존재해야 한다. 동북아 다자안보협력을 위한 공동규범 형성에서 필수적으로 요구되는 조건 중의 하나가 바로 정체성의 형성이다.

정체성의 형성은 각 개인이나 제도에 없어서는 안 되는 것이다. 예를 들면, 동북아 다자안보협의체의 구성원이 동북아적 안보 질서와 제도를 바람직한 것으로 받아들이고, 그런 질서 속에서 의미 있는 잘기 실현의 가능성을 확보할 수 없다면 그런 협의체는 형성될 수도 없고 설령 형성된다고 하더라도 지속 가능하기 어렵다. 요컨대, 동북아 지역 국민들 사이의 동북아적 정체성이 충분할 정도로 확보되지 않는다면, 동북아 다자안보협의체는 물론이고 경제협력이나 사회협력도 장기 지속 및 제도화의 측면에서 위협받을 수 있다.[325]

동북아에서 경제·사회 협력의 증가는 보편적 현상이 되고 있다. 그럼에도 불구하고 그러한 협력의 확산효과는 그리 크지 않은 것으로

---

325) 니종석·권용혁·이진원, 「동아시아공동체의 정체성 형성의 문제」, 동북아역사재단 편, 『동아시아공동체 논의의 현황과 전망』(서울: 동북아역사재단, 2009), p.183.

보인다. 그 이유 중의 하나는 교류와 접촉의 증가가 종종 정체성의 충돌을 동반하는 경우가 다반사이기 때문이다. 냉전 해체 이후 동북아 지역에서는 냉전체제하에서 정상적 발전을 제약받아 온 국민국가로서의 정체성을 강화하거나 새롭게 재구성하려는 움직임이 증가해 왔다.

이러한 움직임은 역내 국가들에서 거의 동시적으로 나타나고 있다. 그로 인해 한 국가에서의 정체성 강화 또는 재구성 움직임이 다른 국가의 그것과 조우하게 되는 경우가 발생하게 된다. 이때 국가들 간에는 서로 다른 정체성으로 인해 신뢰와 이해 증진보다는 불신과 적대감으로 충돌하는 경우가 빈번해지고 있다. 이러한 정체성의 충돌이 해소될 수 없는 한 동북아 역내에서 경제 및 사회 협력이 지속적으로 증가하더라도 더욱 높은 수준, 예컨대 안보협력으로 확산될 수 있는 가능성을 제약할 것이다.

유럽의 경우 19세기 초반의 강대국 간 공동 규범, 즉, 복구와 보상, 정당성의 규범이 이익과 세력에 기반 한 균형의 정치를 규범과 가치에 기반 한 정체성의 정치로 바꾸어 놓았다. 동북아 국가들은 여전히 주권국가를 완성해 가면서 자국의 이익을 최대화하려고 노력하고 있는데, 이 과정에서 공동의 지역규범을 도모해 나가기에는 여전히 많은 한계를 보이고 있다. 유럽이 경험한 전쟁과 같은 비극적 경험을 통하지 않고, 다자주의적 규범정치를 체화시킬 수 있는가 하는 것이 동북아가 넘어야 할 핵심 과제이다.[326]

사실, 동북아 역내 국가들의 가치체계는 동질성보다는 이질성을 더욱 두드러진 특징으로 하고 있다. 정치체제의 측면에서 한・미・일

---

326) 박인휘, 「제주프로세스: 실현가능성과 주요 과제」, 제주평화연구원 주최, 『제주프로세스의 추진: 그 이상과 현실』 학술회의 기조 발제문(2009. 6. 12), p.72.

은 자유민주주의 체제인 반면, 러시아는 1당 독재체제에서 다당적 민주국가로 체제전환 중에 있고, 중국은 여전히 공산당에 의한 1당 독재체제를 유지하고 있으며, 북한은 주체사상에 입각하여 국가권력을 세습화하는 체제이다. 경제체제의 측면에서 한·미·일은 자본주의 시장경제체제를 유지하고 있는데 반해, 중국과 러시아는 사회주의 체제에서 시장자본주의로 전환해 가는 이행경제체제이며, 북한은 여전히 폐쇄적인 계획경제체제를 유지하고 있다.

이러한 정치·경제체제에서의 이질성은 크게 정치적으로는 민주주의체제와 1당 독재체제, 그리고 이행기체제로, 경제적으로는 자본주의와 사회주의에서 시장자본주의로의 이행기체제 및 폐쇄적인 계획경제체제로 구분되며, 이는 곧 정치·경제체제의 이질성으로 인한 동북아 정체성 형성을 위한 가치체계의 토대를 근본부터 흔들리게 만들 수 있다. 이른바 동북아 정체성의 새로운 구성 가치로서 인권과 민주주의 같은 인류 보편의 가치에 대한 합의를 어렵게 한다. 문화적 측면에서도 대체로 유교문화를 공유하는 것으로 생각되지만, 이는 한·중·일 3국뿐이며, 미국은 기독교적 문화를 기초로 하여 건국되었으나 다원주의적 가치를 추구하며, 러시아는 러시아 정교의 문화적 전통을 유지하고 있으며, 북한은 유교문화에 뿌리를 두고 있으나 가부장적 권위주의 문화로 변질된 상태이다. 문화적 측면에서도 동질성을 찾기가 쉽지 않은 상황이다.

이처럼 정치·경제체제적 측면에서뿐만 아니라 문화·종교적 측면에서 동북아 국가들이 갖는 이질적인 가치체계는 동북아 정체성 형성에 문제를 제기하는데, 이러한 이질적인 가치체계의 공존은 협상을 통한 공동규범의 창출에 장애요인으로 작용할 가능성이 크다.[327]

따라서 어떻게 이질적인 동북아 국가들의 정치·경제·문화적 정체성을 동북아 공통의 가치체계 및 인류 보편의 가치체계로 수렴해 나갈 것인가가 중요한 과제로 제기된다고 할 수 있다.

동북아 정체성 확보를 통한 다자안보협력의 공동규범 창출은 여러 가지 역내 갈등으로 인해 더욱 큰 어려움에 처해 있다. 동북아에서 첨예하게 벌어지고 있는 영유권 문제, 역사 문제, 해양경계 문제 등은 다자안보협의체의 구성을 어렵게 할 뿐만 아니라 설사 그것을 구성한다 하더라도 3국 정권의 성향, 국내정치적·국제정치적 계기가 따라 현재화되어 나타나는 반복적 성향을 보이고 있기 때문에 지속적으로 다자안보협의체를 위기에 빠뜨릴 수 있다.

앞에서도 살펴본 바와 같이, 한·중·일 3국 간에 발생하는 갈등들은 국가이익 추구 및 민족주의 강화 추세로 빈도와 강도 양면 모두에서 갈등을 키우고 있다. 역사적, 영토적 분쟁과 지역협력 경험의 부재, 한반도 문제와 영해 문제 등을 포함한 지역안보협력을 방해하는 요인들이 자주 보인다.[328] 뿐만 아니라 이런 경향은 갈수록 심화·확대되어 무력충돌 일보 직전까지 가거나 그로 인해 동북아의 군사안보적 긴장을 유발하고 있다. 또한 이러한 기존의 오래된 핵심 갈등사안 이외에 새로운 갈등 문제가 계속 추가되고 있는 점도 우려되는 상황이다. 이런 맥락에서 동북아 국가 간 관계는 불신의 정도가 상당하고 '전략적 협력'보다 '전략적 경쟁'을 그 특징으로 하고 있다는 모리슨(Charles Morrison)의 지적은 적절하다.[329] 이러한 국가 간 과도한

327) 홍기준, 「헬싱키와 제주, 그리고 핵 프로세스」, 제주평화연구원 주최, 『제주프로세스의 추진: 그 이상과 현실』 학술회의 발표논문(2009), p.21.

328) 오준, 「제주프로세스와 동아시아의 다자안보협력」, 제주평화연구원 편, 『제주프로세스와 동북아 평화번영』(제주: 제주평화연구원, 2009), p.166.

경쟁과 대립은 동북아 3국 간 이익균형을 저해하는 동북아 내부의 핵심 요소인 동시에 동북아의 정체성 확보를 제약하는 근본 요인으로 작용하고 있다.

그런데 이러한 뿌리 깊은 한·중·일 3국 간의 갈등은 해결 불가능한 갈등만은 아니라는 점도 지적될 필요가 있다. 여기에는 두 가지를 지적할 수 있다. 첫째는 3국 간 갈등은 다분히 국내정치의 외부효과에 영향을 받고 있다는 점을 부인할 수 없다는 점이다. 종종 정치세력들은 국내정치적 목적을 달성하기 위해 민족주의적 정서를 자극한다. 표면적으로 민족주의, 국민국가로서의 정체성 수립과 관련된 문제처럼 인식되기도 하지만 이러한 갈등과 국민국가로서의 정체성 문제 사이에 필연적인 인과관계가 존재하는 것은 아니다. 예를 들면, 역사 문제를 둘러싼 갈등 중에서 동북공정과 같은 고대사와 관련된 갈등이나 일본의 야스쿠니신사 참배와 같은 문제는 국민국가로서의 정체성의 충돌과 직접적으로 관련된 문제는 아니다. 단지 정치적 목적을 가진 정치세력에 의해 심각한 갈등요인, 정체성의 충돌 문제로 진화되어 왔다. 이런 부류의 갈등은 정치세력의 이익함수를 변화시키고 이들의 행위 패턴을 변화시키는 방식으로 갈등해결을 추구할 수 있다.[330]

둘째로는 종종 3국 간의 갈등이 경제적 이익갈등의 문제임에도 민족주의 문제로 포장되는 경우가 있다는 점이다. 특히 해양경계를 둘러싼 갈등은 민족주의적 정서와 상승작용을 일으키는 경우가 많지만 내용적으로 경제적 이익과 관련성이 더 강한 경우가 많다. 예를 들면, 센카쿠(야오위다오) 분쟁이 표면화된 계기는 조어도 주변 해역, 즉 동

---

329) Charles Morrison, 「동아시아의 평화, 협력 그리고 안보체제」, p.387.

330) 이남주·배기찬, 「동아시아 공동체 추진과 민족주의 극복방안」, p.390.

중국해에 막대한 양의 석유와 가스가 부존되어 있는 것으로 추정되면서부터이다.[331] 막대한 자원 매장 가능성이 알려지자 중국인들이 이 섬에 상륙을 시도했고 이에 대한 일본의 저지, 센카쿠(야오위다오)를 포함하는 1992년 중국의 영해법 발표와 이에 대한 일본의 반발, 그리고 등대 설치를 통해 실질 지배권을 강화시키려는 일본의 시도와 이에 대한 중국 측의 반발로 인하여 영유권에 대한 분쟁이 지속되고 있다. 따라서 중·일 간 센카쿠(야오위다오) 영유권 분쟁은 조어도 주변 수역 및 동중국해의 경제적 가치 때문이라 할 수 있다. 이러한 갈등의 경우는 경제적 이익의 충돌이 반드시 갈등 당사자들의 입장이 양립 불가능하다는 것을 의미하지는 않기 때문에 이익을 공유할 수 있는 새로운 게임의 규칙을 찾는 방식으로 해결을 촉구할 수 있다.

사실, 동북아 국가들은 아직도 국민국가로서의 정체성 확립을 추구하고 있는 단계에 있다.[332] 이는 국민국가의 정체성에 대한 인식변화를 통해 조정이 가능함을 시사한다. 카스텔(Manuel Castells)은, 정체성 문제에서 중요한 것은 어떻게, 무엇으로부터, 누구에 의해, 무슨 목적으로 구성되는가 하고 자문한다. 카스텔은 정체성의 사회적 구성의 맥락에서 세 가지로 구분한다. 첫째는 사회의 지배적인 제도가 지배의 확대 또는 합리화를 위해 도입하는 '정당화 정체성'(legitimizing identity), 둘째는 사회제도의 지배적 원리와는 다른 또는 반대되는 원리에 기반하여 저항과 생존의 경향을 추구하는 '저항적 정체성'(resistance identity), 그리고 셋째는 이용 가능한 문화적 재료에 기반하여 사회 속

---

331) 이에 대해서는 다음을 참조. 김영구, 『이어도 문제의 해양법적 해결방안』(서울: 동북아역사재단, 2008); 이동률 외, 『중국의 영토분쟁』(서울: 동북아역사재단, 2008); 최재선·김민수·박문진·김자영, 『배타적 경제수역(EEZ) 해양자원 개발방안 연구』, 정책연구 2009-17(기본), (해양수산개발원, 2009).

332) 이남주·배기찬, 「동아시아 공동체 추진과 민족주의 극복방안」, p. 389.

에서 자신들의 지위를 재정의 하는 새로운 정체성을 구축하고, 그럼으로써 사회구조 전반의 전환을 추구하는 '기획적 정체성'(project identity)이 그것이다.[333]

이러한 카스텔의 정체성의 유형화를 근간으로 할 때, 동북아 다자안보협의체 구축을 위한 동북아 국가들의 정체성은 일부분 변화가 필요하다. 전통적인 국가별 민족주의적인 정체성은 보다 개방적이며 동북아 지역 국가들과 친화적인 정체성으로 전환되어야 할 필요가 있다. 즉 정체성의 새로운 기획이 필요한 것이다. 동북아 국가들의 새로운 정체성의 핵심은 각각 고유의 정체성을 유지하는 가운데 동북아 다자안보협의체 구성에 친화적인 정체성을 어떻게 조화롭게 형성해 나갈 것인가이다. 따라서 새로운 동북아와 동북아 국가로서의 정체성 정립 차원에서 '기획적 정체성'을 어떻게 사회적으로 구성해 갈 것인가가 향후 동북아 정체성 논의의 핵심이 되어야 할 것이다.

이런 맥락에서 동북아 다자안보협력의 성립을 위해서는 적어도 다음과 같은 세 가지 측면에서 동북아 정체성의 새로운 기획이 제창되어야 할 것이다. 첫째는 동북아가 지향해야 할 공동규범이 고려되어야 할 것이다. 이를 위해 국민국가의 배타성을 보다 포용적이고 수용적인 질서로 결합되어야 하는데, 이 과정에서 민족주의 역시 유연하고 열린 민족주의를 지향해 나가야 할 것이다.[334] 이는 결국 동북아의 통일과 정체성에 필요한 보편적 기준은 한·중·일 3국의 전통과 문화에 안주함으로써 그 이외의 세계를 배척하는 폐쇄적인 적이 아니라 인류 보편성을 지향하는 보다 확장된 형태의 정체성을 확보해

---

333) Manuel Castells, *The Power of Identity*, 2nd ed.(Oxford: Wiley-Blackwell, 2004), pp. 8-9.

334) 나종석·권용혁·이진원, 「동아시아공동체의 정체성 형성의 문제」, pp.324~326 참조.

나가야 함을 의미한다.

둘째는 역사 문제로부터 자유로워야 할 것이다. 동북아 3국 간 갈등의 핵심 사안이기도 한 역사 문제는 3국 간 상호 뒤엉켜 끊임없는 갈등을 확대·재생산하는 이슈가 되고 있다. 역사 문제로부터의 속박에서 벗어날 수 없는 한 정체성 형성은 쉽지 않을 것으로 보인다. 불행했던 과거 역사적 경험을 어떤 방식으로 해결할 것인가를 두고 많은 논쟁이 진행되고 있다. 과거의 기억 문제를 해결할 방안의 하나로 제기되는 것으로 '국사의 해체' 혹은 '내셔널 히스토리를 넘어서'라는 논의가 있다.[335] 기존의 배타적 국사 중심의 역사서술을 넘어서 한·중·일 3국의 근현대사를 재구성해야 한다는 논의이다. 그러나 이 역시 아직 논쟁 중이고[336] 분명한 합의된 해결책은 존재하지 않는다. 그럼에도 불구하고 역사의 문제 해소가 동북아 3국 간 갈등 해소의 길이며 동북아 정체성 형성의 기본 전제라는 점에서 동북아 다자안보협력을 위해서는 피해 갈 수 없는 과제이다.

셋째는 과도한 민족주의에 따른 국익 충돌을 벗어나는 것이다. 한·중·일 3국에서 민족주의가 강화되고 있는 추세는 여러 측면에서 발견되고 있다. 민족주의 문제는 국내적으로 국민 의식의 결속과 대외적 위협에 대응하는 효과적인 이데올로기이다. 그러나 일국적 수준을 넘어 국제관계의 측면에서 민족주의는 종종 감정적 갈등과 충돌, 그리고 과도한 비합리적 국익 추구를 위한 국민동원의 수단이 되기도 한다. 이러한 국가적 수준에서의 민족주의가 폐쇄적이고 일방적인 국

---

335) 예를 들면, 고모리 요우이치·다카하시 데츠야 엮음, 이규수 역, 『내셔널 히스토리를 넘어서』(서울: 삼인, 2001); 임지현, 『국사의 신화를 넘어서』(서울: 휴머니스트, 2004).

336) 이에 대해서는 나종석·권용혁·이진원, 「동아시아공동체의 정체성 형성의 문제」, pp.335~341 참조.

익 차원의 민족주의로 발현될 경우 동북아의 정체성은 혼란에 빠질 수밖에 없다. 이런 맥락에서 개방적 민족주의나 순화된 애국주의[337] 등이 대안적 시각으로 제시된다. 따라서 어떻게 동북아에서 민족주의적 갈등과 충돌을 넘어 새로운 정체성을 형성할 것인가가 다자안보협력의 또 하나의 과제라고 할 수 있다.

이상에서 볼 때, 동북아 다자안보협력을 위한 정체성 형성의 필요성은 인정되지만 그 구체적인 대안 제시는 쉽지 않다. 그러나 비교적 분명한 것은 그러한 대안 모색 차원에서 동북아 정체성의 기획을 위한 핵심적인 문제로 동북아의 공동규범, 역사 갈등의 해소, 개방적 민족주의로의 전환 등을 목표로 한 지속적인 논의 속에서 한·중·일 동북아 3국 간의 논의와 타협이 이루어져야 할 것이고, 이를 토대로 여타의 동북아 국가들의 고유한 정체성까지 감안한 새로운 기획적 정체성으로서의 동북아 정체성을 찾아 나가야 할 것이다. OSCE 상임 이사회 의장이었던 버트란드 크롬브루게(Bertrand de Crombrugghe) 대사는 동북아에서 과거사에 대한 기억과 회상이 민감한 문제인 것처럼, 과거나 현재의 유럽에서는 소수민족 문제가 민감한 문제라고 지적하면서 사람들이나 국가가 이 문제를 완전히 잊거나, 그런 기억을 뛰어넘어 완벽한 화해를 이루는 일은 극히 드물다고 지적했다.[338] 이런 지적을 고려할 때, 지역 정체성(regional identity) 형성이나 공동 규범의 확립은 다자협력을 위한 노력 속에서 서서히 만들어 나가는 것

---

337) 마사 누스바움 저, 강준호 역, 「석학과 함께하는 인문강좌: 제1강연 순화된 애국주의는 가능한가?」 2008년 8월 25일 고려대 강연문.

338) Bertrand de Crombrugghe, 「유럽안보협력기구(OSCE), 다자 간 안보협력과 동북아를 위한 교훈」, 제주 평화연구원 편, 『동북아시아의 평화와 번영: 유럽 경험의 탐색』, 제1권(제주: 제주평화연구원, 2008), pp.91~92.

이며, 따라서 동북아 다자안보협력을 위한 정체성 형성과 공동규범의 확립은, 지난함과 많은 시간이 필요하겠지만, 다자협의체 건설과 함께 병행적으로 추진해 나가야 할 지속적인 과제라고 할 것이다.

제2절 6자회담의 진전

1. 6자회담의 전개과정

북한이 핵무기 개발 의혹이 제기되자 1994년 북한과 미국은 '제네바합의'를 통해 북한은 핵 개발을 중단하고 핵 사찰을 수용하고 그에 대한 보상으로 미국은 북한에 체제 안전 보장과 경수로 발전소를 지어준다는 조건으로 핵 문제에 대한 합의를 마쳤다. 그러나 2002년 10월 북한의 새로운 핵 개발 의혹이 제기되면서, 미국은 북한에 대해 먼저 핵을 포기할 것을 강하게 주장하고, 이에 대해 북한은 미국이 먼저 불가침조약을 맺은 뒤에 핵 문제를 논의하자고 주장하였다. '6자회담'은 북미 사이의 이러한 대립 구도 속에서 북한의 핵 문제를 평화적으로 해결하려고 제안되었다. 미국이 북한핵문제 해결에 있어 북미양자회담보다 '6자회담'을 선호한 이유는 우선 북한이 핵폐기에 응할 경우에 그에 상응하는 경제적 지원이 필요한데, 혼자만 책임지지 않고 관련 당사국들과 그 부담을 나누어 가지려는 데 기인한 것 같다.[339]

제1차 회담은 2003년 8월 27일부터 29일까지 열렸다. 이후 2007년

---

339) 강근형, 「제2기 부시 행정부의 대북정책과 6자회담」, 『신아세아』 제12권 제4호(2005), p.81.

9월의 회담까지 모두 6차례 열렸는데, 모두 중국 베이징(北京)에서 개최되었다. 제1차 회담은 북한이 2003년 1월 핵확산금지조약(NPT) 탈퇴 선언을 하고, 2월에 국제원자력기구(IAEA) 특별이사회가 북핵 문제를 국제연합 안전보장이사회에 보고하기로 결의안을 채택한 뒤에 이루어졌다. 이 회담에서 미국은 북한의 선 핵폐기를, 북한은 핵폐기와 대북지원 등을 비롯한 모든 사안을 동시에 추진하자고 주장하여 북핵 관련 6국의 공감대를 형성하며 북핵문제 해결을 위한 대화의 장을 마련했다.

제2차 회담은 2004년 2월 25일부터 28일까지 열렸다. 이 회담에서는 참가국들이 상호 존중하면서 대화와 평등에 기초한 협의를 통해 핵 문제를 평화적으로 해결하자는 데 뜻을 모았다. 또 참가국들이 평화공존 의지를 밝히고, 관심사에 대한 상호 조율된 조치를 취하기로 합의하였다.

제3차 회담은 2004년 6월 23일부터 26일까지 열렸다. 이 회담에서는 한반도 비핵화 목표에 대한 의지를 재확인하고, 핵 문제의 평화적 해결을 위한 단계적 과정에 대한 필요성을 논의하였다. 또 비핵화를 위한 초기 조치인 범위·기간·검증·상호조치 등은 제4차 회담에서 건의하기로 하고 회의를 끝냈다.

제4차 회담은 원래 2004년 9월에 열릴 예정이었으나 미국이 3차 회담에서 내놓은 제안에 대한 북한의 반발과 2005년 2월 북한의 핵무기 보유 선언 등으로 인해 같은 해 7월 26일에야 열렸다. 회담은 회기를 정하지 않은 무제한 회담의 형식으로 8월 7일까지 13일 동안 열렸는데 이 회담에서 한국이 경수로 대신 '대북 직접 송전'이라는 중대 제안을 하기도 하였다. 주요 쟁점은 핵 폐기 범위와 북한의 평화적 핵

이용 권리의 용인 여부에 대하여 북미 사이에 이견을 좁히지 못한 채 3주일 동안 휴회에 들어갔으나 마침내 9월에 열린 회담에서 한반도 비핵화, 미국의 대북 불가침 의사 확인 등을 내용으로 하는 6개 항목의 이른바 '9·19 공동성명'이 발표되었다.[340)]

제5차 회담은 2005년 11월부터 2007년 2월까지 3단계에 걸쳐 열렸다. 부시행정부는 2007년 2월 제5차 '6자회담'에서 '2·13 합의'를 이끌어 내었다. 이는 부시행정부가 미국의 국내정치상황을 고려하여 기존의 압박정책에서 전환하여 관여정책(engagement policy)으로 북한의 핵문제를 타결하려는 것으로 평가할 수 있다. 2006년 11월 7일의 상·하 양원 중간선거에서 민주당이 다수당이 되면서 그동안 이라크 정책의 실패뿐만 아니라 북한 및 이란 정책의 성과 없음을 이유로 민주당으로부터 퇴진압력을 받던 럼즈펠드가 물러나고 2006년 12월에 새로 취임한 게이츠는 이라크에 치중하고 외교를 국무성에 맡기도록 하면서 국무성의 협상파들이 주도권을 잡게 되었다.[341)]

북한의 핵실험 이후 열린 3단계 회담에서 북한의 핵시설 폐쇄와 불능화, 북한의 핵 프로그램 신고와 이에 상응하는 5개국의 에너지 100만t 지원, 북한의 테러지원국 지정 해제 과정 개시 등의 이른바 '2·13 합의'가 채택되었다.

제6차 1단계 회담은 '2·13합의'의 이행조치를 구체화하기 위한 방안 등을 논의하기 위하여 2007년 3월 베이징에서 열렸다. 같은 해 9월에 열린 2단계 회담에서는 2007년 말까지 북한이 핵시설을 불능화

---

340) 북한은 재처리 시설을 포함한 영변 핵시설을 폐쇄·봉인하고 IAEA와의 합의에 따라 모든 필요한 감시 및 검증활동을 수행하기 위해 IAEA 요원을 복귀시킨다고 합의하였다.

341) 김현, 「부시행정부의 외교정책 이념과 대 북한 정책」, 『국가전략』, 제14권 1호(세종연구소, 2008), pp.143~144 참조.

하고 핵 프로그램을 신고하는 대신 미국 측은 북한에 대한 테러지원국 명단 삭제와 적성국무역법에 따른 제재 해제, 5개국의 중유 100만t에 해당하는 경제적 보상 완료 등을 골자로 하는 이른바 '10·3합의'가 채택되었다.

2007년 10월 초 이후 열리지 못했던 '6자회담'은 북한이 핵 신고서를 제출함에 따라 9개월 만에 다시 개최되었다. 제6차 '6자회담' 수석대표회의는 2008년 7월 12일 베이징에서 합의사항을 언론발표문으로 남기고 끝났다. 의장국인 중국이 회담을 수석대표회의로 명명했듯이 이 회의는 이전의 '6자회담'보다 회담 규모와 의전을 줄이고, 기념비적인 합의 도출보다는 북핵 폐기 2단계를 확실하게 마무리하여 3단계로 진전하는 튼튼한 기반을 마련한다는 취지하에 출발하여 실무적으로 진행되었다.[342]

2008년 8월 6일 서울에서 한미정상회담이 개최되었는데, 양국 정상이 발표한 한미정상회담 공동성명 전문에서 양국 정상은 9·19 공동성명 이행을 위한 2단계 조치의 진전을 환영하고, 이와 같은 진전이 동북아의 평화와 안정에 기여한다는 데 의견을 같이 하였으며 북한이 제출한 핵 신고서의 완전성과 정확성을 확보하기 위해 철저한 검증 체제가 수립되어야 하며, '6자회담' 틀 내의 모니터링 체제를 통해 모든 당사국들의 의무 이행이 확보되어야 한다는데 의견을 같이 하였다. 북한이 비핵화 2단계 조치를 조속히 완료하고 비핵화 3단계 조치를 통해 모든 핵무기와 현존하는 핵 계획의 완전한 포기를 이행할 것을 촉구하였으며 여타 '6자회담' 참가국들과 함께 상응 조치를 취

---

342) 홍현익, 「6차 '6자회담' 수석대표회의: 평가, 과제 및 전망」, 『정세와 정책』, 통권148(2008), p.1.

해 나갈 것임을 재확인하였고 '6자회담'의 지속적 진전을 위해 한미 간 긴밀한 공조를 계속해 나가기로 합의하였다. 부시 대통령은 2008년 7월 11일 금강산 관광지구에서 발생한 관광객 피격 사망사건에 대해 유감과 조의를 표명하고, 동 사건의 조속한 해결과 이러한 비극의 재발방지를 위해 북한이 남북 당국 간 대화에 응해 나올 것을 촉구하였다.[343]

2009년 5월 25일 북한은 제2차 핵실험을 강행했다. 북한은 이날 오전 9시 54분, 풍계리 핵실험장에서 핵실험을 실시한 후, 같은 날 12시에 조선중앙통신사 보도를 통해 핵실험을 성공적으로 보도했다고 밝혔다. 그리고 이날 단거리 미사일 3발을 동해상으로 발사했다. 2009년 5월 25일 북한의 제2차 핵실험이 실시된 후 동북아 역내의 긴장감이 고조되었으며 미국, 일본 등 관련 국가들의 신속한 대응 속에 북한에 대한 전 방위적 압박이 진행되고 있다.

북한은 오바마 행정부 출범 직후 협상에 의해 핵무기를 폐기할 가능성이 없음을 여러 번 공언했는데 북미 관계정상화로 핵무기 폐기가 실현될 수 없으며 핵무기가 폐기되려면 미국의 적대시 정책과 핵위협의 근원적인 청산이 이루어져야 한다고 밝혔다. 즉, 관계정상화 실현 등 적대시 정책의 종식과 함께, 한국, 일본, 태평양 등지에 배치된 핵무기의 위협이 사라져야 핵무기를 폐기할 수 있다는 것이며 평화협정이 먼저 체결된다면 신뢰가 조성되고 적대관계가 점차 해소되며 한반도 비핵화에 도움이 될 것이라고 주장했다.[344]

---

343) 『연합뉴스』 2008년 8월 6일 참조.

344) 김성만, 「북핵문제 교착의 원인과 '6자회담' 전망」, 『코리아연구원 현안진단』, 제185호(2011), pp.1~2.

2. 6자회담의 전망

'6자회담'의 전망은 불투명하며 참여국들의 자국 이익 우선 추구와 불신은 '6자회담' 진전을 더욱 어렵게 하고 있다. 오바마 행정부는 북한이 지난 2007년 2월 '6자회담'에서 합의한 '불능화, 신고 및 검증, 비핵화'의 3단계 절차에 따르려는 가시적인 의지를 보이고, 남북관계를 개선하는 노력을 해야만 본격적인 경제 및 외교 관계 개선을 추진할 것이다.[345] 북한이 단기적으로는 이러한 조치를 취할 것으로는 보이지 않으며 '6자회담'은 당분간 교착상태에 머무를 것으로 보인다. 그러나 6자 회담의 역할과 기능에 대해 비관적인 전망이 적지 않지만 동북아의 안보기구로의 가능성을 제시했다고 볼 수 있다. 북핵문제 해결을 위한 '6자회담'이 실패한다면 북한을 제외한 나머지 5개 당사국이 '6자회담' 대신 북한의 붕괴에 대처하기 위한 동북아 안보기구를 설립할 수도 있다. 동북아의 긴장과 위기를 예방하고 평화와 안정을 확보하기 위해서는 동북아 다자안보기제가 필요하다는 것을 6개 참여국 모두가 인식하고 있다. 특히, 북한을 완충지대로 보는 중국은 북핵문제를 평화적으로 해결하기 위하여 '6자회담'을 적극적으로 추진하며 미국과 북한의 불신으로 생기는 마찰을 중재하고 있다. 북한을 자국의 안보에 대한 완충지대로 인식하고 있는 중국은 미국이 북핵문제를 이용하여 북한체제를 붕괴시키는 것을 앉아서 수수방관하기 어렵다.[346]

---

345) 이동률, 「북중 정상회담 이후 한반도 정세」, 『EAI 논평』, 제20호, p.4.
346) 신상진, 「중국의 '6자회담'전략: 중재역할을 통한 영향력 강화」, 『국가전략』, 제11권 2호, (세종연구소, 2005), p.38.

북핵 '6자회담'은 동북아에서 형성된 양자동맹을 보완하여 다자주의로 가는 기틀을 마련할 수 있다. 동북아에서 양자동맹으로 세력균형을 이루어왔으나 북한의 핵 개발 위기를 해결하기 위하여 개별국가들의 이해관계가 크게 충돌하지 않고 협의체를 구성할 수 있었다. '6자회담' 국가들이 모두 평화로운 비핵화라는 이익에 공감하고 있으며 이를 위한 지역협력과 다자협력을 위한 노력을 하고 있다. 역내안보환경에 중요한 이해당사국들인 주요 6개국이 대화의 경험을 쌓고 있다고 평가할 수 있을 것이다. 이러한 경험은 동북아의 다자안보 협의체를 설립하게 하는 기반이 될 것이다. 6개국 간 협의 결과를 실행하고 검증할 수 있는 레짐형성과 제도화의 가능성이 열려있다고 평가할 수 있다. 동북아의 주요 이해당사국인 '6자회담' 당사국들이 북핵해결과정을 토대로 전통적 안보와 비전통적안보 위협에 협력하는 제도로 발전시키려는 동기는 공통적으로 갖고 있다. 이러한 의도는 2·13 합의의 '동북아 평화 안보체제 실무그룹' 구성에 대한 합의에서 나타나고 있다.

2007년 2월 8일에서 13일에 걸쳐 베이징에서 열린 제5차 '6자회담' 3단계 회담에서 '6자회담' 대표들은 2월 13일 '9·19공동성명 이행을 위한 초기조치'라는 공동성명을 합의하여 발표했는데 2·13 합의는 '동북아 평화 안보체제 실무그룹' 구성과 관련하여 다음과 같이 합의하고 있다.[347]

참가국들은 9·19 공동성명의 초기조치를 이행하고 더 나아가 공동성명의 완전한 이행을 목표로 다음과 같은 실무그룹(W/G)을 설

---

347) 허문영, 김수암, 여인곤, 정영태, 조민, 조정아, 『한반도 평화체제:자료와 해제』(통일연구원, 2007), p.12.

치하는 데 합의하였다.
1. 한반도 비핵화
2. 미·북 관계정상화
3. 일·북 관계정상화
4. 경제 및 에너지 협력
5. 동북아 평화안보 체제
　실무그룹들은 각자의 분야에서 9.19공동성명의 이행을 위한 구체적 계획을 협의하고 수립한다.
　실무그룹들은 각각의 작업 진전에 관해 '6자회담' 수석대표 회의에 보고한다.
　원칙적으로 한 실무그룹의 진전은 다른 실무그룹의 진전에 영향을 주지 않는다.
　5개 실무그룹에서 만들어진 계획은 상호 조율된 방식으로 전체적으로 이행될 것이다.
　참가국들은 모든 실무그룹 회의를 향후 30일 이내에 개최하는 데 합의하였다.

　실무그룹은 한반도 비핵화, 미·북 관계정상화, 일·북 관계정상화, 경제 및 에너지 협력, 동북아 평화안보 체제 등으로 북핵문제뿐만 아니라 비전통적 안보와 관련된 의제가 포함되어 있다. 이것은 6자회담이 동북아의 다자안보협의체로 발전 가능성을 시사하고 있다고 볼 수 있는 것이다. 동북아에서 경쟁과 불신의 역사가 깊으므로 점진적인 신뢰구축조치가 필요하다. 그러나 미국이나 중국, 일본 간에 불신이 팽배하고 있으므로 비교적 중도적인 한국이 다자안보협의체 형성을 주도하는 것이 호응을 받을 수도 있다. 현재 '6자회담'은 중국이 중재자로 나서고 한국, 일본, 러시아 등이 참여하고 있어서 다자협력의 틀로 접근하고 있지만 실제 회담의 내용과 수준은 미국과 북한이 주도하고 있다고 평가할 수 있다. 유연한 협상으로 북핵문제를 해결하는 것이 중요하지만 참여국 간의 비차별성과 실천 검증성을 담보하는 기제의 개발이 필요하다. 이러한 기제의 개발로 '6자회담'은 동북아의 다자안보체로 발전할 가능성이 높다.

6자회담 '진행과정'(process)을 '진전'(progress)으로 착각해서는 안 된다는 비판도 설득력이 있다. 그러나 현 상황에서 6자회담 이외의 다른 대안을 찾기가 쉽지 않다. 긴장과 위기를 예방하고 평화와 안정을 확보하기 위해서는 동북아 다자안보기제가 필요함을 6개 참여국 모두가 인식하고 있다. 때문에 그 시작은 지나치게 많은 이슈를 한 번에 테이블에 올리는 것이 아니라, 이슈별로 협력을 제도화하는 점진주의적인 방법인 '제한적 다자주의'(limited multilateralism)가 적합할 수 있다. 북핵 문제의 해결은 절대적으로 필요하며 그것은 바로 6자회담을 통해서 가능할 수 있다. 오바마 행정부는 대북관여정책에 중점을 두고 북핵문제를 다룰 것으로 보인다. 이는 부시 행정부가 강조해 온 북한의 선핵포기, 후경제협력 및 관계개선의 방식과는 다른, 오히려 북한의 비핵화 약속을 실제로 이행하도록 하는 대북 인센티브로 경협이나 관계개선을 사용할 가능성이 있는 것이다.[348]

그러나 이러한 미국의 정책의 전제조건은 북한이 긍정적인 자세 변화가 필요하다. 오바마는 '6자회담과 병행해 북·미 양자 대화가 필요하다고 생각하느냐'는 질문에 "6자회담 프로세스에서 모든 참가국의 이해관계가 달린 이슈들이 다뤄질 수 있을 것이며, 양자 간의 관심사도 제기할 기회가 있을 것"이라면서 "하지만 북한은 도발행위를 중단하고 진지한 협상에 나설 준비가 되어 있음을 보여줘야 한다"고 말했다.[349] 오바마는 한국, 일본, 호주와의 동맹을 중시하면서 한편으

---

348) 강근형, 「오바마 미국 행정부의 대외정책과 북미관계」, 『신아세아』, 제58호(2009), p.113.

349) 최영해, "[단독/오바마 美대통령 인터뷰]美 의회 초당적 지지 의미, 한국 국회도 알아줬으면", 『동아일보』

로는 다자대화의 중요성을 강조하고 있다. 동북아의 주요행위자인 미국과 중국은 1990년대 이후로는 북한의 핵문제를 한반도에 국한된 문제로만 보지 않고 있으며 좀 더 광범위한 지역에 영향을 끼치는 심각한 안보위협문제로 보고 있다. 6자회담으로 북한의 핵문제가 해결된다면 다자적인 협력으로 지역의 안보문제를 해결할 수 있다는 가능성을 보여주는 선례가 될 것이다. 따라서 미국은 6자회담의 경험을 살려, 이를 동북아 다자안보협의체로 발전시키는 데에 적극적일 것으로 전망된다.[350]

과거에는 동북아의 안정을 양자동맹을 중심으로 관리하여 왔으나 북한의 핵 개발이라는 문제에 봉착하자 양자동맹으로 관리가 어렵다는 것을 미국이 인식하였고 다자적인 해법을 모색하였으며 6자회담을 구상하기에 이르렀다. 동북아의 국가들은 이질적인 정치체제와 이해를 달리하는 상황이지만 북한의 핵문제를 해결하는 기제로서 6자회담을 활용하여야 한다는 것에는 대체로 공감하고 있는 분위기이다. 6자회담이 동북아의 양자동맹을 대체하려고 하는 것은 아니지만 미국을 포함한 여러 국가들이 지역의 항구적인 안보포럼으로 전환하는 것에 관하여 논의를 해오고 있다.[351]

2011년 10월 13일자 참조.

350) 강근형, 「오바마 미국 행정부의 대외정책과 북미관계」, p.114.

351) Andrew Yeo, *Bilateralism, Multilateralism, and Institutional. Change in Northeast Asia's. Regional Security Architecture, EAI Fellows Program Working Paper Series No.30,* (EAI, 2011), p.9.

제3절 제주프로세스의 전략 목표와 의제

제주프로세스라는 용어는 2000년대 초에 한국정부가 유엔의 군축 관련 국제기구를 제주에 유치하기 위해 노력하는 과정에서 처음으로 사용되기 시작했다. 그리고 이후 2007년 제4회 제주포럼에서 제주프로세스와 관련된 논의가 본격 제기되었다. 당시 참가자들은 동북아의 평화와 번영을 위한 다자협력의 노력을 구체화하기 위한 제주프로세스의 추진을 선언한 바 있다.[352] 그러나 제주프로세스를 한 마디로 명확히 규정하는 것은 어려운 일이다. 헬싱키프로세스와 달리 제주프로세스는 아직 그 실체가 없다 해도 과언이 아닐 것이기 때문이다.[353]

사실, 다자안보협력이나 경제공동체 논의가 정부 수준에서 이루어지고 다양한 형태의 후속 조치가 제주를 중심으로 구체화 될 때, 제주프로세스는 비로소 탄력을 받을 수 있을 것이다. 다행히도 제주평화연구원이 외교통상부와의 긴밀한 협력 하에 동북아 다자안보, 한반도 평화, 동아시아 공동체 구상과 관련된 각종 국제회의를 개최하면서 제주프로세스가 그나마 주목을 받고 있다. 이처럼 짧은 연원을

---

352) 고봉준, 「제주프로세스 추진 방향에 대한 일고: 네트워크 이론의 관점에서」, 제주평화연구원 창립 3주년 기념 학술회의 발표논문(2009), p.18.

353) 문정인, 「제주프로세스의 추진: 그 이상과 현실」, 제주평화연구원 주최, 『제주프로세스의 추진: 그 이상과 현실』 학술회의 기조 발제문(2009. 6. 12), p.4.

갖는 제주프로세스에 대한 논의도 활발하지 못한 것으로 보인다. 특히 학문적 주제로서 제주프로세스는 그다지 주목받지 못하는 주제였던 것으로 보인다. 제주평화연구원에서 주최한 몇 차례의 관련 세미나와 연구 결과 이외에는 학술 결과물이 전무하다고 해도 과언이 아니다. 여전히 추진 방향에 대한 제안 형식의 논의가 주종을 이루고 있는 것이 현 단계의 제주프로세스에 관한 논의의 진행 현황이라고 할 수 있다.

이러한 상황에서 제주프로세스의 구체적인 전략 목표나 실질적인 내용이 무엇인지 또는 무엇이 되어야 할지에 대해 한 마디로 명확히 규정하는 것은 어려운 일일 뿐만 아니라 바람직하지도 않을지 모른다. 제주프로세스는 앞으로 진행되어야 할 과정이기 때문에 일의적으로 단순하게 규정될 수 있는 문제가 아니기 때문이다. 특히 '헬싱키프로세스'를 참고한다고 하지만, 제주프로세스와의 유사성뿐만 아니라 차이도 있기 때문에 이를 교조적으로 적용하는 것 역시 실현 가능성과 지속 가능성을 의심케 할 수 있다. 또한 '헬싱키프로세스'는 이미 진행된 일련의 실질적 내용들이기 때문에 그 과정을 반추했을 때 그 실질적인 내용이 무엇이었는지를 간명하게 정리할 수 있지만, 제주프로세스는 이제 첫발을 띠는 태동기이고, 동북아의 현 상황은 냉전기의 '헬싱키프로세스' 상황과도 차이가 있다.

따라서 제주프로세스는 앞으로 어떤 전략 목표를 설정하고 어떤 의제들을 중심으로 프로세스를 진행해 나가야 할 것인가를 끊임없는 논의 속에서 변증법적으로 찾아 나가야 할 것이다. 이런 맥락에서 여기서는 그간의 관련 논의들을 정리하면서 제주프로세스의 전략 목표와 의제가 무엇이 되어야 할지를 살펴볼 것이다.

1. 제주프로세스의 목표

가. 거시적 목표로서의 동북아 다자안보협력

　제4회 '제주포럼'에서 참가자들은 제주선언을 통해 동북아시아에서의 다자안보협력을 지속, 발전시키기 위해서 '헬싱키프로세스'를 모델로 하는 제주프로세스의 실현을 촉구한 바 있다. 제주프로세스는 '헬싱키프로세스'를 모델로 동북아시아에서의 분쟁해결 및 협력과 통합을 위한 다자주의 노력을 통해 바탕으로 역내 안보대화협의체의 구축을 목표로 하는 데 주요 참가자들이 견해를 같이 했다. 그러나 제주프로세스는 아직 그 필요성에 대한 제4회 제주포럼 참가자들의 광범위한 동의를 기반으로 한 선언 수준을 크게 넘어서지 못한 상태라고 할 수 있다. 프로세스의 진행을 위한 미래의 청사진이나 구체적인 계획이 마련되어 있는 것도 아니고 이를 주도적으로 추진할 정부 차원의 대책기구가 있는 것도 아니다. 단지 제주평화연구원이 관련 연구를 수행하는 정도에 그치고 있다.

　지금까지 진행된 상황을 간략하게 일별해 보면, 제4회 '제주포럼'에서는 제주프로세스의 타당성 및 실현 가능성에 관한 회의 및 토론 자료와 선언문을 통해 제주프로세스 실행을 위한 구체적 조치를 취할 것을 촉구한 수준이었다. 그리고 제주프로세스에 관한 연구를 수행하고 있는 제주평화연구원 내부의 타당성 조사 및 관련 연구·발표자료, 그리고 최근 제주프로세스 관련 몇 차례의 학술세미나가 있다. 2009년 6월 12일 제주평화연구원이 주최한 『제주프로세스의 추진: 그 이상과 현실』이라는 내부 학술회의에서 발표자들은 제주프로세스의 실현 가능성과 과제, 현실화를 위한 함의, 북핵 프로세스 등을 주제로 한 발표가 있었다. 그리고 2009년 8월 제5회 제주포럼은 『상생과 공영의 동아시아 질서: 공동의 비전을 향하여』를 대주제로 하여 '동아시아 다자안보협력 촉진: 선행적 외교의 역할'과 '동아시아 평화체제 구축의 비전과 전망'을 다루었고, 2011년 5월 제6회 제주포럼은 『새로운 아시아: 평화와 번영을 위하여』를 대주제로 하여 '제주프로세스: 동북아다자안보체제 구축'을 다루었다.

이러한 최근 진행된 제주프로세스에 관한 논의들을 보건대, 제주프로세스가 천명된 지 4년째가 되고 있는 2011년 현재까지 추진의 필요성과 방향성 및 전망 등에 대한 논의에서 크게 진전되지는 못하는 상황인 것으로 보인다. 즉 구체적인 실천 목표와 전략, 로드맵 등은 구체화되지 못하고 있다. 이렇게 볼 때, 제주프로세스는 여전히 제주포럼을 통해 국내외적 논의를 통해 중지를 모아가는 과정에 있다고 할 수 있다. 이러한 현실에서 제주프로세스의 구체적인 전략 목표를 파악하기는 어렵다. 물론 그간의 논의를 통해서 제주프로세스의 목표를 어느 정도는 파악할 수 있다. 다만, 제4회, 제5회, 제6회 '제주포럼' 참가자들의 논의와 그리고 최근 학술회의에서의 논의를 중심으로 주요한 특징들을 연역적으로 도출함으로써 그 실체적 윤곽을 파악할 수밖에 없다.

제주프로세스의 목표를 파악하기 위해서는 우선적으로 제4회 제주포럼에서 논의된 동북아 다자안보협력의 필요성과 제주프로세스 선언에 관한 논의들을 정리해 볼 필요가 있다. 제4회 포럼에서 참가자들은 정치·경제·안보적으로 고도의 통합을 이루어 가고 있는 EU의 경험 속에서 동북아시아 공동체 형성에 접목시킬 수 있는 구체적인 구상을 찾아내고, 그것이 동북아의 평화와 번영을 제도화하는 데 어떠한 기여를 할 수 있는지를 심층적으로 탐색했다. 특히 노무현 대통령은 개회식 기조연설에서 "'6자회담'이, 북핵문제 해결 이후에도 북핵문제를 푼 경험과 역량을 바탕으로 동북아시아의 평화안보협력을 위한 다자간 협의체로 발전해 가야 한다"고 강조했다. 또한 노 대통령은 "세계대전을 겪은 유럽이 헬싱키프로세스를 통해 유럽안보협력기구를 만들고, 석탄철강공동체를 발전시켜 유럽연합을 만든 것은 동북아에도 좋은 모범이 될 것"이라면서 "동북아에 EU와 같은 지역통합체가 실현되면 그야말로 새로운 역사가 열리고 세계의 평화와 번영에도 이바지하게 될 것"[354]이라고 전망했다.

이 포럼은 이러한 유럽의 경험을 안보와 경제의 두 가지 측면에서 집중적으로 살펴보았다. 즉 OSCE의 사례를 통해 이 같은 협력안보 모델이 동북아에 적용이 가능한지를 타진했는데, 특히 특별회의로 열린 '동아시아-OSCE 포럼'에서는 OSCE를 창출한 헬싱키프로세스의 주역들이 주제 발표에 나섬으로써 동북아 다자협력을 제도화하기 위한 제주프로세스 구상에 시사점을 제시했다. 제주포럼 참가자들은 '헬싱키프로세스'를 모델로 동북아시아에서의 분쟁해결 및 협력과 통합을 위한 다자주의 노력을 바탕으로 역내 안보대화협의체의 구축을 목표로 하는 데 견해를 같이 했다.

우선, 포럼에서 러시아의 예브게니 프리마코프(Evegeny Primakov) 전 총리는 변화하는 세계와 위기 속에서 평화적 방법으로 동북아 안보문제를 해결할 방법을 공동으로 모색할 필요가 있다고 역설하였으

---

354) 노무현, 「기조연설」, 제주평화연구원 편, 『동북아시아의 평화와 번영: 유럽경험의 탐색』, 제1권(제주: 제주평화연구원), pp.49~50.

며,355) 일본의 가이후 도시키(Kaifu Toshiki) 전 총리는 동아시아 지역 내 상호 긍정적인 역사를 부각시키길 바라며, 동아시아 청년들의 인적, 문화적 교류 증진을 통해 공동의 미래를 열어가길 바란다고 했다.356) 한편, '헬싱키프로세스'의 미국 측 대표였던 제임스 굿비(James E. Goodby)는 북핵 '6자회담'이 진행 중이라 이와 동시에 동북아 다자안보협의체제의 논의가 이루어지는 것이 바람직하다는 견해를 피력하였으며,357) OSCE 상임이사회 의장이었던 버트란드 크롬브루게(Bertrand de Crombrugghe) 대사의 경우 OSCE의 공헌은 자체 유럽국가들이 타국의 영토와 주권을 인정함으로써 협력의 기반이 조성되어 군사적인 신뢰구축을 이룰 수 있었음을 강조하고 동북아도 모든 국가가 참여하는 안보협의체제의 논의가 필요하다고 보았다.358) 이밖에 동북아협력대화 창설자 겸 대표인 수잔 셔크(Susan Shirk) 교수나 양첸슈(Yang Chengxu) 전 중국국제문제연구소 소장의 경우도 공통적으로 북핵문제를 해결하기 위한 '6자회담'의 성공적인 진전을 예로 들어 신뢰구축의 중요성을 강조하면서 다자협력의 긍정적인 면에 공감을 표하는 등359) 유럽과 동북아 대표들 공히 제주프로세스 구상을

---

355) Evegeny Primakov, 「동북아시아에서 안보와 안정에 대한 도전」, 제주평화연구원 편, 『동북아시아의 평화와 번영: 유럽 경험의 탐색』, 제1권(제주: 제주평화연구원, 2008).

356) Kaifu Toshiki, 「동아시아에서의 평화와 번영을 위한 비전」, 제주평화연구원 편, 『동북아시아의 평화와 번영: 유럽 경험의 탐색』, 제1권(제주: 제주평화연구원, 2008).

357) James E. Goodby, 「미국의 시각에서 본 헬싱키프로세스」, 제주평화연구원 편, 『동북아시아의 평화와 번영: 유럽 경험의 탐색』, 제1권(제주: 제주평화연구원, 2008).

358) Bertrand de Crombrugghe, 「유럽안보협력기구(OSCE), 다자간 안보협력과 동북아를 위한 교훈」, 제주평화연구원 편, 『동북아시아의 평화와 번영: 유럽 경험의 탐색』, 제1권(제주평화연구원, 2008).

359) Susan Shirk, 「동북아시아 협력대화(NEACD): 1.5트랙 외교의 시도」, 제주평화연구원 편, 『동북아시아의 평화와 번영: 유럽 경험의 탐색』, 제1권(제주: 제주평화연구원, 2008); Yang Chengxu, 「북핵문제의 해법: 희망과 난제」, 제주평화연구원 편, 『동북아시아의 평화와 번영: 유럽 경험의 탐색』, 제1권(제주평화연구원, 2008).

환영하는 분위기였다.

이 포럼에서 집중 논의된 결과를 바탕으로 채택된 '제4회 제주평화 포럼 선언문'은 "유럽에 비하여 동북아시아에서의 분쟁해결 및 협력과 통합을 위한 다자주의 노력이 상대적으로 미흡함을 공감한다"고 전제하고, "북한 핵위기, 군비경쟁, 역내 구조적 불안정 그리고 새롭게 등장하고 있는 비전통안보 현안 등을 감안할 때, 동북아 지역 다자안보협력의 필요성이 과거 어느 때보다 요청된다"고 지적했다. 이 선언문은 또 " 동북아 지역의 정부 간, 그리고 비정부단체 간의 지속적이고도 신축성 있는 역내 안보대화협의체를 구축하기 위하여 헬싱키프로세스를 모델로 하는 제주프로세스의 실현을 촉구"한다면서 "2005년 1월, 대한민국 정부에 의해 '세계 평화의 섬'으로 지정된 제주에서 이러한 다자안보협의 프로세스가 조속히 실행될 수 있도록 구체적 조치를 취할 것을 천명했다."360)

이상과 같이 제주프로세스 추진을 처음 언급한 제4회 제주포럼에서는 제주프로세스의 실천 가능한 구체적 목표를 제시하기보다 동북아에서 왜 다자안보협력이 필요한지, 다자안보협력을 위해 제주포럼을 논의의 장으로 삼아 추진해 나가야 한다는 원론적 수준의 논의에 그치고 있다. 그도 그럴 것이, 제주프로세스에 대한 최초의 공언과 그에 대한 참가자들의 동의를 얻기 위해서는 다소 포괄적이고 개괄적인 수준에서 제주프로세스의 의미를 제시할 수밖에 없었을 것이다. 그리고 이어지는 제5회 제주포럼에서도 제주프로세스의 목표와 관련하여 이러한 포괄적이고 개괄적인 수준의 논의를 벗어나지는 못한

---

360) 「제4회 제주평화포럼 선언문」, pp.8~9.

것으로 보인다. 제5회 포럼에서는 '동아시아 다자안보협력 촉진: 선행적 외교의 역할'과 '동아시아 평화체제 구축의 비전과 전망'이라는 두 개의 세션에서 동북아 다자안보협력 또는 제주프로세스에 관해 논의가 진행되었는데, 역시 마찬가지였다.[361]

따라서 제4회와 제5회 두 차례의 제주포럼에서의 논의를 토대로 한 제주프로세스의 목표는 동북아 다자안보협력과 제주프로세스의 목표를 거시적 수준에서 포괄적으로 제시하고 있는 것으로 보인다. 즉 동북아 다자안보협력은 정치·경제·군사·사회·문화·환경·인권 등 포괄적 영역에서 발생할 수 있는 전통적·비전통적 안보위협을 역내 국가들이 논의하고 협력하여 분쟁을 사전에 예방하고 평화와 안정을 제도적으로 보장하기 위한 협의체를 구축하는 것으로 보고 있다. 그리고 이러한 동북아 다자안보는 대립적 관계에 있었던 동아시아 국가들이 보다 깊은 협력관계를 바탕으로 평화와 안보, 공존을 이루어 내기 위한 관계 설정을 가능하게 하는 새로운 틀로 간주한다.[362]

그리고 제주프로세스는 동북아 다자안보협력을 위한 가능한 대안을 모색하고 제도화해 나가는 데 기회를 만들고 분위기를 조성해 나가는 일련의 과정으로 규정할 수 있다. 특히 역사적으로 끊임없이 계속되어온 역내 국가들 사이의 불신과 반목은 오히려 동북아시아지역

---

361) '동아시아 다자안보협력 촉진: 선행적 외교의 역할' 세션은 Donald Gregg의 사회로 신각수, Gleb Ivashentsov, Brian McDonald, Kathleen Stephens의 토론으로 진행되었고, '동아시아 평화체제 구축의 비전과 전망' 세션에서는 「동아시아 평화체제 건설: 비전과 전망, 그리고 새로운 안보위협에 대한 대처」(김학수), 「동아시아 평화체제에 대한 비전과 전망」(홍순영), 「동아시아의 평화, 안보 및 발전에 있어서 러시아의 역할」(Evgeny Afansiev), 「동아시아의 평화, 협력 그리고 안보체제」(Charles Morrison) 등이 발표되었다.

362) Zhenqiang, Pan, 「동북아의 다자안보와 제주프로세스: 쟁점과 해법」, 제주평화연구원·동아시아재단 편, 『상생과 공영의 동아시아 질서: 공동의 비전을 향하여』, 제2권(서울: 오름, 2010), p.211.

에서 제주프로세스와 같은 비정부기구들의 역할을 확대시켜 공식적으로 하기 어려운 정부의 역할을 보완하게 하였고, 보다 전문적이고 다양한 단체들이 모여 어려운 문제에 대한 효율적인 방안을 제시하면서 때로는 국제적 차원의 협력까지 이끌어낼 수 있다고 보았다.[363]

나. 구체적 목표의 모호성

제주프로세스는 정부 차원에서의 북핵문제 해결과 동북아 안보협력의 필요성 및 제주가 갖는 제주도의 지리적 특징과 평화의 섬으로서 축적된 이미지가 상호 복합적으로 맞물리면서 동북아, 나아가 동아시아의 평화를 위해 한국을 중심으로 주변국들과의 협력을 통해 다자안보협의체 결성을 목표로 하고 있다. 그런데 2007년 제주프로세스 출범을 위한 '제주선언' 이후 이의 추진을 위한 전략적 과제들이 산재해 있는 현실에서 제주프로세스가 제도적인 수준으로 발전하기까지에는 '실천적' 차원은 물론 '개념적'으로 정립되어야 할 사안들이 산적해 있는 것이 사실이다.[364] 이 중에서도 선결되어야 할 문제이자 과제가 전략 목표를 어떻게 설정할 것인가 하는 문제이다.

제주프로세스에 관한 기존 연구들을 통해서 제안된 목표나 방향들을 살펴보자. 제주프로세스는 가능한 대안을 모색하고 구축해 나가는 일련의 과정으로서 다음의 추진 목표를 설정할 것을 제안하면서 제도화를 주장하고 있다. 첫째, 프로세스 자체가 동북아 역내 국가들의 상호이익을 증진하는 차원에서 추진되어야 하며, 이를 구현하기 위하여 지속적인 대화를 습관화하도록 준비되어야 할 것이다. 둘째, 다자

---

363) Zhenqiang, Pan, 「동북아의 다자안보와 제주프로세스: 쟁점과 해법」, p.211.

364) 박인휘, 「제주프로세스: 실현가능성과 주요 과제」, p.60.

대화의 습관화를 통하여 투명성 제고와 신뢰의 증진을 꾀하도록 하며, 이를 토대로 다자협력의 규범을 만들어 나가는 데 초점을 두어야 할 것이다. 셋째, 궁극적으로 프로세스는 관련국 사이에 투명하고 정확한 정보를 공유하고 상호 간 이해를 증진시켜 나감으로써 충돌로 발전할 수 있는 위험성을 예방하기 위한 지역의 다자대화협의체를 찾아가는 준비의 과정, 제도화의 과정으로 삼을 필요가 있다.[365]

다음으로, 제주프로세스를 '세계 평화의 섬' 제주를 중심으로 동북아의 신뢰구축, 군비통제, 군축, 그리고 더 나아가서는 동북아 공동체 형성과 관련된 일련의 이론적, 철학적 담론과 성찰, 정책 구상, 정책 연계망, 그리고 공식, 비공식적 논의가 이루어 나가는 과정으로 폭넓은 의미를 부여[366]하면서 다음과 같은 몇 가지 전제조건을 제시한다. 즉 동북아 집단안보체제의 구축 이전에 역내 국가들 간에 안보협력이 활성화되어야 하는데, 이를 위해서는 첫째, 역내 국가들 간에 공동안보에 대한 공감대 마련 둘째, 적대적 또는 준 적대적 국가들 간에 공동 안보 의식을 고취시키고 안보 협력을 유도하기 위한 포괄적 안보 수단의 적극 활용 셋째, 협력안보의 활성화와 제도화의 병행 등이 전제되어야 한다고 지적했다.[367]

제주프로세스의 궁극적 목표는 동북아의 다자안보협의체 형성이라는 것을 중심으로 첫째, 제주프로세스가 헬싱키프로세스를 모델로 하면서 '6자회담'이 제주프로세스의 제도적 틀이 될 가능성을 염두에 두

---

365) 고성윤, 「제주프로세스 구상과 OSCE의 협력 방향에 대한 고찰」, pp.5~6.
366) 문정인, 「제주프로세스의 추진: 그 이상과 현실」, 제주평화연구원 주최, 『제주프로세스의 추진: 그 이상과 현실』학술회의 기조 발제문(제주평화연구원, 2009. 6. 12).
367) 문정인, 「동북아 지역안보와 제주프로세스」, 제주평화연구원 창립 3주년 기념 학술회의(2009. 3. 20) 기조연설문.

고 동북아 다자안보협의체의 구축을 목표로 하고 있다고 지적했고,[368] 한편으로는 제주프로세스를 "동아시아의 공동 평화와 번영을 지향하는 1.5트랙 네트워크의 구축"이라고 정의하는 가운데, 동북아의 안보 관련 당사자들 간 협의를 정례화시키는 것에서 그 의미를 찾을 수 있다고 주장한다. 그렇기 때문에 동북아의 평화와 번영이라는 대전제 하에서 관련 당사자들이 보다 장기적인 관점에서 안보문제에 접근할 수 있는 계기를 마련하는 것으로 이해되어야 한다고 강조한다.[369]

이상의 논의를 통해서 볼 때 제주프로세스는 다음과 같은 몇 가지를 목표나 방향을 제시하는 것으로 요약될 수 있다. 첫째, 궁극적인 목표는 동북아 지역의 안보위협에 공동으로 대처할 수 있는 다자안보협의체의 창설(제도화)이라고 할 수 있다. 둘째, 이러한 궁극적인 목표를 달성하기 위해서 유럽의 경험, 즉 '헬싱키프로세스'를 참고하면서 역내 국가들의 이해와 지지를 구하는 체계적인 노력이라고 할 수 있다. 셋째, 공동안보, 포괄안보, 협력안보 등과 같은 새로운 안보 패러다임의 시각을 토대로 역내 국가들의 공감대 형성을 추진하는 것이라고 할 수 있다. 넷째, 이러한 목표를 달성하기 위해 역내 국가들의 정부뿐만 아니라 비정부 차원, 그리고 정부-비정부의 협력 등 다양한 방식을 통해 노력하는 것이라고 할 수 있다. 마지막으로, 이러한 목표들을 달성하기 위한 시급한 목표로 동북아의 안보 관련 당사자들 간 협의를 정례화시키는 것이라고 할 수 있다.

이상과 같은 기존 논의들은 동북아 다자안보협력이라는 원론적 목

---

368) 홍기준, 「헬싱키와 제주, 그리고 핵 프로세스」, p.19.
369) 고봉준, 「동북아 평화와 군축: 1.5트랙 다자안보협력의 모색」, 한국국제정치학회 2008년 연례학술회의 발표논문(2008. 12. 12~13), pp.11~12.

표와 이를 위한 노력의 필요성과 시각 등을 제시하고 있지만, 너무 거시적 목표 위주이기 때문에 제주프로세스가 무엇을 하는 것인지를 구체적으로 파악하기 어려운 한계가 있다. 동북아 다자안보협의체라는, 그동안 성공 경험이 전무한 국가 간 다자협의체를 건설하기 위해 어떤 구체적 실천 목표를 설정할 것인가는 쉽지 않은 문제이다. 그럼에도 불구하고 제주프로세스가 실천을 전제로 한 다자안보협의체 건설의 과정을 상정한다면, 보다 구체적인 실천 목표들이 제시되어야 할 것이다. 동북아 다자안보협의체 건설이 궁극적인 거시적 목표라고 하더라도 이를 달성해 나가기 위한 로드맵이나 단계적 전략들이 제시되어야 추진력 강화를 위한 노력도 구체적일 수 있게 되기 때문이다.

다. 구체적 전략 목표의 설정

유럽의 경험과 달리 동북아 지역에서의 다자주의적 접근의 경험은 역사가 짧고 다자대화의 습관화도 되어있지 않은 상태이다. 이와 더불어 양자관계를 중시해온 동맹체제의 전통은 다자대화 및 다자협력의 발전을 저해해 온 역사적 요인으로 지적되어 왔다. 유럽의 경험이 동북아에 적용되기에는 역내 국가들 간의 역사적 반목과 갈등, 문화적 이질성이 너무 크고 이해관계가 첨예하여 제약이 많은 것도 부담이다. 그러므로 지역 내에서 안보문제가 발생할 경우, 다자대화의 필요성에도 불구하고 동북아 각국은 당사국에 미치는 파급영향 때문에 소극적인 편이었다.

이러한 여러 가지 문제점들로 인하여 동북아 지역에서의 다자대화 및 다자협력은 상대적으로 침체된 듯하다. ARF나, CSCAP, EACD 등 기존의 협의체나 대안에 대한 객관적 평가가 높지 않은 점도 부정적 요인으로 작용하고 있다. 그러나 동북아 역내국가들이 협력적 안보와 공동의 번영을 위하여 다자대화를 할 수 있는 여건을 조성하고 습관화에 익숙해질 경우 비관론자들이 내세우는 제약요인들을 상당 부분 극복할 수 있을 것으로 보인다. 다자대화의 장에서 개별국가 혹은 동북아 전체 관심사에 대한 다양한 의견교환의 장, 담론의 장이 상설화됨으로써, 관계국의 의도와 문제인식에 대하여 상호 간의 이해를 높여 신뢰를 구축해 나갈 수 있기 때문이다. 사실상 각국 대표들이 상시로 모여 정세인식이나 보유정보에 대하여 의견을 활발하게 교환하게 될 때 오해와 불신으로 인한 사태의 악화를 미연에 방지할 수 있다고 판단된다.[370]

최근의 동북아 역내 상황변화를 고려한다면, 중국은 역내 국가들과의 안정적인 경제협력을 바탕으로 지속적인 경제성장과 현대화라는 국가적 목표를 추구하고 있으며 러시아는 다자안보대화에 대한 제안을 수차례 제기한 바 있다. 단지 북한만이 다자안보에 긍정적인 자세를 보이지 않고 있다. 미국과 일본은 기존의 미일동맹관계를 보완하는 차원에서 다자안보대화에 긍정적인 입장을 보이고 있다고 평가할 수 있다.

제주프로세스의 구체적인 단기적 전략 목표는 전통적·비전통적 안보 이슈에 대한 대화채널의 구축을 위한 포럼의 형성이며, 이를 통해 다자대화 및 다자협력을 정례화와 관습화할 수 있도록 해야 할 것이다. 이러한 제주프로세스의 전략 목표 달성을 위해서는 다음과 같

---

370) 고성윤, 「제주프로세스 구상과 OSCE의 협력 방향에 대한 고찰」.

은 구체적 역할들이 필요하다. 하나는 그동안 동북아 역내 국가들, 즉 한국, 일본, 러시아 등이 제안했던 다자안보협력을 위한 제안들이 성과가 미약한 원인을 정확히 진단하고, 아울러 동북아 국가들이 지역의 평화와 안보, 공동번영을 추구하는 데 초석이 될 다자안보협력의 절박함을 공감할 수 있도록 여건을 조성하는 일이다. 그리고 다른 하나는 지속적인 만남을 통해 대화와 협력의 유익함을 경험할 수 있도록 상시적인 다자대화 및 다자협력을 위한 인적 네트워크 혹은 관련 협의체를 동북아 국가들이 함께 구축해 나가는 일이다.

이러한 목표 설정에 따라 제주프로세스는 역내 국가들의 다양한 평화, 안보, 경제협력 관련 싱크탱크 및 인사들과 지식 및 정책 연계망을 구축하고 새로운 다자협력 의제를 개발해 나가는 데 초점을 맞춰야 할 것이다. 이와 함께 제주를 동북아, 더 나아가서는 동아시아의 다자안보협력과 경제공동체 관련 공식·비공식 회의의 중심 거점으로 만들어 나갈 필요가 있다.[371] 이와 같은 노력을 통해 제주프로세스를 한국정부나 역내 국가들의 공식적인 정책 의제로 반영될 수 있도록 노력해야 할 것이다.

2. 제주프로세스의 내용과 핵심의제

지금까지 논의되어온 제주프로세스의 내용은, 크게 두 가지 흐름으로 정리될 수 있다.[372] 한편에서는 실체가 있는 제주프로세스의 추진을 위해서 협력을 제도화할 수 있도록 국제적인 기구를 제주에 유

---

371) 문정인, 「제주프로세스의 추진: 그 이상과 현실」, p.4.
372) 고봉준, 「제주프로세스 추진 방향에 대한 일고: 네트워크 이론의 관점에서」, pp.18~19.

치하는 데에 중점을 두어야 한다는 의견이 있다. 우리 정부가 애초에 제주프로세스를 명명함에 있어서도 바로 이런 제도화 방식을 염두에 두고 있었던 것으로 생각되며, 세계평화의 섬 제주의 상징성을 이용하여 구체적인 정책성과를 도출하려는 제주도 지방정부의 입장도 국제기구의 제주 유치를 강력히 희망하는 것으로 파악되고 있다.

그리고 다른 한편에는 당장의 제도화에는 여러 가지 난제(예를 들면, 예산, 추진 주체, 타지방과의 경쟁, 기구의 성격문제 등)가 존재하고 일거에 이러한 문제를 해소할 수 있는 뚜렷한 방안이 부재한 상황에서는 특정 기구를 염두에 두기보다는 이미 설립되어 있는 제주평화연구원을 활용하여 동아시아 평화와 번영을 위한 국제협력의 폭과 깊이를 확대·심화시키는, 즉 "느슨한 제도화"를 도모하는 방식이 현실적일 수 있다는 입장이 있다. 이러한 입장에 따르면 높은 수준의 제도화 여건이 성숙되지 않은 시점에서 구체적인 제도화의 모습을 상정하고 출발할 때 자칫 결과가 이에 따르지 못할 경우 필요 이상의 부담을 가지게 될 우려가 있다.

이러한 기존 논의의 흐름 속에서 한편으로는 다자협력의 경험이 유럽에 비해서 상대적으로 부족하고, 다른 한편으로는 더 복잡한 민족·국민 정체성의 갈등 및 대립 양상을 보여주는 동북아에서 협력을 높은 수준의 제도화로 바로 연결시키기보다는 협력 네트워크의 안정화를 통해 다자 협력을 일상화시키는 노력이 보다 실천이 용이한 접근이라고 지적한다. 아울러 다자적인 국제협력 자체가 일반적으로 정부 간 관계를 지칭하는 개념이지만, 보다 협력이 용이할 수 있는 민간 부문 네트워킹의 활성화를 부분집합 또는 핵심 요소로 하는 '트랙 1.5'의 접근법이 실현 가능성과 실효성이라는 이중의 목표를 동

시에 추구할 수 있는 방안이라고 주장한다.[373]

이런 측면에서 제주평화연구원은 2008년 진행한 연구에서 제주프로세스의 구체적 추진을 위해 전통적 안보 분야에서의 국가 간 협력에 논의를 국한시키기 보다는 제주프로세스를 통해 달성 가능하다고 생각되는 다양한 부문에서의 다자협력 가능성에 대한 논의가 필요하다고 공감하였고, 다음과 같은 몇 가지의 잠정적 추진 방향을 설정했다.[374]

첫째, 유럽의 사례처럼 제주프로세스가 구체적인 성과로 이어지기까지에는 상당한 시간과 노력이 소요될 것으로 예상되므로, 단기 정책적인 처방보다는 장기적인 안목으로 다자협력의 폭과 깊이를 확대·심화시키는 노력이 필요할 것이다. 둘째, 유럽에서의 냉전 종식처럼 결정적인 계기가 예상하지 못했던 부분에서 도출될 수도 있기 때문에 동아시아의 공동 평화 번영에 이르는 다양한 방식과 과정들이 제주프로세스라는 큰 틀에서 지속적으로 연구·검토되어야 할 것이다. 셋째, 이슈 및 행위자의 차원에서 현대 국제정치는 전통적인 국가의 영역에 탈 국가적인 영역이 중첩되는 형태로 작동하고 있기 때문에, 제주프로세스의 효과적인 추진을 위해서는 정부와 민간 차원을 아우르는 복합적인 협력 네트워크의 구축이 필요하다. 이 과정에서 기존에 가동되고 있는 협력의 채널(예를 들면, 북핵 '6자회담', '제주포럼' 및 각종 민간 주도의 협력)이 발전적으로 활용되어야 할 것이다.

다음으로, 제주프로세스의 핵심 아젠다는 다음과 같이 규정할 수 있다.[375] 첫째, 제주프로세스에서는 동북아의 새로운 안보구상을 위

---

373) 위의 글, p.19.

374) 제주평화연구원 편, 『제주프로세스와 동북아 평화 번영』(제주: 제주평화연구원, 2009)의 서장.

375) 이하는 문정인, 「동북아 지역안보와 제주프로세스」를 참조.

해서 공동안보, 포괄안보, 협력안보에 대한 규범과 원칙이 논의되고 합의되어야 할 것이다. 사실 동북아는 유럽과 안보 맥락이 다르기 때문에 유럽 모델을 이 지역에 기계적으로 적용할 수는 없다. 유럽에서는 전쟁이 오인(misperception) 때문에 우발적으로 발생할 수 있다고 믿는 반면, 동북아에서는 계획과 계산에 의해 전쟁이 발발할 수 있다고 본다. 또한 유럽에서 '헬싱키프로세스'가 가능했던 것은 주권 존중, 무력 불사용, 영토주권의 보장, 분쟁의 평화적 해결, 내정 불간섭, 그리고 국제법 준수 원칙 등이 잘 지켜지고 있기 때문이다. 그러나 동북아는 사정이 다르다. 이와 더불어 유럽에서는 확산적 억지(extended deterrence)에 따른 진영 논리가 작용을 했지만 제한적 억지(finite deterrence) 구조를 특징으로 하는 동북아에서는 진영 논리가 큰 영향력을 발휘하기 어렵다. 따라서 이러한 쟁점들에 대한 연구와 합의가 제주프로세스에서 다루어져야 할 것이다.

둘째, 미국 중심의 양자동맹 체제와 동북아의 새로운 다자안보협력 질서를 어떻게 조화시킬 수 있는가 하는 데 제주프로세스의 초점이 맞추어져야 한다. 그래야 중국, 러시아, 그리고 북한의 안보 우려를 불식시키고 이들의 협력을 도출할 수 있을 것이다.

셋째, '6자회담'의 다면적 활용 방안이 논의되어야 할 것이다. 왜냐하면 '6자회담'은 북핵 문제를 넘어서 동북아의 새로운 다자안보협의 체제의 제도적 틀이 될 수 있기 때문이다. 그러기 위해서는 2·13 합의에 따른 6자 외무장관 회담의 상례, 상설화가 필수적이다. 특히 6자 외무장관회의에서 유럽의 Helsinki Final Act와 유사한 문건을 만들 수 있을 것이다. 만일 6자 외무장관회의를 포함 이러한 작업이 제주에서 이루어진다면 제주프로세스를 위해 그 이상 바람직한 것은 없을 것이다.

넷째, 6자 회담의 기존 워킹 그룹들을 북핵 문제를 넘어서 역내 협력 기제로 전환하는 방안도 고려할 수 있을 것이다. 북핵문제 워킹 그룹은 동북아 핵 관리 회의로, 대북 에너지, 경제지원 워킹 그룹은 동북아 경제, 과학 기술, 에너지, 환경 협력회의로 확대 개편하는 것이 바로 그 방안의 하나가 될 것이다. 이와 더불어 동북아 안보평화 체제 워킹 그룹을 새로운 다자안보협력을 위한 제도적 장치로 전환하는 방안도 적극적으로 추진할만하다.

다섯째, 한반도 종전선언 및 평화체제는 이러한 지역 안보협력 체제와 별도로 관련 당사국들인 남북한과 미국, 중국이 직접 협의를 통해 모색하나 지역 안보협력 구도의 큰 틀과 연동시켜야 할 것이다. 그리고 이를 위한 4자회담(남한, 북한, 미국, 중국)의 제주 개최 방안도 모색해야 할 것이다. 마지막으로 국방장관 회의를 포함, 경제, 환경, 에너지 등 비 군사 분야의 각료급 협의체를 제도화시킬 필요가 있고, 궁극적으로 6자 정상회담이 가동되어야 할 것이다. 민간 부분의 협력도 활성화되어야 할 것이다. 이와 관련하여 동북아 신뢰구축과 평화를 위한 '제주프로세스' 구상에 주목할 필요가 있다.

제4절 제주프로세스의 추진 전략

1. 제주프로세스 추진의 전제와 원칙

동북아 지역의 역사적 갈등과 현재의 긴장 상황, 다자안보협력에 대한 일천한 경험, 국가 간의 빈약한 신뢰 수준, 한국의 국가적 능력 및 위상을 돌아볼 때 가까운 장래에 동북아에 바람직한 다자안보기구가 수립되거나 낮은 수준의 지역적 통합 또한 쉽지 않을 것이라는 것이 현 동북아의 일반적 상황이라고 할 수 있다. 이러한 한계에도 불구하고 현재의 부정적 여건을 긍정적인 방향으로 조금씩 변화시켜 나갈 수 있기 위해서는 제주프로세스 구상이 구체적으로 실현되어야 할 것이다. 그러나 구상의 추진에 앞서 고려해야 할 전제와 제주프로세스 구상의 추진 과정에서 견지해야 할 원칙을 분명히 하는 것이 필요하다.

우선, 제주프로세스 구상은 기존 동맹체제나 안보관계의 현상유지를 전제로 해야 한다. 제주프로세스는 궁극적으로 동북아 다자안보협의체의 형성을 목표로 하기 때문에 기존의 안보 환경을 어떻게 반영할 것인지가 중요하다. 즉 기존의 질서와 안보관계를 유지할 것인지 아니면 그것을 혁파하고 새로운 질서와 관계를 형성해 갈 것인지가 전제되어야 한다. 유럽의 경우, CSCE/OSCE의 경험에서 알 수 있듯이 NATO와 바르샤바조약기구(WTO) 간의 상호 신뢰구축은 기존 전후 질서에 대한 인정을 바탕으로 출발했다. 그리고 헬싱키최종의정서 10대 원칙이 기존 동맹관계와 전후 국경선 유지 등 현상유지 정책에 기반을 두었다. 유럽의 경우에서처럼, 다자안보협력은 지역질서의 현상태를 유지하는 가운데 역내 국가들 간의 공동 번영과 평화를 추구하는 것이다. 따라서 제주프로세스는 기존 동북아 역내 국가들 간의 동맹체제나 안보관계의 현상유지를 전제로 출발해야 할 것이다.

동맹체제나 안보관계의 현상유지는 곧 동북아 다자안보협의체가 기존의 동맹체제나 안보관계를 대체하는 것이 아니라 보완하는 것을 의미한다. 따라서 기존 동북아의 정치적·군사적·경제적 동맹의 유지와 외교적으로 통상 인정되고 있는 국경선의 유지에 대해 우선적으로 합의가 이루어져야 한다. 특히 동북아 지역에서 다자안보협의체를 형성·발전시키는데 가장 심각하게 대두될 수 있는 문제는 주요 당사국들의 현상타파에 대한 우려라고 할 수 있다. 따라서 제주프로세스는 기존 동북아 국가들 간의 동맹체제나 안보관계의 현상유지를 전제로 한다는 인식을 공유할 수 있도록 해야 할 것이다.

제주프로세스는 동북아라는 지역에 한정된 다자안보협의체의 형성을 지향하지만, 범 아시아적 맥락을 간과해서는 안 될 것이다. 즉 기존 아시아 지역의 다자안보와 관련된 대화체나 협의체들, 예컨대 ARF, CSCAP, NEACD 등과의 직·간접적 연계를 통해 아시아 지역의 다자안보 논의에 적극적으로 참여해야 할 필요가 있다. 특히 제주프로세스는 ARF와의 관계 설정을 분명히 할 필요가 있다. 현시점에서 ARF 회원국 간 다자안보 논의를 강화하는 한편, 이를 동북아 안보협력의 출범을 위한 동력으로 활용할 필요가 있다. 그리고 앞서 지적한 바와 같이, 제주프로세스가 ARF를 대체하는 것이 아니라 보완한다는 입장에서 논의를 출발해야 하며, 그런 가운데 현재 역내에서 진행되고 있는 민간 차원에서의 안보협력대화의 무대도 적극 활용하는 것이 바람직하다.[376)

이와 같이, 제주프로세스는 기존 동북아 역내 국가들 간의 동맹체제나 안보관계의 현상유지를 전제로 기존의 아시아 다자주의 기구들과의 연계 및 협력을 통해 제주프로세스의 필요성과 유용성을 인식시켜 나가야 할 것이다.

다음으로, 제주프로세스 구상은 동북아 다자안보협력이 시급하고 절박한 문제일지라도 장기적인 맥락에서 접근해 나가야 할 것이다.[377) 다자안보협력이 동북아 국가 모두에게 유익한 일임에 틀림없지만, 동북아 환경은 척박한 것이 현실이다. 제주프로세스는 바로 동북아 다자안보협력을 위한 여건을 바꾸어 나가는 과정에 기여해야 할 것이다. 그러나 다자안보협력을 위한 환경과 여건을 조성해 나가는 것은 다방면의 협력에 대한 노력을 요구한다. 또 다자협력인 만큼 모두를 만족시킬 수 있는 최대공약수를 찾아야 하기 때문에 합리적 방법을 찾아 나가지 않을 수 없을 것이다. 따라서 제주프로세스는 기본적으로 장기적 시각에서 단계적이고 점진적으로 추진해 나간다는 원칙을 분명히 해야 할 것이다.

제주프로세스 구상은 동북아 지역의 팽만한 냉전적 대결과 갈등의

---

376) 박인휘, 「제주프로세스: 실현가능성과 주요 과제」, 제주평화연구원 주최, 『제주프로세스의 추진: 그 이상과 현실』 학술회의 기조 발제문(2009. 6. 12), pp.73~74.

377) 오준, 「제주프로세스와 동아시아의 다자안보협력」, 제주평화연구원·동아시아재단 편, 『상생과 공영의 동아시아 질서: 공동의 비전을 향하여』, 제1권(서울: 오름, 2010), p.166.

구도를 협력의 구도로 전환시켜 나가야 하기 때문에 장기적 구상이어야 한다. 2007년 제주프로세스 구상이 제기된 이후 최근까지 이에 관한 구체적인 논의나 실천적인 노력이 그다지 많이 보이지 않는 것이 사실이다. 그것은 그만큼 제주프로세스 구상의 어려움을 방증하는 것이라고 할 것이다. 특히 '6자회담'의 부침으로 제주프로세스는 비관적 전망에 휩싸여 있다고 할 것이다. 그러나 유럽의 경험에서 보듯이, 제주프로세스도 하루아침에 이루어질 수 있는 문제가 아니라는 점을 이해하고 인내와 꾸준한 노력이 필요하다는 점이 분명하게 인식되어야 할 것이다.

장기적 맥락에서 제주프로세스 구상을 추진해 나가기 위해서는 단계적·점진적 추진 원칙에 입각하여 목표와 의제, 추진전략 등이 수립되어야 할 것이다. 구상의 출범부터 다자안보협의체를 목표로 직접적인 안보 현안을 다루는 것은 참가국들의 호응을 얻기 힘들 뿐만 아니라 출범 자체도 어려울 수 있기 때문이다. 따라서 제주프로세스 구상의 실현을 위한 추진 원칙은 긴 호흡으로 동북아의 역사를 조망하는 가운데, 다자협력의 물꼬를 트고 단계적이고 점진적인 원칙에 따라 제주프로세스의 목표와 의제를 안보협력으로 발전시켜 나가야 할 것이다.

2. 제주프로세스 추진을 위한 기본 전략

제주프로세스 구상을 추진해 나가기 위해서는 다음과 같은 몇 가지를 기본 전략으로 해야 할 필요가 있다. 첫째는 '확산전략'이다. 제주프로세스는 초기에는 대화 형식으로부터 시작하여 점진적으로 제도화된 다자간 협력레짐으로 단계적으로 발전시키는 전략을 택해야 한다. 따라서 초기에는 동북아 역내 국가들 간의 갈등을 대화와 타협, 그리고 협력을 통해 해결해 나갈 수 있도록 대화와 협력의 여건을 조성하는 데 목표를 두고, 구체적인 현안 이슈에 대한 문제해결 차원의 접근보다는 대화와 협력의 습관을 형성해 가는 데 중점을 두어야 할 것이다. 이를 위해 현실적으로 현 단계에서는 우선 동북아 이해당사 국들이 지역의 번영과 평화를 위해 다자안보레짐이 필요하다는 인식의 공감대를 확산시키는 일이 진행되어야 할 것이다. 이를 위해 NGO 들 간 모임, 학술행사 등을 포함하여 동아시아 다자안보협의체 구축의 여건을 조성할 다양한 행사(예비회담)를 지속적으로 추진하는 노력이 필요하다. 핀란드가 1972년부터 참여 예상국 간의 비공식 예비회의를 통해 각국 정부의 의견을 타진하고 조율함으로써 1975년 헬싱키최종의정서라는 결실이 맺어졌다는 것은 참고할만한 역사적 교훈이다.

안보 의제를 비전통적 안보 현안에서 전통적 안보 현안으로 확산시켜 나가는 전략도 필요하다. 척박한 동북아의 다자안보협력 환경과 여건을 고려할 때, 제주프로세스는 대화를 통해 상호 정보를 교류하고 상대방에 대한 이해를 증진시키는 데서부터 출발해야 할 것이다. 장기적이고 점진적인 과정으로서 대화와 협력의 습관을 형성해 나가기 위해서는 제주프로세스에서 다룰 의제 설정에도 신중해야 할 것이다. 동북아 역내 국가들의 다자안보협력에 대한 상이한 정책노선과 낮은 수준의 경험, 양자 관계 중시의 전통, 대립과 갈등이란 역사적 배경을 고려할 때, 직접적인 안보 이슈를 의제로 하는 것은 참여국들의 부담을 가중시킬 수 있다. 따라서 의제 설정에 있어 합의와 이행이 상대적으로 용이한 부분부터 시작하고 민감한 양자문제 등은 추후 과제로 넘기는 것이 필요하다. 대화와 협력의 습관 형성 차원에서 당분간 제주프로세스의 행로는 전통적 안보 현안을 다루기보다는 덜 민감한 비전통적 안보 현안들을 중심으로 의제 개발에 노력해야 할 것이다.

이러한 관점에서 제주프로세스가 우선적으로 추진해야 할 일은 함께 참여하여 대화를 나눌 수 있는 의제의 개발과 담론의 장을 제공하는 역할, 그리고 이를 추진하기 위해 그 중심에 범세계적 차원의 참가자가 참여하는 제주포럼을 지속 가능하도록 체제를 구비하는 일이다. 이런 맥락에서 제주프로세스는 동북아 6개국을 중심으로 유럽의 OSCE 및 아태지역의 ARF 관계자 등과 더불어 공통의 의제를 함께 개발하고, 국제회의를 공동으로 기획하거나 공동 참여활동 영역을 모색해 나가야 할 것이다. 이런 과정을 통해 역내 국가의 민간 전문가 및 학자, 정책 실무진들은 지속적으로 만나는 기회를 갖게 될 것이며 이를 통해 대화와 협력의 유익함을 경험할 수 있을 것이다. 장기적으로 상시적인 다자대화 및 다자협력 협의체의 인적 네트워크가 구축·유지될 경우 의제의 범위도 비전통적 안보현안 문제로부터 전통적 안보현안에 이르기까지 광범위하게 포함할 수 있을 것이며, 정부 주도로 진행하는 트랙 1 유형의 다자협의에도 긍정적인 영향을 미칠 수 있을 것이다.

제주프로세스 추진의 두 번째 기본 전략은 포괄적·개방적 접근 전략이다. CSCE/OSCE의 경험에 비추어 볼 때, 제주프로세스에서 다룰 문제영역도 참여국들의 공동이익, 즉 평화와 번영, 그리고 인권 등 포괄적이고 개방적으로 접근하는 것이 바람직하다. 왜냐하면 오늘날의 안보 이슈는 그 자체만으로 해결 가능한 것이 아니라 이슈의 성격과 해법에서 다른 영역과 서로 연계되어 있기 때문이다. 따라서 문제 영역의 범위를 특정 분야로 국한시키지 않는 가운데, 다만 구체적으로 다룰 이슈는 안보협의체의 발전수준에 맞춰 점진적으로 확대하는 것이 타당해 보인다. 기본적으로 협력의 의제는 모든 참여 예상 국가들의 이해가 반영될 수 있도록 포괄적으로 설정하는 것이 현실적이다. CSCE/OSCE가 신뢰구축과 군비통제뿐만 아니라 경제, 과학, 인권, 환경 등 포괄적인 협력을 다루는 지역협의체로 출발한 경험을 고려할 필요가 있다. 동북아시아는 다자주의의 경험이 일천하고 양자 관계가 여전히 중요한 비중을 차지하고 있다. 이 상태에서 어느 특정 국가에 민감한 문제이거나 양자 간의 분쟁의 소지를 내포하고 있는 의제를 택하는 것은 다자협력의 걸림돌로 작용할 것이다. 우선 초기 단계에는 참여 예상국 간 다자안보협력의 개념과 필요성에 관한 폭넓은 대화가 진행되어야 한다. 현재 동아시아 안보 상황에 대한 진단과 함께, 관련 당사국의 입장과 관점을 파악하고, 이를 토대로 역내 다자안보협력추진의 공통분모를 찾아내야 할 것이다.

세 번째 기본 전략은 정부와 민간의 중층적 협력 전략이다. 다자적 협력의 가능성을 극대화하기 위해서는 정부 당국 간의 협력은 물론 비정부 간 교류와 소통, 접촉과 협력도 적극 활용되어야 한다.[378] 동북아 안보 공동체 구축은 역내 국가들 간에 신뢰가 구축되고 지역의 공동안보에 대한 공감대가 형성되는 동시에 협력 안보의 토대가 마련될 때 가능한 것이다. 그리고 이러한 노력은 중앙 정부가 중심이

---

378) 대통령자문 동북아시대위원회, 『참여정부의 동북아시대 구상』(서울: 대통령자문 동북아시대위원회, 2006), p.26; 김재한, 『동북아공동체』(서울: 집문당, 2005), p.141.

되어 추진해 나가야 한다. 그러나 정부 노력만으로 가능한 것은 아니다. 비정부 행위자들의 노력이 병행될 때 제주프로세스는 더욱 탄력을 받을 것이다.[379]

정치적·군사적 신뢰구축을 위해서는 무엇보다 정치지도자들의 결단력과 강한 의지가 중요한데, 이를 위해 일반대중들은 여론을 조성하고 학자나 전문가들은 구체적 방안과 전략을 제시함으로 써 초국가적 안보문제를 해결하기 위한 다자포럼 등 국가 간 협의체제 구축을 위한 '압력과 협조'를 제공하는 노력도 수반되어야 한다는 주장[380]이나 동아시아 안보평화 전문가협의회 창설 주장[381] 등도 이러한 맥락에서 이해될 수 있다.

국가 간 상호불신의 제거가 선행되지 않는 상황에서의 공식적 채널을 통한 다자안보협의체에 대한 대화나 협력은 한계에 부딪힐 수 있다. 따라서 비공식적인 NGO나 민간기구를 활용하여 정부 간의 안보대화 및 협력을 유도하는 방식이 효과적일 것이다. 특히 포괄안보나 인간안보 등의 새로운 안보 개념과 새로운 안보 이슈들의 등장으로 지역안보 위기에 대한 대응이 과거보다 더 많은 국가와 조직을 포괄하여 이루어질 필요성이 높아지고 있다. 그리고 여기에 지역기구들과 광범위한 NGO들이 연대함으로써 그러한 노력을 분담함과 동시에 협력안보 달성에도 효과적으로 기여할 수 있다.[382]

---

379) 문정인, 「동북아 지역안보와 제주프로세스」.

380) 이신화, 「동북아안보공동체 구축에 관한 소고」, 『전략연구』, 제13권 제1호(한국전략문제연구소, 2006), pp.35~36

381) 한용섭, 「동아시아 안보공동체의 조건, 과제 그리고 전망」, 한용섭 외, 『동아시아 안보공동체』(서울: 나남출판, 2005), pp.335~336.

382) Commission in Global Governance, *Our Global Neighborhood: The Report of the Commission in Global Governance* (New York: Oxford University Press, 1995).

3. 제주프로세스 실행 전략

가. 공동안보 실행 전략: 동북아 정체성의 창출

분쟁과 갈등, 충돌로 점철되어 온 동북아는 과거의 족쇄로부터 벗어나지 못하고 있으며, 이는 동북아 다자안보협력을 제약하는 주요한 요인의 하나로 지적되고 있다. 따라서 역내 국가들 간에 공동안보 (common security)에 대한 공감대가 마련되어야 한다. 일국 안보우선주의가 만연 할 때 동북아의 집단안보체제 구축은 어려워진다. 특정국의 안보 문제가 역내 모든 국가의 안보 문제로 비화 될 수 있다는 공동안보 인식이 선행되어야 할 것이다. 웬트(A. Wendt)의 집단적 정체성 형성과 국가 간 관계에 관한 논의에 따르면, 유럽과 아시아에서 발견되는 차별적인 제도주의 발전을 설명하는 가장 중요한 요인으로 집단 공동체의식의 발전 차이를 지목할 수 있다.[383]

유럽의 경우 지역적 차원에서 비롯되는 공동정체성의 인식이 기존의 민족국가 단위에서 발생하는 정체성을 일정 부분 대체하면서, 결과적으로 유럽국가들의 초국가적 협력을 촉진시켜 왔다고 볼 수 있다. 이러한 경향은 유럽공동체에 의해 유럽적 정치 공간 내부에서 소위 "협력적 연방주의"의 창출을 앞당기고 있다. 동아시아의 경우 이러한 현상을 발견하기 어렵다. 구체적으로 NATO와 같은 구체적인 공동안보 체제의 공감대도 발견하기 어려울 뿐만 아니라 EU가 경험하고 있는 수준의 경제공동체적 상호의존의 제도화를 발견할 수 없다. 그렇다면 동아시아 지역에서 효과적인 공동정체성을 창출하는 방

---

383) Alexander Wendt, "Collective Identity Formation and the International State," *American Political Science Review*, Vol. 88 (1994), pp.384~96.

안은 무엇인가? 웬트를 차용해 보면 세 가지 차원의 고려 사항에 대한 분석이 필요하다. '구조적 환경(structural context)', '체계수준의 과정(systemic processes)', 그리고 '전략적 실천(strategic practice)'이다. 이들 세 가지 요인들은 공동정체성 창출 및 향상과 관련하여 다자주의적 제도주의 발전을 위한 중요한 사회적 기반을 제공함은 물론, 규칙화된 원칙들에 의거한 행동을 가능케 하고, 동시에 역내 국가들 간 호혜적인 이익에 대한 인식을 공유하게 만든다.[384]

'구조적 환경'은 특정 지역 내부 국가들 간 관계에 있어서 적대감과 우호감에 대한 분석을 의미한다. 호전적인 환경에 처한 국가는 필연적으로 국가이익의 상대적 이득에 관심을 가지는 반면 평화로운 환경에 놓인 국가는 국가이익을 설정하고 현실화하는 과정에서 당연히 상대적 이득에 관심을 더 가지게 될 것이다.

'체계적 과정'은 개별 국가가 대외행동을 취할 때 판단의 근거로 삼게 되는 구체적인 대외환경 요인들을 말한다. 기본적으로 국제사회에서 개별 국가는 국제사회와 상호의존적이면서 동시에 주요 국내가치들에 수렴할 수밖에 없다. 따라서 대외적인 주요 변수들과 고려사항들이 국내가치들과 상충될 때 양자 간에는 불가피하게 수렴화과정이 진행될 것이다. 즉, 초국가적 변수들의 국내화와 동시에 국내변수들의 초국가화가 동시에 진행된다.

마지막으로, '전략적 실천'은 공동 정체성을 발전시키기 위한 구체적인 행동 지침을 의미한다. 이 단계에서는 국제협력적 차원의 행동들이 어떻게 공동체적 일체감 형성으로 연결될 수 있을지를 논의하

---

384) Alexander Wendt, "Collective Identity Formation and the International State," p.386.

게 된다. 특히, 동아시아 역내 차원에서의 지속적인 협력은 특정 영역에서 창출되는 협력의 공감대를 성공적으로 다른 영역으로 전환시키는 작업이 중요하다. 소위 글로벌 시대에는 개별 국가의 선택이 다양한 차원에 걸쳐 국제사회로부터 많은 제약을 받을 수밖에 없다. 그렇다면 문제는 국제사회는 개별적인 수준의 이익과 이해관계들끼리의 만남의 장이고, 그런 만남이 효율적으로 조정되고 실천되기 위해서는 이를 위한 전략적 사고가 필연적으로 뒤따라야 할 것이다.

나. 포괄안보 실행 전략: 의제의 다양화와 확산

적대적 또는 준 적대적 국가들 간에 공동 안보 의식을 고취시키고 안보 협력을 유도하기 위해서는 포괄적 안보(comprehensive security)라는 수단을 적극 활용해야 한다. 공동안보에 필수적인 것은 역내 국가들 간의 신뢰구축이다. 그러나 적대, 또는 준 적대 관계에 있는 국가들끼리 군사적 신뢰구축을 모색하는 것은 쉽지 않다. 따라서 경제, 환경, 에너지, 과학 기술, 사회 문화 등 비군사 분야의 교류, 협력을 통한 신뢰구축을 우선적으로 모색하고 이를 통해 군사 부분에 대한 파급효과를 노리는 것이 바람직하다.

유엔의 2004년 위협과 도전 그리고 변화에 대한 유엔 고위급 패널 보고서(Report of the Secretary General's High-level Panel on Threats, Challenges and Change, 2004)는 세계가 지금부터 10년 안에 직면할 위협으로 국가 간 분쟁과 함께 빈곤·전염병·환경 파괴를 포함한 경제 및 사회 위협, 내전·학살 및 대규모 잔학행위를 포함한 내분, 핵·방사능·화학 및 생물학 무기, 테러리즘, 초국가적 조직범죄 등 비전통적 위협에 대해서 언급하고 있다. 동북아 역시 이러한 비전통적 안보 현안 문제에 직면해 있다는 점에서 예외가 아니다. 특히 일본 후쿠시마 원전 사고로 중국, 북한 등의 핵 사고에 대한 공동 대처의 필요성이 점증하고 있는 것은 최근의 대표적인 비전통적 안보 현안이라고 할 수 있다. 이와 같은 비전통적 안보 현안은 동북아 국가들 모두의 관심사이면서 비교적 국가적 이해관계로부터 자유롭기 때문에 제주 프로세스의 참여에 부담이 없을 것이다. 이처럼 동북아 역내 국가들의 덜 민감하고 논란의 여지가 적은 공통 관심사를 의제로 하여 지속적인 대화와 협력을 통해 문제를 해결하도록 여건 혹은 분위기를 조성해 나감으로써 대화와 협력의 습관을 형성해 나갈 수 있을 것이다.

다. 협력안보 실행 전략: 다차원적 복합 네트워크의 구축

제주프로세스가 공동안보의 공감대를 형성하고 포괄 안보를 추진해 나갈 뿐만 아니라 협력안보(cooperative security)를 활성화하고, 나아가 이의 제도화를 병행해 나가기 위해서는 특정 트랙에 경도되지 않은 다차원적이고 복합적인 네트워크의 구축을 지향해야 할 것이다. 이는 곧 역내 국가의 정부(track-I), 정부-민간 혼합 (track-1.5), 그리고 민간 (track II) 기구들 간의 교류, 협력이 활성화되어야 한다는 것을 의미한다.[385] 아울러 제주프로세스가 유럽의 경험을 원용한다는 측면에서 보면 OSCE 같은 유럽 관련 기구와의 협력도 병행되어야 한다.

제주프로세스를 선언한 제주포럼은 정부와 민간이 혼합된 트랙 1.5의 성격을 지니고 있다. 제주포럼의 성격을 감안할 때, 제주프로세스

---

385) 문정인, 「동북아 지역안보와 제주프로세스」.

는 일정 수준의 개방성과 유연성을 갖춘 다양한 트랙의 행위자들이 참여하는 다자협력 네트워크 체제로 가야 할 것이다. 이러한 전략 과제는 제주프로세스가 당장에 정부 간 공식적 다자 대화 및 협의체가 되기 어려운 상황을 반영한 것으로, 다양한 영역의 행위자들의 지속적인 만남과 대화를 통해, 한편으로는 점차 공식적인 정부 간 대화 및 협의체로 발전시켜 나가는 것이고, 다른 한편으로는 다양한 수준의 행위자들의 참여를 통해 제주프로세스에 대한 관심을 환기시키면서 다자안보협력에 대한 사회적 압력을 창출하는 역할도 수행할 수 있도록 하는 데 있다.

이러한 복합적인 다자안보협력 네트워크의 구축을 위해서는 우선적으로 기존에 작동하고 있는 네트워크들과의 관계 설정 문제가 있다. 이에 대해서는 잠정적이지만, 결국은 네트워크 공동체 또는 복합 네트워크의 관점에서 기존의 네트워크들과의 호환성을 확보하는 방향으로 가야 할 필요가 있다. 예를 들어 기존에 동아시아에서 작동되고 있는 정부 간 대화채널인 ARF 및 '6자회담'은 트랙1의 네트워크로, 그리고 NEACD와 CSCAP 등의 트랙2 네트워크는 나름대로 작동이 되는 상태에서 이 두 트랙을 연결하는 트랙1.5의 네트워킹을 구상해볼 수도 있다. 또한 제주평화연구원의 국제 네트워킹 노력을 보다 구체적으로 추진하여 East-West Center, PRIO, SIPRI, USIP 및 기타 관련 기관을 선별적으로 연결하는 연구기관 간 네트워킹을 트랙2 차원에서 새롭게 진행할 수도 있다.[386] NEACD, CSCAP, ARF-EEP, East-West Center, PRIO, SIPRI, USIP, Woodrow Wilson School of Princeton University,

---

386) 고봉준, 「제주프로세스 추진 방향에 대한 일고: 네트워크 이론의 관점에서」, 제주평화연구원 창립 3주년 기념 학술회의(2009. 3. 20) 발표논문, p.29.

342 동북아 다자안보협의체를 위한 새로운 도전

그리고 The Stanley Foundation 등이 관련 분야의 연구를 적극적으로 추진하고 있다. 그리고 최근 맥아더재단(McArthur Foundation)은 미화 6천만 불 상당을 동아시아 다자안보협력 연구를 위해 쾌척했다. 현재 전 세계적으로 50여 개 연구 기관들이 여기에 참여하고 있다. 이들과의 촘촘한 지적 연계망(networks for epistemic community)을 구축하고 제주가 중심 거점이 될 수 있도록 노력해야 할 것이다.[387]

이러한 다차원적 복합 네트워크 구축의 맥락에서 새로운 이론적 관점으로 채택을 고려할 수 있는 것이 '멀티 트랙(multi-track)'이다. 다자대화 및 다자협력에서 '트랙 1 외교'와 '트랙 2 외교'는 나름의 분명한 특징과 역할을 가지고 있다. 예컨대, 전쟁의 중지나 폐기의 결정은 '트랙 1 외교'에 의해서만 가능하다. '트랙 2 외교'는 다자적 대화와 협력을 촉진하는 기폭제가 될 수 있다. 특히 '트랙 1 외교'의 가장 큰 목적은 국가 이익을 옹호하는 것이기 때문에 단기적인 국익에 몰두함으로써 다자협력의 가능성을 약화시킬 가능성이 큰 반면, '트랙 2 외교'는 국익으로부터 비교적 자유로운 새로운 외교관계의 틀이기 때문에 '트랙 1 외교'의 대안적 관계를 만들어낼 수도 있다.[388]

그러나 이처럼 외교를 공식·비공식 부문으로 광범위하게 구분하는 것은 다자대화 및 협력을 위한 비공식 부문의 다양한 행위자들의 활동을 과소평가할 수 있다. 이런 맥락에서 '트랙 1·2 외교'의 맥락을 더욱 확장하여 평화 프로세스에 다양한 주체들이 각각의 독자적 자원, 가치, 접근방법을 가지고 참여하는 '멀티트랙 외교'(multi-track

---

387) 문정인, 「제주프로세스의 추진: 그 이상과 현실」, p.7.

388) Louis D'Amore, "Tourism: A Vital Force for Peace," *Tourism Management*, Vol. 9, No. 2(1988), p.153; 고경민, 「적극적 평화 구현을 위한 멀티트랙외교와 다층적 거버넌스의 함의: 제주 '세계 평화의 섬' 사업에 대한 비판적 검토」, 『한국과 국제정치』, 제24권 제2호(2008년 여름) 재인용.

diplomacy)도 필요하다.389) 멀티트랙 외교는 9개의 트랙(① 정부, ② 전문적 비국가 행위자, ③ 기업, ④ 개별 시민, ⑤ 연구·훈련·교육, ⑥ 행동주의, ⑦ 종교계, ⑧ 기금 조성, ⑨ 커뮤니케이션과 미디어 등) 에서 다양한 행위 주체들이 참여한다. 이러한 9가지 트랙의 동시 병행적 작동이 다자협력에 시너지효과를 만들어낼 수 있다.

한편, OSCE와의 장단기 협력도 모색해야 할 것이다. OSCE와의 협력 방향은 보다 장기적이고 점진적이며 실현 가능한 활동 중심으로 모색되어야 할 것이다. 장기적 차원의 공동협력 방향은 우선적으로 단기간 내 가시적 성과를 내기보다는 역내국가들이 꾸준한 대화와 협력의 습관을 경험하고 동북아 공동체라는 정체성을 공유할 수 있는 분위기의 조성에 함께 노력하는 일이다. 이와 더불어 동북아시아 해양의 관문이며 평화담론의 장으로 자리 잡고 있는 평화의 섬 제주를 다자대화의 습관화를 위한 중심으로 활용할 수 있는 여건을 함께 만들어 가는 일이다.390) 이를 염두에 둘 때, 한국이 OSCE의 협력파트너 자격으로 활동에 참여하는 것처럼 OSCE 혹은 OSCE를 대표하는 특정 회원국이 제주프로세스 구상의 협력파트너로 참여하는 방안을 긍정적으로 검토할 필요가 있을 것으로 보인다.391)

---

389) John W. McDonald, "Multi-Track Diplomacy," Guy Burgess and Heidi Burgess (eds.), *Beyond Intractability*, Conflict Research Consortium, University of Colorado, Boulder(2003).

390) 고성윤, 「제주프로세스 구상과 OSCE의 협력 방향에 대한 고찰」, p.10.

391) 한국은 1994년 12월 부다페스트 정상회담 이후 협력 파트너로 참석하다가 1996년 12월 리스본 정상회담 이후 주요회의에 상시적으로 참여할 수 있는 보다 강화된 성격의 협력 파트너로서의 지위를 획득한 바 있다.

4. 제주프로세스의 전략적 과제와 제주의 역할

가. 제주프로세스의 전략적 과제: '6자회담'의 속개

제주프로세스의 제도적 근간은 '6자회담'이라고 볼 수 있다. 북한의 핵문제를 논의하기 위한 '6자회담'은 수차례의 회의를 거쳐 진행되면서 향후 동북아 다자안보협의체 구축 담론의 핵심을 차지하고 있었다. 그러나 북한은 2009년 4월 5일 광명성 2호를 발사하여 장거리 미사일 발사기술을 시험한 데 이어 2009년 5월 25일에는 제2차 핵실험을 감행함으로써 국제사회의 집단적 대응을 촉발하였고 북한은 '6자회담' 탈퇴를 선언하였다. 이로써 '6자회담'은 북한의 핵문제를 해결하는 데 실패함으로써 현재 '6자회담'의 무용론이 제기되고 있는 상황이다. 이러한 상황에서 제주프로세스가 과연 현실성 있는 대안인가 하는 데 대한 의문이 제기되기도 한다.[392]

사실, 헬싱키프로세스를 모델로 하여 동북아 다자안보협의체의 구축을 목표로 하고 있는 제주프로세스는 '6자회담'을 제주프로세스의 제도적 틀이 될 가능성을 염두에 두고 출발했다. '6자회담' 문제에 대해 정리가 되지 않고서는 제주프로세스의 전망을 논하기가 어려울 것으로 보인다.

'6자회담'은 현재 동북아 국가를 중심으로 작동하고 있는 몇 안 되는 정부 간 네트워크이다. '6자회담'이 동북아 다자안보협력을 위한 가장 유력한 제도적 틀로서 언급되어 왔으나 현재 '6자회담'은 좌초의 위기상황에 놓여 있다. 그 개최가 간헐적이라는 측면에서 볼 때

---

392) 홍기준, 「헬싱키와 제주: 그리고 핵 프로세스」, p.11.

과연 북핵 '6자회담'을 동아시아의 성공적인 안보협력 메커니즘으로 간주할 수 있는가 하는 의문이 생길 수 있다. 하지만 '6자회담'과 관련해서 주목해야 할 점은 여러 어려움에도 불구하고 '6자회담' 자체가 포기되지 않고 있으며 그 궁극적인 목표 달성 여부를 떠나서 6자가 모여서 북핵에 대한 공동의 해결을 모색한다는 점에서 전통적 다자안보협의체의 모습과는 다른 양상을 보여주고 있다는 사실이다. 즉 북핵 문제가 남북 간 또는 북미 간의 문제에 국한되는 것이 아니라, 동북아의 평화와 세계안보질서와 연결되고 있다는 점에서 '6자회담'의 참가자들이 일종의 새로운 행동방식을 만들어나가는 과정에 있다고 볼 수 있다는 것이다.[393]

특히 북핵'6자회담'이 특정한 이슈와 특정한 국가를 상정하고 출범하였지만, 향후 전개과정에 따라서는 의외로 많은 변화의 가능성을 지니고 있다는 점에서 현재와 같은 '6자회담'의 느슨한 형태의 질서에 당사자들의 합의가 이뤄진다면 비우호적인 국가들과도 협력을 지속할 수 있게 하는 새로운 형태의 안보 네트워크의 탄생을 기대할 수 있는 것이다.

지나친 비관주의는 협력과 신뢰형성의 가능성을 배제하며 단순한 자기 위안에 안주하게 될 수 있다. 더욱 중요한 것은 한반도 평화구축을 위한 노력의 실효성은 아직도 유효하다는 것이다. 북한이 비록 강경한 자세로 핵 의지를 밝힌다고 하더라도 그것이 앞으로도 계속되리라는 보장은 어디에도 없다. 종국에 북한은 이성적으로 생각하고 핵이나 미사일과 같은 것으로 자신들의 안보를 보장받을 수 없음을

---

393) 고봉준, 「제주프로세스 추진 방향에 대한 일고: 네트워크 이론의 관점에서」, 제주평화연구원 창립 3 주년 기념 학술회의(2009. 3. 20) 발표논문, p.27.

깨닫고 결국에는 지구촌 공동체로 편입하게 될 것이다. 이것은 단순히 국제사회의 이익뿐만 아니라 북한 자체의 이익과도 직결되어 있다. 이처럼 북한의 군사 우선 정책에 대한 합당한 대안을 마련하거나 그들의 안보에 대한 불안감이 해소된다면 결국 북한은 핵무기를 포기하고 동북아 안보협력에 동참하게 될 것이다. 북한이 절대 핵을 포기하지 못할 것이라는 생각이나 혹은 절대로 협상에서 신뢰할 만한 대상이 아니라는 식의 관점은 한반도의 비핵화를 포함한 다자안보협력을 더욱 어렵게 만들 뿐 근본적인 문제 해결에 도움이 되지 않는다. 그러므로 우리가 안고 있는 도전 과제는 북한의 비타협적인 태도 그 자체라기보다는 어떻게 국제사회가 북한으로 하여금 입장을 변화시키고 협상 테이블로 나오게 하는가 하는 것이다. 결국 이것은 전통적인 당근과 채찍의 방법의 보다 현명한 사용과 연관된다. 간단히 말해서 안보리 결의안 1874호를 위시한 다양한 제재들과 핵문제의 평화적인 해결책을 위해 북한을 협상 테이블로 나오게 하는 노력들 사이의 균형을 어떻게 잘 맞추느냐 하는 것이 중요하다.[394)]

동북아시아에서도 제주프로세스가 진척되기 위해서는 정치적 여건이 성숙되어야 하는바, 북핵문제의 해결을 위한 '6자회담'이 좋은 결실을 맺으면서 마무리되지 않는다면 제주프로세스는 본격적으로 시작되기 힘들 것이다. '6자회담'은 냉전시대에 관계가 소원했던 공산주의국가인 중국, 러시아와의 협력을 긴밀하게 추진하고 확대할 수 있는 좋은 근간이 될 수 있을 것이다.

한국정부의 이니셔티브가 중요하므로 현 정부의 관심을 유도할 필

---

394) Pan Zhenqiang, 「동북아의 다자안보와 제주프로세스: 쟁점과 해법」, p.201.

요가 절실하다. 제4회 평화포럼에 참석했던 미, 중, 일, 러 참가자들은 대부분 제주프로세스의 추진에 대해 긍정적인 반응을 보이고 있지만, 대부분 정부의 현직 관료가 아니다. 현재 동북아의 안보가 한미/미·일 간 양자동맹을 통한 미군의 주둔에 의존하고 있으며 미·일과 중국이 상대방을 경쟁자로 간주하고 이는 점을 감안할 경우 NATO와 같은 집단방어체제의 형성은 비현실적이며 OSCE 체제가 현실적 대안이 될 수밖에 없다.[395] 한국정부의 대미관계의 밀착 여부에 따라 양자주의/다자주의 간의 밸런스 정도가 달라지고 있는데, 한미동맹의 지나친 강조는 다자주의, 혹은 포괄적 협력관계를 퇴조시키고 중국, 러시아와의 관계를 악화시킬 수 있다. 그러나 동북아다자안보협의체 구상에서 전통적인 군사동맹을 유지하면서 다자안보의 구상을 전개해나가야 한다는 딜레마에 직면하게 된다. OSCE는 90년대 초반 NATO와 같은 군사동맹을 대체할 수 있다고 평가되었지만 그 후 유고분쟁에서 보듯이 직접적 군사력을 보유하지 못한 공동안보체는 위기관리에서 그다지 효과적이지 못해 왔다.[396] 한국정부는 현재의 군사동맹으로 형성된 세력균형의 현상유지를 토대로 지역의 위기를 효과적으로 관리하고 평화를 유지할 수 있으며 전통적인 안보와 비전통적 안보를 강화할 수 있는 동북아 다자안보협의체를 구상하는 것이 필요하다. 이를 토대로 정부 간 협상을 제도화하는 방안을 구상하고 추진하는 것이 필요하다.

---

395) 이홍엽, 「유럽의 다자지역 안보체」, 『다자안보정책의 이론과 실제』(2002), p.276.
396) 앞의 글, p.277.

나. 제주의 역할

앞에서 살펴본 제주프로세스 구상의 실현을 취한 노력들이 주로 중앙정부 차원의 국가적 과제라고 한다면, 제주에서도 그러한 노력들과 병행하여 지방 차원에서 제주프로세스의 추진을 위한 노력이 필요하다. 주지하듯이, 제주도는 지정학적 위치상 한반도의 최남단에 위치하며 동과 서 그리고 남과 북을 잇는 교량적 위치에 있다. 동시에 중국과 일본을 연결하면서 태평양과 인도양으로 나아가는 해양진출 기지로서의 역할을 할 수 있는 가능성이 높아 국제자유항으로서의 가치가 부각되어 왔다. 1991년 한·소 정상회담을 시작으로 1995년 김영삼 대통령과 강택민 중국 국가주석과의 회담, 1996년 김영삼 대통령과 클린턴 미국 대통령과의 회담 및 김영삼 대통령과 하시모토 일본총리와의 회담, 2004년 노무현 대통령과 고이즈미 일본총리와의 회담을 중심으로 10여 개국 20명에 이르는 세계정상들이 제주도를 수시로 방문하여 제주도가 명실상부하게 세계평화를 논의하는 섬으로서 국내외에 널리 알려져 있다. 이제 제주도는 동북아시아와 세계의 갈등해소 및 평화정착을 위하여 중요한 역할을 담당하게 된 것이다. 특히 제주국제자유도시특별법의 제정으로 제주도는 한반도 및 동북아 번영을 위한 거점으로서 그리고 동아시아 외교중심지로서의 입지를 굳혀 나가기 위해 국제교류를 위한 해외교통망, 자유로운 인적 물적 교류를 위한 시스템 마련을 위해 노력하고 있다.

제주프로세스는 단지 '제주'에서 선언된 동북아 다자안보협력 추진이라는 표면적 의미를 훨씬 넘어서는 훨씬 중요한 함축적 의미를 담고 있다고 할 수 있다. 제주프로세스 논의가 나오게 된 배경에서 보듯이, 제주프로세스에서의 '제주'는 국제회의의 장소로서의 제주를 넘어서 '세계평화의 섬'으로서의 제주라는 보다 적극적인 의미를 담고 있기 때문이다. 세계평화의 섬 지정은 2005년 1월로 거슬러 올라가지만, 이를 위한 제주의 노력은 탈냉전 직후로까지 거슬러 올라간다. 제주에서 최초의 정상회담이 개최된 1991년 4월 '한·소정상회담'이 제주를 '세계평화의 섬'으로 지정할 수 있도록 한 최초의 계기였다. 이후 한·중(1995년), 한·미(1996년), 한·일(1996년) 정상회담이 연이어 열리고, 1997년 9월 김대중 대통령 후보의 대선공약으로 '세계평화의 섬' 지정·선포가 제시되었으며, 1999년 12월 개정된 '제주도개발특별법'에 '세계평화의 섬(제9장)' 관련 조항이 신설되면서 지정 선포라는 절차만을 남겨놓게 되었다. 이후 제주도민의 평화의 섬 제주라는 이미지 구축을 위하여 꾸준히 노력한 결과 2005년 1월 27일 정부는 제주도를 '세계평화의 섬'으로 공식 지정하기에 이르렀다. 그리고 이런 과정에서 2001년부터 격년제로 시작된 '제주평화포럼'은 한반도와 동북아 지역의 평화와 공동번영을 모색하기 위한 역내 지도자들의 논의의 장으로 출범했고, 횟수를 거듭하던 가운데 비로소 2007년 제4회 제주평화포럼에서 제주프로세스가 선언되기에 이르렀다.

　동북아 다자안보협력은 국가 간 공식적 협의를 통해 구체화되는 것이라는 점에서 제주도의 역할에는 근본적인 한계가 있지만, 세계평화의 섬 이미지를 바탕으로 다양한 평화산업들을 활성화시킴으로써 그러한 분위기를 조성하는 데서는 제주도의 역할을 기대할 수 있다. 또 다른 예로, 동북아 주요 도시 간 안보 네트워크 구축은 공식적인 정부 간 대화와 협력을 이끌어내는 데 기여할 수 있을 것이다. 세방화(glocalization)의 경향에 따라 동북아 지역 대도시들과 섬 지역들 대부분이 도시 간 교류협력에 적극성을 보이고 있다. 대도시의 공통된 문제라고 할 수 있는 환경, 교통, 인구, 도시문제 등에 그치지 않고, 교류협력 의제를 다양한 안보위협으로부터 역내 안보를 지키는 것으로 설정하여 도시 및 섬 간 네트워크의 활성화를 통해 동북아 협력안보의 토대로 활용할 수 있을 것이다. 결국 동북아 지역에서의 평화체제 구축이 역내 국가들에게 제로섬의 결과가 아니라 윈윈의 결과를 가져온다는 광범위한 동의에 이를 수 있도록 제주도가 역할을 해야 할 것이다.

동북아는 주변 4강과 남북한이라는 독특한 역학 구도와 안보구도가 쌍무동맹관계하에 이루어져 있다는 점에 따라 다자간의 안보협의체의 조속한 구축에는 어려움이 있는 것이 사실이다. 그러나 제주도로서는 유럽에서 다자시스템 구축에 많은 공헌을 한 스위스나 벨기에와 같이 동북아 지역의 협력안보체제의 구축을 위해 중앙정부와의 연계 하에 적극적인 평화 프로젝트 구상을 강구할 필요가 있다. 그리고 국가 차원의 공식적인 협력안보 협의체 구성에는 국가마다 처해 있는 상황과 조건이 다르기 때문에 NGO나 도시 간 네트워크 구축을 통한 거버넌스를 구축하고 이를 점차 국가 수준으로 확산시켜 나가는 지역 거버넌스(regional governance) 형태가 바람직할 것으로 보인다.

결국 제주프로세스는 제주도 내 시민단체를 포함 한 비정부 행위자들의 참여와 지원이 병행될 때 더 큰 진전을 볼 수 있을 것이다. 특히 동북아 지역정체성과 가치체계의 통합성을 높이는 것은 시민단체를 포함한 비정부 행위자들의 참여가 더 효과적일 수 있다. 특히 영토분쟁과 과거사가 동북아 지역의 통합성을 해치고 국가 간 반목을 키우고 있으므로 이 문제에 대한 행동지침에 대한 합의가 필요할 것이다. 비록 선언적 의미에 불과한 행동지침일지라도 합의를 이루고 대화와 실천을 하는 과정에서 지역통합성을 증진시키게 될 것이다. 따라서 역내 평화 관련 시민 단체들과 연계망을 구축하고 이들을 통해 제주프로세스 구상이 확산되어 구체적인 정책으로 반영될 수 있도록 노력해야 할 것이다.

제 7 장

요약 및 결론

제1절 논의의 요약

　제주프로세스는 한국이 처한 위기 상황을 주체적·능동적으로 극복하고 동북아 다자안보협력의 제도적 기반을 구축하기 위한 전략적 선택이다. 그러나 고질화된 갈등의 역사와 핵문제로 얽힌 동북아 국가들의 역학구조, 다자협력에 대한 일천한 경험, 국가 간의 빈약한 신뢰의 수준, 우리의 국가적 능력 및 위상 등을 고려할 때, 제주프로세스가 동북아 다자안보협력의 새로운 계기를 만들 수 있는지에 대해서도 회의적일 수밖에 없을 것이다. 분석 과정에서도 분명하게 나타나듯이, 제주프로세스의 아이디어 역시 한국이 제기해 온 여타의 구상과 논의와 근본적으로 다르다고 할 수는 없다. 제주프로세스는 동북아의 안정과 평화, 그리고 협력과 통합을 위한 대장정이라 할 수 있으며, 그 과정에서 좌절을 피할 수는 없을 것이다. 특히 동북아의 지정학적 구조로 보아 이러한 다자주의 구상이 쉽게 수용될 수 있는 사안은 아니다.

　제주프로세스가 동북아 평화 프로세스의 새로운 동력으로서, 그리고 동북아 다자대화 및 다자협력의 제도적 기반으로 정착하기 위해서는 수많은 난제들이 산적해 있다. 일국적 차원에서 접근하기 힘든 국제환경의 조성은 말할 것도 없고 보다 미시적이고 실천적 차원의 전략 모색에서도 아직 분명한 계획이 없다. 여전히 아이디어 차원의 구상 단계에 머물러 있다고 볼 수 있다.

이처럼 전반적으로 비관적 상황 속에서 제주프로세스가 당초의 구상을 실현시켜 나가기 위해서는 현재의 부정적 여건을 긍정적인 방향으로 조금씩 변화시켜 나가는 데서부터 출발해야 할 것이다. 당연히 이러한 과정은 완만한 속도와 합리적 방법으로 합의점을 찾아 나가는 지루한 과정일 수밖에 없을 것이다. 그러나 대화를 통하여 정보를 교류하고 상대방에 대한 이해를 증진하는 일은 동북아 국가 모두에게 유익할 일임에 틀림없기 때문에 그 정당성은 확고하다. 이처럼 부정적 여건을 극복하고 제주프로세스 구상이 제대로 작동할 경우 그 의미는 클 것이다. 제주프로세스는 향후 한반도의 안보와 평화를 담보할 자산으로 기여할 수 있을 것이며 동북아 국가들 간의 신뢰를 조성하는 과정에서도 중요한 기회를 부여할 수 있을 것으로 판단되어 국내뿐만 아니라 국제사회가 더불어 추진해야 할 중차대한 과업이라 할 것이다.

우선, 이 책은 제주프로세스의 추진 방향을 설정하기 위하여 유럽의 대표적인 다자안보협의체인 CSCE의 형성 배경과 발전과정의 한계의 함의를 도출했다. 유럽에서 다자안보대화를 순조롭게 시작하였던 것은 아니다. 다자안보대화의 주장이 여러 차례 제안되었으나 관련 국가들의 이해 차이로 큰 관심을 끌지 못하였다. 특히 레짐형성이론에서 검토하였듯이 패권국가의 주도적 역할이 없이는 다자안보레짐이 형성되기가 어렵다. 유럽의 경우는 냉전의 양대 축인 미국과 소련의 의지가 CSCE의 형성에 크게 작용하였다. 전후 유럽냉전기에 서방 측의 NATO와 동유럽과 소련 측의 바르샤바기구(WTO)가 대치하고 있었는데 초기에는 미국의 핵전력이 소련에 비하여 압도적 우세에 있어서 소련의 다자안보 제안에 미국이 큰 관심을 두지 않았다. 그러나 소련에 대한 미국의 핵전력의 우위가 1969~1975에는 거의 끝나고 균형을 이뤄가고 있었으며 미국은 유럽에서 재래식 전력에서도 세력균형을 이루기를 원하였으며 CSCE를 통하여 이러한 목적을 달성하려고 하였다. 또한 미국의 가치인 인권의 증진을 추구하였다. 소련은 CSCE를 통하여 전후 유럽의 국경선 현상유지와 유럽에서 소련 활동의 정당성 획득, 유럽에서 미국의 영향력을 감소, 동·서 간의 경제협력을 추구하였다. 이러한 배경에서 패권국가들의 권력균형과 이익균형이 맞아떨어진 상황에서 CSCE가 출범하였다.

소련의 CSCE 제안에 대하여 미국은 1972년 닉슨 대통령이 모스크바 방문 시 제의한 중부유럽에서의 상호균형감군협상(Mutual and Balanced Force reduction: MBFR)에 대한 소련의 수락과 비유럽 NATO 회원국인 미국, 캐나다의 동등한 참가, 인권문제의 의제화 등을 조건으로 참가를 결정하면서 '헬싱키프로세스'가 출범하였다. 미국과 소련이 유럽에서의 안정을 원하게 된 배경에는 1962년 10월의 쿠바미사일 위기로 상호확증파괴라는 핵전쟁의 위기에 직면하였던 경험이 크게 작용하였다. 결국, 위기가 협력을 이끄는 추동력이 되었는데 이는 동북아의 북핵 위기가 '6자회담'을 태동시켰다는 점에서 유사한 경험이라고 평가할 수 있을 것이다.

CSCE의 회원국은 유럽지역을 중심으로 대소, 강약, 자본주의와 사회주의 체제 국가들을 차별하지 않고 가능하면 많은 나라들을 참가시키려고 하였다. 그래서 회의 운영에서 만장일치 제도를 도입하여 회원국들의 소외감을 없앴으며, 결정사항도 정치적 의미만 있을 뿐

법적인 구속력은 없게 하여 이질적인 체제 국가 간에도 대화를 가능케 하여 CSCE는 OSCE 기구로 발전하게 된 것이다. CSCE는 참가국가가 정부 차원에서 참여하여 다자주의 원칙을 적용시켜서 대화와 협력을 이끌었다. CSCE의 다자협력 부문과 내용은 정치군사적 문제로부터 경제, 인권, 인도주의적 문제, 환경문제, 문화적 교류 등 인류생존과 생활과 연관된 거의 모든 문제를 광범위하게 다루었다. 이 기구는 회의 운영에서 만장일치 제도를 도입하여 회원국들의 소외감을 없앴으며, 결정사항도 정치적 의미만 있을 뿐 법적인 구속력은 없도록 하여 협의결정의 부담감을 적게 하였다.

'헬싱키프로세스' 형성에서 중요한 요소는 하나의 유럽이라는 정체성의 증진에 있다 할 것이다. 비록 정치 · 경제체제가 다르기는 했어도 유럽인들의 종교와 문화적 배경에서 공통적 가치를 공유하고 있었고 1952년에 형성된 유럽석탄철강공동체(ESCE)는 유럽의 정체성 증진에 기여하였다. 유럽은 로마제국의 통치하에 있던 중세에 로마황제와 각 주권 간에 충돌하지 않고 공존을 하면서 이미 느슨한 유럽체제의 경험을 하였다. 유럽인들은 공동시장을 만들기 위한 노력으로 마침내 1967년 유럽공동체(European Communities)를 출범시켰다. 이러한 활동이 하나의 유럽이라는 공통적인 정체성을 증진시켰으며 이러한 배경이 CSCE의 형성에 기여하였다.

한편, 동북아에서는 오히려 냉전 이후에 다자안보협의체에 대한 논의가 증가하였는데 여러 가지 환경이 달라서 유럽의 '헬싱키프로세스' 경험을 다자협력의 전범(典範)인 양 동북아에 바로 적용하기는 어렵다. 그러므로 어떻게 유럽의 다자안보협력 경험에 대한 학습을 통해 창의적으로 동북아에서 정부 간 다자안보협의체를 실현하느냐가 새로운 실천 과제가 되어야 할 것이다. 동북아의 기존의 다자안보 협의체 구상의 경험을 보면 문화적으로 이질적인 국가들이 혼재하여 느슨한 대화체 수준을 벗어나지 못하고 있는데 국가의 자율성 침해를 우려하기 때문이다.

아시아의 다자안보협의체의 대표적인 사례는 ARF이다. ASEAN은 1992년 1월 싱가포르에서 개최된 제4차 정상회담에서 역외 국가들과의 안보 대화를 기존의 확대 외무장관회의(ASEAN-PMC)를 활용하여 추진한다는 방침을 정하고, 1993년 처음으로 이루어진 역외 국가들과의 ASEAN-PMC에서 ASEAN 지역포럼(ASEAN Regional Forum: ARF)을 창설하기로 합의하였다. ARF는 아시아 태평양 지역 내 22개 주요 국가 및 유럽연합(EU) 의장국이 참석하는 최초의 유일한 정부 간 공식 다자 지역안보 협의체로서 '협의체'라기보다는 '안보 대화체'로 보는 것이 적합하다. ARF 협의의 주제는 신뢰구축, 예방외교, 분쟁문제 접근 논의 등에 국한하고 영토 분쟁, 양안 문제, 인권 및 내정 문제, 군축 문제 등 예민한 문제들에 관해서는 회피하는 경향을 보이고 있다. ARF의 회의 운영 체제는 ARF 본회의에 국한되지 않고 실무 차원에서의 고위관리회의(ARF-SOM)와 회기간 회의(Inter-Sessional)를 통하여 회원국 간의 다각적이고 다양한 대화와 협의가 가능하다. 인도네시아 자카르타에서 1996년 7월 개최된 제3차 회의에서 ARF 신규 회원국 가입의 원칙과 기준을 확정하였는데 신규 회원국 가입은 ARF의 효율성이 보장되도록 '점진적 확대'를 원칙으로 하며 신규 회원국은 기존의 ARF 결정과 성명을 준수하고 존중하는 것에 동의하여야 한다. 또한 지리적으로 동북아·동남아·오세아니아의 평화와 안정에 영향을 미치는 국가여야 한다는 기준과 회원국 간의 합의(consensus)를 전제로 한 가입 절차를 마련하였다. 이러한 원칙과 기준에 따라 인도와 미얀마가 신규 회원국으로 가입한 이래 1999년 싱가포르 회의에서는 몽골이, 그리고 2000년 방콕 회의에서는 북한이 신규 가입함으로써 모든 역내 국가가 참여하게 되었다. 아직 느슨한 체제로 다자안보체의 제구실을 하고 있지 못하다는 평가를 받고 있으나 대화의 경험을 축적하기 시작하였다는 긍정적인 면이 있으며 동북아의 다자안보협의체 형성에 ARF 경험은 중요하다 할 것이다.

'헬싱키프로세스'와 기존의 '동북아다자안보협력레짐'의 형성을 위한 경험을 고려하면 동북아 다자안보협력레짐 형성의 한계를 드러내는 요인을 다음과 같이 몇 가지로 요약할 수 있다.

첫째, 동북아에는 냉전구조가 잔재하고 있으며 지역안보를 다자주의보다는 양자군사동맹에 크게 의존하고 있어서 다자주의 협력이 어렵다. 특히 남한과 북한의 대치와 북한의 핵무장시도는 전형적인 냉전의 잔재요인이다.

둘째, 동북아 국가들의 정치 경제 가치체계의 이질성이 다자안보협의체의 형성을 어렵게 하고 있다. 동북아국가들의 성격을 보면 미국은 의회의 견제와 여론을 중시하는 대통령제 민주주의 국가이며 중국은 제한된 시장경제체제의 사회주의 국가이고, 일본은 천황제 민주주의 국가이며, 러시아는 권위주의적 민주주의 국가의 성격을 띠고 있고 한국은 다양한 이익집단이 참여하는 민주주의 국가이다. 북한은 공산독재체제 국가이다. 이러한 상이한 정치 경제 이념 체제의 국가들이 다자안보 협의체를 형성하기 위해서는 상당한 기간의 대화와 신뢰구축 및 협상이 필요할 수밖에 없는 것이다.

셋째로, 식민지 역사인식에서 비롯된 적대적 민족주의와 영토분쟁 및 해양갈등이 존재하고 있다. 동북아 국가들의 민족주의 성향 강화와 맞물려 중국의 동북공정, 일본의 교과서 왜곡 및 야스쿠니 신사 참배 문제 등 과거사 문제가 한·중·일 삼국 간에 외교적 마찰을 빚고 있으며 2005년에는 중국에서 반일시위가 거세게 일어나고 일본에서는 이에 대응하여 반중시위가 일어났다. 또한 영토 및 영해문제로는 일·러 간 북방 4개 도서문제, 중·일간 조어도 문제, 한·일 간 독도 영유권 문제, 한·중 간 서해상 대륙붕 및 배타적 경제수역(EEZ) 획정문제, 중·일 간 동중국해 상 대륙붕 및 배타적 경제수역(EEZ) 획정문제 등이 갈등을 야기하고 있다.

넷째로, 동북아 지역 패권을 둘러싼 중국과 일본 간 경쟁과 갈등 및 중국의 부상에 대한 미국의 우려를 들 수 있다. 동북아 지역에서 중국과 일본은 군사적 경제적 견제를 하여왔다. 미국은 냉전 후에 대외정책의 핵심적 목표로 국제정치에서 패권적 지위를 견고하게 유지하고 유럽 및 동북아시아에서 미국에 도전할 수 있는 지역 패권국의 등장을 방지하려고 하고 있다. 미국은 자유시장경제 질서를 구축하기 위하여 개입과 협력을 하면서 패권적 질서의 유지·확대 차원에서 한·미 및 미·일 군사동맹 강화 및 MD 체제 구축 등의 군사안보전략을 추구하여 왔다. 따라서 미국의 대중정책은 경제적 측면에서의 개입과 군사적 측면에서의 봉쇄가 결합된 정책을 통하여 중국을 견제하고 있다.

이상과 같은 경험적 논의와 비교적 함의를 바탕으로, 이 책은 제주프로세스 구상의 추진을 위한 방향을 제시했다.

첫째, 제주프로세스 구상의 거시적 목표는 동북아 다자안보협력이지만 구체적인 목표는 모호한 상황이다. 구체적인 목표 설정이 필요하며, 우선 단기적인 목표로 전통적·비전통적 안보 이슈에 대한 대화채널의 구축을 위한 포럼의 형성과 이를 통해 다자대화 및 다자협력을 정례화·습관화할 수 있도록 해야 할 것이다.

둘째, 제주프로세스 구상을 추진해 나가기 위해서는 느슨한 대화형식에서 제도화된 다자간 협력레짐으로 진화시키는 '확산전략', CSCE/OSCE 경험에서처럼 공동이익으로부터 인권, 안보이슈로의 포괄적·개방적 접근 전략, 현재의 1.5트랙의 성격처럼, 트랙 1과 2의 장점과 시너지를 결합하기 위해 정부와 민간의 중층적 협력전략이 필요하다.

셋째, 제주프로세스를 구체적으로 실행해 나가서는 공동안보 실행전략으로 동북아 정체성의 창출, 포괄안보 실행전략으로 의제의 다양화와 확산, 그리고 협력안보 실행전략으로 다차원적 복합 네트워크의 구축 등의 다양하고 다차원적인 실행전략을 추진해 나갈 필요가 있다.

넷째, 현재 제주프로세스의 한계를 분명히 인식하는 가운데, 제주프로세스 실행의 중요한 모티브로 동북아 최초의 다자안보대화체 성격의 6자회담의 진전을 위해 노력해야 한다. 6자회담은 북핵문제의 해결만을 목표로 한 대화체가 아니라 동북아 다자안보협의체 형성을 장기적 목표로 설정하고 있는바, 이 6자회담의 진전 여부가 제주프로세스의 실현과 긴밀한 연관성을 가지고 있다고 할 수 있으며, 결국 6자회담의 진전은 남북관계와 동북아 안보 딜레마를 풀 수 있는 열쇠가 될 수 있다는 점에서 지속적인 진전 노력이 필요하다.

제2절 정책적 제언과 이론적 함의

동북아 및 동아시아 전반적으로도 유의미한 다자안보협력의 성공 사례가 거의 없었으며 이에 관한 논의도 총론적·단편적 견해를 개진하는 수준을 넘지 못했다. 제주프로세스도 이러한 시도 중의 하나이며, 그에 관한 논의 역시 아직은 성숙되지 못한 것으로 평가할 수 있을 것이다. 그럼에도 불구하고, 이 책은 서구의 이론과 유럽과 동아시아의 경험, 그간의 제주프로세스 논의 등을 종합하여 제주프로세스의 추진 방향 및 전략 등을 제시했다. 앞서의 논의를 토대로 할 때, 동북아 다자간 협력은 역내 국가 간 관계 정상화, 경제협력 증가, 신뢰구축, 예방외교, 초국가적인 협력으로 전통적 안보 및 비전통적인 안보 위협 등에 대한 대처를 실현하는 방향으로 전개될 것이다. 이러한 전개를 염두에 둘 때, 제주프로세스의 실현을 위한 몇 가지 과제를 제시할 수 있다.

첫째, 제주프로세스는 기본적으로 유럽의 경험을 참고한 동북아판 다자안보협의체의 건설 구상이다. 이러한 목적을 달성하기 위하여서는 정부 간 대화가 이루어져야 한다. 그러나 아직 제주프로세스의 주요 실천도구라고 할 수 있는 제주포럼에서 정부 간 대화가 이루어지고 있는 것은 아니다. 궁극적으로 정부 간 신뢰 구축과 예방외교를 위한 원활한 활동의 도구로서의 다자안보협의체 형성을 위한 환경조성을 위하여 다차원적인 대화를 확대하는 것이 필요할 것이다. 제주포럼에서 정부 간 대화체로 수용하여 정부 간 기구로 갈 수 있는 다양한 의제의 개발이 필요하다. 앞에서도 지적되었듯이, 유럽과 아시아, 특히 동북아시아 간에 여러 차이가 있다는 것은 분명하다. 이는 상당 부분 역사적 경험과 문화적 전통이 다르기 때문이다. 따라서 유럽의 경험으로부터 얻는 교훈은 동북아 지역 국제관계에 관련성이 있도록 상당 부분 조정되어야 할 것이다. 또한 제주프로세스를 정부 간 대화체로 발전하는 데 있어서 가장 유용한 도구로 6자회담을 활용하는 것이 바람직하다. 6자회담을 통하여 북핵 폐기가 가시화되고 정부가 6자회담을 제주프로세스에 연계시켜 다자안보협력기구로 계승시키고 발전시키는 정책을 추진한다면 제주프로세스는 동북아판 다자안보협의체의 건설의 모태가 될 수 있을 것이다.

둘째, 제주프로세스가 동북아 다자안보협의체의 산실이 되기 위해서는 총론적·단편적 차원의 논의에서 벗어나 각론적 차원에서 실현 가능한 논리와 실천 가능한 대안을 체계적·구체적으로 모색·구상하는 데 관심과 노력이 집중되어야 할 것이다. 예컨대, 동북아 안보 공동체 구축과 관련, 배리 부잔(Barry Buzan)이 제안했던 '지역안보 복합체(regional security complex)'에 주목할 필요가 있다. 규범, 가치, 원칙, 정체성과 같은 지역안보의 철학적 기반(ideational dimension), 역내 세력 분포의 변화와 그에 따른 구조적 역동성, 새로운 안보 아젠다, 그리고 그 관리를 위한 제도적 장치 등에 대한 연구가 있어야 할 것이다.

셋째, 동북아 정체성의 창출 역시 중요한 과제이다. 유럽처럼 주권을 바탕으로 한 국제관계의 역사가 길지 않은 관계로 동북아 지역 정체성을 인위적으로 창출하고자 하는 개별 행위자의 노력이 필요하다. 제주포럼에서 추진할 수 있는 공동체형성의 증진을 위한 프로그램은 트랙 1.5나 트랙 2에서도 가능하다. 그러므로 동북아의 정체성을 증진시키는 교류프로그램의 개발과 적대적 민족주의 강화를 예방할 수 있는 동북아 정체성 향상을 위한 행동지침 구상도 필요할 것이다.

이런 관점에서 제주프로세스는 동북아 국가들의 주권에 대한 대외적 소통 구조라는 관점에서 접근하여야 함은 물론, 이를 바탕으로 한 지역 정체성을 전제로 하고 있음에 주목하여야 한다. 그래야만 동북아 지역 특유의 다양한 영역과 이슈에 걸친 국가들 간 제도주의 발전이 가능할 것으로 보인다. 그중 가장 시급한 과제 중의 하나가 공동 정체성의 창출일 것이다. 국가적 정체성이 동아시아 역내 국가들의 공동 규범을 수용할 수 있는 동북아적 정체성의 확보는 이 지역 국제관계 제도화의 시급한 과제로 지목된다. 유럽 통합의 역사에서 알 수 있듯이 공동 정체성의 창출을 위해서는 '구조적 환경', '체계적 과정' 그리고 '전략적 실천' 등의 관점에서의 구체적인 구상이 필요하다. 특히 동북아 국가 국민들의 인식이 어떤가에 따라서 지역의 통합성이 향상될 수도 있고 악화될 수도 있으므로 우호적인 동북아 국가 간 민간교류의 확대가 필요하다. 민간교류에 있어서 지역의 통합성을 향상시킬 수 있는 행동지침에 대한 합의가 필요하다 할 것이다. 영토분쟁이나 과거사 문제는 관련 국가들 국민 사이에 반감을 강화하는 경향이 나타났다. 반감을 약화시키고 동질성을 강화할 수 있는 교류프로그램을 중점적으로 개발하는 것은 민간기구와 비정부기구가 더 효과적일 수도 있을 것이다.

한편, 이 책은 동북아 다자안보협의체 구상을 실현하기 위한 방안의 하나로 제주프로세스의 진전을 위한 조건과 함의들을 탐색했고, 이 과정에서 헬싱키프로세스의 함의를 바탕으로 그간 동아시아 및 동북아 차원에서 실행되었던 다자간 협의의 경험들이 갖는 한계에 대한 분석을 병행했다. 그리고 제주프로세스의 거시적 실현 조건으로 기존 국제레짐이론의 시각의 통합적 접근이라고 할 수 있는 '권력-이익-정체성의 상호작용' 모델을 바탕으로 다자안보협의체에 대한 유럽과 동북아의 성공과 실패 경험을 탐색했다. 그러나 이 책은 이러한 거시적 조건의 형성과 더불어 지역적 맥락에서 작동하는 6자회담의 진전을 매개로 한 협의체의 가능성을 검토했고, 더 나아가 제주 차원에서의 역할에 대해서도 살펴보았다. 특히 제주프로세스의 실체가 모호한 현 단계에서 그 목표와 방향 설정을 위한 논의도 병행했다.

이 책의 논의를 통해서 볼 때, 동북아에서 '권력-이익-정체성'은 개별적으로나 상호작용 측면 모두에서 의미 있는 변화나 진전을 찾기 어렵다. 그러나 그렇다고 해서 비관적이라고 단언할 필요는 없을 것이다. 헬싱키프로세스가 단기적으로 달성된 성과가 아니며, 유럽 내에서 그에 대한 국가적 동의가 형성되는 데에는 오랜 시간과 노력이 필요했다. 또 유럽국가들도 권력과 이익의 충돌은 물론 정체성의 갈등을 경험했다. 따라서 단기적으로 보면, 동북아에서 다자안보협의체 형성의 가능성이 미약하기 그지없지만, 국제협력이나 레짐의 형성은 기본적으로 개별 국가들의 필요가 수렴될 때 이루어지고, 또 그것은 지난한 점진적이고 단계적이 과정을 거쳐야 한다는 점에서 불균형적이고 상충되는 동북아 국가들의 이해를 결집해 나가야 할 것이다.

동북아 국가들의 안보적 이해관계 수렴의 매개체는 현재로서 6자회담이 될 수밖에 없을 것이다. 6자회담은 동북아 최초의 다자간 안보대화체로서 그동안 부침을 거듭하는 가운데도 여전히 재개의 가능성은 남아 있다. 물론 북한체제의 불안정이 심화될 경우, 특히 급변사태 발생 시 6자회담이 무화(無化)될 가능성도 없지 않으나 이때에도 6자회담이나 유사한 형태의 다자 간 협의체의 등장 가능성을 상정해 볼 수 있다. 북한 변수나 미중 관계 여하에 따라 가변적 성격을 갖고 있지만, 역내 평화와 공동번영을 위해 안보의 불안정을 타개해야 한다는 데 역내 국가들의 기본적 합의가 있기 때문에 동북아에서 다자안보협의체의 등장을 위한 노력은 지속될 필요가 있다.

한편, 이 책의 한계, 특히 제주프로세스의 한계는 아마도 '실체' 문제일 것이다. 과연 제주프로세스가 한국과 동북아, 나아가 동아시아와 세계적 수준에서 동북아의 안보불안정을 해소할 수 있는 적절한 틀이자 과정이 될 수 있는지에 대한 동의가 미약하기 때문이다. 그러나 헬싱키프로세스도 처음부터 확실한 결과를 염두에 두고 출발한 것이 아니며, 당초부터 다자안보협의체를 목표로 했던 것이 아니라 점진적인 단계적인 과정을 거쳐 힘과 이익의 균형 및 정체성의 공유 등을 매개로 유럽국가들의 합의를 거쳐 형성되었다. 다른 국제적인 제도나 기구의 형성 역시 이러한 과정에서 크게 벗어나지 않을 것이다. 따라서 불명확한 실체에도 불구하고, 제주프로세스를 논의의 촉매로 삼을 수 있는 가치는 충분하다고 할 것이다.

이 책은 이론적으로 '권력-이익-정체성의 상호작용' 모델이 동북아 다자안보협의체 형성 모델이 되기 위해서는 유럽의 경험에서 도출된 세계 및 지역 수준에서의 설명력은 나름대로 평가될 수 있다. 그러나 아직 맹아적 단계의 제주프로세스에 적용할 경우에는 한국과 제주라는 국가적·지방적 맥락과 함께 동북아 안보불안정의 원천이라고 할 수 있는 한반도의 남북관계라는 특수한 맥락을 고려할 때보다 적실성을 높일 수 있다는 점이 이 책의 이론적 기여라고 할 수 있다. 이는 유럽의 경험에 대한 동북아의 일방적 추수(追隨)의 한계를 지적하는 것이며, 특히 한국이라는 일국적 차원에서 지역적 다자협력 추진의 한계를 지적하는 것이기도 하다. 따라서 동북아 다자안보협의체, 특히 제주프로세스의 진전을 위해서는 역내 가장 큰 안보 불안정 이슈인 남북관계 문제의 해소 또는 이를 위한 구체적 프로세스가 필요하며, 이 점에서 6자회담이 갖는 의미는 남북관계 및 북미관계, 그리고 북핵문제 등을 넘어 동북아 전반의 안보 불안정 해소와 나아가 동북아 다자안보협의체 형성에 중요하다고 할 것이다.

이상과 같이, 제주프로세스 구상의 실현을 위해서는 그것이 동북아라는 지역 수준에 국한된 문제라고 하더라도 지역 정치와 세계정치의 연관성, 지역정치와 역내 국가 간 힘의 관계, 이익균형, 정체성 문제 등을 고려해야 한다. 특히 제주프로세스가 제주라는 지방 차원에서 선언된 것이라 하더라도 그 중심적 행위자는 국가이기 때문에 국가의 역할이 막중하고, 제주도가 국가의 역할을 추동할 수 있는 하부 행위자가 되어야 할 것이다. 따라서 동북아 다자안보협의체 형성의 모델로서 '권력-이익-정체성의 상호작용' 모델은 동북아라는 지역적 맥락에서의 다자안보협의체 형성의 매개체로서 소(小)다자안보협의체의 형성과 진전이 필수적이다. 그리고 이를 추동하는 개별국가의 역할까지 고려한 세계-지역-일국 수준으로 다층화된 이론체계로 발전시킬 필요가 있을 것이다.

따라서 다자협력의 요소로서 '권력-이익-정체성'과 다자협력 수준으로서 '세계-지역-국가'의 다층화를 통해 다자안보협의체의 구축을 논의해야 한다고 보며, 이들 다자협력의 요소와 수준은 모두 다자협력 구상의 추진을 위한 '전략적 삼각축'으로 보아야 할 것이다.

참고문헌

1. 한국문헌

가. 단행본

강근형, 『미・일관계의 정치경제』. 제주: 제주대학교 출판부, 2003.

고모리 요우이치・다카하시 데츠야 엮음, 이규수 역,『내셔널 히스토리를 넘어서』, 서울: 삼인, 2001.

고성준・강근형・장원석・양길현・강경희,『동아시아와 평화의 섬 제주』, 제주: 제주대학교출판부, 2004.

고성준・강근형・장원석・양길현・변종헌,『제주도의 남북교류협력』, 제주: 온누리, 2005.

김경수,『비확산과 국제정치』, 서울: 법문사, 2004.

김국진,『동북아 평화협력회의 구현방안 연구』, 서울: 외교안보연구원, 1989.

김규륜,『동북아 지역협력의 새로운 연계』, 서울: 통일연구원, 2007.

김성한,『미국의 동아태전략: 변화와 지속성』, NSP Report 10, 서울: 동아시아연구원, 2005.

김영구,『이어도 문제의 해양법적 해결방안』, 서울: 동북아역사재단, 2008.

김재한,『동북아공동체』, 서울: 집문당, 2005.

동북아시대위원회,『참여정부의 동북아시대 구상』, 2006.

_____,『평화와 번영의 동북아시대 구상』, 2005.

박재영,『국제정치 패러다임: 현실주의・자유주의・구조주의』, 서울: 법문사, 2002.

세계평화의섬범도민실천협의회,『'세계평화의 섬' 제주 실천지침』, 2009.

손열 편,『매력으로 엮는 동아시아: 지역성의 창조와 서울 컨센서스』, 서울: 지식마당, 2007.

양길현,『평화번영의 제주정치』, 서울: 오름, 2007.

이금순·김수암,『개혁·개방과정에서 인권의제: 이론과 실제』, 서울: 통일연구원, 2005.

이동률 외,『중국의 영토분쟁』, 서울: 동북아역사재단, 2008.

이민룡,『한반도 안보전략론』, 서울: 봉명, 2001.

임지현,『국사의 신화를 넘어서』, 서울: 휴머니스트, 2004.

전재성,『동맹의 역사』, EAI국가안보패널(NSP)보고서 No.33, 2009.

제주발전연구원·동아시아재단 편,『동북아 공동체: 평화와 번영의 담론』, 서울: 연세대학교 출판부, 2006.

제주특별자치도,『'세계평화의 섬 지정 2년' 주요성과와 향후계획』, 2007.

제주평화연구원 편,『동북아시아의 평화와 번영: 유럽 경험의 탐색』, 제1권, 제주: 제주평화연구원, 2008.

_____,『동북아시아의 평화와 번영: 유럽 경험의 탐색』, 제2권, 제주: 제주평화연구원, 2008.

_____,『제주프로세스와 동북아 평화 번영』, 제주: 제주평화연구원, 2009.

_____,『제4회 제주평화포럼 결과보고서』, 2007.

제주평화연구원·동아시아재단 편,『상생과 공영의 동아시아 질서: 공동의 비전을 향하여』, 제1권, 서울: 오름, 2010.

_____,『상생과 공영의 동아시아 질서: 공동의 비전을 향하여』, 제2권, 서울: 오름, 2010.

최영종,『동아시아 지역통합과 한국의 선택』, 서울: 아연출판부, 2003.

최재선·김민수·박문진·김자영,『배타적 경제수역(EEZ) 해양자원 개발방안 연구』, 정책연구 2009-17(기본), 해양수산개발원(2009).

통일부,『참여정부의 평화번영정책』, 2003.

하영선,『동아시아 공동체: 신화와 현실』, 서울: 동아시아연구원, 2008.

_____,『변환의 세계 정치』, 서울: 을유문화사, 2007.

한용섭,『동아시아 안보공동체』, 서울: 나남출판사, 2005.

홍규덕,『동북아 지역에서 다자 간 안보협의체의 형성 전망과 대응』, 서울: 통일연구원, 1993.

Brzezinski, Zbigniew 저, 김명섭 역,『거대한 체스판: 21세기 미국의 세계전략과 유라시아』, 서울: 삼인, 2002.

Galtung, Johan 저, 강종일 외 역,『평화적 수단에 의한 평화』, 서울: 들녘, 2000.

나. 논문

강근형, 「동북아시아 안보공동체 구축: 한국의 시각: 동북아 다자간안보협의 체의 결성과 관련하여」, 『법과정책』(제주대학교 사회과학연구소), 제10호, 2004.

_____, 「동아시아 경제협의체의 형성과 발전」, 『평화연구』(제주대학교평화연구소), 제15권 제2호, 2005.

_____, 「오바마 미국 행정부의 대외정책과 북미관계」, 『신아세아』, 제16권 제1호, 2009.

_____, 「제2기 부시 행정부의 대북정책과 '6자회담'」, 『신아세아』, 제12권 제4호, 2005.

_____, 「해군기지와 제주 발전 :평화의 섬과의 양립가능성과 경제적 효과를 중심으로」, 『평화연구』(제주대학교평화연구소), 제18권 제1호(2007).

강근형·강병철, 「이명박 정부와 미국의 대북정책 그리고 남북관계」, 『평화학 연구』, 제9권 2호(2008).

강병철·강근형, 「전시작전통제권 환수와 한반도의 안보」, 『평화연구』(제주대 학교평화연구소), 제17권 제2호(2007).

고경민, 「적극적 평화 구현을 위한 멀티트랙외교와 다층적 거버넌스의 함의: 제주 '세계 평화의 섬' 사업에 대한 비판적 검토」, 『한국과 국제정치』, 제24권 제2호(2008년 여름).

고봉준, 「제주프로세스 추진 방향에 대한 일고: 네트워크 이론의 관점에서」, 제주평화연구원 창립 3주년 기념 학술회의 발표논문. 2009.

_____, 「동북아 평화와 군축: 1.5트랙 다자안보협력의 모색」, 한국국제정치학 회 2008년 연례학술회의 발표논문, 2008.

고봉준·윤태룡·이성우·진행남, 「제주평화포럼 발전방향에 대한 일고」, 『제 주발전연구』제12호, 2008.

고상두, 「한반도 평화와 통일의 조건: 동북아 다자간 안보협의체 건설」, 『동서 문제』제18권 제1호, 2006.

고성윤, 「제주프로세스 구상과 OSCE의 협력 방향에 대한 고찰」, JPI Working Paper 07-08호, 2007.

고유환, 「동북아 안보협력과 한반도 평화체제 구축」, 『북한연구학회보』제7권 제2호, 2003.

구본학, 「천안함 피폭사건 이후 한반도 안보 전망」, 세종연구소 주최, 제23차 세종국가전략포럼, 『급변하는 동북아 안보환경과 한국의 대응방향』, 2010. 10. 27.

김계동, 「한반도 평화체제 구상」, 『국방정책연구』, 2003.

김근식, 「노무현 정부의 평화번영정책: 구상과 현실 그리고 과제」, 『통일문제연구』 제16권 1호, 2004.

김기수, 「미중일 삼각관계와 동북아시아 전략균형: 새로운 국제정치경제의 틀 모색」, 『세종정책연구』 제4권 1호, 2008.

김성한, 「미국의 新안보 구상과 동아시아 전략」, 『국방정책연구』 제25권 제4호, 2009.

김용호, 「양자주의와 다자주의: 동아시아의 현황과 전망」, 『환동해권 협력의 국제정치경제 세미나보고서』, 서울: 외교안보연구원. 1998.

김유은, 「동북아 안보공동체를 위한 시론: 구성주의 시각을 중심으로」, 『국제정치논총』 제44집 4호, 2004.

김태운, 「미·중 간 세력전이 가능성과 동북아 안보협력질서」, 『아시아연구』, 12권 1호(2009).

김태호, 「중국의 군사·안보전략과 한국의 대응」, 이장규 외, 『중국의 부상에 따른 한국의 국가전략 연구(1)』, 경제·인문사회연구회 미래사회협동연구총서 09-08-01(1), 대외경제정책연구원(2009).

김현, 「부시행정부의 외교정책 이념과 대 북한 정책」, 『국가전략』 제14권 1호, 세종연구소, 2008.

나종석·권용혁·이진원, 「동아시아공동체의 정체성 형성의 문제」, 동북아역사재단 편, 『동아시아공동체 논의의 현황과 전망』(서울: 동북아역사재단, 2009).

노무현, 「기조연설」, 제주평화연구원 편, 『동북아시아의 평화와 번영: 유럽경험의 탐색』 제1권, 제주: 제주평화연구원, 2008.

마사 누스바움 저, 강준호 역, 「석학과 함께하는 인문강좌: 제1강연 순화된 애국주의는 가능한가?」, 2008년 8월 25일 고려대 강연문.

문정인, 「동북아 지역안보와 제주프로세스」, 제주평화연구원 창립 3주년 기념 학술회의(2009. 3. 20) 기조연설문.

_____, 「동아시아 안보공동체 구축과 한국의 동북아 협력 구상」, 제주발전연구원·동아시아재단 편, 『동북아 공동체 :평화와 번영의 담론』, 서울: 연세대학교 출판부, 2006.

_____, 「제주프로세스의 추진: 그 이상과 현실」, 제주평화연구원 주최, 『제주프로세스의 추진: 그 이상과 현실』 학술회의 기조 발제문(2009. 6. 12).

박경석, 「동아시아의 협력과 갈등의 역사」, 동북아시대위원회 수시연구과제, 2005.

박병광, 「중국의 동아시아 전략: 인식, 내용, 전망을 중심으로」, 『국가전략』, 제

16권 2호(2010).

박인휘, 「동북아 국제관계와 한국의 국가이익: 미·중·일 세력관계를 중심으로」, 『국가전략』 제11권 3호. 2005.

_____, 「제주프로세스: 실현가능성과 주요 과제」, 제주평화연구원 주최, 『제주프로세스의 추진: 그 이상과 현실』 학술회의 기조 발제문(2009. 6. 12).

반기문, 「동아시아 신다자주의: 공통 이익과 공동 이해의 확대」, 제주평화연구원·동아시아재단 편, 『상생과 공영의 동아시아 질서: 공동의 비전을 향하여』, 제1권, 서울: 오름, 2010.

버트란드 크롬브루게, 「'상호확증파괴'로부터 '협력안보'로의 전환」, 제주평화연구원 편, 『동북아시아의 평화와 번영: 유럽경험의 탐색』, 제1권, 제주: 제주평화연구원, 2008.

서보혁, 「다자안보협력의 제도화 경로: C/OSCE의 경험과 동북아 적용 방안 연구」, 『국제정치논총』 제49집 2호, 2009.

양승함·배종윤, 「21세기 국제사회의 안보·평화 개념과 평화지수의 적실성」, 『국제정치논총』 제43집 2호, 2003.

엄상윤, 「한국의 동아시아 안보공동체 구상: 특징과 과제」, 『국제관계연구』 제15권 제1호, 2010.

오기평, 「"국제기구" 연구시각의 변천에 관한 고찰」, 『국제정치논총』 제28집 2호, 1988.

오준, 「제주프로세스와 동아시아의 다자안보협력」, 제주평화연구원·동아시아재단 편, 『상생과 공영의 동아시아 질서: 공동의 비전을 향하여』, 제1권, 서울: 오름, 2010.

이근욱, 「왈츠 이후 30년: 국제정치 이론의 변화와 발전」, 『사회과학연구』 제17집 2호, 서강대 사회과학연구소, 2009.

이남주·배기찬, 「동아시아 공동체 추진과 민족주의 극복방안」, 동북아역사재단 편, 『동아시아공동체 논의의 현황과 전망』(서울: 동북아역사재단, 2009).

이대우, 「2020년 안보환경 전망: 세력전이이론에서 본 패권경쟁」, 세종연구소 편, 『한국의 국가전략 2020』, 서울: 세종연구소, 2004.

이삼성, 「전후 국제정치이론의 전개와 국제환경: 현실주의-자유주의 균형의 맥락적 민감성」, 『국제정치논총』 제36집 3호, 1997.

이상균, 「동북아 지역 다자안보협력의 가능성과 한계성」, 『안보학술논집』 제8집 1호, 1997.

이서항, 「동북아 및 아태지역 다자 간 안보협력 추진방향: 개념 및 접근 방법」,

　　　　　외교안보연구원 정책연구시리즈 93-12, 1994.

_____, 「동북아 지역 다자간 안보대화·협력의 모색과 전망」, 『주요국제문제
　　　　　분석』, 외교안보원, 1993.

이숙종 외, 「한·중·일의 동아시아 인식과 동아시아공동체 정책」, 동북아역
　　　　　사재단 편, 『동아시아공동체 논의의 현황과 전망』, 서울: 동북아역사
　　　　　재단, 2009.

이승근, 「유럽안보협력회의(CSCE) 발전과정에서의 양대정책: 헬싱키회담에서
　　　　　파리협정까지 미국과 프랑스의 유럽전략을 중심으로」, 『세계지역연구
　　　　　논총』 제12집, 1998.

_____, 「유럽안보환경의 변화와 NATO의 확대」, 『국제정치논총』 제38집 2호,
　　　　　1998.

이신화, 「21세기 글로벌이슈와 국제정치학」, 『국제정치논총』 제46집 특별호,
　　　　　2007.

_____, 「동아시아안보공동체 구축에 관한 소고」, 『전략연구』 제13권 제1호,
　　　　　한국전략문제연구소, 2006.

_____, 「비전통안보와 동북아 지역협력」, 『한국정치학회보』 제42집 제2호,
　　　　　2008.

이영기, 「통일문제연구프로젝트: 동아시아에 있어서 CSCE 모델의 유용성」, 『평
　　　　　화연구』 제3호, 1994.

이인배, 「제도와 행위자 간의 상호작용에 관한 연구: '다자 간 협력안보' 사례
　　　　　로서 CSCE를 중심으로」, 『국제정치논총』 제41집 2호, 2001.

이인호, 「동북아 다자안보협력의 전망과 대책」, 『국제문제연구』, 2004.

이장희, 「Helsinki '인권규정'이 분단국가에 주는 의미」, 『통일문제연구』 제1권
　　　　　제3호, 1989.

이정윤, 「한반도와 동북아 다자안보협력기구에 관한 연구」, 단국대 박사학위
　　　　　논문, 1999.

이홍엽, 「유럽의 다자지역 안보체」, 『다자안보정책의 이론과 실제』, 2002.

이희옥, 「중국의 부상과 미·중관계의 새로운 변화: 중첩의 확대와 갈등의 일
　　　　　상화」, 『외교안보연구』, 제6권 2호(2010).

_____, 「한국에서의 중국의 부상의 성격: 시각과 실제」, 『한국과 국제정치』,
　　　　　제25권 제4호(2009).

정진위, 「새로운 동북아질서와 한반도」, 정진위 외, 『새로운 동북아질서와 한
　　　　　반도』, 서울: 법문사, 1998.

제주특별자치도, 「'세계평화의 섬 지정 2년' 주요성과와 향후계획」(2007. 1. 26).

조민, 「남북경제공동체 형성의 이론적 틀: 평화경제론」, 『통일연구원 Online Series』 PA 06-03, 2006.

조성렬, 「동북아 안보레짐의 구축 전망: 냉전기 유럽과 현시기 동북아의 안보레짐의 조건 비교」, 『동서연구』, 제21권 제1호(2009).

조영남, 「중국의 부상과 한국의 대응: 정치·외교 분야 대(對) 중국 국가전략 총괄연구」, 이장규 외, 『중국의 부상에 따른 한국의 국가전략 연구(1)』, 경제·인문사회연구회 미래사회협동연구총서 09-08-01(1), 대외경제정책연구원(2009).

조윤영. 「동아시아 안보와 제도주의: 안보공동체 형성의 조건과 발전과정」, 『한국정치외교사논총』 제27집 2호, 2005.

조현태, 「미·중 해양전략과 동북아 파장」, 세종연구소 주최, 제23차 세종국가전략포럼, 『급변하는 동북아 안보환경과 한국의 대응방향』, 2010. 10. 27.

주장환, 「중국의 동아시아정책과 한반도」, 코리아연구원 특별계획 제25-2호, 2009.

최종건, 「동아시아 다자협력의 현황과 특징: 제주평화프로세스 현실화를 위한 함의」, 제주평화연구원 주최, 『제주프로세스의 추진: 그 이상과 현실』, 학술회의 발표논문, 제주평화연구원, 2009.

_____, 「패권국 지원 변화와 동북아 질서 재편: 동북아 다자협력질서의 특징을 중심으로」, 『한국과 국제정치』 제25권 제4호, 2009.

한동만, 「동북아 다자안보협력의 현황과 전망」, 외무부집무자료(98-2), 1998.

_____, 「동북아 지역 다자안보대화 추진현황과 전망」, 『다자안보정책의 이론과 실제』, 서울: 외교통상부, 2002.

한용섭, 「OSCE의 경험과 동북아의 평화」, 제주평화연구원 편, 『제주프로세스와 동북아 평화 번영』, 제주: 제주평화연구원, 2009.

_____, 「동아시아 안보공동체의 조건, 과제 그리고 전망」, 한용섭 외, 『동아시아 안보공동체』, 서울: 나남출판, 2005.

홍기준, 「안보레짐의 형성: CSCE/OSCE의 사례연구」, 『국제정치논총』 제38집 제1호, 1998.

_____, 「헬싱키프로세스와 독일문제: 동북아 다자안보협력에 주는 함의」, 한국국제정치학회 학술회의발표문, 서강대, 2007.

_____, 「헬싱키와 제주: 그리고 핵 프로세스」, 제주평화연구원 주최, 『제주프로세스의 추진: 그 이상과 현실』, 학술회의 발표논문, 2009.

홍현익, 「6차 '6자회담' 수석대표회의: 평가, 과제 및 전망」, 『정세와 정책』 통권 148호, 2008.

「동아시아 다자안보협력의 촉진: 선행적 외교의 역할」, 제주평화연구원·동아시아재단 편, 『상생과 공영의 동아시아 질서: 공동의 비전을 향하여』, 제2권, 서울: 오름, 2010.

「제4회 제주평화포럼이 남긴 과제: 제주프로세스 구상 어떻게 실현할 것인가?」, 『JPI News & Views』, Vol. I, No.4, 2007년 12월(제주평화연구원).

Chengxu, Yang, 「북핵문제의 해법: 희망과 난제」, 제주평화연구원 편, 『동북아시아의 평화와 번영: 유럽 경험의 탐색』, 제1권, 제주: 제주평화연구원, 2008.

Crombrugghe, Bertrand de, 「유럽안보협력기구(OSCE), 다자 간 안보협력과 동북아를 위한 교훈」, 제주평화연구원 편, 『동북아시아의 평화와 번영: 유럽 경험의 탐색』, 제1권, 제주: 제주평화연구원, 2008.

Goodby, James E., 「미국의 시각에서 본 헬싱키프로세스」, 제주평화연구원 편, 『동북아시아의 평화와 번영: 유럽 경험의 탐색』, 제1권, 제주: 제주평화연구원, 2008.

Hopmann, P. Terrence, 「헬싱키프로세스와 유럽안보협력기구 경험의 동아시아에의 적실성」, 제주평화연구원 편, 『동북아시아의 평화와 번영: 유럽 경험의 탐색』, 제1권, 제주: 제주평화연구원, 2008.

Kivimaki, Timo, 「제주프로세스와 다자안보협력」, 제주평화연구원·동아시아재단 편, 『상생과 공영의 동아시아 질서: 공동의 비전을 향하여』, 제2권, 서울: 오름, 2010.

Ramos, Fidel Valdez, 「동북아에서의 화합, 평화와 번영: 역사적 경험의 탐색」, 제주평화연구원 편, 『동북아시아의 평화와 번영: 유럽 경험의 탐색』, 제1권, 제주: 제주평화연구원, 2008.

Lynch, Dov, 「유럽안보협력기구의 정치·군사적 함의」, 제주평화연구원 편, 『동북아시아의 평화와 번영: 유럽 경험의 탐색』, 제1권, 제주: 제주평화연구원, 2008.

Morrison, Charles, 「동아시아의 평화, 협력 그리고 안보체제」, 제주평화연구원·동아시아재단 편, 『상생과 공영의 동아시아 질서: 공동의 비전을 향하여』, 제1권, 서울: 오름, 2010.

Primakov, Evegeny, 「동북아시아에서 안보와 안정에 대한 도전」, 제주평화연구원 편, 『동북아시아의 평화와 번영: 유럽 경험의 탐색』, 제1권, 제주: 제주평화연구원, 2008.

Shirk, Susan, 「동북아시아 협력대화(NEACD): 1.5트랙 외교의 시도」, 제주평화연구원 편, 『동북아시아의 평화와 번영: 유럽 경험의 탐색』, 제1권, 제주: 제주평화연구원, 2008.

Toshiki, Kaifu, 「동아시아에서의 평화와 번영을 위한 비전」, 제주평화연구원 편, 『동북아시아의 평화와 번영: 유럽 경험의 탐색』, 제1권, 제주: 제주평화연구원, 2008.

Zbigniew Brzezinski 저, 김명섭 역, 『거대한 체스판: 21세기 미국의 세계전략과 유라시아』, 서울: 삼인, 2002.

Zhenqiang, Pan, 「동북아의 다자안보와 제주프로세스: 쟁점과 해법」, 제주평화연구원·동아시아재단 편, 『상생과 공영의 동아시아 질서: 공동의 비전을 향하여』, 제2권, 서울: 오름, 2010.

2. 영어문헌

가. 단행본

Axelrod, Robert. *The Evolution of Cooperation.* New York: Basic Books, 1984.

Buzan, Barry, *People, States and Fear: An Agenda For International Security Studies in the Post-Cold War Era,* 2nd ed., Hertfordshire: Harvester Wheatsheaf , 2008.

Castells, Manuel, *The Power of Identity*, 2nd ed., Oxford: Wiley-Blackwell, 2004.

Commission in Global Governance, *Our Global Neighborhood: The Report of the Commission in Global Governance,* New York: Oxford University Press, 1995.

CSCAP. *CSCAP Regional Security Outlook 2009-2010.* 2009. http://www.cscap.org/index.php?mact=News,cntnt01,detail,0&cntnt01articleid=15&cntnt01origid=51&cntnt01dateformat=%25d%20%25b&cntnt01returnid=31(검색일: 2010년 3월 25일)

CSCE, CONFERENCE ON SECURITY AND CO-OPERATION IN EUROPE FINAL ACT, (CSCE, 1975).

Deutsch, Karl et al. *Political Community and the North Atlantic Area.* Princeton: Princeton University Press, 1957.

Dewitt, Dacid and Evans, Paul eds., *Conference Report: The Agenda for Cooperative Security in the North Pacific.* Vancouver: University of British Columbia Press, 1993.

Gilpin, Robert, *The Political Economy of International Relations*, Princeton: Princeton University Press, 1987,

Glaser, Bonnie S., *U.S.-China Relations: Cooperation Amid Strategic Mistrust*, CSIS, Sep. 15, 2009.

Gowa, Joanne. *Allies, Adversaries and International Trade.* Princeton: Princeton University

Press, 1994.

Grieco, Joseph M. *Cooperation among Nations: Europe, America, and Non-Tariff Barriers to Trade*. Ithaca: Cornell University Press, 1990.

Gurr, Ted Robert. *People Versus States: Minorities at Risk in the New Century*. Washington D. C: United States Institute of Peace Press, 2000.

Hasenclever, Andreas, Mayer, Peter and Rittberger, Volker. *Theories of International Regimes*. Cambridge: Cambridge University Press, 1997.

IISDS(The Institute of International Strategic and Development Studies), *The Rise of China's Power and International Role*. School of Public Policy and Management, Tsinghua University, 2009.

Keohane, Robert O., *After Hegemony: Cooperation and Discord in the World Political Economy*. Princeton: Princeton University Press, 1984.

_____, *International Institution and State Power: Essays in International Theory*. Boulder: Westview Press, 1989.

Keohane, Robert O. and Nye, Joseph S. *Power and Interdependence: World Politics in Transition*. Boston: Little Brown and Company, 1977.

Kindleberger, Charles P. *The World in Depression, 1929-1939*. Berkeley: University of California Press, 1973.

Lehne, Stefan. *The Vienna Meeting of the Conference on Security and Cooperation in Europe: A Turning Point in East-West Relations*. Boulder Westview Press, 1991.

Maresca, John J. *To Helsinki. The Conference on Security and Cooperation in Europe, 1973-1975*. Durham and London: Duke University Press, 1985.

Medeiros, Evan S. et al, *Pacific Currents: The Response of U.S. Allies and Security Partners in East Asia to China's Rise*. Santa Monica, C.A.: RAND, 2008.

Organski, A. F. K., *World Politics*. New York: Alfred A. Knopf, 1958.

Standard Arms Control Groups. *International arms control: Issues and Agreements*. Stanford University Press, 1984.

Stockholm International Peace Research Institute, *SIPRI Yearbook 2009: Armaments, Disarmament and International Security*. New York: Oxford University Press, 2009.

The US Department of Defense, *Quadrennial Defense Report*, September 30, 2001, p. 4.

United Nations, *Independent Commission on Disarmament and Security Issues, Common Security: A Blueprint for Survival*, A/CN. 10/38 and Corr. 1.

von Bertalanffy, Ludwig, *General System Theory: Foundations, Development, Application*,

New York: George Braziller, 1968.

Wendt, Alexander. E. *Social Theory of International Politics.* Cambridge: Cambridge University Press, 1999.

White, Mark J. *Missiles in Cuba Kennedy, Khrushchev, Castro and the 1962 Crisis.* Chicago: Ivan R. Dee, 1997.

Young, Oran, *Compliance and Public Authority*, Washington, D.C.: Resoirces for the Future, 1979.

Yi, Seong-Woo, Why Do Nation-States Cooperate Under Anarchy?, Jeju Peace Institution, 2007,

Zakaria, Fareed, *The Post American World*, New York: W. W. Norton & Co., 2008.

나. 논문

"Questions relating to Security in Europe 1. (a) Declaration on Principles Guiding Relations between Participating States", CONFERENCE ON SECURITY AND CO-OPERATION IN EUROPE FINAL ACT.

Adler, Emanuel, "Imagined (Security) Communities: Cognitive Regions in International Relations," Millennium, Vol. 26, No. 2 (1997).

Australian Paper on Practical Proposals for Security Cooperation in the Asia-pacific Region, Canberra, April 1994.

Buzan, Barry and Gerald Segal, "Rethinking East Asian Security," Survival, Vol. 36, No. 2 (Summer 1994).

Caporaso, James A., "International Relations Theory and Multilateralism: The Search for Foundations," in John Ruggie(ed.), *Multilateralism Matters*, New York, Columbia University Press, 1993.

Cha, Victor D., "Positive and Preventive Rationals for Korea-Japan Security Cooperation: the American Perspective," in Ralph A. Cossa, ed. *U.S.-Korea-Japan Relations: Building Toward a Virtual Alliance*, Washington D.C. : CSIS, 1999.

Chairman's Summary Report of the ARF Security Policy Conference, Phuket, Thailand, 19 May 2009. http://www.aseanregionalforum.org/PublicLibrary/ARFChairmans StatementsandReports/tabid/66/Default.aspx(검색일 2010년 3월 25일)

Clinton, Hillary Rodham, "Regional Architecture in Asia: Principles and Priorities," January 12, 2010, Imin Center-Jefferson Hall, Honolulu, Hawaii. http://www.america.gov/ st/texttrans-english/2010/January/20100113082409bpuh0.0404169.html

Cox. Michael, "Truman Doctrine to the Second Superpower Detente: The Rise and Fall of the Cold War," *Journal of Peace Research*, Vol. 27, No. 1. (Feb., 1990).

D'Amore, Louis, "Tourism: A Vital Force for Peace," *Tourism Management*, Vol. 9, No. 2(1988).

Dewitt, Dacid, "Common Comprehensive and Cooperative Security," *The Pacific Review*, Vol. 7, No. 1 (1994).

Ferraris, Luigi Vittorio (ed.) "Report on a Negotiation: Helsinki-Geneva-Helsinki 1972-1975", Sijthoff & Noooordhoff International Publishers BV, 1979.

Friedberg, Arron, "Ripe for Rivalry: Prospect for Peace in a Multipolar Asia," *International Security*, Vol. 18, No. 3 (1993/94).

Gat, Azar, "The Return of Authoritarian Great Powers." *Foreign Affairs*, Vol. 86, No. 4 (July/August 2007).

Glaser, Bonnie S., *U.S.-China Relations: Cooperation Amid Strategic Mistrust*, CSIS, Sep. 15, 2009.

Goodby, James E. "Collective Security in Europe After the Cold War." Journal of International Affairs, Vol, 46 No. 2(Winter 1993).

Grieco, Joseph M. "Source of Variation in Regional Institutionalization," in Edward D. Mansfied and Helen Milner, eds., *The Political Economy of Regionalism*, New York: Columbia University Press, 1997.

Haggard, Stephan and Beth A. Simmons, "Theories of International Regimes," *International Organization*, Vol. 41, No. 3 (Summer 1987).

Hall, Andrew "Anglo-US Relations in the Formation of SEATO," Stanford Journal of East Asian Affairs, (2005.July) p.131.

Hanspeter, Neuhold, "The Group of the N+N Countries Within the CSCE Process," CSCE: N+N Perspectives, ed. Hans Neuhold. Austria: Austrian Institute of International Affairs, 1987.

Hass, Ernst B., "Words Can Hurt You: Or Who Said What to Whom about Regimes," International Organizations, Vol. 36 (Spring 1982), p.211.

Hemmer, Chrisotopher and Peter J. Katzenstein, "Why is there No NATO in Asia? Collective Identity, Regionalism, and the Origins of Multilateralism," *International Organization*, Vol.56, No.3 (Summer 2002).

Hu, Weixing, "Economic and Security Cooperation in Northeast Asia: A Chinese Perspective," in Tsuneo Akaha, ed., *Politics and Economics in Northeast Asia: Nationalism and Regionalism in Contention*, New York, NY: St. Martin's Press, 1999.

IISDS(The Institute of International Strategic and Development Studies), The Rise of
China's Power and International Role. School of Public Policy and
Management, Tsinghua University(June 2009).

Jervis, Robert "Security Regimes," International Organizations, Vol. 36 (Spring 1982),
pp.173~194.

Keohane, Robert O., "Multilateralism: An Agenda for Research," *International Journal*,
Vol. 45 (Autumn 1990).

_____, "Neoliberal Institutionalism: A Perspective on World Politics,"
in Robert Keohane, *International Institutions and State Power: Essays in
International Relations Theory* ,Boulder, Colo.: Westview Press, 1989.

_____, "The Demand for International Regimes," *International
Organizations*, Vol. 36 (Spring 1982).

Kim, Steven, "Is the Creation of a Multilateral Security Mechanism in Northeast Asia
Inevitable?" JPI Peace Net, No.2010 -33, Jeju Peace Institute, November 16,
2010.

Krasner, Stephen D., "State Power and the Structure of International Trade," *World
Politics*, Vol.28 (1976).

_____, "Structural Causes and Regime Consequences: Regimes as
Intervening Variables," in Stephen D. Krasner(ed.), *International Regimes*,
Ithaca: Cornell Univ. Press, 1983.

Kugler, Richard L. "NATO Chronicle: The Cold War Years," JFQ(Joint Force
Quarterly), (1999, Spring).

Mathews, Jessica Tuchman, "Redefining Security," *Foreign Affairs*, Vol.68, No.2 (1989).

McDonald, John W., "Multi-Track Diplomacy," Guy Burgess and Heidi Burgess (eds.),
Beyond Intractability. Conflict Research Consortium, University of Colorado,
Boulder(2003).

Mckinnon, Ronald, "The International Dollar Standard and the Sustainability of the
U.S. Current Account Deficit," *Brookings Papers on Economic Activity*, March 29
and 30, 2001.

Morrison, Wayne M., "China's Economic Conditions." CRS(Congressional Research
Service) Report for Congress(May 5 2009).

Neuhold, Hampeter. "The Group of the N+N Countries Within the CSCE Rocess,"
CSCE: N+N Perspectives. Ed. Hans Neuhold. Austria: Austrian Lnstitute of
International Affairs, 1987.

Ohm, Tae-Am, "Toward a New Phase of Multilateral Security Cooperation in the Asia-Pacific Region: Limited multilateralism or issue-based regionalism," *The Korean Journal of Defense Analysis*, Vol. IX, No.2(Winter 1997).

Rice, Condoleezza, "Promoting the National Interest." *Foreign Affairs*, Jan/Feb. 2000.

Rotfield, Adam Daniel, "The CSCE Process and European Security," in Kari Mottola, ed. *Ten Years After Helsinki: The Making of the European Security Regime.* Boulder, Westview Press, 1986.

Ruggie, John G. "International Response to Technology: Concepts and Trends," *International Organization*, Vol.29, No.3 (Summer, 1975).

Sheng, Andrew, "Why Asia needs to integrate its financial markets," *Financial Times*, Dec. 2, 2005.

Snyder, Glenn H., "Mearsheimer's World Offensive Realism and the Struggle for Security: A Review Essay," *International Security*, Vol. 27, No. 1(2002).

Swenson-Wright, John, "The Strategic Mind Set of the Obama Administration and U.S. Policy toward Northeast Asia," 한국국제정치학회 국제학술회의 "미국 오바마 정부의 한반도 정책" 발표논문, 2009년 4월 21일.

The Economist, "A Fair Exchange?" Sep. 30th 2004.

_____, "Forever Free," Sep. 22nd 2005.

_____, "The Dragon and the Eagle," Sep. 30th 2004.

_____, "The Great Thrift Shift," Sep. 22nd 2005.

The Final Document of the 1989 Vienna Meeting, September 1989.

The New York Times, "Offering to Aid Talks, U.S. Challenges China on Disputed Islands," July 23, 2010.

The U.S. Department of Defense, "Annual Report to Congress - Military and Security Developments Involving the People's Republic of China, 2010." Office of the Secretary of Defense(2010).

_____, *Quadrennial Defense Report*, September 30, 2001.

Toloraya, Georgy, "Whither Institutionalization of Cooperation in Northeast Asia?" *Korean Journal of Security Affairs*, Vol. 12, No. 1(December 2007).

Turner, John C., "Towards a Cognitive Redefinition of the Social Group," in Henry Tajfel(ed.), *Social Identity and Intergroup Relations*, Cambridge: Cambridge University Press, 1982.

United Nations, *Independent Commission on Disarmament and Security Issues, Common Security: A Blueprint for Survival*, A/CN. 10/38 and Corr. 1.

von Bertalanffy, Ludwig, *General System Theory: Foundations, Development, Application*, New York: George Braziller, 1968.

Waever, Ole, "Insecurity, Security and Asecurity in the West European Non-war Community," in Emmanuel Adler and Michael Barnett, eds., *Security Communities*, Cambridge: Cambridge University Press, 1998.

Wallensteen, Peter, "Northeast Asia: Challenges to Conflict Prevention and Prevention Research," in Niklas Swanstrom(ed.), *Conflict Prevention and Conflict Management in Northeast Asia*, Sweden: Uppsala University, 2006.

Wendt, Alexander, "Anarchy is what states make of it: the social construction of power politics," *International Organization*, Vol.46 , No. 2, 1992.

_____, "Collective Identity Formation and International State," *American Political Science Review*. Vol. 88, No. 2, 1994.

Xinbo, Wu, "China: Security Practice of a Modernizing and Ascending Power," Muthiah Alagappa, ed., *Asian Security Practice: Material and Ideational Influences*, Stanford: Stanford University Press, 1998.

Yamamoto, Yoshinobu, "Japanese Relations with Korea in Multilateral Perspective," in Chae-Han Kim, ed., *Domestic Politics, Trade Negotiation and Regional Integration: the US, Japan and Korea*, Seoul: Sowha, 1998.

Yang, Philip, "Northeast Asia Security Cooperation: International Relations Theory and Embedded Regionalism," Paper presented at the Third Meeting of the CSCAP Study Group on Future Prospect for Multilateral Security Framework in Northeast Asia, Beijing, China, 28-29 April 2006.

Young, Oran, *Compliance and Public Authority*, Washington, D.C.: Resoirces for the Future, 1979.

Zakaria, Fareed, *The Post American World*. New York: W. W. Norton & o., 2008.

강병철 ─────

강병철은 인터넷 신문 『제주인뉴스』 대표, (사)이어도연구회 연구실장, 제주대학교 정치외
교학과 시간강사로 재직 중이며 2012년 제주대학교에서 「동북아 다자간안보협의체 구상
과 실현 방안에 관한 연구: '헬싱키프로세스'의 함의와 '제주프로세스'에의 적용을 중심으
로」라는 주제로 정치학 박사학위를 취득했다. 2008년 2월 루마니아의 평화활동훈련연구
소(PATRIR)에서 CPP(From Conflict to Peace Processes: Enhancing Effectiveness and Impact in
Peace Building) 과정과 DPP(Designing Peace Building Programs) 과정을 이수했다.

주요 연구관심 분야는 동아시아 다자안보협력, 해양갈등, 이어도 영유권 등이며 「종교봉
사는 약인가 독인가: 아프가니스탄 인질사태의 분쟁해결론적 해석」(2007), 「전시작전통제
권 환수와 한반도의 안보」(2007), 「이명박 정부와 미국의 대북정책 그리고 남북관계」(2008)
등의 논문이 있다.

동북아
다자안보협의체를 위한
새로운 도전
─제주프로세스 구상─

초판인쇄 | 2012년 8월 10일
초판발행 | 2012년 8월 10일

지 은 이 | 강병철
펴 낸 이 | 채종준
펴 낸 곳 | 한국학술정보㈜
주   소 | 경기도 파주시 문발동 파주출판문화정보산업단지 513-5
전   화 | 031) 908-3181(대표)
팩   스 | 031) 908-3189
홈페이지 | http://ebook.kstudy.com
E-mail | 출판사업부 publish@kstudy.com
등   록 | 제일산-115호(2000. 6. 19)

ISBN   978-89-268-3571-5 93340 (Paper Book)
         978-89-268-3572-2 95340 (e-Book)